KB173100

청년실업, 노동시장,
그리고 **국가**

학제간 · 국가 비교

청년실업, 노동시장, 그리고 국가

학제간 · 국가 비교

초판 1쇄 발행 | 2017년 12월 5일
초판 2쇄 발행 | 2018년 10월 17일

엮은이 | 심창학
발행인 | 부성옥
발행처 | 도서출판 오름
등록번호 | 제2-1548호 (1993. 5. 11)

주 소 | 서울특별시 중구 퇴계로 180-8 서일빌딩 4층
전 화 | (02) 585-9122, 9123 / 팩 스 | (02) 584-7952
E-mail | oruem9123@naver.com

ISBN 978-89-7778-478-9 93340

이 도서의 국립중앙도서관 출판예정도서목록(CIP)은 서지정보유통지원시스템 홈페이지(http://seoji.nl.go.kr)와 국가자료공동목록시스템(http://www.nl.go.kr/kolisnet)에서 이용하실 수 있습니다. (CIP제어번호: CIP2017032246)

| 경상대학교 인권사회발전연구총서 ❻ |

청년실업, 노동시장, 그리고 국가

학제간 · 국가 비교

심창학 엮음

Youth Unemployment, Labour Market and the State

International & Interdisciplinary Comparison

Edited by
Chang Hack SHIM

ORUEM Publishing House
Seoul, Korea
2018

머리말

청년실업에 대한 사회의 높은 관심과 정책적 노력에도 불구하고 청년실업 문제는 악화일로를 달리고 있다. 최근의 통계청 발표에 따르면 2017년 8월의 청년실업률은 9.4%로 이 수치는 1999년 8월의 10.7% 이후 가장 높은 수치이다. 청년체감실업률(고용보호지표 3)은 22.5%로 이 역시 2015년 이후 8월 기준(22.6%)으로 가장 높았다. 청년실업을 단순히 일자리가 없다는 문제로 치부해서는 안 될 것이다. 생애 주기에서 청년기는 소정의 교육과정을 이수하고 노동시장에 진입하는 시기이다. 이러한 시기에 일자리가 없다는 것은 이전 시기의 성과를 헛되이 하는 것임과 동시에 장년과 노년 시기를 위태롭게 할 가능성이 매우 높다. 또한 이는 개인의 문제임과 동시에 국가적·사회적 문제이기도 하다. 왜냐하면 한 국가의 경제·사회적 역동성은 바로 청년세대의 활력에 바탕을 두고 있기 때문이다. 한편, 청년실업은 특정 국가에 국한된 것이 아니라 전 세계적인 현상이기도 하다. 이에 경상대학교 인권·사회발전연구소는 청년실업 문제를 연구소 주최 학술대회의 기획주제로 정하고 두 차례의 학술대회를 개최했다. 이 책은 지난 2016년 가을과 2017년 봄에 열렸던 학술대회의 성과물이기도 하다. 이 책은 두 가지 점에서 나름대로의 특징을 보여주고 있다. 첫째, 청년실업 문제에 대한 포괄적인 접근을 시도하고 있다. 우선, 학제간 접근을 통해 청년실업 문제가 경제학, 사회학, 심리학 그리고 사회복지학에서 어떻게 다루어지고 살펴보고자 한다. 이어서 청년실업에 대한 국가별 특징 및 대응 비교이다. 이를 위해 이 책은 영국, 독일, 프랑스, 일본 그리고 한국을 다루고 있다. 이를 통해 유사 문제에 대한 상이한 접근의 실체를 확인하고자 한다. 이상의 학제간, 국가 비교는 기존 연구에서는 찾아볼 수 없는 새로운 접근 방법이라 할 수 있다. 둘째, 청년실업에 대한 분야별 전문가가 집필진에 포함되어 있다. 학제간 접근을 위해 학문별로 청년실업 문제에 해박한 전문가가 섭외되었다. 그리고 국가 비교를 위해 해당 국가에서 수학했거나 체류 중인 학자들이 참여하고 있다. 청년실업 문제의 심각성을 고려할 때 당연지사이기도 하지만 전문가 섭외가 쉬운 일은 아니었던 점 역시 사실이다. 하지만 이러한 노력은 이 책의 질을 고양시키는 데 결정적인 역할을 했다고 자부하고 싶다.

이 책은 모두 2부로 구성되어 있다. 제1부는 청년실업에 대한 학제간 접근 비교이다. 제1장은 경제학적 접근으로 송기호는 청년고용 관련 기존 문헌연구를 통해서 청년고용에 관한 주요 쟁점들을 정리하고 그 정책 대안을 제시하고 있다. 경제학적으로 청년고용 문제는 노동공급, 노동수요, 그리고 노동시장의 구조란 세 측면에서 분석될 수 있다고 강조하고 있다. 노동공급 측면의 주요 쟁점은 청년층의 과잉학력과 하향취업 그리고 청년니트 문제로서 특히 일자리가 없으면서도 교육과 훈련을 받고 있지 않아 인적자본 축적이 멈춘 청년니트 문제의 해결이 시급하며, 일자리의 세대 간 대체 가능성 문제의 경우 기존 국내외 연구들은 청년층과 중고령층의 고용은 대체관계가 약하거나 오히려 보완관계가 나타난다고 분석하고 있지만, 단기적으로는 고령층의 정년연장이 청년층 고용에 부정적 영향을 주고 있다는 것을 부정하기는 어렵다고 보고 있다. 둘째, 노동수요 측면에서 근로시간 단축의 청년고용 효과에 대한 분석결과는 불확실하지만 기업의 생산성 향상 노력과 정부의 기업 임금부담에 대한 재정지원 여부에 따라 증대 효과를 기대할 수 있고, 또한 악화 추세를 보이고 있는 청년층 일자리 질의 개선 문제는 첫 일자리가 생애고용 전반에 큰 영향을 준다는 점에서 일자리 양의 확대 못지않게 중요하다는 것을 보여주고 있다. 셋째, 노동시장 구조 측면에서는 청년층의 첫 일자리가 비정규직인 경우 논란이 있지만 직업훈련경험이 가교 역할을 강화시켜줄 수 있다는 점을 확인할 수 있었다. 이와 같은 쟁점 분석에 기초하여 제시된 청년고용정책 대안으로 저자는 청년니트와 비정규직 청년층의 인적자본투자 확대를 위한 정부의 과감한 재정지원 노력, 중소기업의 청년 노동수요 증대를 위하여 일의 성격과 자신의 능력에 따라 대가가 주어지는 직무직능급으로의 임금제도 개편 및 다양한 기술혁신 노력, 국가직무능력표준(NCS) 기반의 노동시장 구축을 통한 일자리 불일치 개선, 사회안전망 강화를 전제로 노동개혁이 추진되는 노동시장의 유연안정성 구축 등을 제시하고 있다.

제2장은 청년실업에 대한 사회학적 의미와 정책적 전망을 다루고 있다. 이 글을 통해 임운택은 먼저, 청년실업을 극복하기 위한 다양한 노동시장정책 및 고용정책에도 불구하고 청년실업의 문제가 해결되기는커녕 악화되고 있음을 지적하고 있다. 청년은 노동시장정책에서도 예외적 사례에 속하는데 이는 개별 국가별로 사회적 집단으로서 청년을 이해하는 관습과 문화, 그에 상응하는 제도가 상이하기 때문이다. 한편, 1990년대 이후 산업패러다임과 자본축적구조의 변화, 고용시장구조의 이중화가 심화되면서 청년에 대한 사

회적·문화적 가치가 기존의 성년으로의 이행단계로서 호의적이고 온정적인 태도로부터 보다 경제적으로 경쟁력을 갖춘 시장적 존재로 급격히 변화하였다. 이러한 변화의 맥락 속에서 이 글은 청년실업정책의 사회적 의미를 규명하는 데 초점을 맞추고 있다. 우선 사회학적으로 청년 그리고 청년실업을 이해하는 이론적 관점과 의미를 설명한 후, 청년 문제를 해결하기 위한 고용정책 및 노동시장정책의 개념틀을 정의하고, 그에 기초하여 유럽 주요 5개국의 청년실업정책의 특성을 비교분석한 후 한국의 청년실업정책에 주는 교훈을 제시하고 있다.

제3장은 청년실업에 대한 심리학적 접근에 관한 글로 부수현은 만성적인 취업난 속에서 청년들이 겪는 심리적인 문제에 기초하여, 이것이 한 개인과 가족 그리고 사회 전반에 미치는 부정적인 영향에 초점을 두고 있다. 장기적인 실업상태 및 반복적인 실패경험은 청년들에게 학습된 무기력을 일으키고, 심각한 좌절상태에 빠지게 한다. 이러한 무기력과 좌절은 모든 것을 포기하는 청년들과 특정한 대상 및 집단을 적대시하고 공격하는 청년들을 만들어 낼 수 있다. 더 나아가, 이러한 개인적 및 사회적 문제를 극복하고, 청년들이 취업에 성공하기 위해서 글쓴이는 이른 시기에 적절한 진로를 탐색할 수 있도록 하고, 이렇게 결정된 진로계획을 구체적으로 실행할 수 있도록 도와야 한다고 강조하고 있다. 이때 사회적 기준이나 요구로부터 벗어나 청년 자신에게 적합한 진로를 결정하고 취업목표를 수립하는 것이 무엇보다 중요하며, 취업에 대한 심리적 및 시간적 거리감을 좁히고 목표에 대한 통제력을 높이는 전략을 사용할 필요가 있음을 강조하고 있다.

제4장은 청년실업에 대한 사회복지학적 접근을 다루고 있다. 여기서 노대명은 한국사회에서 나타나는 청년실업 문제에 대한 관점 변화의 필요성을 강조하고 있다. 즉 많은 사람들은 그것을 일자리 창출이 부진하기 때문으로

이해하는 측면이 있으나 사실 청년실업의 문제는 일자리 양의 문제만이 아니라, 일자리의 질 그리고 그것을 통해 지탱해야 할 삶의 문제로 이해되어야 한다는 것이다. 달리 표현하면, 한국 경제사회시스템 전반에 걸친 패러다임 전환이 필요한 문제인 것이다. 이러한 맥락에서 이 글은 청년실업 문제와 관련해서 대안적 사회정책이라는 보다 포괄적인 관점이 필요하며, 고용과 복지를 연계하는 종합적 대책이 강구되어야 한다는 점을 지적하고 있다. 취업과 승진에서의 공정한 기회, 임금격차의 축소와 같은 측면 외에도 기초적인 생활보장이라는 사회권적 원칙 위에서 지원정책을 재구성해야 함을 강조하고 있다.

이상의 청년실업에 대한 학제간 접근 비교에 이어 이 책은 제2부에서 청년실업에 대한 국가별 사례를 다루고 있다. 제5장은 영국 사례로서 강욱모는 영국의 청년실업 대책들은 학령기와 계속교육체제에서 교육과 근로를 연계시키려는 교육기술부의 정책, 의무교육 기간에서 의무교육 수료 이후 기간에 교육과 근로를 연계시키려는 고용기술위원회의 정책, 그리고 고등학교 및 대학교육을 이수한 청년들을 대상으로 고용과 복지의 연계를 통해 청년실업을 줄이려는 고용연금부의 정책들로 구성되어 있다고 보고 있다. 이러한 연계체계 과정에서 나타나는 주요 특징으로 첫째, 영국의 고용서비스 체계의 가장 큰 특징은 노동시장과 사회보장정책의 적극적 연계를 위해서 일선 고용서비스 전달체계를 개혁했다는 점, 둘째, 18~24세 연령층을 대상으로 한 "복지와 근로의 연계체계"는 대체적으로 구비되어 있지만, "교육과 고용의 연계체계"는 미흡한 실정이라는 점을 강조하고 있다. 이상의 영국의 청년실업정책이 안고 있는 취약점을 통해 얻을 수 있는 교훈으로 글쓴이는 첫째, 영국의 청년실업정책의 핵심인 '취업을 통한 소득확보(Making Work Pay)' 정책보다는 '이행을 통한 소득확보(Making Transition Pay)' 정책을 추구할 필요가 있다는 점, 둘째, 학령기 청소년을 대상으로 하는 교육·훈련의 목표가 분명치 않으면 그 효과가 없다는 점을 지적하고 있다.

제6장은 독일의 청년실업과 고용 대책이다. 본 글의 저자인 이호근은 먼저, 독일의 청년고용 관련 주요 '정책' 들을 소개하고, 이어 이 나라 청년고용 대책의 핵심 '제도'로서 '이원체제(dual system)'로 알려져 있는 '직업교육훈련제도'를 상세히 분석하고 있다. 독일 이원체제는 중등교육 1단계를 마친 실업학교(Realschule), 기간학교(Hauptschule), 종합학교(Gesamtschule) 및 김나지움(Gymnasium) 등의 하급반 졸업자를 대상으로 중등교육 2단계에서 기업-직업학교(Berufsschule) 간의 '이원화 양성훈련'이 이루어진다. 정부는 이것을 뒷받침하는 교육 커리큘럼을 확립하고, 정부, 사용자 그리고 노사는 국가와 지역 기업 차원에서 '양성훈련협약(Ausbildungspakt)'을 체결하고 있다. 그 다음 3단계 고등교육단계에 해당하는 독일의 '직업아카데미(Berufsakademie)'에서도 사업주와 계약을 체결, 견습생 신분으로 직업 '교육'과 '훈련'을 병행하는 '이원시스템'을 통해 청년들의 취업으로 이어지도록 하고 있다. 이후 4단계 고등교육단계에서는 일반 종합대학과 그 수준, 자격 및 사회적 인지도가 거의 유사하면서도 '실무중심 교육훈련'을 강조하는 '직업전문대학(Fachhochschule)' 또는 '응용학문대학(Universität für angewandte Wissenschaften)'의 육성이 주목된다. 이러한 교육훈련시스템의 구축과 그 역할이 자연스럽게 높은 취업률로 이어지고 있다. 본고에서는 주요 청년고용 '정책' 들과 함께 '제도적 요인'으로서 이러한 독특한 이원체제의 구성 및 운영과 참여와 공동결정(Mitbestimmung)의 독일 노사관계 및 사회국가 등 기타 '환경요인' 등에 대해 분석하고, 우리에게 주는 함의를 도출하고 있다. 한편, 이 글은 같은 제목의 학술지 게재 논문(『한국사회정책』 제24권 제3호, 2017)을 수정·보완한 것임을 밝혀둔다.

제7장은 청년실업 문제에 대한 프랑스 사례를 다루고 있다. 심창학은 프랑스의 청년실업과 청년대상 사회보호정책에서 나타나는 프랑스 특징을 보여주고자 한다. 먼저 실업률, 니트율, 고용률 등의 국가 비교를 통해 나타난 프랑스 청년실업 문제는 매우 심각하다. 특히 15~19세 연령대의 높은 실업률과 25~29세 연령대의 청년집단의 높은 니트율에 주목할 필요가 있음을 강조하고 있다. 뿐만 아니라 청년집단 일자리의 질 역시 매우 열악하다. 청년취업자의 반 이상은 취약한 일자리 즉 유기계약, 대체근로 혹은 유급인턴의 형태로 고용되어 있는 점은 이의 방증이라 할 수 있다. 한편, 청년일자리의 창출 및 유지를 위한 국가의 역할은 매우 크게 나타나고 있음에도 불구하고 불안정한 청년일자리 증가의 주체로 평가받고 있는 점은 바람직한 국가 역할을 논할 때 반드시 고려되어야 할 대목임을 지적하고 있다. 한편, 사회보호정책에서 프랑스 청년은 사각지대에 방치되어 있는 측면이 나타난다. 여타 연령대에 비해 실업급여 수급률이 매우 낮을 뿐만 아니라 청년 사회권 역시 여타 국가에 비해 약한 것으로 나타나는데, 강한 가족주의 전통이 이의 내재적 원인인 것으로 결론짓고 있다. 한편, 이 글의 일부(II와 III)는 필자의 학술지 게재 논문 "청년실업에 대한 프랑스 국가의 대응 양식: 청년고용정책의 정체성은 존재하는가?"(『유럽연구』 제35권 3호, 2017)의 관련 내용을 증보한 것임을 밝혀둔다.

제8장은 일본의 청년실업과 청년고용정책 고찰에 관한 글이다. 여기서 임정미는 일본의 청년고용정책이 좋은 일자리 제공을 위해 어떠한 다차원적 접근을 취하고 있는지를 분석하고 있다. 먼저, 청년실업 문제를 해결하기 위해서는 단기적 고용창출 위주의 접근을 뛰어넘어 좋은 일자리 제공에 주목한 노동공급, 수요, 구조적 측면의 다차원적 개입이 필요함을 강조하고 있다. 이러한 관점에서 글쓴이는 일본 청년고용정책의 다차원성을 분석하기

위해 정책내용에 노동공급, 수요, 구조적 측면의 개입이 포함되어 있는지, 좋은 일자리를 만들기 위한 요소들이 구성되어 있는지를 살펴보았다. 분석 결과, 일본의 청년고용정책은 청년고용 문제에 대처하기 위해 노동공급, 수요, 구조적 측면에 배려한 다차원적 접근을 취하고 있는 것으로 나타났으며 또한 청년고용정책은 좋은 일자리 창출을 위한 질 중심의 개입으로 전환되고 있음을 알 수 있었다. 하지만 여전히 학교에서 노동시장으로의 원활한 이행에 필수적인 커리어 교육에 대한 교사, 교원들의 협력이 불충분하고, 구인자와 구직자 간 매칭기능 강화를 위해 중소기업의 고용환경 정비에 대한 지원이 필요함을 강조하고 있다.

마지막 제9장은 한국의 청년실업에 관한 글이다. 여기서 정재명은 먼저 관련 지표를 통해 한국 청년실업의 심각성을 보여주고 있다. 그리고 이러한 청년실업의 원인으로 글쓴이는 먼저 노동의 공급요인을 지적하고 있다. 1980년대 이후 우리나라 대학시장은 급격히 성장해 1990년대에 이르러 80% 이상의 대학진학률과 대학학력을 갖게 되는 초학력사회로 접어들어 고학력노동인력의 공급과잉이 일어났다. 이어서, 노동의 수요요인으로 최근 한국경제의 성장률 하락 및 경기둔화에 의한 신규투자와 새로운 일자리 창출이 줄어들고 있음을 지적하고 있다. 뿐만 아니라 산업구조의 변화에 의해 신규산업의 노동집약적 성향이 감소하고 있으며 기업의 채용패턴의 변화에 의해 신규진입 직원보다 경력직 직원을 선호하고 있다. 마지막으로 일자리 매칭 문제로 청년들이 구직활동을 하는 데 있어서 급여 및 다양한 눈높이에서 미스매치가 발생할 수 있음을 강조하고 있다. 한편, 이에 대한 시사점 및 개선 방안으로 필자는 신자유주의적 경제운용 방식에 대한 전면적 재검토, 청년층 실업에 대한 개념 확대, 저성장 시대에 맞는 경제모델 개발, 기업은 단기간의 이익을 추구해 비정규직을 양산하는 지금의 경영구조를 바꿀 필요가 있음을 강조하고 있다.

이상에서 살펴본 바와 같이 청년실업이라는 동일 문제에 대한 학제간 접근방식이나 국가별 해법은 매우 다양하다. 이러한 다양성의 확인은 청년실업에 대한 학제간 그리고 국가 비교를 위한 촉매제가 될 것임은 분명한 것 같다. 그리고 청년실업에 대한 학문적 혹은 정책적 논의를 확장·심화시키는 데 이 책이 최소한의 기여라도 할 수 있다면 이 책의 필자들은 더할 나위 없이 기쁠 것이다.

끝으로 감사의 인사를 전하고 싶다. 먼저, 2차례에 걸쳐 진행된 학술대회에서 귀중한 발표를 해 주시고 논문을 기고해 주신 필진 여러분들께 지면을 빌어 깊은 감사의 말씀을 올리고 싶다. 자원봉사(?)에 가까운 이분들의 헌신과 도움이 없었더라면 이 책은 발간되지 못했을 것이다. 그리고 학술대회 준비를 위해 애썼던 강보라 연구소 조교 선생과 원고의 편집 및 교정이라는 어려운 일을 묵묵히 수행해 준 경상대학교 대학원 심리학과의 정다운 학생 그리고 임상 및 건강심리 실험실 학생들에게도 고맙다는 말을 전하고 싶다. 또한 전문학술도서 출판이 그리 반가운 일이 아닐 것임에도 불구하고 출판 제의에 흔쾌히 응해 주신 '도서출판 오름'의 부성옥 대표와 출판 관계자 여러분들께 심심한 감사의 말씀을 전하고 싶다. 끝으로 인권·사회발전연구소의 여섯 번째 연구총서인 본 저서가 발간될 수 있도록 재정적 후원을 해 주신 경상대학교 학교기업 GAST와 대표인 이정규 교수님께 감사드리고 싶다. 청년세대가 이제 더 이상 '잃어버린 세대' 혹은 '희생당하는 세대'가 아닌 세상이 오길 바라며…….

2017년 11월

엮은이 심창학

차례

▸▸ 머리말 • 심창학 / 5

제1부 청년실업을 바라보는 시각: 학제간 비교

제1장 청년고용에 대한 경제학적 접근: 쟁점과 정책대안 21 송기호

Ⅰ. 청년고용 문제의 경제학적 접근방법과 주요 쟁점 24
Ⅱ. 청년층 과잉교육의 하향취업 및 니트화 영향 26
Ⅲ. 일자리의 세대 간 대체가능성 31
Ⅳ. 근로시간 단축의 청년고용 영향 35
Ⅴ. 청년층 일자리 질의 변화 40
Ⅵ. 대졸자의 노동시장 이행 지체와 노동시장 이중구조 45
Ⅶ. 정책과제 52

제2장 청년실업의 사회학적 의미와 정책적 전망:
EU 사례를 중심으로 61 임운택

Ⅰ. 청년실업 다시보기 61
Ⅱ. 사회적 범주로서 청년과 청년실업의 사회적 의미 64
Ⅲ. 분석틀: 고용정책과 노동시장정책의 관점에서 본 청년실업정책 81
Ⅳ. 결론에 대신하여: 유럽 청년실업 대책이 한국의 청년실업 대책에
주는 의미 85

제3장 청년실업에 대한 심리학적 접근 95 부수현

Ⅰ. 서론 95
Ⅱ. 과도한 스트레스를 받는 청년들 96
Ⅲ. 청년실업이 유발하는 사회 문제 102
Ⅳ. 취업 스트레스에 대한 심리적 대처전략 112
Ⅴ. 결론 및 논의 123

제4장 청년실업에 대한 사회복지학적 접근: 청년실업 문제와 대안적 사회보장체계의 모색 135 노대명

Ⅰ. 들어가며 135
Ⅱ. 청년실업 문제에 대한 이론적 검토 137
Ⅲ. 청년실업과 청년빈곤의 현황 그리고 문제점 144
Ⅳ. 청년실업자를 위한 사회보장제도: 대안의 모색 152
Ⅴ. 맺으며 159

제2부 청년실업의 국가별 사례: 도전과 대응

제5장 영국의 청년실업: 도전과 정부 정책들 165 강욱모

Ⅰ. 머리말 165
Ⅱ. 청년실업과 관련한 이론적 논의 168
Ⅲ. 영국의 청년실업 현황과 특성 173
Ⅳ. 영국의 청년실업 대책 178
Ⅴ. 결론 197

제6장 독일의 청년실업과 고용 대책: 직업교육훈련 '이원체제(dual system)'를 중심으로 205 이호근

Ⅰ. 문제제기 205
Ⅱ. 독일 고용시장과 청년실업 현황 207
Ⅲ. 독일 청년실업 대책 210
Ⅳ. 독일 '직업교육훈련제도'와 청년고용 223
Ⅴ. 맺는 말 235

제7장 프랑스의 청년실업, 노동시장 그리고 국가 243 심창학

Ⅰ. 들어가는 말 243
Ⅱ. 프랑스의 청년실업 동향 246
Ⅲ. 프랑스 청년집단의 노동시장 동향 259
Ⅳ. 청년실업에 대한 국가의 개입 및 역할 267
Ⅴ. 나가는 말 277

제8장 일본의 청년고용정책에 대한 고찰: 좋은 일자리 창출을 위한 다차원적 접근에 근거하여 283 임정미

Ⅰ. 서론 283
Ⅱ. 일본 청년고용의 현황 286
Ⅲ. 청년실업의 원인 292
Ⅳ. 좋은 일자리의 개념 및 본 연구의 분석틀 295
Ⅴ. 일본 청년고용정책 296
Ⅵ. 결론 307

제9장 한국의 청년실업 315 정재명

Ⅰ. 서론 315
Ⅱ. 우리나라 청년고용의 현황 317
Ⅲ. 청년실업의 원인 319
Ⅳ. 역대 정부의 청년실업정책 326
Ⅴ. 앞으로의 대책: 시사점 334

▸▸ 색인 / 341 ▸▸ 필자 소개(원고 게재순) / 349

제1부

청년실업을 바라보는 시각: 학제간 비교

제1장 청년고용에 대한 경제학적 접근: 쟁점과 정책대안 송기호

제2장 청년실업의 사회학적 의미와 정책적 전망:
EU 사례를 중심으로 임운택

제3장 청년실업에 대한 심리학적 접근 부수현

제4장 청년실업에 대한 사회복지학적 접근:
청년실업 문제와 대안적 사회보장체계의 모색 노대명

청년고용에 대한 경제학적 접근:
쟁점과 정책대안

송기호 • 경상대학교 경제학과

경제학적 접근방법이란 기본적으로 경제변수의 인과관계에 주목하면서 경제적 유인 또는 시장 유인을 이용하여 문제를 해결한다는 시각이다. 청년실업 문제는 청년에게는 생애 첫 일자리를 안정적으로 구하지 못하고, 그러한 불안정한 출발이 생애고용의 질을 결정한다는 점에서 중대한 위험이다. 이러한 위험은 기본적으로 경제적 환경 변화의 결과로서 사회가 적극적으로 해결하려고 노력해야 하는 대상이며, 당연히 시의적절한 청년고용정책이 적극적으로 실시되어야 하는 이유이다.

청년실업과 청년고용에 대한 경제학적 접근과 관련해서 노동 수요와 공급의 변화 요인 및 상대적 중요성, 일자리의 양과 질에 대한 고려, 청년고용과 고령층 고용의 대체관계, 고용과 임금의 상충관계로 인해 고용 변화를 위한 임금 조정의 가능성, 고용 증대의 실질적 주체인 기업의 청년고용 확대를 위한 경제적 유인, 청년고용 관련 재정투자 규모와 정책의 성과 평가, 단기와 장기의 분석기간에 따른 고용정책 대응의 차별화, 노동시장의 이중구조 개선, 청년고용 친화적인 노동시장개혁 등 다양한 측면들이 고려될 수 있을 것이다.

우리나라 노동시장을 둘러싼 경제 환경은 급격한 변화에 직면하고 있다. 저출산 및 고령화 진행으로 인한 인구구조의 급변, 인공지능, 로봇기술, 생명과학 등이 주도하는 4차 산업혁명으로 인한 급격한 기술변화, 저성장이 일반적 추세인 성장구조의 변화 등은 노동시장의 수요와 공급 및 구조에 커다란 충격이다. 이러한 변화는 노동시장의 경쟁구조에서 상대적 취약계층인 청년층 및 고령층에 누적되고 있고 청년고용 문제를 우리사회에서 가장 심각한 문제로 만들고 있다(김승택, 2017: 5-6). 청년고용 문제를 해결하기 위해 2000년대 이후 중소기업 인턴제를 중심으로 한 일자리정책, 직업훈련정책, 공공부문의 일자리 확대정책, 민간부문 채용유인 지원정책, 공급과 수요의 중개를 원활하게 돕는 고용서비스정책 등의 다양한 노동정책들이 오랫동안 시행되어왔지만 〈표 1〉의 청년고용 관련 주요지표들은 오히려 악화 추세이다. 청년실업률은 급속히 상승하여 그 수준이 일반 실업률의 세 배까지 확대되는 추세이고, 청년고용률은 상대적으로 낮은 수준에서 오랫동안 정체되어 있다. 실제 취준생, 공시생, 그리고 불완전 취업상태의 비정규직 등을 포함하는 청년 체감실업률은 청년 공식실업률의 두 배 이상으로 추정된다.

새로운 접근을 통해 청년고용 문제를 해결하려는 인식의 전환이 필요하다. 1997년 경제위기 이후 우리나라 학계의 노동시장에 대한 관심도 크게 임금 문제로부터 고용 문제로 전환된 분위기이다. 경제위기 이전에는 임금의 수준 및 격차 그리고 이를 둘러싼 노사관계 대립 문제가 오랫동안 주목을 받았지만, 이후에는 이른바 고용복지(welfare to work) 차원에서 고용의 양과 질의 개선, 특히 고용 취약계층인 청년층과 고령층 고용 문제가 주목을 받게 되었다. 그리고 2008년 글로벌 금융위기 이전에는 고용 문제 중에서도 과잉학력과 하향취업 현상이란 공급 측면의 '과잉공급'을 주목했지만, 그 이후에는 베이비붐세대의 자녀세대인 에코세대가 대거 노동시장에 진입하면서 청년고용 문제에 대해 '일자리의 부족' 관점의 수요 측면 접근이 보다 주된 관심사항이 되었다. 일자리 부족 관점에서 보다 많은 일자리 창출을 통한 과잉공급의 해소가 주된 해결방안으로 제시되었다. 사실 2008년은 대학입학정원 비율이 가장 높은 83.8%로서 글로벌 금융위기로 인한 경기침체와 함께 청년고용의 문제가 한국경제의 최대 현안으로 부각된 시기이다. 이후 최근에는 일자리의 양 확대보다 '일자리의 질' 개선이 청년고용 문제 해결에 있어 더욱 중요하다는 인식이 확대되었다. 졸업 후 노동시장에 진입하는 청년들에게 있어서 첫 일자리는 그 질에 따라 그들의 생애고용의 질이 크게 영향을 받는다는 점에 있어 매우 중요하다. 비구직 청년니트의 급속한 증가 현상은 보다 근본적인 청년고용 문제가 일자리의 양이 아니라 질의 문제란 점을 시사해주고 있다. 많은 연구들은 단지 일자리 부족이 아니라 청년이 가고 싶은 일자리가 부족하다는, '좋은 일자리(decent job)[1]의 부족' 현상에 더 적극적인 관심을 가지게 되었다.

이 글은 문헌연구를 통해 현재 우리나라 청년고용 문제 관련 주요 쟁점들을 정리해 보면서, 새로운 시각에서 정책대안을 검토해보는 것을 목표로 한다. 이 글이 다루려고 하는 주요 쟁점은 우선 노동공급과 관련된 주제로서 우리나라 과잉교육과 그 결과로서의 하향취업 및 청년니트의 증가 문제와 청년층과 고령층 간 일자리의 세대 간 대체가능성 문제, 그리고 노동수

표 1 전체 청년층 고용지표(고용률, 실업률)

(단위: %)

	2006	2007	2008	2009	2010	2011	2012	2013	2014	2015	2016
전체 고용률	59.7	59.8	59.5	58.6	58.7	59.1	59.4	59.5	60.2	60.3	60.4
청년고용률	42.6	42.6	41.6	40.5	40.3	40.5	40.4	39.7	40.7	41.5	42.3
전체 실업률	3.5	3.2	3.2	3.6	3.7	3.4	3.2	3.1	3.5	3.6	3.7
청년실업률	7.9	7.2	7.2	8.1	8.0	7.6	7.5	8.0	9.0	9.2	9.8

자료: 통계청, 경제활동인구조사, 각 연도

1) '좋은 일자리(decent job)'는 노동유연화로 인한 악화된 일자리 질의 개선을 위해 1999년 ILO에 의해 제창된 개념으로서, '좋은 일자리'는 고용기회, 노동기본권, 사회복지, 사회적 대화 등의 수준을 고려한 다양한 11차원 29지표에 의해 평가된다.

요와 관련된 주제로서 일자리 나누기 일환으로서 추진되고 있는 근로시간 단축정책의 청년고용 증대 효과 문제와 일자리 질의 악화로 인한 청년고용의 불안정성 문제, 마지막으로 노동시장 구조와 관련된 주제로서 대졸자의 노동시장 이행 지체 문제 등이다. 청년층의 일자리 불안정성 문제와 노동시장 이행의 지체는 우리나라 청년층 노동시장의 이중구조화 여부에 대한 추정 근거가 될 수 있다.

I. 청년고용 문제의 경제학적 접근방법과 주요 쟁점

청년고용은 노동수요, 노동공급, 그리고 노동시장 구조의 세 측면에서 살펴볼 수 있다. 우선, 노동공급은 양적 측면과 질적 측면으로 구분될 수 있는데 노동공급의 양적 수준은 생산가능인구 규모, 경제활동참가율, 연간근로시간 등에 의해 결정되며, 질적 수준은 주로 교육과 훈련에 대한 인적자본투자 수준에 의해 영향을 받는다. 공급 측면의 청년고용 문제는 청년층이 학교-취업-재취업의 노동시장 이행과정 각 단계에서 청년들이 학교로부터 적절한 학력과 숙련을 확보했는지, 학교-취업의 첫 일자리로 잘 진입했는지, 첫 일자리에서 교육·훈련을 통한 인적자본축적이 계속되고 있는지, 첫 일자리가 학력과 숙련 수준과 부합하지 못할 때 이직을 통한 재취업을 통해 일자리 상향이동이 가능한지 등의 문제의식으로부터 접근할 수 있을 것이다.

현재 청년고용의 노동공급 측면과 관련된 주요 쟁점은 높은 대학입학률로 인한 과잉학력 상황은 개선되고 있는지, 과잉학력으로 인한 하향취업 상태에서 보다 나은 일자리로의 탈출 가능성이 개선되고 있는지, 자신의 하향취업 상태와 구직가능성 하락에 실망한 청년들이 교육과 훈련을 포기한 상태로 비노동력화되는 계층을 지칭하는 개념인 청년니트의 추세와 개선방법은 무엇인지, 인적자본이론이 주장하는 바와 같이 교육과 훈련은 과연 청년들의 생산성을 증대시켜 그 결과 청년고용의 양과 질을 확대하고 개선시켜주는 역할을 하고 있는지, 그리고 최근 일자리 나누기 일환으로 추진되고 있는 근로시간 단축정책의 청년고용 효과는 과연 긍정적인지 등으로 파악된다.

둘째, 노동수요는 기업의 생산과 비용에 대한 의사결정과 관련되어 있다. 최근 우리나라의 주력산업을 이끌며 많은 노동력을 고용해온 제조업 분야 가운데 석유화학, 철강, 조선 등은 공급과잉업종으로 분류되면서 급격한 구조조정을 겪고 있는 한편, 기술변화 측면에서 이른바 4차 산업혁명의 기술혁신이 급격히 진행되고 있어 청년고용을 둘러싼 제반 환경은 새로운 국면으로 진입하고 있다. 이러한 경제 환경의 급격한 변화 속에서 기업들은 생산함수와 비용함수의 결정요인인 노동, 자본, 기술 등의 상호 대체관계, 생산방식 및 노사관계의 성격 등에 따라 고용에 대한 전략적 선택을 할 것이다. 구체적으로 기업은 기술 변화와 생산요소 가격 변화에 따라 자본-노동 비율을 어느 수준으로 정할지, 신규채용에 있어 경력직-신규직 비율을 어떤 수준으로 정할지, 근로자에 대한 인적자본투자로서 직업훈련의 내용과 수준을 어떻게 구성할지, 노사관계를 어떻게 관리할지 등에 대해 전략적 선택을 하게 되고, 그 결과 청년고용의 양과 질이 결정될 것이다.

현재 청년고용의 노동수요 측면과 관련된 주요 쟁점은 수요함수 추정을 통한 자본-노동 대체관계의 추세는 어떤지, 기술변화의 성격은 노동절약적인지 혹은 자본절약적인지, 기업이 채용시장에서 신규직보다 경력직을 더 선호하는 경향이 노동시장의 경직성과 연관된 것인지, 고용흡수력이 높은 중소기업이 청년층을 위한 좋은 일자리를 창출할 수 있도록 지원하는 방법은 무엇인지, 저생산성-저임금-저능력이란 고용의 악순환이 특징인 이차 노동시장이 청년고용에 있어서 함정이 아니라 가교의 역할을 할 수 있게 하는 노동시장 구조개선 방법은 무엇인지, 그리고 최근 정년연장정책 시행에 따른 고령층의 정년연장이 청년층 고용 감소를 유발한다는, 이른바 세대 간 고용대체 가능성은 타당한 것인지 등이다.

세 번째로, 노동시장 구조 측면의 청년고용 문제는 노동시장이 구조와 기능 측면에서 적절한 역할을 하고 있는지 여부와 관련되어 있다. 이론적으로 청년노동시장의 구조와 기능은 기본적으로 불완전하다. 우선, 일반적으로 노동공급의 주체인 근로자는 노동력 상품이 지닌 특수성으로 인해 노동수요의 주체인 기업에 비해 노동력 거래에 있어 불리한 지위를 갖는다는 특성이 지적된다. 특히 청년은 생애고용에 있어서 첫 일자리를 얻으려고 하고, 이후의 생애고용 과정에서의 이른바 낙인효과를 두려워한다는 점에서 더욱 그러하다. 또한 노동시장의 수요와 공급 원리에 의해 결정되는 임금과 고용 변수의 움직임이 신축적이지 못하다면 노동시장의 효율적인 자원배분 기능은 제대로 작동되지 못할 수 있다. 노동시장에서 청년과 기업 간의 일자리 정보의 비대칭성 및 탐색비용의 존재는 청년들의 효율적 일자리 탐색을 어렵게 만든다.

현재 청년노동시장의 구조와 기능과 관련된 주요 쟁점은 고학력 대졸자(특히 인문사회계열)의 학교-취업 간 노동시장 이행이 원활한지 혹은 지체되고 있는지, 학교-취업의 노동시장 이행에 있어서 교육·훈련-생산성증대-임금상승이란 인적자본이론의 가설은 설명력을 가지는지, 청년에게 있어 첫 일자리로서의 2차 노동시장이 가교인지 함정인지 등이다.

II. 청년층 과잉교육의 하향취업 및 니트화 영향

과잉교육(overeducation)은 노동시장 일자리 불일치(job mismatch)의 주된 요인 중 하나이다. 과잉학력은 학력과 숙련의 불일치를 초래하여 청년층 실업을 증대시키기도 하고, 하향취업으로 고용 불안정성을 높인다. 과잉 공급된 고학력 구직자들은 자신의 학력과 숙련 수준에 부합하는 일자리를 찾지 못해 구직 자체를 포기하거나, 구직에 성공한 경우에도 하향취업 즉 자신의 학력과 스킬 수준보다 더 낮은 일자리에 진입하는 경우가 적지 않다. 구직 자체를 포기한 고학력 구직자 가운데 상당수는 교육과 훈련도 받지 않는 상태를 지속한다. 니트(NEET)는 노동시장 경쟁에서 내몰려 취업의사를 잃고 노동시장에서 바깥으로 내몰린 청년들 가운데 특히 교육과 직업훈련 중에 있지 않은 청년들을 말한다. 청년니트들은 개인적으로는 인적자본축적을 하지 못해 니트 상태로부터의 탈출이 어렵고, 생애고용과정에서 낙오자가 될 가능성이 높으며, 국민경제의 성장잠재력을 낮춘다는 측면에서 청년고용정책의 주된 대상으로 주목받고 있다.

1. 과잉교육과 하향취업

1980년 졸업정원제 실시, 그리고 1996년 대학설립 준칙주의로 우리사회는 급속한 고학력화를 경험하고 있다. 2008년 대학진학률은 최고치인 83.8%를 기록하여 1990년의 33.2%에서 20년도 되지 않은 짧은 기간에 2.5배 이상 증가했는데, 4년제로 국한하면 1990년 20.9%에서 2008년 58.9%로 같은 기간 약 세 배나 증가했다. 그 결과 우리나라는 OECD 국가 가운데 대학진학률이 가장 높은 국가 중 하나가 되었다. 2009년 이후 4년제 대학 중심으로 대학진학률은 완만하게 하락하고 있지만 여전히 높은 수준이다.

일자리 탐색과정에서 과잉학력은 유보임금(reservation wage)을 높여 학력 및 숙련 불일치를 발생시키고, 그 결과 청년들은 불가피하게 하향취업을 선택하거나 취업을 늦추게 되며, 기업들은 고학력화된 노동공급을 적절히 활용하지 못하게 된다. 기존연구에서는 주로 과잉교육의 규모와 확대 원인, 과잉학력의 비용, 그리고 과잉학력의 하향취업 영향에 대해 분석하고 있다.

어수봉(1994)은 35.4%의 광범위한 과잉교육 규모를 지적하였고, 김주섭(2005)은 학력과잉의 규모가 22.8% 수준이며, 근로자가 연령이 낮을수록, 비정규직보다는 정규직인 경우, 3차 산업에 종사하는 경우 학력과잉에 빠질 확률이 낮은 것으로 분석했다. 차성현 외(2010)는 '2007 대졸자 직업이동경로조사(2007 GOMS)' 자료를 이용하여 교육 및 기술 불일치가 임금, 직무만족도, 이직의도 등에 미치는 영향을 분석한 결과, 신규 대졸자 중 과잉교육 및 과잉직무에 포함되는 비율은 22.5% 수준이며, 과잉교육 근로자들은 적정교육 근로자에 비해 약 8.1%의 임금 손실, 과잉기술 근로자들은 적정기술 근로자보다 약 7.9%의 임금 손실을 각각 경험한다는 결과를 얻었다.

그렇지만 학력과잉이 비효율만 초래하는 것은 아니라는 지적도 있다. 오호영(2005)은 과잉교육 규모가 전문대졸은 10.1~20.7%, 대졸은 18.8%로 각각 추정하고 있다. 그는 과잉교육의 임금효과는 통계적으로 유의하지 않았다면서 이는 기업이 하향취업 근로자를 내부조정을 통해 활용했을 가능성이 있고, 따라서 과잉교육에 따른 인적자원투자 낭비가 심각하다는 증거는 없다고 해석한다. 또한 채창균 외(2005)도 과잉교육 규모는 전문대학보다는 대학에서 컸고, 과잉교육의 교육의 질과 임금에 대한 영향이 유의하지 않다는 결과에 대해서는 과잉교육이 기업 내부의 조정 과정을 통해 해소되어 생산성 저하가 발생하지 않았다고 해석한다.

2. 청년니트화

청년니트는 청년 취약계층 가운데 대표적인 경우이다. 니트는 교육과 직업훈련을 받지 않아 인적자본형성이 멈춰진 청년이란 점에서 청년실업자 또는 청년 비경제활동인구와 구별된다. 구직과정에서 실업의 낙인효과를 경계하는 청년층은 적극적 구직활동보다는 소극적 취업준비나 노동시장에서 퇴장하는 니트화를 선택하는 것이다. 우리나라의 경우 청년니트의 규모도 크고, 청년니트의 대부분은 구직활동을 하지 않는 니트 특성으로 인해 적극적 관심대상이 되고 있다.

현재 우리나라 2016년 청년실업률이 9.8%로서 가장 높은 수준을 기록하고 있지만 OECD 국가들의 평균 실업률보다 상대적으로 낮은 수준인 반면, 고용률은 상응하여 증가하지 못하고 있는 현상은 우리나라 청년니트의 비중이 과도하게 높은 수준이란 것을 시사해준다. 우리나라 청년니트의 규모와 청년니트를 포함한 청년 유휴인력의 규모 현황인 〈표 2〉를 보면, 2014년 실업자와 NEET1(취업준비', '진학준비', '쉬었음' 등의 사유로 인해 비경제활동인구로 편입된 15~29세 청년층)을 합한 청년층 유휴인력비율은 실업률 3.85%보다 훨씬 높은 10.65%로서 공식통계에서도 청년층 인력이 상당 부분 유휴화되고 있음을 확인할 수 있다.

OECD 정의에 따른 우리나라 니트 비율을 다른 OECD 국가들과 비교하면, 우리나라는 20대 니트 비율이 높고, 특히 대졸 이상 청년층의 니트 비율이 높다는 특징이 보인다. 2014년 한국의 청년니트 비율은 18.5%로서 OECD 국가의 평균 15%보다 3.5% 높은 수준이다. 그러나 OECD의 니트 정의는 정규교육 참여자만 니트에서 제외하므로 이를 감안하여 비정규교육기관 수

표 2 청년층 니트 규모 추이

	2009	2010	2011	2012	2013	2014
NEET1	635,721 (6.49)	660,809 (6.80)	654,499 (6.81)	653,048 (6.87)	678,076 (7.10)	646,508 (6.80)
NEET2	278,974 (2.85)	244,124 (2.51)	271,570 (2.82)	280,466 (2.95)	307,317 (3.22)	265,020 (2.79)
실업자	333,220 (3.40)	274,137 (2.82)	310,872 (3.23)	342,011 (3.60)	306,798 (3.21)	365,707 (3.85)
유휴인력1	968,941 (9.90)	934,946 (9.62)	965,371 (10.04)	995,059 (10.46)	984,874 (10.31)	1,012,215 (10.65)
유휴인력2	612,194 (6.25)	518,261 (5.33)	582,442 (6.06)	622,477 (6.54)	614,115 (6.43)	630,727 (6.63)
청년층인구	9,788,648 (100.00)	9,719,672 (100.00)	9,614,317 (100.00)	9,511,873 (100.00)	9,549,951 (100.00)	9,507,100 (100.00)

주: 1. ( )안은 청년층인구 대비 비율을 나타냄
2. NEET1: 청년층(15~29세) 비경제활동인구 중 '취업준비', '진학준비', '쉬었음'으로 한정
NEET2: 청년층(15~29세) 비경제활동인구 중 '쉬었음'으로 한정
3. 유휴인력1 = NEET1 + 실업자, 유휴인력2 = NEET2 + 실업자

자료: KLI, 2015 통계로 본 노동동향

강생을 제외하면 우리나라의 경우 OECD 평균과 유사한 15% 수준으로 추정된다. 그렇지만 대졸 이상 청년층 니트 비율이 우리나라보다 높은 국가는 터키(24.5%)가 유일하다. 또한 OECD 평균 실업자 니트는 6.5%이고 비경활 니트는 8.7%인 데 반하여, 우리나라의 경우 실업자 니트는 2.9%이지만 비경활 니트는 무려 15.6%에 달한다. 이는 우리나라 니트가 노동시장에서 적극적으로 구직활동을 하지 않고 사설학원 등을 이용해 장기적인 취업준비 활동을 하는 비율이 높거나 구직단념자가 많다는 것을 말해준다(채창균b, 2016: 100-101).

니트에 관한 기존연구들은 니트 규모와 니트로부터의 탈출 가능성에 주목한다. 남재량(2006)은 니트 개념을 정의하고, 1995년부터 2004년까지 니트 통계를 작성하여 니트 진입 및 탈출 분석을 시도하였다. 그는 청년니트를 "지난 1주간으로 볼 때, 정규 교육기관이나 입시학원 또는 취업을 위한 학원·기관(고시학원, 직업훈련기관 등)에 통학하고 있지 않고, 일하고 있지도 않고, 가사나 육아를 주로 하고 있지도 않고, 배우자가 없는 15세 이상 34세 이하의 개인"으로 정의하면서, 구직 니트와 비구직 니트의 두 형태로 세분하였다.

남재량(2011)은 2006년 연구의 후속연구로 청년니트 가운데 비구직 청년니트의 추이와 특성을 분석한 결과, 1990년대 중반부터 시작된 청년니트의 급속한 증가세가 2000년대 중반 들어 다소 완화되기는 하였으나 여전히 증가세를 보이고 있었다고 분석하는데, 2011년 1월 현재 15~34세 비구직 청년니트의 수가 무려 100만 명을 넘고 있다고 추정하면서 비구직 니트에 대한 적극적인 대책이 필요함을 강조하였다. 남재량 외(2013)은 한국노동패널(KLIPS) 자료를 이용한 패널 분석을 통해 니트경험 유무에 따른 6~9년 후의 노동시장 성과를 분석한 결과, 지난 10년간 전체 고용률의 정체 원인은 고학력화에 의한 니트 현상이라고 강조한다. 니트경험자는 비경험자에 비해 취업 가능성이 낮고, 취업하더라도 비정규직 취업가능성이 더 높았으며, 임금도 낮았다. 월평균 임금과 시간당 임금의 격차는 각각 74.1~85.5%, 71.6~89.0% 수준으로서, 청년기에 니트 상태를 경험하는 경우 6~9년 후의 노동시장 성과는 상당히 감소한다는 결과를 얻었다.

니트 관련 기존연구 결과를 종합하면, 우리나라 청년니트는 노동공급 측면 과잉학력의 주된 결과로서 적극적인 구직활동을 하지 않는 비율이 매우 높고, 니트 비율은 높은 수준에서 정체상태를 보이고 있으며, 경제적 손실 규모는 매우 크다는 것이다.

채창균(2016b)은 니트의 경제적 비용이 상당한 수준임을 지적하면서 니트 규모 축소를 위한 적극적인 정책 대응을 주문하고 있다. EU 통계에 따르면, 2011년 니트의 경제적 비용이 EU 26개국 평균으로 GDP의 1.21%에 달하며, EU 전체로서는 1,530억 유로의 경제적 비용이 발생했다고 한다.[2] 이는 2003~2012 기간 OECD 전체의 GDP 대비 노동시장정책 관련 연평균 재정지출비율인 1.46%에 약간 못 미치는 높은 수준으로서 같은 기간 한국의 GDP 대비 노동시장정책 관련 연평균 재정지출비율은 이보다 훨씬 낮은 0.48% 수준임을 고려한다면 니트 축소를 위한 보다 적극적인 재정투자 확대의 경제적 유인이 존재한다(주무현, 2016: 123).

Ⅲ. 일자리의 세대 간 대체가능성

청년층과 중고령자 사이의 고용대체 문제는 2003년부터 진행된 임금피크제를 동반한 정년연장 제도의 법제화 과정과 관련되어 이슈화된 주제이다. 정부는 2003년부터 국민연금 수급개시연령에 비해 상당히 앞선 정년연령(평균 57세 정도)을 연장하는 정년보장형 또는 정년연

2) 그는 니트 축소를 위한 적극적인 정책적 대응을 주문하고 있다. 니트를 취업준비형, 장애형, 반복형, 장기지속형 등 유형별로 구분하면서 취업준비형에는 중소기업 취업지원, 장애형에는 고용할당제와 복지정책, 반복형에는 인적자원개발정책, 장기지속형에는 종합적 접근 등의 정책적 처방을 제시한다.

장형 임금피크제 도입 논의를 시작하였고 이를 배경으로 정년연장 논의는 '세대 간 일자리' 논쟁으로 연결되었다. 즉 임금피크제를 수반하는 정년연장제 도입으로 고령자에게 일자리를 제공하면, 청년층 일자리가 없어져 청년층 실업이 늘어난다는 것이었다(안주엽, 2014: 97-98).

세대 간 일자리 논쟁은 청년층과 중장년층 및 고령층으로 구성된 노동시장에서 청년층과 고령층 노동시장이 서로 상충관계 혹은 경쟁관계에 있다는 세대 간 고용대체 주장과 세대 간 직종분리 및 분업으로 인해 오히려 두 시장이 보완관계에 있다는 주장으로 대립된다.

이론적으로 생산함수에 있어서 노동수요는 생산물 수요의 파생수요이고, 노동력 간에는 서로 대체관계 혹은 보완관계가 존재하며, 한 계층에 대한 노동수요 변화는 청년층뿐만 아니라 모든 계층의 노동수요에 영향을 줄 수 있으므로 청년층과 고령층의 고용대체 관계는 복잡하고 모호한 측면을 지닌다. 예를 들어, 고령층 노동수요 증가로 인한 고령층 고용이 증가할 때 고령층의 소득증가로 인해 생산물수요 증가가 초래되고 그 결과 청년층 노동수요가 증가할 수 있다. 또한 고령층 고용 증가 시 임금피크제가 병행 실시된다면 임금조정으로 인해 청년층 고용 가능성이 증대될 수 있다. 고령층 노동수요 증가는 여성 중장년층에 대한 노동수요를 감소시킬 수도 있을 것이다. 따라서 청년층과 고령층 간에 서로 고용대체가 있는지 여부는 고령층 소득증가로 인해 새로운 생산물수요를 유발하는지, 고령층 노동수요의 증가가 임금조정을 수반하는지, 고령층 노동수요 증가가 청년층 이외의 다른 연령층 고용을 변화시키는지 등에 따라 달라진다고 볼 수 있다.

국외연구의 경우, 청년층 고용과 고령층 고용 간에 대체관계가 존재하는지 여부를 검토한 기존연구들은 다소 상반된 결과를 보고하고 있다. Card and Lemieux(2001)은 청년과 고령층 고용 간에 불완전 대체관계가 있음을 발견한 반면, Kepteyn et al.(2008)은 22개 OECD 국가의 패널자료(1962~2004년)를 이용한 분석결과, 조기퇴직은 청년고용에 긍정적인 효과를 주지 않았으며, 청년고용과 고령자고용의 관계는 약한 보완관계에 있다는 결과를 얻었다. Oshio et al.(2010)은 우리나라처럼 법정 정년연령을 단계적으로 높여온 일본의 경우, 산업별 자료를 이용하여 고령화와 청년고용 간 관계를 분석한 결과, 정년연장이 청년층 고용에 부정적 영향을 가진다는 증거는 발견되지 않으며 오히려 고령층 고용률 증가(감소)는 대체로 청년층 고용률 증가(감소)를 동반한다는 결과를 발견하였다(김준영, 2011: 72-74).

국내연구도 청년층과 고령층 사이에 세대 간 고용대체 가능성이 없거나 미약한 수준이며, 오히려 보완관계를 보이기도 한다는 결과를 보고하고 있다. 김대일(2004)은 일반균형론적인 관점에서 성·연령별로 여섯 유형의 근로자(남녀 각각 15~34세, 35~54세, 55세 이상) 집단을 설정한 후 유형별 노동공급함수 및 노동수요함수를 추정하고, 이를 토대로 향후 고령화가 노동시장에 미칠 영향을 예측하며, 정년연장제 도입으로 55세 이상 남성의 노동공급이 증가하는 경우 예상되는 고용 및 임금의 변화를 분석한 결과, 총노동수요에서 고령층과 청년층 간의 대체관계가 거의 없었으며, 고령층 남성의 노동공급 증가는 오히려 35세 이상 여성 근로자의 임금과 고용을 상당히 큰 폭으로 감소시킨다는 결과를 도출하였다. 김준영(2011)은 고용보험 DB의 사업체패널 자료(2000~2009년)를 이용하여 사업체 수준에서 청년층과 고령층 간의 일자리 경합 여부를 분석하여 기존연구의 타당성을 검증한 결과, 고령층의 고용 증가와 노동력 고령화가 청년층 고용 감소를 동반한다는 증거는 발견되지 않는다고 말한다.

안주엽(2011)은 청년층 및 고령층 사이에 세대 간 직종경합의 수준보다 직종분리의 수준이 높다는 분석결과를 토대로, 청년층과 고령층 사이에 고용보완관계가 있다고 주장한다. 구체적으로 그는 1982~2010년의 약 30년간 월별 자료를 이용하여 '고령층 고용은 청년층 고용에 부정적 영향을 미친다'는 가설을 시계열분석을 통해 검증한 결과, 고령층 고용률과 청년층 실업률 간의 정(+)의 관계, 고령층 취업률과 청년층 실업률 간의 정(+)의 관계, 고령층 고용률과 청년층 고용률 간의 부(-)의 관계 등의 세대 간 고용대체 가설들이 모두 기각되므로 청년층과 고령층 사이에 고용 보완관계가 있다고 해석한다. 또한 전 세대를 청년층(30세 미만), 장년층(30~44세), 중년층(45~54세), 준고령층(55~64세), 고령층(65세 이상)의 다섯 세대로 구분하고 세대 간 직종격리지수(intergenerational occupation dissimilarity index)를 검증한 결과, 51개 중분류 직종 중 청년층 비교우위 직종은 17개, 준고령층 비교우위 직종은 22개, 경합직종은 12개로 나타나 청년층과 준고령층 사이에 직종분업이 비교적 큰 수준이었으며, 세대차이가 확대될수록 세대 간 직종분리 경향이 심해지므로 청년층과 고령층 고용의 보완관계가 다시 확인되었다고 말한다.

금재호(2012)는 직업 및 산업별 일자리 분포를 연령계층별로 분석한 결과, 청년층은 주로 보건복지, 정보통신, 교육, 예술·스포츠·여가 등 신산업 분야에서 전문직 및 사무직으로 종사하는 반면, 중·고령층은 주로 농림어업, 건설, 운수 등 전통적 산업분야에서 기능·조립·단순노무직으로 종사하여 세대 간 대체 문제는 생각보다 심각하지 않을 것으로 추정한다. 그렇지만 전체 수준에서는 고용대체 가능성이 약하더라도 동일직장 내에서는 청년일자리와 중·고령자의 일자리 사이의 대체관계가 존재한다는 것을 지적하며 임금 시스템의 변화가 필요하다고 강조한다. 말하자면 임금 조정 가능성에 따라 청년일자리와 중·고령자 일자리가 보완적 관계가 될 수도, 대체적 관계가 될 수도 있다는 것이다.

요컨대, 일자리의 세대 간 대체가능성에 관한 기존 국내연구들은 대체로 대체관계가 약하거나 오히려 보완관계가 나타난다며 베이비붐세대의 정년 연장으로 인해서 청년층 일자리 상황이 악화될 것이라는 주장은 지나치게 과대평가된 것이라고 결론짓고 있다. 그럼에도 불구하고 단기적으로 고령층의 정년연장이 청년층 고용에 부정적 영향을 준다는 것을 부정하기는 어렵다. 왜냐하면 외생변수의 변화에 의한 청년고용 변화는 시간을 두고 발생하므로 분명한 결과를 위해서는 더 긴 기간의 자료가 필요하고, 기업의 경력직 우선 채용관행이 일반적이며, 실제 공공부문과 대기업의 경우에는 정년연장제도의 시행을 청년층의 신규고용을 축소하는 방식으로 소화하고 있다는 점을 고려하면 일자리 경합의 개연성은 충분히 존재한다고 예상된다. 따라서 단기적으로는 청년층 고용 축소를 최소화하기 위한 방안으로 일정 수준의 임금 조정이 수반된 정년연장 및 기업의 경력직 우선채용 관행의 변화가 요구된다.

IV. 근로시간 단축의 청년고용 영향

우리나라 연간근로시간은 2015년 2,113시간으로 2000년 대비 15.9%p 감소했지만, 여전히 OECD 평균인 1,766시간보다 347시간 길다. 현재 우리나라는 2004년 주 44시간 근무제를 주 40시간 근무제로 변경한 상태다. 현재 주 40시간 근무제이지만 실제는 노사합의를 전제로 일주일에 12시간까지 연장근로를 할 수 있어 최대노동시간은 주 52시간이고, 또한 노동부 행정지침으로 토, 일의 휴일근무 각 8시간은 52시간 한도에 포함되지 않는다고 해석하여 16시간을 더한 68시간까지 가능하게 되어 있어 장시간노동 상황이 지속되고 있는 것이다.

우리나라의 노동시장에서 장시간근로 관행은 고용주의 생산증대 요구와 근로자들의 근로시간 연장을 통한 임금보전의 이해관계 일치로 오랫동안 지속되어 왔다. 그러나 장시간근로는 기업에게는 생산성을 증대시키지는 못하면서 이직 및 재해 증가로 생산비용 증대를 유발하고, 근로자에게는 재해 가능성을 높여 삶의 질을 떨어뜨리며, 나아가 국민경제의 경쟁력을 떨어뜨리는 주된 요인으로 평가되고 있다. 특히 고용 문제와 관련해서 장시간노동은 일자리 창출을 저해해 청년실업 문제를 더욱 악화시킨다는 비판이 크다.

최근 국회에 제출된 근로시간 단축 법안은 2015년 노사정위원회의 노동개혁 입법 가운데 하나로서 주말근로와 휴일근로의 연장근로 삽입, 12시간 연장근로 상한의 적용제외 특례업종의 해소 등의 제도 개선으로 주당 근로시간을 현재 68시간에서 52시간으로 축소하여 청년실업 문제를 완화하고, 삶의 질을 높이려는 목적을 가지고 있다. 그렇지만 근로시간 단축이 과연 청년고용 증대에 긍정적 영향을 줄 것인지 여부에 대해서 찬반 논란이 있다.

이론적으로는 법정근로시간의 단축이 근로시간 및 고용에 미치는 효과는 단축 이전의 근로시간 수준에 의해 영향을 받으며, 다양한 대체효과의 존재로 인해 모호하다. 법정근로시간 단축이 실제 근로시간에 미치는 효과를 기업의 비용최소화 모형을 통해 이론적으로 살펴보자(김형락 외, 2012:

83-87; 주무현, 2013: 20-22).

기업의 노동비용함수 $C=C(H,N)$를 가정하고, 기업이 비용최소화 원리에 의해 실근로시간(H)과 고용(N) 수준을 결정하는 과정을 통해 근로시간 단축의 고용창출 효과를 검토해볼 수 있다. 여기서 노동은 근로시간과는 달리 고정비용을 수반하는 준고정 생산요소이므로 노동비용은 가변노동비용 w와 고정노동비용 Z의 함수이며, 고정비용 Z가 감소하면 고용 N이 증가하며, 가변노동비용 w 인하는 근로시간 H의 상승 요인이라고 가정하자. 우리나라의 초과근로시간의 시간당임금 할증률 50%를 고려하면, 기업의 비용최소화 과제는 $\text{Min}\, C=C(H,N)$를 충족하는 실근로시간(H)과 고용(N)의 최적수준을 선택하는 문제이다.

$$C=[wH_R+Z+(1+0.5)w(H-H_R)]N, \quad \text{if } H>H_R \text{ --------- (식 1)}$$
$$C=(wH+Z)N, \quad \text{if } H\le H_R \text{ --------- (식 2)}$$

w : 법정근로시간의 시간당임금
Z : 고정비용(근로자의 채용, 훈련, 이직, 사회보장 등의 비용)
H_R: 법정근로시간

모형에서 우선 근로시간 단축이 근로시간과 고용 수준에 영향을 주는 과정을 검토해보자. 법정근로시간의 단축이 근로시간과 고용에 미치는 총 효과는 생산량 변화로 인한 규모효과(scale effect)와 상대가격 변화에 의한 대체효과(substitution effect)의 합이다. 법정근로시간 단축은 한계비용 증가, 생산량 감소, 근로시간과 고용에 대한 수요 축소의 규모효과를 가지는 한편, 생산요소의 상대가격 변화로 인해 대체효과도 유발한다. 후자인 시간당임금 상승의 대체효과는 두 경로로 근로시간 및 고용에 영향을 미치는데, 하나는 근로시간의 상대가격 상승으로 인해 근로시간을 고용으로 대체하려는 경로이고, 다른 하나는 높아진 시간당임금이 기존의 모든 근로시간에 적용되어야 하므로 고용의 상대가격이 상승하여 고용이 근로시간으로 대체되는 경로로서 두 대체효과의 합은 불확실하며, 따라서 대체효과와 규모효과의 총 효과는 모호하다.

만약 근로시간 단축의 고용 증대 효과가 가능하려면, 근로시간의 상대가격 상승으로 인한 근로시간의 고용 대체 정도가 고용의 상대가격 상승으로 인한 근로시간 대체 크기와 규모효과의 고용축소를 합한 것보다 커야만 가능할 것이다. 비용 상승에 대해서는 정부가 임금보전을 지원할 수 있고, 생산성 하락에 대해서는 기업이 생산과정과 경영 합리화를 통해 상쇄할 수 있을 것이다. 이들을 함께 고려한 근로시간 단축의 고용효과 시나리오는 다음 〈표 3〉과 같이 정리될 수 있다.

〈표 3〉의 시나리오 I은 근로시간 단축으로 임금보전이 없고 설비가동시간이 그대로 유지된다면, 노동생산성이 하락하지만 설비가동시간을 유지하기 위해 생산조직이 효율화되어 총 생산성이 상승하여 고용이 증가하는 긍정적인 경우이다. 반면 시나리오 II는 임금이 완전하게 보전되고 설비가동시간이 하락하면, 노동생산성이 하락하고 총 생산성도 하락하여 고용이 감소하는 부정적인 경우이다. 실세로 근로시간 단축의 고용효과는 두 시나리오 사이의 어느 수준에서 정해질 것이며, 여기서 중요한 것은 임금 보전의 정도이다. 말하자면 생산성 개선이 이루어지지 않음에도 불구하고 근로시간 단축으로 인해 축소된 임금이 모두 보전되면 이론적으로 법정근로시간 단축의 고용효과는 부정적이란 예측이 가능하다.

고용창출을 위한 일자리 나누기는 1970년대 두 차례의 오일쇼크 이후 비용상승 압박에 대응하기 위한 방안이었는데, 독일, 프랑스 등은 1980년대

표 3 근로시간 단축의 고용효과 시나리오

	임금	설비가동시간	노동생산성	총 생산성	고용
시나리오 I (긍정적 효과)	상승	유지	하락	상승	증가
시나리오 II (부정적 효과)	완전보전	하락	하락	하락	감소

자료: 주무현(2013), p.21 재정리

부터 근로시간 단축을 통한 고용창출(work sharing)을 추진하였다. 독일은 1995년부터 금속산업에서 주 35시간 근무제를 도입하였고, 프랑스도 2001년 1월부터 법정 근로시간을 주 35시간으로 낮추어 고용창출을 기대하였으나 실증분석 결과는 근로시간 단축이 시간당 임금상승만을 가져왔을 뿐 고용창출 효과는 미미한 것으로 나타났다(금재호, 2012: 131).

근로시간 단축의 근로시간 및 고용 영향에 관한 대표적인 국외 및 국내의 실증분석 결과를 검토해보자. 국외연구는 대체로 실근로시간 감소 효과는 발견되지만, 고용증대 효과는 모호하다고 보고하고 있다. 그렇지만 정부보조금의 지원 여부에 따라 고용효과 결과가 달라졌다는 연구도 있다. Hunt(1999)는 독일의 경우 근로시간 단축으로 실근로시간은 감소했지만 시간당 임금 상승으로 인해 고용증대효과는 거의 없었다는 결과를 발견했다. 반면에 Borsch and Lehndorff(2001)는 유럽 주요 국가들의 경우에 근로시간 단축이 고용 증가를 가져왔다는 추정 결과를 보였다. Askenazy(2013)은 프랑스의 주 35시간제 도입과정에서 정부의 보조금 지원 여부에 따라 근로시간 단축의 고용효과도 상이하게 나타났다고 보고하고 있다(유경준, 2014: 1-22; 주무현, 2013: 19-30).

한편 국내연구는 대부분 국외연구 결과와 같이 근로시간 단축의 실근로시간 감소 효과는 확인하고 있지만, 고용 효과는 분명하지 않다고 말한다. 김유선(2008)은 1980~2007년 분기별 자료를 이용한 시계열분석 결과, 1989년과 2004년 두 차례의 법정근로시간 1% 감소가 실근로시간을 0.8% 단축시켰고, 고용효과는 단기적으로 0.26%, 장기적으로는 단기효과의 3배 수준인 0.85%의 증대효과가 있었다는 결과를 도출하였다.

반면에, 김형락 외(2012)는 근로시간 단축이 연도별, 산업별, 사업체규모별로 단계적으로 도입되었다는 점을 고려한 삼중차감모형을 추정한 결과, 실근로시간은 약 43분 감소되었고, 시간당 임금은 약 6.6% 상승하였지만 신규고용은 오히려 약 2.3% 하락하였다는 결과를 도출하였다. 남성일(2013)은 한국의 노동수요 구조에 관한 문헌연구 결과, 노동과 자본 간에 대체재 관계가 존재하며 대체탄력성의 크기는 0에서 1 사이지만, 고용과 근로시간은 대체관계 혹은 보완관계인지 명확하지 않은 것으로 나타났다. 법정근로시간 단축은 실근로시간을 단축시켰으나 고용은 늘지 않았던 것이다. 기술변화는 1980년대 중반 이후 노동절약적으로 변하였고, 1990년 중반 이후에는 숙련편향적 성격으로 진행되어 숙련노동의 수요를 늘렸을 뿐이었다. 유경준·이진(2014)은 2004년 주 40시간제가 규모별로 순차적으로 시행되었다는 점을 고려하여 패널자료를 이용하여 근로시간 단축의 기업규모별 효과를 추정한 결과, 법정근로시간 1시간 단축이 주당 실근로시간은 약 0.44~1.05시간 단축시켰지만, 고용효과는 2규모(10~29인)와 5규모(300인 이상)에서 유의한 양(+)의 고용효과가 발견된 반면, 1규모(5~9인)인 경우는 오히려 고용이 감소하는 등 규모별 고용 효과가 상이하여, 근로시간 단축의 고용효과가 일률적이지 않을 수 있음을 지적하고 있다.

요약하면, 국외나 국내 실증연구 모두 근로시간 단축이 실근로시간을 감소시키지만, 신규고용을 증가시키는지 혹은 감소시키는지 여부에 대해서는 상반된 결과를 도출하고 있다. 그 이유로서 자료나 모형 또는 추정방법의 결함을 의심해볼 수 있겠지만 보다 근본적인 원인은 근로시간 단축이 초래한 비용부담이 규모효과와 대체효과 경로를 통해 고용에 영향을 주고 있기 때문이다. 기업은 비용부담을 신규고용 대체, 자본 대체, 시간당임금 인하, 생산성 증대, 탄력근무시간제나 시간제근로제 확대의 고용형태 다양화 등의 방식으로 극복할 수 있을 것이다. 또한 정부의 기업 비용부담에 대한 재정지원이 근로시간 단축의 고용 효과에 큰 영향을 줄 수 있다. 따라서 근로시간 단축을 통한 일자리 나누기 정책이 성공적이려면, 기업은 경영 및 생산과정 효율화라는 자구노력을 통해 생산성을 증대시켜야 하고, 정부는 기업에 대해 적절한 수준의 임금보전을 지원하며, 근로자나 노동조합은 근로시간 단축으로 인한 기업의 임금부담을 고용형태의 다양화나, 작업장에서의 생산성 증대, 또는 정년연장을 위한 임금피크제 도입 등의 전략적 선택을 고려하는 등 고용관계 3주체들의 참여와 협력이 전제되어야 한다.

V. 청년층 일자리 질의 변화

청년고용의 악화는 고용의 양적 측면뿐만 아니라 질적 측면에서도 진행되고 있다. 낮은 질의 일자리에 취업하는 경우 인적자본의 추가적인 축적이 어렵고 노동이동을 통해서 새로운 양질의 일자리로 이동하는 것이 쉽지 않다는 점에서 일자리의 질이 양보다 더욱 중요할 수 있다. 일자리 질의 악화는 청년층 고용의 불안정성을 증대시키며 노동시장의 이중구조를 형성하게 하는데, 노동시장 이중구조의 고착화로 인한 노동이동의 경직성과 불안정성은 노동시장에 신규 진입하는 청년층에게 상대적으로 불리하다. 일자리 질의 저하는 생애고용의 첫 일자리를 구하는 청년층에게는 청년층의 일자리 진입을 지체시킬 뿐만 아니라, 일자리 진입 후에도 일자리의 불안정성으로 인해 단기적으로는 이직 증가로 고용이 불안해지고, 장기적으로는 인적자본 축적이 어려워 생애고용에 부정적 영향을 미친다.[3)]

일자리 질의 변화는 대개 두 가지 측면에서 분석할 수 있다. 첫째는, 단순통계를 통해 청년 취업자들이 취업한 직무가 좋은 일자리인지 여부를 통해서 살펴볼 수 있다. 청년취업자의 저임금근로자 비중, 종사상 지위, 첫 일자리의 근속기간, 비정규직고용 비중, 정규직과 비정규직 간 임금격차의 추이 등이 청년층 일자리의 질적 변화를 파악할 수 있는 지표들이다. 둘째는, 일자리의 질을 나타내는 지표를 만들고 그것에 영향을 주는 요인들을 포함한 일자리 질 함수 모형을 설정한 후 이를 횡단면자료 또는 시계열자료를 이용해 추정하는 방식이다. 일자리 질의 측면에서 격차가 확대되어 노동시장의 이중구조화가 진행되고 있는지를 확인할 수 있다. 여기서는 첫 번째

3) 대졸자 청년층의 일자리 불안정성으로 인한 경제적 손실 규모를 추정한 김진영(2010)은 2006년 GOMS 자료와 2005년 KEDI 졸업생 자료를 이용하여 대졸자가 교육수준에 비해 낮은 숙련 직무를 수행하게 되는 일자리 숙련 미스매치로 인해 발생하는 평생임금손실분의 현재가치를 계산한 결과, 4년제 남자 졸업생의 경우 1인당 1억 1,600만 원, 4년제 여자 졸업생의 경우 1인당 8,800만 원에 이른다는 결과를 얻었다.

방식에 국한하여 청년층 첫 일자리의 성격 변화, 청년층 저임금근로자 비중 변화, 청년층 비정규직 비중 변화 등에 관한 다양한 단순통계분석을 통해 일자리 질이 악화되었는지 개선되었는지 여부를 검토해 보려고 한다.

1. 청년층 취업자 첫 일자리의 불안정성

청년층 취업자의 첫 일자리 분석을 통해 일자리 질의 변화를 살펴볼 수 있다. 우선 첫 일자리의 근속기간을 보면, 2004년 20.8개월에서 2014년 17.9개월로 지속적으로 감소했는데, 구체적으로 '대학 이상'에서는 2004년 18.7개월에서 2014년에는 18.8개월로 비슷한 수준이었지만, '고졸 이하'에서 2004년 22.8개월에서 2014년에는 16.5개월로 큰 폭으로 감소한 결과였다. 또한 청년층의 첫 일자리 고용형태를 보면, 단기계약기간 비중이 상승하는 추세를 보였는데, 첫 일자리의 계약기간이 '1년 이하'의 비중은 2006년 8.7%에서 2014년 19.6%로 두 배 이상 상승하였고, '1년 초과' 비중은 6.8%에서 2.9%로 감소하고 있어, 첫 일자리의 근속기간과 첫 일자리의 계약기간 지표 측면에서 청년층 일자리의 불안정성이 진행되었음을 알 수 있다(강순희, 2016: 186-187).

2. 저임금근로자 비중의 증가

청년층 저임금근로자의 비중과 추이를 통해 일자리 질의 변화를 살펴볼 수도 있다. 일반적으로 저임금 근로자는 중위임금 2/3 이하의 임금 계층을 지칭한다. 연령대별 저임금근로자 수 및 비중을 보여주는 〈표 4〉에 의하면, 전체 근로자 중 저임금근로자 비중은 2004년 26.7%에서 2014년 24.0%로 감소했지만 15~29세 청년층 저임금근로자 비중은 같은 기간 29.0%에서 30.6%로 증가했다. 25~29세 경우 2014년 14.9%로서 2004년에 비해 1.8%p

표 4 연령대별 저임금근로자 수 및 비중

(단위: 천 명, %)

	저임금근로자 수		저임금근로자 비중	
	2004	2014	2004	2014
전체	3,891	4,507	26.7	24.0
15~29세	1,182	1,121	29.0	30.6
15~19세	173	212	74.3	81.1
20~24세	626	603	40.4	44.6
25~29세	383	306	16.7	14.9
30~54세	1,932	1,862	21.3	15.7
55세 이상	775	1,524	53.6	46.5

자료: 통계청, 경제활동인구조사 부가조사, 원자료(조문경(2015) 재인용)

감소하여 다소 완화되기는 했지만, 15~19세 경우 2014년 81.1%로서 2004년에 비해 6.8%p 증가했고, 20~24세 경우 2014년 44.6%로서 2004년에 비해 4.2%p 증가했다. 또한 저임금근로자 비중의 산업별 및 직종별 변화를 보면, 청년층 저임금근로의 비중이 높은 부문은 산업별로 도소매 및 음식숙박업이었고, 직종별로는 서비스종사자와 판매종사자였는데 특히 도소매 및 음식숙박업의 서비스종사자와 판매종사자 비중은 70~80%로 매우 높은 수준에서 정체상태를 보이고 있다(조문경, 2015: 46-59). 이러한 결과는 청년층 일자리의 질이 악화되고 있다는 증거로 해석되며 일자리 불안정성 측면에서 노동시장의 이중구조화가 진행되고 있다고 추정된다.

3. 청년층의 비정규직 확대

우리나라에서 공식 집계되는 비정규직은 한시적 근로자, 시간제 근로자, 비전형근로자로 구분된다. 한시적 근로자는 다시 기간제 근로자와 비기간제 근로자로 구분되며, 비기간제 근로자는 다시 반복갱신과 기대불가로 구분된다. 기간제 근로자는 근로계약기간을 정한 근로자이고, 시간제 근로자는 1주 36시간 미만 일하기로 정해져 있는 근로자를 말하며, 비전형근로자는 파견, 용역, 특수형태, 재택, 일일 근로자를 지칭한다. 2016년 8월 기준으로 비정규직의 연령별 비중을 보면 청년층의 경우 시간제 근로 비중(25.6%), 한시적 근로 비중(21.7%)순으로 높았다.

〈표 5〉에서 보면, 전체 근로자의 경우 비정규직 비중이 감소한 반면 청년층의 경우는 지속적으로 증가하는 추세를 보이고 있다. 전체 임금근로자 중 비정규직 근로자의 비중은 2007년 35.9%에서 2016년 32.8%로 하락했으나 청년층의 경우 같은 기간 33.5%에서 34.9%로 상승했다. 비정규직 비중이 증가한 60세 이상를 제외하면 30~59세 연령층의 감소 추세와 청년층의 증가추세는 더욱 대조적이다.

연도별 비정규직 비중 추이를 보면, 모든 해에 U자형의 모습을 나타내는 특징을 볼 수 있다. 2007년의 경우 15~29세 청년층 이하 5구간 연령층의 비정규직 비중은 각각 33.5%, 29.8%, 34.1%, 42.7%, 65.9%로서 U자형 곡선이 그려지는데, 이러한 형태는 시간이 지나면서 더 강해진다. U자형 곡선이 나타나는 이유는 남성의 경우, 노동시장 정착과정 중인 청년기에 비정

표 5 연령별 비정규직 비중 추이

(단위: 천 명, %)

	2007	2008	2009	2010	2011	2012	2013	2014	2015	2016
비정규직 수	5,703 (35.9)	5,445 (33.8)	5,754 (34.9)	5,685 (33.3)	5,995 (34.2)	5,911 (33.3)	5,946 (32.6)	6,077 (32.4)	6,271 (32.5)	6,444 (32.8)
15~29세	33.5	32.9	34.0	33.5	34.0	33.8	34.0	34.6	35.0	34.9
30~39세	29.8	26.7	25.2	23.3	24.3	23.1	22.2	21.8	21.2	21.0
40~49세	34.1	31.6	32.3	29.8	30.5	29.1	27.2	26.6	26.0	26.1
50~59세	42.7	39.6	40.6	39.3	39.6	37.6	37.1	34.5	34.6	34.0
60세 이상	65.9	65.7	72.7	69.6	70.5	70.5	67.5	68.7	67.4	68.1

자료: 한국노동연구원(2016), 2016 KLI 비정규직 노동통계

표 6 비정규직의 시간당 임금수준과 청년층 비정규직의 정규직 대비 임금수준 추이

(8월 기준, 정규직=100)

	2007	2008	2009	2010	2011	2012	2013	2014	2015	2016
전 연령층	70.9	68.0	61.5	62.5	65.3	64.3	64.8	64.3	65.0	65.4
청년층	90.4	87.5	81.5	82.4	84.3	78.7	78.4	77.8		

자료: 1. 한국노동연구원(2016), 2016 KLI 비정규직 노동통계
2. 청년층의 경우 강순희(2016)에서 재인용

규직 일자리 비중이 높다가 정착에 성공하면서 비정규직 비중이 낮아진 후 은퇴기 전후로 다시 높아지기 때문이다. 특히 여성의 경우엔 출산과 육아로 인해 경제활동참가율이 M자형을 보이는데 이러한 특성이 함께 반영되었다고 볼 수 있다(한국노동연구원, 2016 KLI 비정규직 노동통계).

또한 〈표 6〉의 정규직과 비정규직 간의 임금격차도 확대되었다. 청년층 비정규직의 임금 수준은 2007년 정규직의 90.4%에서 2014년 77.8%로 12.6%p 감소했는데 이는 같은 기간 전 연령층 하락폭인 6.6%p의 두 배 수준으로서 청년층의 정규직과 비정규직 간 임금격차가 빠르게 확대되고 있음을 보여준다. 또한 전 연령층의 경우, 정규직 대비 비정규직의 상대적 시간당 임금수준은 국제금융위기 직후인 2009년까지 급격히 감소했으나 이후 2016년 현재까지 완만하게 개선되는 추세를 보이고 있다. 반면에, 청년층의 경우는 금융위기 직후인 2009년까지는 급격히 감소하고 이후 완만하게 개선되다가 2012년부터는 급속히 악화되고 있어 청년층 일자리 질이 상대적으로 악화되고 있음을 볼 수 있다.

우리나라 일자리 질의 불안정성은 OECD 주요국들과의 비교를 통해서도 확인된다. 〈표 7〉의 2015년 우리나라 비정규직 근로자 비중은 21.7%로서, OECD 평균인 11.1%에 비해 두 배 수준이다. 한편 청년층(15~24세)의 비정규직 비중은 25.7%로서 장년층의 16.4%에 비해서는 높지만 OECD 평균 24.1%와 비슷한 수준이다. 그렇지만 우리나라 비정규직의 문제는 비정

표 7 국가별 비정규직 근로자 비중

(단위: %)

	전체(15~64세)	청년층(15~24세)	장년층(25~54세)
OECD 평균	11.1	24.1	9.2
한국	21.7	25.7	16.4
독일	13.0	53.4	9.3
영국	6.4	15.2	4.7
일본	7.6	14.4	5.4

자료: OECD(2015), OECD Employment Outlook 2015(노민선(2016) 재인용)

규직 근로자가 3년 후에 정규직으로 전환하는 비율은 22.4%로서 OECD 평균인 53.8%의 절반에 못 미치는 낮은 수준이라는 데 있다(노민선, 2016: 241-242).

Ⅵ. 대졸자의 노동시장 이행 지체와 노동시장 이중구조

청년고용과 관련하여 학교를 졸업한 청년이 노동시장에 진입하면서 경험하는 이행은 구체적으로 학교로부터 노동시장으로의 이행, 취업에서 실업 또는 비경활로의 이행, 실업 또는 비경활에서 취업으로 이행 등으로 구분될 수 있다. 청년층의 노동시장 이행은 일반적으로 인적자본이론 또는 직업탐색이론의 관점에서 설명될 수 있다. 인적자본이론(human capital theory)은 교육과 훈련이 사람의 인적자본을 높여 생산성을 증가시키면 임금이 상승하며, 이러한 높은 임금으로 개인은 소득수준을 높일 수 있고, 기업은 높은 생산성으로 경쟁력을 강화해 결과적으로 국민경제가 발전하므로 교육과 훈련 투자의 중요성을 강조한다.[4] 또한 인적자본이론은 노동이동도 경력개발에 의해 수익률을 증대시킬 수 있으므로 일종의 인적자본투자라고 주장한다. 반면, 빈번한 직장이동과 잦은 노동시장 유출입은 근로생애 초기의 혼란을 의미할 뿐만 아니라, 근로경험을 통한 인적자본투자를 저해하여 장기적으로도 부정적이라는 견해도 있다. 인적자본이론에서는 일자리의 기대수익에 의해 이동이 이루어진다고 설명하며, 탐색이론(job search theory)에서는 비대칭정보가 탐색소요기간 결정에 주된 역할을 한다고 설명한다.

그렇지만 인적자본이론과 탐색이론에 의한 노동시장 이행 논의는 청년층 노동시장이 경쟁적이며 연속적인 단일노동시장이라는 경쟁노동시장(competitive labor market) 가설에 근거한다. 청년층의 노동시장 이행과정은 청년층 내에서도 학력 또는 성별 등에 따라, 혹은 제도적 요인에 의하여 구조적으로 다르게 나타날 수 있다는 측면에 주목하는 분단노동시장이론(segmented labor market)에 의해 설명할 수 있다. 이중노동시장(dual labor market)은 분단노동시장이론의 대표적인 예로써 노동시장이 일자리의 고용안정성과 임금 수준에 의해 좋은 일자리의 일차 노동시장과 나쁜 일자리의 이차 노동시장으로 분단되어 있으며, 이차에서 일차로의 노동이동은 구조적으로 어렵다고 말한다.

청년들은 분단된 노동시장에서 저임금의 불안정한 일자리에 머물면서 고임금의 안정된 일자리의 일차 노동시장으로 이동하기를 기다리는데, 그동안 빈번한 노동이동을 경험하는 것이다. 우리나라와 같이 노동시장의 구조가 대기업과 중소기업 간, 정규직과 비정규직 간 임금 및 근로조건 격차가 크고, 고학력화로 인한 과잉학력과 하향취업이 나타나는 노동시장 환경에서는 노동시장의 분단이 의심되며, 청년층이 학교-노동시장의 이행과정(school to work)에서 많은 어려움을 겪을 수 있다고 예상된다.

---

4) 선별이론(signaling theory)은 교육이 생산성의 증가를 통해 높은 소득을 만들어내는 것이 아니라, 교육은 다만 높은 생산성을 가진 근로자를 선별할 수 있도록 만드는 신호(signal) 역할을 할 뿐이라며 인적자본이론의 교육과 훈련의 생산성 증대 효과를 부정한다.

노동시장 이행의 주된 문제는 청년층의 학교-노동시장 이행이 지체되고 있다는 것이다. 실제 고학력 청년들 일부가 고용사정 악화로 인해 더 좋은 일자리에 취업하기 위해 휴학하여 졸업을 유예하거나, 미취업을 선택하거나, 혹은 니트화하는 것이다. 또한 1차 이행에서 이차 노동시장으로 진입해 현재 일자리에 만족하지 못하면, 보다 나은 일자리의 일차 노동시장을 탐색하여 2차 이행을 선택하게 된다.

기존연구는 대체로 첫 일자리에서 좋은 일자리를 얻기 위한 청년층의 졸업유예 선택이 과연 긍정적 효과를 가지고 있는지, 첫 일자리에 만족하지 못해 이직하는 경우 이직 선택에 의한 2차 이행이 과연 긍정적 효과를 가지고 있는지 두 형태로 구분된다. 후자의 경우, 첫 일자리가 일차 노동시장인 경우 첫 일자리의 성격이 어떤지, 첫 일자리에서 얼마 동안 머무는지, 첫 일자리로부터 탈출에 성공하는지 등에 대한 분석을 기초로 이차 노동시장으로서의 첫 일자리가 함정인지 아니면 상향취업의 가교 역할을 하는지 확인하여 청년층 노동시장의 이중구조화가 진행되는지를 분석할 수 있다.

1. 졸업유예의 노동시장 성과

고학력 청년층이 노동시장 이행을 선택하는 데 있어서 취업가능성을 높이기 위해 졸업유예를 선택하는 경향이 확대되고 있다. 생애고용의 첫 일자리를 구하려는 청년층은 졸업 후 일정 기간 내에 첫 일자리를 구하지 못할 경우 낙인효과에 의한 생애고용의 불리함을 고려하여 대학재학 중 휴학을 통해 취업 가능성을 높이려는 것이다. 이러한 졸업유예 선택은 개인의 입장에서는 합리적일 수 있지만 사회적으로는 큰 비용을 초래하고 있으며 학교-노동시장 이행을 지체시키는 중요한 요인이 되고 있다.[5]

---

5) 채창균(2016a)은 졸업유예자의 스펙이 일반 졸업자에 비해 좋은 편이고, 이는 보다 양호한 취업상태로 연결되고 있다는 것을 확인하면서, 2013년 대졸자의 경우 졸업유

2015년 현재, 대학졸업에 소요되는 기간은 평균 50개월 소요되는 것으로 나타났는데 이 기간은 2007년의 46개월, 2011년의 49개월에 이어 이후 지속적으로 증가하는 추세이다. 특히 4년제 대학의 경우 60개월로서 평균 12개월을 졸업유예하고 있는 것이다. 휴학경험자 1,179천 명 가운데 405천 명(34.4%)이 취업사유로 휴학을 경험한 것으로 나타났고, 이러한 경향은 2007년 이후 증가 추세이다. 취업사유 휴학경험자의 증가는 여성이 264천 명(86.3%)으로서 압도적 비중을 차지하고 있으며, 취업사유로서는 취업 및 자격시험 준비 238천 명, 어학연수 및 인턴 등 현장경험 167천 명이었다(KLI, 2015 통계로 본 노동동향).

이병희(2011)는 노동시장 이행경험의 최근 일자리 임금수준 영향을 분석한 결과, 청년층의 첫 일자리 이행기간은 첫 일자리 임금에 부정적 영향을 주지 않는 반면, 첫 일자리 질은 최근 일자리 임금에 통계적으로 유의한 음(-)의 영향을 주었다는 결과를 얻었다. 또한 직장경험 횟수가 많을수록, 비정규직 경험 비중이 높을수록 임금에 부정적 영향을 미치는 것으로 나타났다. 그런 이유로 청년층은 열악한 일자리에서 더 나은 일자리로의 이행이 힘들다면 첫 일자리로의 진입 시기를 늦추고 미취업을 선택하게 되는 것이다.

정수연 외(2013)는 '취업을 위한 휴학'과 '경제적 어려움에 의한 휴학'을 구분하고 각각의 휴학기간이 대학 졸업 후 취업 및 임금에 어떠한 영향을 주는지에 대한 분석결과, '취업준비를 위한 휴학'기간을 1개월 연장하면 취업확률은 1.6% 상승하고 임금은 4.0% 증가하며, '경제적 어려움으로 인한 휴학'기간을 1개월 연장하면 취업확률은 3.6% 하락하고 임금은 7.2% 감소한다는 결과를 얻었다. '경제적 어려움으로 인한 휴학'은 대학 졸업 후 취직하는 데 불리하게 작용하고 취직을 해도 임금이 상대적으로 낮은 결과를 나타낸다는 것이다.

박진희 외(2015)도 역시 '2011 대졸자 직업이동 경로조사'를 이용하여

예로 인한 사회적 비용이 약 2,514억 원으로, 2007년의 2,068억 원에 비해 크게 상승했다고 분석한다.

졸업유예자의 졸업 후 노동시장 성과를 분석한 결과, 졸업유예가 첫 일자리 임금 및 첫 일자리 정규직 취업에 긍정적 영향을 미친다는 결과를 얻었다. 특히 인턴경험이 첫 직장의 괜찮은 일자리 취업에 통계적으로 유의한 영향을 미쳤다. 청년층은 첫 일자리의 질이 향후 자신의 생애고용 전 과정의 일자리 질에 영향을 미친다고 인식하기 때문에 괜찮은 첫 일자리에 진입하기 위해 필사적으로 노력한다고 해석하고 있다.

한편, 졸업유예에 의한 취업준비가 노동시장 이행을 지체시키는 주된 요인이며, 인적자본 축적을 통한 생산성 증대 역할에 대해서도 의문을 제기하는 연구들도 있다. 전주용 외(2012)는 청년들의 취업준비활동이 생산성을 높여 임금의 증가를 가져오는 인적자본축적으로서의 역할에 회의적 입장을 보이며, 이질적 노동시장에서 과도한 공급과 경쟁 차별화로 인한 기회비용 증가가 청년층의 초기 노동시장 이행을 지연하는 요인으로 작용함을 지적하고 있다고 말한다. 김유빈 외(2014)는 '대졸자 직업이동경로조사(GOMS)' 자료를 이용하여 실태를 분석하였는데, 졸업 후 1년 6개월 시점에서도 여전히 취업준비 중인 대졸자가 3.5만 명(13%)이고, 대졸취업자의 45%가 재학 중 취업준비를 위해 휴학을 한 것으로 나타나, 취업준비활동이 노동시장 이행을 늦추는 주요 요인임을 주장한다. 김유빈(2015)도 정규교육이 기업에서 요구하는 직무역량 학습의 기회를 제공하지 못함에 따라, 학력은 취업자격 요건의 문지방 역할에 그치게 되고, 취업경쟁에서 차별성을 갖고자 하는 청년들은 스펙 쌓기라는 취업준비활동에만 집중하지만 취업준비활동의 임금 증가 효과 분석결과, 교육 및 취업준비활동이 인적자본축적으로서의 능동적 역할을 제대로 수행치 못하고 있음을 지적하고 있다.

2. 노동시장의 2차 이행

2015년 현재 대졸 청년층의 첫 직장 취업과 관련된 현황은 첫 취업 소요기간은 평균 11개월이었고, 첫 직장의 계약기간은 25.2%가 계약기간이

정해진 상태로 취업하였고 83.6%는 계약기간이 1년 이하인 것으로 나타났으며, 첫 직장의 평균근속기간은 18개월로서 2007년 대비 2개월 감소한 수준으로 나타났다. 대졸 청년층의 취업 소요기간은 큰 변동이 없으나, 시간이 지날수록 청년층의 첫 직장은 고용안정성이 떨어지고 평균근속기간 또한 감소하는 것으로 나타났다(KLI, 2015 통계로 본 노동동향).

노동시장의 일자리 불안정성으로 인해 노동시장의 이중구조가 고착화된다면 청년층의 노동시장 이행은 1차 이행으로 완결되기 어렵다. 1차 이행이 불완전할 경우 다시 이직과 입직 과정을 거쳐 2차 이행이 이루어지며 이 경우 2차 이행을 통한 일차 노동시장으로의 진입 가능성을 확인하는 것이 필요하다. 2차 이행을 통해 취업 개선이 이루어졌는지를 통해서 청년층 노동시장의 이중구조화 여부를 평가할 수 있을 것이다.

비정규직에서 정규직으로의 이행에 대해서 비정규직 상황이 함정(trap)인지, 아니면 가교(bridge)인지에 대해서 남재량 외(2000) 이후 논쟁이 진행되어왔다. 노동시장의 이중구조화가 진행되고 있다는 입장은 비정규직이 함정이라는 시각을 가지고 있으며, 반대로 비정규직이 더 나은 일자리로 이동하는 과정의 가교란 시각은 단일노동시장의 효율성을 강조한다. 남재량 외(2000)는 우리나라에서 비정규직은 한번 빠지면 헤어나기 어려운 함정으로서 역할이 대부분이며, 가교로서 기능은 무시할 정도로 미약하다고 결론짓는다. 비정규직 종사자들이 비정규직에서 탈출한다고 해도 다시 비정규직으로 되돌아올 가능성이 2년 내 80% 이상의 높은 수준이라고 말한다.

이병희(2002)는 청년 노동시장의 문제가 노동시장과 교육의 괴리에서 기인한다고 보고, 노동시장 이행과정에서의 불안정성 실태와 이행의 노동시장 영향을 한국노동패널 청년층 부가조사(2000년)를 이용해 분석한 결과, 노동시장 진입 후 평균 일자리 수는 2.1회로 나타났고, 미취업경험률은 시간에 따라 감소했지만 5년 후에도 미취업인 비율이 9%로서 유휴인력비율이 상당히 높았다고 말한다. 반면, 일자리 이동은 교육 종료 후 1년 내에 약 25%, 3년 내에 약 50%, 5년 후에는 약 61.9%로서 시간경과에 따라 증가하였으며, 이동이 잦을수록 임금 수준이 낮아져 청년층은 노동시장 진입 후

안정적 정착에 어려움을 겪고 있는 것으로 보였다고 말한다.

성재민 외(2016)는 저임금-실업 함정(no pay-low pay cycle)으로서의 상태의존성(state dependence)은 청년층, 고령자, 그리고 중년여성 등 고용취약계층의 저임금 일자리에 집중되는 경향이 있다고 보고 이들 계층에 저임금 상태의존성이 존재하는지, 그리고 이직에 의해 이러한 상태의존이 완화되고 있는지 여부를 검정하고 있다. 과거의 저임금과 실업경험이 현재의 저임금 여부에 미치는 영향과 실업에 미치는 영향의 두 인과관계를 동시에 고려하는 프로빗 모형을 추정하였는데 청년층(24~33세) 임금근로자를 대상으로 2009~2015년 기간의 패널자료를 이용한 분석결과, 청년의 경우 과거의 저임금(실업)경험이 현재의 저임금(실업) 가능성을 높이는 형태의 저임금(실업)의 상태의존성뿐만 아니라 과거의 실업(저임금)이 현재의 저임금(실업)으로 이어지는 형태의 상태의존성이 모두 통계적으로 유의하게 추정되었다. 다만 청년의 경우 직업훈련경험이 실업가능성을 낮추고, 저임금 가능성도 낮춘다는 결과를 얻었는데 직업훈련의 노동시장 이중구조화 경향을 완화시켜줄 수 있다는 점에서 주목할 만하다고 평가한다.

반면, 청년층에게 이차 노동시장은 좋은 일자리로의 가교 역할을 한다는 연구들도 있다. 채창균 외(2005)는 청년실업 문제의 원인을 기업규모별 취업과 기업 간 노동이동 실태분석을 통해 파악한 결과, 노동시장 첫 진입 시점과 현재의 직장을 비교하면 중소기업 취업에서 미취업으로의 이탈자 비중이 큰 것을 확인할 수 있어 중소기업 고용의 불안정성을 반영하고 있다고 해석하면서도, 전직 시 20~30%의 임금상승 효과를 보여 상향이동 및 하향이동을 모두 포함한 노동이동이 일자리 매칭에 긍정적 효과를 미치는 것으로 나타난다고 하며 기존의 회의론적 시각과는 대비되는 결과를 보여주고 있다.

남재량(2008)은 2002년 이후의 노동패널조사(KLIPS) 자료를 이용하여 비정규직의 동태적 특성을 분석한 결과, 청년층의 경우 첫 시작을 비정규직으로 취업할 가능성이 높지만 이들 중 다수가 정규직으로 이동하기 때문에 비정규직에서 비정규직으로 전전하는 악순환에 빠지기보다 좋은 일자리를 위한 준비 기간이라고 보고 있다. 그는 이행확률 분석을 통해 한국의 비정규직이 함정으로서 기능을 강하게 가지고 있다는 기존의 인식과 달리, 정규근로와 비정규근로 간에 활발한 이동이 이루어지고 있고, 비정규직에서 정규직으로 이행한 근로자들이 정규직에서 잘 정착하고 있다고 말한다. 이러한 분석결과는 비정규직의 가교(bridge)로서 역할도 일정 부분 존재한다는 것을 시사해준다.

VII. 정책과제

문헌연구를 통하여 청년고용 관련 노동시장 쟁점들을 분석한 결과, 노동공급 측면에서 청년층의 과잉학력과 하향취업, 특히 청년니트의 해소를 위해 정부의 과감한 청년고용 관련 재정투자 확대의 필요성이 확인된다. 또한 노동수요 측면에서는 비록 근로시간 단축의 청년고용 영향에 대한 연구결과들은 모호하지만, 기업의 생산성 향상 노력과 정부의 기업 임금부담에 대한 재정지원 여부에 따라 근로시간 단축의 청년고용 증대 효과가 기대되고, 또한 악화 추세를 보이고 있는 청년층 일자리 질의 개선 문제는 청년층의 첫 일자리가 생애고용 전반에 큰 영향을 준다는 점에서 일자리의 양적 확대 못지않게 중요하다는 것을 이해할 수 있었다. 그리고 노동시장 구조 측면에서는 청년층의 첫 일자리가 비정규직인 경우 이러한 비정규직 상황이 함정 혹은 가교의 역할을 하는지에 대한 논란이 있지만 직업훈련경험이 가교의 역할을 강화시켜줄 수 있다는 점을 확인할 수 있었다.

저성장 시대의 고착화, 4차 산업혁명 시대의 기술혁신, 저출산 고령화의 급속한 진행 등 청년고용을 둘러싼 경제환경의 변화는 그 변화가 빠르고 광범위하며 급진적이란 점에서 전환기적 성격을 가진다. 이러한 청년고용 노동시장 안팎의 전환기적 변화는 청년고용 문제에 대한 대응도 새로운 관점에서 바라보아야 한다는 것을 시사해준다.

먼저 새로운 관점의 정책대응을 생각할 때, 청년고용 문제는 청년만의 문제가 아니라 전체 연령층의 문제이고, 청년의 고용은 국민경제의 중요한 미래 인적자본이란 점에서 다만 고용 문제가 아닌 국민경제 차원의 문제라는 점에 주목할 필요가 있다. 또한 청년고용 문제는 인구구조의 변화 및 노동시장 이중구조와 관련되어 있다는 측면에서 구조적 문제의 성격을 지닌다. 따라서 청년고용 문제는 국민경제 차원의 구조적 문제로서 그 정책적 대응 방안은 복합적이며 적극적이어야 한다.

구체적으로 첫째, 노동수요 측면에서 단기적으로는 근로시간 단축을 통한 청년고용 증대 노력도 필요하지만, 보다 근본적으로는 노동수요의 주체인 기업이 생산성 향상을 통하여 청년고용을 확대하는 것이 중요하다. 특히 고용흡수력이 높은 중소기업이 혁신을 통해 중견기업으로 전환하는 변화가 중요한데, 그러한 변화의 주역으로는 미래지향적이며 도전적인 청년층이 제일 직합하다. 국민경제 발전을 위해서는 중소기업의 혁신이 중요하고 중소기업은 기술혁신의 주역으로서 청년고용의 확대가 필요하다는 사실은 청년고용의 확대 정책이 단순히 청년실업자 구제의 차원에서 머물지 말고 국민경제 발전의 차원에서 보다 적극적으로 다루어져야 함을 말해준다.

중소기업 혁신을 위해서는 두 가지 조건이 필요한데, 하나는 기술혁신이고 다른 하나는 우수한 인력 확보이다. 우수한 청년들이 중소기업을 지원하고, 중소기업이 우수한 청년인력을 머물게 하기 위해서는 일의 성격과 자신의 능력에 따라 대가를 받는 임금제도로 개편되어야 한다. 우리나라 노동시장은 오랜 동안 기업 중심 노동시장 발달로 인해 직종수준의 노동시장 및 임금구조가 형성되지 못해 비슷한 일을 하는 경우에도 어떤 기업에서 일하느냐에 따라 임금 차이가 나타나는 문제가 발생한다. 이는 청년층이 중소기업 고용을 기피하고 상대적으로 임금수준이 높은 대기업을 선망하게 만들어 청년층 노동시장에서 구직난과 구인난이 공존하는 일자리 불일치를 심화시키고 있는 것이다(오계택, 2016: 161-176). 또한 1990년대 이후 정부는 중소기업에 대한 지원을 지속적으로 확대해 왔지만 중소기업은 기술력과 자금 및 인력 부족이란 악순환의 고리에 빠져 있고 근래 기술혁신의 가속화와 글로벌 가치사슬의 심화로 저생산성-저임금의 덫에 갇힐 위험이 더 커졌다. (김태기, 2016: 96) 고용과 임금은 별개의 변수가 아닌 하나의 조합으로서 우리나라 고용 문제의 해결을 위해서는 임금제도 개편이 병행되어야 한다. 현재의 연공임금제를 직무직능급으로 전환을 통해 고용 문제와 임금 문제를 동시에 해결할 수 있는 방안을 모색할 필요가 있다.

둘째는 노동공급 측면에서 과잉학력과 하향취업, 특히 청년니트의 규모를 축소시키려는 과감한 정부재정투자 확대가 필요하다. 정부는 첫 일자리에서 자신의 학력과 숙련 수준에 미치지 못하는 낮은 임금의 불안정한 일자리를 얻은 청년들에게 교육과 훈련을 통해 보다 나은 일자리로 옮겨갈 수 있도록 적극적으로 지원해야 한다. 보다 근본적으로는 일자리를 얻으려는 청년들에게 자신이 기대하는 수준의 일자리를 얻으려면 어떤 종류와 수준의 학력과 숙련을 갖추어야 하는지 노동시장 진입 전에 구체적으로 파악할 수 있어야 한다. 청년층의 학력과 숙련에 대한 공급자와 수요자의 비대칭정보 상황이 일자리 불일치의 중요한 원인일 수 있다. 양자가 인정할 수 있는 국가자격제도로서 국가직무능력표준(NCS) 기반의 노동시장 구축이 하나의 대안이 될 수 있을 것이다. NCS는 산업계가 필요로 하는 일자리의 표준으로서 산업수요 중심의 교육훈련, 자격제도, 채용, 인사관리 시스템에 적용 가능한 일련의 제도적 기반이다(오호영 외, 2015: 71). NCS 기반의 노동시장 정보 네트워크하에서 청년층은 노동시장 진입 전에 자신이 목표로 하는 일자리를 얻기 위해 필요한 학력과 숙련을 준비할 수 있어 일자리 불일치 상황이 크게 개선될 수 있을 것이다.

셋째는 노동시장 이중구조의 개혁이 필요하다. 노동시장 이중구조가 고착화되어 노동시장의 효율적 자원배분 기능이 저하되면, 고용취약계층인 청년층이 가장 먼저 타격을 입고 가장 많은 부담을 지게 될 것이다. 분배 개선을 통한 사회안전망 강화를 전제로 노동개혁을 추진하는 노동시장의 유연안정성(flexicurity)이 대안으로 제시될 수 있다. 최근 한국경제는 성장과 분배 양면의 구조적 위기에 당면해 있어 위기의 극복을 위해서는 성장과 분배 두 측면의 구조개혁이 필요하다(박승, 2016: 18). 노동시장의 유연안정화는 분배 요구와 생산 책임이 함께 패키지로 고려될 수 있는 복합적 정책대응이다.

요컨대, 큰 그림의 청년고용정책은 구조적인 청년고용 문제에 대하여 중소기업 혁신, 일자리 미스매치 개선, 그리고 노동시장의 유연안정화에 의한 적극적이며 복합적인 청년고용정책의 대응이어야 한다. 그렇지만 앞으로의 5년은 인구구조의 커다란 변화로 인해 청년층에게 힘든 시기가 될 것으로 예상된다. 최근 청년실업자가 많은 것은 우리 경제가 나빠서이기도 하지만 일자리를 찾는 청년 수가 과거에 비해 훨씬 많아졌기 때문이다. 단기적인 작은 그림의 정책대응으로서 다음의 두 대안이 제시될 수 있다.

첫째, 한시적인 청년고용할당제의 시급한 도입이 합리적일 수 있다. 예를 들어, 정부가 5만 명 정도의 청년을 선발하여 임금 및 연금의 상당 부분을 부담하면서 향후 5년간 혁신중소기업에 지원하는 것이다. 정부 주도로 선발하고 일정 기간 혁신 중소기업에 파견해 기술 개발, 해외시장 개척, 법률·회계 업무 등을 지원하면서 실무경험을 쌓을 수 있도록 하고 그 경험을 정부가 보증하는 방안이다. 1인당 2천만 원이면 연간 1조 정도의 재원이 소요되는데 이는 현재의 청년고용정책 관련 연간재정투자비용 수준이다.[6] 향후 5년 후부터는 청년인구의 급격한 감소가 예측되므로 오히려 노동력이 부족한 상황도 예상할 수 있다.[7] 따라서 정부가 주도하는 5년 시한의 청년고용할당제는 현재의 청년고용정책비용 대비 상대적 저비용으로 국민경제의 인적자본 손실을 막을 수 있고, 청년들은 생애고용에서 낙인효과를 걱정하지 않으면서 숙련수준을 높일 수 있으며, 기업은 우수한 청년을 확보해 중견기업으로 발돋움할 수 있는 혁신의 계기를 제공할 수 있어 적극적으로 고려해볼 만한 정책이다(이종화, 2017).

둘째는 근로시간을 단축하고, 정년연장에 따른 임금피크제의 확대로 청

---

6) 2015년 청년고용사업 정부예산 규모는 1조 4천억 원이었다(주무현, 2016).

7) 통계청은 20~29세 청년층 인구가 2021년까지 현재 수준을 유지하다가 22년에는 지금보다 16만 명, 23년에는 39만 명이 줄 것으로 예측한다.

년세대와 일자리를 나누는 '세대 간 상생고용' 노력이 필요하다. 비록 이론적으로나 실증연구에서도 근로시간 단축의 고용증대 효과는 모호하지만, 최근의 근로시간 단축을 통한 청년고용증대 정책은 주 40시간 법정근로시간을 감축하는 것이 아니라 과도하게 긴 장시간 근로시간 중 연장근로 부분을 단축하는 방식이므로 긍정적인 일자리 나누기 효과가 예상된다.

참·고·문·헌

강순희. 2016. “청년고용 확대를 위한 노동시장정책, 무엇을 바꿀 것인가.” 류장수 외. 『한국의 청년고용』. 파주: 푸른사상.

금재호. 2012. “일자리문제의 원인과 대책.” 『한국노동연구원 연구보고서』.

김대일. 2004. “고령화와 노동시장의 변화.” 장지연 외. 『고령화시대의 노동시장과 고용정책 II』.

김세움·김진영·조영준. 2011. “학력별 노동시장 미스매치 분석과 교육제도 개선 과제: 고등교육기관 및 전문계고를 중심으로.” 『한국노동연구원 연구보고서』.

김승택. 2017. “전환기의 고용노동정책: 총론.” 『노동리뷰』 144. 한국노동연구원.

김안국·정원호·이상돈·김유선. 2013. 『인구구조 변화와 고용정책: 청년층 고용을 중심으로』. 한국직업능력개발원.

김유빈. 2015. “청년층 노동시장의 실태와 청년고용정책.” 『노동리뷰』 7월호. 한국노동연구원.

______. 2017. “청년고용의 현실, 그 해결의 실마리.” 『노동리뷰』 3월호. 한국노동연구원.

김유빈·전주용. 2014. “청년층 노동시장의 주요 특징과 정책 시사점.” 『한국노동연구원 연구보고서』.

김유선. 2008. “법정근로시간 단축이 실 근로시간, 고용, 실질임금에 미친 영향.” 『산업노동연구』.

김주섭. 2005. “고학력화에 따른 학력과잉 실태.” 『교육과 노동시장연구』. 한국노동연구원.

김준영. 2011. “고연령층 고용변동이 청년층 고용에 미치는 효과: 시계열패널 자료를 이용한 분석.” 『노동경제논집』 34(1). 한국노동경제학회.

김태기. 2016. “중소기업의 저생산성과 인적자원개발정책.” 『노동정책연구』 16(4). 한국노동연구원.

김형락·이정민. 2012. “주40시간 근무제 도입이 근로시간, 임금, 고용에 미치는 영향.” 『노동경제논집』 35(3). 한국노동경제학회.

남성일. 2013. "한국의 노동수요." 『노동경제논집』 36(1). 한국노동경제학회.
남재량. 2006. "청년 니트(NEET)의 실태와 결정요인 및 탈출요인 연구." 『제7회 한국노동패널 학술대회논문집』. 한국노동연구원.
______. 2008. "노동시장의 동태적 특성에 관한 연구." 『노동리뷰』 55. 한국노동연구원.
______. 2009. "KLIPS를 통해서 본 비정규근로의 동태적 특성." 『노동리뷰』 49. 한국노동연구원.
______. 2011. "최근 청년니트(NEET)의 현황과 추이." 『노동리뷰』 72. 한국노동연구원.
______. 2014. "한국의 고용창출 구조 연구." 『한국노동연구원 연구보고서』.
남재량·김세움. 2013. "우리나라 청년 니트(NEET)의 특징 및 노동시장 성과 연구." 『한국노동연구원』.
남재량·김태기. 2000. "비정규직, 함정(trap)인가 가교(bridge)인가?" 『노동경제논집』 23(2). 한국노동경제학회.
노민선. 2016. "청년층의 중소기업 취업, 어떻게 활성화할 것인가." 류장수 외. 『한국의 청년고용』. 파주: 푸른사상.
류장수·박철우·이영민. 2016. 『한국의 청년고용』. 파주: 푸른사상.
박 승. 2016. "한국경제 위기와 구조개혁." 『한국경제포럼』 9(2). 한국경제학회.
박진희·김두순·이재성. 2015. "최근 청년노동시장 현황과 과제." 『한국고용정보원 세미나자료』.
성재민·안정화. 2016. "저임금 일자리의 동태적 변화와 정책과제." 『한국노동연구원 연구보고서』.
안주엽. 2011. "세대간 고용대체 가능성 연구." 『한국노동연구원 연구보고서』.
______. 2014. "합리적 정년연장과 정책과제." 『산업관계연구』 24(1).
안준기·최기성·이재성. 2016. "청년층의 인적자본 투자와 노동시장 성과분석." 『한국고용정보원』.
어수봉. 1994. "우리나라 일궁합 실태와 노동이동(I)." 『노동경제논집』 17(2). 한국노동경제학회.
오계택. 2016. "청년 노동시장의 직무 및 임금의 개편을 위하여." 류장수 외. 『한국의 청년고용』. 파주: 푸른사상.
오호영. 2005. "과잉교육의 원인과 경제적 효과." 『노동경제논집』 28(3). 한국노동경제학회.
오호영·나영선·이수경·류지영. 2015. 『청년고용 이슈분석과 정책과제』. 한국직업능력개발원.
유경준·이 진. 2014. "근로시간 단축의 고용효과 분석: 기업규모별 추정을 중심으로." 『노동경제논집』 37(1). 한국노동경제학회.
이규용. 2015. "청년층 일자리 정책의 방향 모색 문제 접근 방법." 『노동리뷰』 124.
이병훈·신광영·송리라. 2016. "일자리질의 양극화 추이에 관한 실증분석." 『노동정책연구』 16(4). 한국노동연구원.
이병희. 2002. "노동시장 이행 초기 경험의 지속성에 관한 연구." 『노동정책연구』 2(1). 한국노동연구원.
이종화. 2017. 『청년 일자리, 앞으로 5년이 중요하다』. 중앙시평(2017.2.9).
전주용·강순희·김미란·남기곤·민주홍. 2012. 『청년층 노동시장정책 연구』. 한국고용정보원.
정광호·금현섭·권일웅·최현태. 2012. 『장시간 근로관행 및 제도개신의 징책고용영향 평가』. 한국고용정보원.
정수연·박기성. 2013. "대학 휴학기간의 취업 및 임금 효과." 『노동경제논집』 36(3). 한국노동경제학회.
정현상. 2015. "대졸 청년층의 전공계열별 노동시장 이행실태." 『노동리뷰』 124. 한국노동연구원.
조문경. 2015. "청년노동시장의 변화와 특징." 『노동리뷰』. 한국노동연구원.
주무현. 2013. "장시간 근로 개선의 고용창출 연계." 『노동리뷰』 103. 한국노동연구원.
______. 2016. "청년고용대책 재정구조 어떻게 바꿀 것인가." 류장수 외. 『한국의 청년고용』. 파주: 푸른사상.
차성현·주휘정. 2010. "교육 및 기술 불일치가 임금, 직무만족, 이직의도에 미치는 영향 분석." 『교육재정경제연구』 19(3). 한국교육재정경제학회.
채창균. 2016a. "대학 졸업유예의 실태와 정책과제." 한국직업능력개발원.
______. 2016b. "청년 니트 문제를 완화하자." 류장수 외. 『한국의 청년고용』. 파주: 푸른사상.
채창균·김안국·오호영. 2005. 『대졸 청년층의 노동이동』. 한국직업능력개발원.
최강식·조윤애. 2013. 『숙련편향적 기술진보와 고용』. KIET. 2013.10.

한국노동연구원. 2016. 『2015 통계로 본 노동동향』.

______. 2016. 『2016 KLI 비정규직 노동통계』.

황덕순·윤자영·전병유·윤정향. 2013. "노동시장 양극화 해소방안 연구: 저임금근로를 중심으로." 『한국노동연구원 연구보고서』.

Askenazy, Philippe. 2013. "Working time regulation in France from 1996 to 2012." *Cambridge Journal of Economics* 37: 323-347.

Atsumoto, M., M. Hengge, & I. Islam. 2012. "Tackling the youth employment crisis: A macroeconomic perspective." ILO. *Employment Working Paper* No.124.

Borsch, G., & S. Lehndorff. 2001. "Working time reduction and employment: experience in Europe and economic policy recommendations." *Cambridge Journal of Economics* 25: 209-243.

Card, D., & T. Lemieux. 2001. "Can falling supply explain the rising return to college for younger men? A cohort-based analysis." *Quarterly Journal of Economics* 116: 705-746.

Hunt, Jennifer. 1999. "Has work-sharing worked in Germany?" *Quarterly Journal of Economics* 14(1): 117-148.

ILO. 2016. "World employment and social outlook 2016: Trends for youth." *Flagship Report 24 August.*

Kepteyn, A., A. Kalwij, & A. Zaidi. 2008. "The myth of work sharing." *Labor Economics* 11: 293-313.

OECD. 2015. *OECD Employment Outlook 2015.* OECD.

Oshio, T., S. Shimizutani, & A. S. Oishi. 2010. "Does social security induce withdrawal of the old from the labor force and create jobs for the young: The case of Japan." in *Social security programs and retirement around the world: The relationship to youth employment*: 217-242. J. Gruber & D. A. Wise, eds. The University of Chicago Press.

청년실업의 사회학적 의미와 정책적 전망: EU 사례를 중심으로*

임운택 · 계명대학교 사회학과

I. 청년실업 다시보기

1990년대 이후 청년실업의 가파른 증가는 국내외적으로 고용 및 사회정책을 수립하는 데 커다란 영향을 미쳤다. 이에 대해 청년실업을 극복하기 위한 다양한 노동시장정책 및 고용정책적 조치들이 시도되었다. 그러나 공적인 고용프로그램, 고용촉진프로그램, 나아가서 적극적 노동시장정책에서 고비용 수단으로 간주되는 임금보조의 지원마저 이루어졌음에도 불구하고 현재의 상황을 보면 그러한 대책들은 결과적으로 노동시장의 문제를 해결했다기보다는 오히려 심화시켜왔다. 적극적 노동시장정책을 보완하는 차원에서 종종 사회정책적 수단을 활용하기도 하였지만, 정

---

* 이 글은 임운택, 『전환시대의 논리: 자본주의와 민주주의의 이중위기 속의 한국사회』(서울: 논형, 2016), pp.579-637에 실린 글을 수정한 것이다.

책상의 효율적 목표가 제시되지 못하곤 하였다. OECD(1998: 19)에 의하면 이러한 정책은 실업자들에게 잠시 쉬어가는 정거장을 마련해주는 정도에 그치곤 하였다. 한편, 생계노동과 분배(복지)의 선순환 구조라는 복지국가의 특성을 공유하는 (서)유럽국가는 일반적으로 고용의 단계에 제대로 진입하지 못한 청년실업을 오랫동안 노동시장정책의 주요변수로 다루지 않았다. 그러한 이유로 EU 집행위원회는 2009년에 청년실업 문제를 해결하기 위한 조치로서 적극적 시민권(active citizenship)을 강조하기에 이르렀다(EU KOM, 2009). 그러나 2000년대 후반까지 여전히 유럽의 청년실업의 문제는 개별 국가의 제도적·문화적·가치적 특성에 기초하여 해결하려는 방식이 일반적이었으며, 청년실업 대책은 국가별로 때로는 장기간에 걸쳐 지속적으로, 때로는 간헐적으로 다루어져 왔다. 부분적인 사례는 국내에 알려져 있다시피 성공적인 사례도 있고, 그렇지 못한 경우도 있다.

유럽의 청년실업 대책은 그간 국내에서 빈번하게 벤치마킹의 대상이 되어 왔다. 학계는 물론 정부 및 국책연구기관의 각종 보고서 등에서 독일, 프랑스, 영국 그리고 최근에는 벨기에까지 다양한 청년실업 대책을 소개하고, 이를 국내의 청년실업 대책에 연계시키려는 시도가 적지 않게 있었다. 가장 빈도가 높게 소개된 유럽국가의 청년실업 대책은 직업훈련과 고용의 연계를 강조하는 독일과 영국모델이다(이동임·김덕기, 2005; 임운택, 2009; 이승렬·김주영·박혁·황규성·옥우석, 2010). 프랑스의 경우 노동시장의 특성상 한국과 차이를 보이고 있고(이승렬 외, 2010: 105-106), 상대적으로 높은 프랑스의 청년실업률로 인해 국내의 소개는 그리 많지 않은 편이다. 한편, 벨기에의 '로제타 플랜'은 최근 의무고용제에 대한 관심으로 주목받은 바 있다(김성희, 2007). 적지 않은 해외의 정책사례연구에도 불구하고 다수의 해외사례연구의 벤치마킹은 두 가지 점에서 한계를 보이고 있다. 우선, 청년실업정책을 소개함에도 불구하고 일부 연구는 일반적인 고용 및 노동시장정책의 틀 안에서 소개를 하고 있어(특히 독일의 이중적 직업훈련제도) 국내에서 이를 수용하여 청년실업 대책으로 특화시키기에는 한계가 있다. 고용정책과 사회정책의 연계가 긴밀한 유럽의 경우 청년실업정책은 노동시장정책의 측면에서 예외적 사례에 해당되는데 이를 일반화하면 직업훈련과 취업(경로)에 대한 일반적 표상이 유럽과 확연하게 다른 국내 청년실업 대책의 특수성이 잘 포착되지 않은 문제가 발생한다. 다른 한편으로 고용정책 제도형성의 경로의존성(path dependency) 문제를 고려하지 않고 해외사례연구의 다수가 현재 상태의 국가별 청년정책을 제도적 차원에서 소개하고 있어 정책의 형성사를 가늠해보기가 어렵다. 한국의 청년실업 문제에서 과잉 고학력의 문제가 고용시장 문제에서 특수한 의미를 지니고 있듯, 어느 나라나 청년실업은 각 국가의 관습과 문화, 고유한 제도적 특성을 반영하고 있기 때문에 정책 형성의 역사와 청년실업을 바라보는 사회적 배경을 이해할 필요가 있다.

그럼에도 불구하고 해외사례에 대한 검토는 시사하는 바가 크다. 1990년대 이후 청년실업은 전 지구적인 문제가 되어왔으며, 산업패러다임과 자본축적구조의 변화, 고용시장구조 이중화(dualization)의 심화, 사회적 비용의 증가, 청년에 대한 사회적·문화적 가치의 변화 등은 과거 성년으로의 이행단계로 청년 시기에 대한 다소간 호의적이고 온정적인 태도를 변화시켰다. 노동시장 이행론(Transitional Labour Market Theory)의 부상은 이러한 변화를 반영한다.

다음에서는 청년실업을 분석하기 이전에 먼저 사회학적으로 청년 그리고 청년실업을 어떻게 이해할 것인지에 대한 간략한 이론관점과 의미를 설명하고자 한다(II절). 이러한 이론적 분석틀이 청년실업을 해결하는 대책으로 곧바로 이어지지는 않으나 신자유주의 시대에 청년실업이 차지하는 의미를 이해하기 위해서는 필수불가결한 측면이라고 판단한다. 다음으로 유럽에서 일반적으로 이해되는 고용정책과 노동시장정책상의 개념들을 간략하게 정의하고(III절), 그에 기초하여 벨기에, 덴마크, 독일, 영국, 프랑스 유럽 주요 5개국들이 청년실업을 해소하기 위해 시행한 적극적·소극적 노동시장정책의 특징을 간략하게 비교분석하고 한국의 청년실업정책에 던지는 교훈을 찾아보고자 한다(IV절).

II. 사회적 범주로서 청년과 청년실업의 사회적 의미

1. 사회적 범주로서 청년(Youth)

글로벌 차원에서 개발, 지원, 그리고 관련 조직 업무를 담당하는 세계은행(WB: World Bank), 유엔(UN: United Nations), 국제노동기구(ILO: International Labour Organization), 세계경제포럼(WEF: World Economic Forum) 등의 국제기구는 지난 수년 동안 청년과 청년 관련 이슈를 핵심 발전전략으로 상정하고 있다. 일례로 WB는 2006년에 펴낸 '2007년 세계발전리포트'(WB, 2006) 특집을 세계 청년의 현재적 상태를 기술하는 데 할애하였다.

2008~2009년 경제위기 과정 속에서 전 세계 대부분의 국가에서 발생하고 있는 높은 수준의 청년실업과 저발전이 다시 전 지구적 규모의 '잃어버린 세대(ILO: lost generation, 2010)'를 소환할지 모른다는 우려가 점점 더 커지고 있다. 미국이 주도한 전 세계적인 대테러전쟁은 청년의 극단주의를 촉발시켰거나 폭력적 갈등과 전투적 활동에 청년들을 개입시켰으며, 이로 인해 인구학적인 측면에서 '청년 확산(youth bulge)'이 발생한 아프리카와 같은 지역에서는 보다 적극적으로 안전과 안보 문제에 주의를 기울이게 하였다(USIP, 2010). 2011~2012년에는 튀니지, 이집트, 리비아, 예멘 등의 아랍국가에서 청년들이 주도한 혁명을 통해 정부가 전복되기까지 하였다. 지난 십년 동안 지구 북반부와 남반부의 상당수 국가는 청년정책을 확대하였으며, 그 과정에서 젊은 층을 국회의원과 각료로 흡수하기도 하였다. 국가별로 차이는 있지만 시민사회에서도 지역, 국가, 국제적 차원에서 청년을 지향하는 NGO, 싱크탱크, 미디어 채널 등이 폭발적으로 확산되었다(Kraftl, Horton and Tucker, 2012; van Dijk, de Bruijn, Cardoso and Butter, 2011).

이 모든 활동은 청년에 대한 학문적 관심을 고조시켰다. 청년에 대한 연구, 논문, 저술은 물론, 청년과 관련된 학습센터, 컨퍼런스, 강연 등이 봇물처럼 확산되었다(van Dijk et al., 2011). 오늘날의 청년연구는 실업, 청년층의 삶·경험·주관성, 청년행동, 능력, 임파워먼트(empowerment) 등의 주제를 중심으로 진행되고 있다. 그러나 청년에 대한 관심이 증폭되고 있음에도 역설적으로 청년 자체에 대한 이데올로기적 실체와 사회적·정치적 의미는 거의 드러나지 않고 있다(Jones, 2009: 25; Mizen, 2002).

청년에 대한 개념적 정의와 경계는 대단히 모호하다. 누가 청년이고 누가 청년이 아닌지 즉, 청년의 시기가 언제 시작하고 언제 끝나는지와 같은 기본적 문제에 대해 답을 하기가 간단하지 않으며, 이러한 질문은 장소, 시간, 개인, 제도적 배경에 따라 매우 상이하다. 청년에 대한 사회적 의미와 중요성은 종종 극단적으로 상이한 형태를 취하기도 한다(Comaroff and Comaroff, 2005). 상이한 계급, 젠더, 인종, 민족의 특성을 지닌 채 세계의 다른 지역에 살고 있는 청년층의 다양한 맥락과 경험은 나이라는 공통점을 제외하면 이처럼 이질적인 집단이 공유하고 있는 것이 과연 무엇인지조차 파악하기 어렵게 한다. 한편, 성인들과는 차별화되며 사회에서 독특하고 개성적인 집단이라고 지칭하는 청년이라는 개념 또한 불투명하기 그지없다(Mizen, 2002: 9). 실업 문제와 관련하여 "청년들이 원하는 것은 우리가 원하는 것(즉, 일자리)과 똑같습니다"라고 말하는 순간 그 대답이 옳든 그르든 간에 왜 우리가 '청년'을 중요한 사회적 범주로 강조해야만 하는지가 분명해지지 않게 된다. 청년에 대한 정의가 이처럼 다양하고 부정확하며, 모호하기 때문에 사회학들 사이에서도 개념으로서 청년의 타당성과 유용함에 관한 회의주의가 존재하였다. 프랑스의 사회학자 부르디외(Bourdieu, 1984)는 청년은 단지 단어에 불과하다고 하였고(La jeunesse n'est qu'un mot), 마르크스주의 문화학자 스튜어트 홀과 그의 동료는 심지어 "청년은 상상하기 어려운 개념이다. 사회적 범주로서 청년은 경험적으로 의미가 없다"라고까지 주장하였다(Hall et al., 1976).

종종 앙팡 테리블(enfant terrible)로 사회적 관심을 받기는 하지만 대체로 서구 복지국가에서 사회화의 한 과정으로 이해되었던 청년(의 삶)은 1970~1980년대와는 달리 오늘날 단어 그 이상으로 중요하며 고유한 의미를 가진다. 그러나 청년의 의미를 이해하기 위해서는 청년의 삶과 경험을 기록하는 것 이상의 어떤 것, 즉 청년의 활동이나 독창성을 밝히고 청년의 목소리에 귀를 기울이고 청년들의 임파워먼트가 발생하는 공간을 규명할 필요가 있다. 첫째, 경험적 사례연구와는 별개로 이론적 측면에서 청년개념은 다른 모든 사회적 정체성과 마찬가지로 하나의 사회적 구성물(social construction)이며, 청년의 범위와 의미는 지속적으로 변화한다. 청년은 생물학적으로 주어진 것으로 규정되지 않고(개인의 삶 속에서 청년의 시기는 사람마다 길어질 수도, 짧아질 수도 있다), 대신 삶의 한 단계와 정체성의 범주로서 청년의 사회적·정치적·문화적 중요성이 강조되어야 한다. 둘째, 청년이라는 범위의 변화, 의미, 중요성은 청년 자신들의 힘으로 형성되는 것이 아니라 여타 다양한 사회적 제도, 나아가서 다른 정치적 아젠다와 이데올로기를 추구하고 글로벌 자본주의 사회에서 상시적으로 변화하는 사회적 관계와 정치경제학적 맥락 속에서 형성된다. 사회적 범주로서 청년과 청년의 개인적 삶은 지역, 국가, 글로벌 차원에서 작동하는 국가, 학교, 대학, 다양한 시민사회 조직, NGO, 법원, 기업, 미디어, 종교 등에 의해 영향을 받고, 청년 삶의 형태와 실체는 지속적으로 변화한다.

글로벌 사회의 맥락에서 청년의 의미를 이해한다는 것은 글로벌 사회 내부에 있는 청년들을 넘어서 들여다보아야 한다는 것을 의미한다. 이는 청년의 의미와 특징이 형성되는 데 다양한 사회적·정치적 행위자들이 개입되어 있을 뿐만 아니라 광범위한 관계적 범주들이 청년개념과 연관을 맺고 있기 때문이다. 청년의 기능은 언제나 아동기(childhood)와 성년기(adulthood) 개념과 같은 상반된 관계를 통해 정의되고 의미가 주어지는 관계적 개념이다(Wyn and White, 1997). 청년의 권리를 주장하기 위해서는 동시에 아동과 성인의 권리를 주장해야 한다(그 역도 마찬가지이다). 청년의 범주는 "청년과 성인을 규제하고" "특정한 방식으로 행동하는 청년과 비청년이라는 행위자를 동원한다"(Talburt and Lesko, 2012: 2, 4). 따라서 청년은 전체로서 사회와 경제의 상태에 대해 일반적인 요구를 제기하고, 현재의 두려움과 미래에 대한 희망을 결합시키는(Griffin, 1993) 일종의 '사회적 이동장치(social shifter:

Durham, 2004)'에 대한 은유이자 환유로 광범위하게 사용된다. 이러한 의미에서 핵심적 관심이 단지 상징적으로나 간접적으로 개별적 청년의 삶에 관련을 맺고 있는 사회적 투쟁이나 정치적 아젠다의 맥락 속에서 자주 청년이 소환된다. 마지막으로 청년에 대한 인식(아동기나 성년기도 마찬가지)은 개별 청년의 구체적 생애와 경험과 더불어 사회구조, 사회변동, 다른 정체성 범주(계급, 젠더, 인종, 민족, 국가, 종교 등)에 기반을 둔 갈등에 의해 형성된다. 중요한 점은 "사회 내에서의 변화와 안정을 설명하는 연령 간의 관계가 아니라 연령 간의 관계를 설명하는 사회의 변화이다"(Allen, 1968: 321).

오늘날의 관점에서 청년, 그리고 청년실업의 의미를 이해하기 위해서는 무엇보다 신자유주의의 확산이 사회적 범주로서 청년개념을 유행시키고 생산적으로 만들었다는 점을 이해할 필요가 있다. 세계적으로 청년개념은 신자유주의적 사회와 경제의 환경 속에서(교육과정의 확대와 취업실패 등의 이유로 인해) 확장되고 있는 연령을 포함하면서 수직적으로 확대되었을 뿐만 아니라 청닌 단계에서 광범위하게 걸처 있는 상이한 계급, 인종, 민족, 국가, 종교적 정체성으로 인해 양적인 측면에서 수평적으로 확대되었다. 청년은 정치적·사회적·문화적으로 중요해지고 있다. 병리적이고 역기능적이며, 범죄적인 범주로 보았던 이전 시기와는 달리 청년은 다양한 정치적 스펙트럼을 가로질러 다소 긍정적 정체성이 부여되는 사회적 범주로 간주되기 시작했다(물론 결과가 그렇다는 의미는 아니다). 오늘날 세 가지 요인이 청년을 확장적으로 포용하는 것에 기여하고 있다.

첫째, 청년은 바람직한 사회적 변화를 촉진하고, 새로운 이데올로기, 아젠다, 사회적 실천, 문화상품을 창안해내고 판매하는 주체로 간주된다. 주로 정치적 맥락에서 활용(혹은 오용)되고는 있으나 노동운동과 신사회운동의 세력이 약화되면서 낡은 사회로부터 새로운 사회로의 전환을 강조함에 있어서 청년(의 역할)은 그 중심에 놓이게 되었다. 둘째, 청년은 종종 계급, 국적, 인종, 종교와 같이 보다 더 세부적인 사회적 범주에 있는 타자에 대한 대체물로 활용되며, 정치적 이해관계와 이데올로기의 실질적 차이를 모호하게 하는 보편적이고 탈정치적인 은유로 기능한다. 셋째, 사회적 범주로서 청년의 특성은 이전의 복지국가나 발전국가 시대의 책임과 권리에 대한 규범적 인식을 바꾸려고 하는 신자유주의적 프로젝트에 특별히 유리하다. 아동과 성인의 특성이 혼재된 어정쩡하고 불안정한 청년의 특성은 개인의 발전, 성장, 교육, 열망, 사회적 이동에 대한 개별화된 관념을 배경으로 한 라이프 스테이지(Life Stage)와 긴밀한 연관 속에서 분열적으로 표출된다. 2008년 글로벌 경제위기를 자초했던 다국적 기업이나 금융기업의 엘리트들은 이러한 맥락을 인지하고 청년실업을 재빠르게 이데올로기화하였다.

미국의 경제뉴스 전문방송인 CNBC는 미국 헤지펀드 블랙스톤(Black-stone) 그룹[1)]의 지원으로 런던에서 '글로벌 청년고용 아젠다(The Global Youth Employment Agenda)' 행사를 개최하였으며, 초국적 기업의 CEO들과 신자유주의의 다양한 이데올로그들의 정례모임으로 매년 스위스 다보스에서 개최되는 세계경제포럼에서는 '청년실업에 관한 글로벌 아젠다 회의(The Global Agenda Council on Youth Unemployment)'를 정책적 우선순위에 올려놓았으며, 유엔아동기금(UNICEF) 또한 2008년부터 영국의 금융기업 바클리(Barchlay)와 손잡고 '청년의 미래를 구축하자(Building Young Future)'라는 캠페인을 벌이기 시작했다.

2008년 경제위기 이후 실업의 직격탄을 맞은 세대는 청년뿐만 아닌 전 세대에 걸쳐 있음에도 불구하고 이들 초국적 기업과 금융자본의 엘리트들은 청년실업에 우선순위를 부여함으로써 청년 문제를 기업친화적인 아젠다로 만들 수 있는 정치적 기회로 보았다. 이로써 청년실업은 이데올로기화되었다. 실제로 글로벌 엘리트들이 지원한 청년실업 이니셔티브가 실제로 청년들에게 직접적인 지원을 한 사례는 거의 없는 반면에, 이들은 청년의 사회권과 복지권에 대한 부정적 견해를 확산시키면서 교육시스템을 산업과 자본의 유연한 변화에 적응해야 한다는 점을 청년들을 포함한 사회에서 공리로

---

1) 당시 블랙스톤 그룹의 CEO였던 슈워츠만(Schwarzmann)은 2007년 자신의 60세 생일파티를 위해 하룻밤에 3백만 달러를 쓸 정도로 월스트리트에서도 극단적 성격을 지닌 대표적 인물 중 하나였다(Sender and Langley, 2007 참조).

받아들이게 하는 데 일정한 성과를 거두었다.

앞서 언급한 세 가지 관점에도 불구하고 신자유주의 시대에 청년에 대한 고용정책 및 사회정책이 주목받는 현실(청년수당, 기본소득, 청년의 임파워먼트 등)은 단지 청년이 (정책 혹은 이데올로기 차원에서든) 호명되는 것에 의미가 있는 것이 아니라 청년이 중요한 사회적 범주로 수용되고 있다는 사실을 간과하지 말아야 할 것이다.

2. 사회 문제로서 청년실업의 의미

청년실업은 삶의 청년단계가 마주하고 있는 거대한 위기상황 속에서 이해되어야 한다. 즉, 청년실업의 사회적 현상은 단순한 실업상태를 넘어 청년으로부터 성인으로의 이행단계에서 발생하는 갈등적 통과의례에 의해 상호의존적인 사회적 행위영역이 불분명하게 착종된 상태로 표출된다(Alheit and Glaß, 1986: 14f.). 이러한 이유로 청년실업은 일련의 사회 문제를 동반한다. 청년의 노동시장으로의 진입 실패는 사회에 막대한 사회적·경제적 비용을 전가할 뿐만 아니라 좌절, 체념 등의 비관주의부터 일탈, 심지어는 폭력적 행위를 유발한다.

1) 청년실업 개념과 청년단계

(1) 청년실업과 통계적 의미

실업을 다루는 광범위한 연구 중에서 청년을 특화한 문헌은 국내외적으로 흔하지 않다. 이는 무엇보다 청년실업을 엄밀하게 규정하는 것이 쉽지 않기 때문이다. 우선 실업기간이 실업자들의 행위에 중요한 영향을 미치지만 2년 이상의 청년실업자들은 거의 존재하지 않는다. 왜냐하면 이들은 '통계적' 장기실업을 피하기 위해 시행되고 있는 일반적인 실업 대책을 받아들이기 때문이다. 더구나 그러한 실업정책을 통해 사회 문제가 결코 해결되지도 않는다. 그러한 이유로 청년실업은 청년이라는 개념으로 무엇을 이해하려는지가 분명해질 필요가 있다. 왜냐하면 현재의 청년실업 현상이 다소 과장된 신드롬(88세대, NEET족, 우치무키－내향화－현상 등)과 함께 관찰되고 있기 때문이다. 한편, 한국은 물론이려니와 유럽국가에서도조차 청년실업자들에 대한 엄밀한 조사가 쉽지 않으며, 따라서 국가 간 조사데이터의 비교연구도 간단하지가 않다(이에 대해서는 Lütge, 1997; Gatermann, 1997 참조).

한국도 마찬가지지만 유럽에서도 일반적으로 노동청(한국의 고용센터)에 실업급여를 신청하고 신규일자리를 찾는 사람들만 실업자로 기록된다. 그러나 직업훈련 및 교육을 받고 있으면서 구직활동을 하는 사람들은 실업자로 간주되지 않는다. 바로 이러한 이유로 직업훈련을 받고 있는 사람, 일자리를 찾지 못해서 학업을 연장하거나 직업준비를 하는 사람, 혹은 고용부(서구의 노동부)의 일시적인 청년일자리정책(일례로 독일의 경우 고용촉진프로그램)에 참여하는 청년들은 실업자에 포함되지 않는다. 마지막으로 다양한 이유로(구직포기, 실업급여에 대한 무지 등) 졸업 이후 노동청에 신고를 하지 않은 청년들은 실업통계에서 빠지게 된다. 개념적 불명료성으로 인해 감춰진 청년실업 수의 규모를 엄밀히 추적하기란 어렵다(Wordelmann, 1988: 26). 따라서 유럽에서도 구직노력을 한다고 등록한 청년실업자 수를 전적으로 신뢰하기는 매우 어려운 상황이다.

한편 유럽국가 내에서도 청년실업을 측정하는 단일한 규정이 존재하지 않아 청년실업자 수를 국제적으로 비교하는 것은 그리 간단한 문제가 아니었다. 이 때문에 EU 통계청(이하 Eurostat)은 객관적으로 비교가능한 통계의 구축과 전환에 노력을 기울여왔으며, 현재 가장 포괄적이고 최신의 실업정보를 제공하고 있다. 유럽 주요국가의 청년실업정책을 비교분석하는 이 글은 Eurostat가 정의하는 청년연령(15~24세) 집단에 기초한 청년층(Youth cohort) 개념에 기초한다.

그러나 단순한 연령대만을 기준으로 청년실업을 추산하는데도 어려움은 존재한다. 유럽의 사례가 청년실업통계 산출의 어려움을 잘 보여주고 있다. Eurostat의 분석(〈그림 1〉 참조)에 따르면 2012년 기준으로 EU 28개 국가에

EU 28개국의 15~24세 청년인구 현황

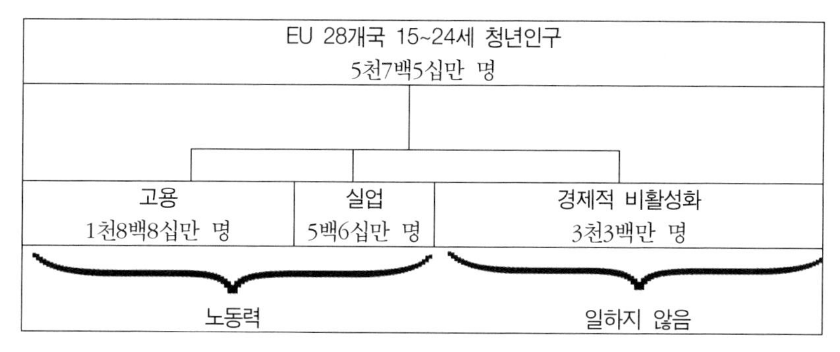

출처: Eurostat(2013, no.107)

는 15~24세의 청년이 대략 5천7백5십만 명으로 추산되고 그중 1천8백8십만 명은 고용상태에 있으며 5백6십만 명이 실업상태에 있는 것으로 파악된다. 두 부류를 합쳐 2천4백4십만 명은 노동력(경제활동인구)으로 분류되는 반면, 3천3백만 명은 비경제활동인구로 분류된다. 후자의 대부분은 아직 교육과정에 있는 것으로 파악되며, 경향적으로 이들은 나이가 들어가면서 노

EU 실업률 현황(2016년 2월 기준)

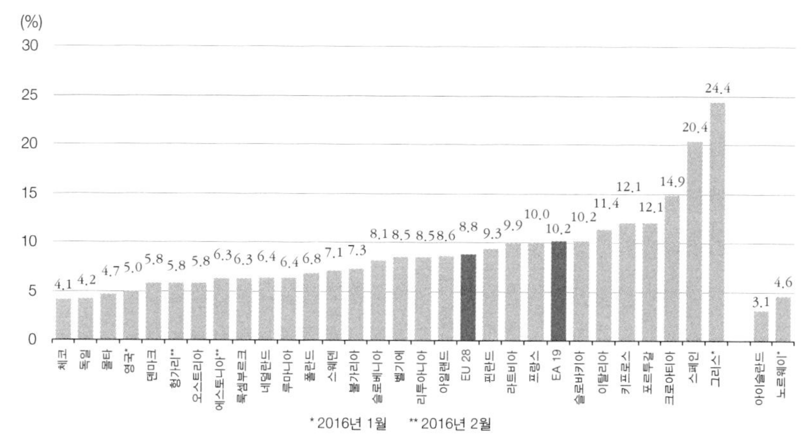

출처: Eurostat

표 1 **유럽 청년실업률**

	청년실업률				청년실업비		
	2012	2013	2014	2014Q4*	2012	2013	2014
EU-28	23.3	23.7	22.2	21.4	9.8	9.9	9.1
Euro area	23.5	24.4	23.8	23.2	9.6	9.8	9.4
벨기에	19.8	23.7	23.2	22.4	6.2	7.3	7.0
불가리아	28.1	28.4	23.8	23.0	8.5	8.4	6.5
체코	19.5	18.9	15.9	14.5	6.1	6.0	5.1
덴마크	14.1	13.0	12.6	11.2	9.1	8.1	7.8
독일	8.0	7.8	7.7	7.4	4.1	4.0	3.9
에스토니아	20.9	18.7	15.0	14.4	8.5	7.4	5.9
아일랜드	30.4	26.8	23.9	21.9	12.3	10.6	8.9
그리스	55.3	58.3	52.4	51.1	16.1	16.5	14.7
스페인	52.9	55.5	53.2	51.7	20.6	21.0	19.0
프랑스	24.4	24.8	24.1	24.6	8.9	8.9	8.5
크로아티아	42.1	50.0	45.5	46.3	12.7	14.9	15.3
이탈리아	35.3	40.0	42.7	42.0	10.1	10.9	11.6
키프로스	27.7	38.9	35.9	33.9	10.8	14.9	14.5
라트비아	28.5	23.2	19.6	18.2	11.5	9.1	7.9
리투아니아	26.7	21.9	19.3	18.5	7.8	6.9	6.6
룩셈부르크	18.0	16.9	21.2	23.5	5.0	4.0	6.0
헝가리	28.2	26.6	20.4	18.9	7.2	7.3	6.0
몰타	14.1	13.0	11.8	11.1	7.2	6.9	6.2
네덜란드	11.7	13.2	12.7	11.9	6.6	7.7	7.1
오스트리아	9.4	9.7	10.3	10.2	5.6	5.7	6.0
폴란드	26.5	27.3	23.9	22.0	8.9	9.1	8.1
포르투갈	38.0	38.1	34.7	33.3	14.1	13.3	11.9
루마니아	22.6	23.7	24.0	23.6	6.9	7.1	7.1
슬로베니아	20.6	21.6	20.2	19.1	7.1	7.3	6.8
슬로바키아	34.0	33.7	29.7	26.9	10.4	10.4	9.2
핀란드	19.0	19.9	20.5	21.1	9.8	10.3	10.7
스웨덴	23.7	23.6	22.9	22.4	12.4	12.8	12.7
영국	21.2	20.7	16.9	16.1	12.4	12.1	9.8
아이슬란드	13.6	10.7	10.0	9.7	10.2	8.3	7.5
노르웨이	8.6	9.1	7.9	7.8	4.8	5.2	4.3
스위스	:	:	:	:	5.7	5.8	5.8
터키	15.8	17.1	18.0	19.2	5.9	6.6	7.3
미국	16.2	15.5	13.4	12.6	:	:	:
일본	8.1	6.8	6.3	:	:	:	:

: 자료 확인 불가

* 계절조정수치

출처: Eurostat

동시장에 참여하게 될 부류로 분류된다.[2)]

한편, 청년실업 집계는 분류기준에 따라 상이한 결과를 보여준다. 2013년 7월 기준으로 EU의 경우 15~24세의 노동력 대비 실업자로 측정한 청년실업률(unemployment rate)은 23%이나 전체청년인구 대비 실업자를 기준으로 한 실업비(unemployment ratio)를 보면 이 수치는 9.7%로 떨어진다. 모든 청년들이 경제활동인구가 아니므로 이 경우 전업 학생을 실업통계에서 배제하고 있다. 청년실업률과 실업비 간의 차이는 아직 노동시장에 진입하지 않은 청년들인데 이들의 다수는 학습 및 교육과정[3)]에 있기 때문에 발생한다. 교육과정에 있거나 노동시장에 참여하는 것은 상호 배타적이지 않다. 왜냐하면 특정 연령의 청년들은 교육과 노동시장의 참여가 중첩되기 때문이다. 유럽에서는 직업훈련을 받거나 대학 재학 중 아르바이트를 하는 경우 경활인구에 포함된다. 물론 전적으로 교육과정에만 머물러 있고 일을 하지 않거나 실업상태에 놓여 있지 않은 사람은 비경활인구로 간주된다.

이런 상황을 고려해 볼 때 Eurostat는 15~24세의 유럽 청년 중 6백7십만 명은 교육과정(직업훈련 및 아르바이트 대학생 포함)에 있으며, 1천2백만1십 명 정도가 교육과정에 있지 않은 것으로 추산한다. 한편 5백6십만 명의 청년실업자 중 1백3십만 명은 교육과정에 속하고 나머지는 교육과정 외부에 존재하는 것으로 보고 있다. 한편, 3천3백만 명의 비경활 청년인구 중 2천9백만 명은 교육을 받고 있으나 4백만 명은 아무런 교육을 받지 않는 것으로 본다.

2016년 2월 현재 한국의 청년실업률은 12.5%(56만 명)로 역대 가장 높은 실업률을 기록하였다. 국내의 청년실업률은 '조사대상 주간에 수입 있는 일을 하지 않고, 지난 4주간 일자리를 찾아 적극적으로 구직활동을 하였던 사람으로서 일자리가 주어지면 즉시 취업이 가능한 사람'을 대상으로 한

---

2) EU28개국 기준으로 15세 청년 중 노동력(경활인구)은 5%에 불과하나 24세에는 18%에 달하고 있다(Eurostat, 2013, no.107).

3) Eurostat는 교육과정에 공식적인 학교교육과정뿐만 아니라 4주 이상의 직업훈련과정도 포함하고 있다.

표 2 한국 청년의 연령대·학력별 실업률 추이

(단위: %)

연령대	학력	2010	2011	2012	2013	2014	2015
15~19세	중졸	11.2	14.0	11.3	12.6	8.7	8.6
	고졸	11.9	9.9	7.9	9.7	9.3	11.1
20~24세	고졸	9.3	9.8	8.7	8.8	10.0	10.3
	전문대졸	8.6	7.7	8.3	8.7	9.5	10.2
	대학교졸 이상	11.1	11.5	12.2	12.5	13.0	12.0
25~29세	고졸	7.6	7.2	7.4	8.6	10.3	9.3
	전문대졸	6.2	5.8	4.7	5.1	5.9	5.7
	대학교졸 이상	6.8	6.4	7.4	7.5	8.7	8.5

자료: 통계청, 〈경제활동인구조사〉

다.[4] 이러한 측정방식은 유럽의 실업비와 유사하고 실업률도 엇비슷하다. 그럼에도 한국과 유럽의 청년실업률은 내용적으로 큰 차이가 있다. 통상 유럽의 청년실업이 저학력층에 집중되고 있는 반면, 한국 청년실업의 중요한 특징은 고학력층에 집중되고 있다는 점이다. 〈표 2〉에서 보듯 2015년 기준 20~24세 사이의 고등학교, 전문대, 대학교 이상의 실업률이 10% 이상이며, 25~29세의 고등학교, 대학교 졸업자의 실업률은 8~9%에 달한다. 청년실업을 극복하기 위한 각종 제도적 도입과 해외사례의 벤치마킹에도 불구하고 국내의 청년은 내부노동시장과 외부노동시장 간의 격차로 인해 소위 말하는 안정된 직장을 추구할 수밖에 없는 환경 속에서 다른 나라의 청년보다 더 많은 시간을 취업 준비에 소비하고 있는 상황이며, 이 과정에서 수많은 구직포기자, 장기 취업준비자들이 발생하고 있는 것이다.

위의 사례에서 보듯 청년실업을 통계적으로 집계하는 것은 측정 기준의 문제도 있으려니와 교육과 구직을 오가는 청년 시기의 다양한 특성으로 인해 복잡한 문제를 안고 있음을 알 수 있다.

---

4) 국내의 청년실업률은 (15~29세 실업자/15~19세 경제활동인구)×100으로 계산된다.

(2) 청년단계의 특수성

청년단계는 이중적 의미를 지닌다. 청년단계의 첫 번째 의미는 사회적으로 규정된 삶을 반영하는 데 있다. 이 단계에서 청년은 삶의 사회적 조건과 타인의 기대에 의해 동시에 현재의 '노동사회'가 뿌리를 두고 있는 핵심적 규칙에 의해 영향을 받는다. 청년단계의 두 번째 의미는 개인의 내재적 발전, 학습, 정체성 형성을 포함하는 주관적 전기의 상황(subjective biographic situation)을 형성하는 데 있다. 이와 같은 청년단계의 사회적·전기적 의미는 구체적으로 말해서 성인역할에 대한 준비와 경제적 토대로서 생계노동에 대한 준비를 하는 시기라고 할 수 있다. 노동세계로의 준비는 교육 및 직업훈련의 기회, 노동시장 상황, 경제와 기술의 발전방향, 인구증가 등과 관련을 맺고 있다.

유럽의 경우 1960년대 이후 진행된 사회적 근대화가 개별화(Individualisierung)[5]의 동력 아래 연령과 성적 규범에 따른 전통적인 구속성을 완화시키고 노동시장에서 위험을 증대시켜왔으며, 이 과정에서 청년의 삶의 단계를 자신의 생애에서 모순적인 이행단계로 만들어버렸다(Heinz, 2002: 597). 청년들은 고전 교과서에서 이야기하듯 청년단계에서 정체성을 발견하고 자립심을 키울 수 있다고 느끼기보다는 일자리부족, 실업증가, 부족한 직업훈련 제공, 불안정한 사회보장 등 노동시장의 불투명한 전망을 보다 강력하게 느끼기 시작했다(Jugendwerk der Deutschen Shell AG, 1997: 13f.). 이로써 일자리에 대한 불안감은 청년세대를 특징짓는 중요한 경험이 되어버렸다. 유럽에서는 1980년대에 노동시장 위기와 사회문화적 변화를 통해 '청년단계의 구조변화(Hornstein, 1988)'와 '청년의 개별화(Individualisierung der Jugend: Heitmeyer·Olk, 1990)'가 가속화되었다.

5) 여기서 개별화는 근대화론에서 언급된 사회심리적 측면의 개인화 차원을 넘어 울리히 벡의 개념에 의거하여 산업화가 고도로 진행됨에 따라 신분적 전통, 근대적 사회형태(계급 및 계층, 정규직 고용을 중심으로 하는 임노동사회 등)가 해체되어가고, 이를 통해 가치의 세대 간 이전을 가능하게 하였던 노동환경과 노동자지역 등과 같은 신분적 공동체가 해체되어 가는 과정을 의미한다(울리히 벡, 1996).

이러한 변화로 인해 청년세대로부터 성인단계로의 이행은 이전처럼 동질적이기보다는 사회적으로 보다 더 차별화되었고 생계노동으로 이행을 위한 준비는 이전보다 더 개인적 전기의 형성과제가 되었다. 그러한 이유로 유럽(특히 Eurostat)에서는 일반적으로 15세부터 24세 연령의 사람을 청년으로 정의하지만 나라별로 학업을 마치고 취업을 하는 실질 연령은 그보다 더 늦어지기도 해서 실제로는 청년단계를 고등학교 혹은 직업훈련을 마치는 시기(약 18세)부터 대학을 졸업하는 시기(독일어권의 경우 평균 28세)까지 차별화하는 것이 유의미하게 받아들여지고 있다.[6] 나아가서 청년단계의 경계를 확정하는 것이 반드시 유의미한 것인지에 대한 본질적인 문제 제기도 가능하다. 즉, 청년의 지위로부터 성인의 지위로의 이행에 대한 고정된 연령을 상정하는 것보다 더 결정적인 것으로 아래의 네 가지를 고려해볼 필요가 있다.

첫째, 직업의 역할(경제적으로 자립된 행위자의 역할이 포함)
둘째, 상호 파트너십의 역할(책임감 있게 가족을 형성하는 역할이 포함)
셋째, 문화시민의 역할(소비영역의 참여를 포함)
넷째, 정치적 시민의 역할

언급한 네 가지 부분 역할을 수행할 때 청년은 성인으로의 지위를 획득하며 비로소 사회 구성원으로서 완전한 자립성을 획득한 것으로 간주된다(Hurrelmann, 1994: 38-52). 그러나 오늘날 청년들이 경제적·소비적·정치적 참여의 영역에서 빠르게 성인의 역할을 수용하고 있는 것에 반해, 연장된 직업훈련 및 학습시간으로 인해 이들은 이전보다 생계노동 역할의 지위에 훨씬 뒤늦게 도달하게 된다. 다소 과장해서 표현하자면 청년의 상황은 '사회경제적 자립(가능성)'이 지체됨에도 불구하고 '사회문화적 자립'이 선행하는 것을 특징으로 한다(ibid., 42-52). 다시 말해서 이는 '연장된 청년단계(IRIS, 2001: 3)'라고 할 수 있다. 연장된 청년단계 혹은 지체된 성인단계로의

6) 이는 대학에 진학한 후 군대를 마치고 취업을 하게 되는 한국의 대학생(남학생)과도 얼추 유사한 연령이 된다.

이행은 청년들이 실질적인 준비 없이 사회에 진입함으로써 오늘날 '청년위기(Quarterlife-Crisis: Robbins, 2000)'라고 불리는 다양한 의미위기 혹은 의미상실에 직면하고 있다.

청년은 미래와 이중적으로 관계를 맺고 있다. 즉, 청년은 한편으로 다른 사회구성원들과 마찬가지로 사회발전의 미래에 종속되는 동시에, 다른 한편으로 그러한 사회발전의 틀 속에서 자신만의 고유한 미래를 찾아야만 한다. 자신의 미래와 관련하여 사회가 불안정해지더라도 청년들은 자신들의 삶을 구성하고 기획할 가능성을 찾아야 한다. 일상적으로 산업국가의 청년들이 다른 어느 시대보다 풍요(용돈, 소비, 여행, 자신만의 공간 확보, 교육기회 등)를 누린다고 하지만 일자리, 소득, 환경, 사회보장과 관련된 미래의 문제, 자율적인 행위능력의 확대와는 별개의 문제일 뿐이다.

이처럼 청년들이 처한 '삶의 조건'은 개념적으로 자신들이 인지하는 미래에 대한 객관적이거나 주관적인 전망이라는 두 개의 양극단을 표현한다. 자신과 사회의 미래에 대한 생각은 자신의 삶과 조건 속에서 기존의 사회화의 경험과 현실적으로 예상되는 미래 상황과 직면한 경험이 상호작용하여 나타나며, 이때 청년들 자신의 감정적 흐름과 삶에 대한 기대는 매우 중요하다(Münchmeier, 1997: 290).

학업 및 직업훈련 단계에서의 경쟁을 통해 경제 및 고용시스템에서 가능한 한 유리한 사회적 지위를 획득할 수 있는 (충분한 것은 아닐지라도) 필수적인 조건을 만들어내는 것이 일반적으로 사회적으로 기대되는 청년들의 기본적인 과제이다. 성과에 따라 지위 성취적 성공을 이루어내는 목표가 위협될 때 성과 중심사회에 대한 강한 지향성이 자신의 문화적 정체성을 포기하기보다는 일반적으로 수용되기 어려운 불법적·범죄적, 때로는 폭력적 수단을 통해서라도 자신의 고유한 지위관련적 목표를 추구하려는 자세를 강화하는 계기를 제공한다(Hurrelmann, 1994: 203).

(3) 청년실업이 당사자 및 사회에 미치는 영향

청년실업은 특정한 연령집단의 실업자 그 이상을 의미한다. 직업생활로의 진입은 청년 개인의 계속적인 직업 및 사회적 변화과정에 영향을 미칠 뿐만 아니라 복합적인 사회적 함의를 지니기 때문에 실업은 개인뿐만 아니라 사회적 결과를 동반한다.

① 청년실업의 개인적 결과

청년실업은 청년들에게 실업상황에 대처하는 개별적인 극복전략이 결여되어 있다는 특수한 차원에 직면하고 있다. 실업에 처한 청년들은 한편으로 물질적으로 어려운 상황에 놓여 있거나(부모로부터의 독립, 조기 결혼 혹은 동거 등의 이유로), 다른 한편으로는 종종 자신의 정체성이나 사회에서 자신의 자리를 찾아가는 과정에 있다. 따라서 실업은 한 개인 전기(biography)의 '약점'이 부각된다는 것을 의미한다. 일과 직업에 대한 자기정립과정에 대한 어떠한 실질적인 대안은 존재하지 않는다. 포스트산업사회의 가치변화에 대한 다양한 논의에도 불구하고 어찌 되었건 노동은 예나 지금이나 우리가 살아가는 현대사회의 핵심적 통합요소이다. 노동은 개인의 생존보장, 일상생활의 구조, 생애설계의 가이드라인, 사회보장 등에 있어서 핵심적 의미를 지닌다(Böhnisch, 1994: 43-52).

뒤르케임의 아노미이론에 기초하여 경제위기에 대한 사회적 현상을 규명하는 에이컨, 퍼먼, 세퍼드의 고전적 연구(Aiken, Ferman, Sheppard, 1968)는 디트로이트 시에 대한 경험연구를 통해 일자리 상실에 따라 아노미가 발생하는 실업과 경제위기 간의 직접적 연관을 강조하고 이러한 현상을 소위 '단절'테제로 정식화하였다. 그러나 이러한 단절-테제를 청년실업에 적용하는 것은 부적절한 것 같다. 왜냐하면 청년실업은 예상하지 못한 노동의 단절이 문제라기보다는 생계노동으로의 통합의 문제가 실업경험과 연계되어 있기 때문이다(Harten, 1983: 261ff.).

실업이 일반적으로 사회적 분열, 심리적·물리적 증상, 자존감의 상실, 의미상실 등을 초래한다지만 청년은 그 상태가 성인보다 더 심각하다. 성인 실업자는 그 상황이 아무리 심각하더라도 최소한 실업과정에서 상실할 수 있는 정체성이라도 보유하고 있지만, 청년실업자는 실업 초기부터 자신과 자신의 능력에 대한 평가절하(devaluation)과정에 놓이게 된다.

직업훈련 혹은 교육과정 이수 후에도 구직의 어려움을 겪는 청년들은 종종 사회적 삶에 적극적으로 참여하는 것을 거부하는 부정적인 사회적 태도를 야기하기도 한다. 노동시장에서의 문제는 교육 및 학습적 측면에서 뒤진 청년, 장애를 지닌 청년, 외국인 청년 등과 같이 취약집단에게 더 많은 영향을 미친다. 그러나 최근에는 대학을 졸업한 교육수준이 높은 청년들도 취업에 진입하는 데 점차 어려움을 겪고 있다(Gesellschaft für politische Aufklärung, 1998: 1ff.).

청년들의 다양한 문제행동(problem behavior)과 극복전략은 후렐만(Hurrelmann, 1994)의 분류에 따라 두 개의 분석적 차원으로 유형화해 볼 수 있다(〈표 3〉 참조).

첫째, 청년의 '잠재적 저항'이 표출되는 방향으로 청년의 문제행동은 사회적 주요인물이나 제도 등과 같이 외부로 표출되는 '외재적' 요인과 자기 자신과의 갈등을 증폭시키는 '내재적' 요인으로 구별된다.

둘째, 청년의 문제행동의 현상형태와 결과는 사회적으로 지배적인 규범과 기대행동에 대해 '순응적'이거나 '일탈적'인 것으로 구별할 수 있다. 순응과 일탈 간의 이행은 유동적이다. 양 극단 사이에는 비순응적 행동의 영역을 구성하는데, 그러한 행동은 원칙적으로 사회적 가치에 반대하기보다는 극단적인 형태로 표출되거나 소외된 방식으로 전환된다.

표 3 청년 문제행동의 유형

문제행동의 방향	문제행동의 사회적 평가		
	순응적	비순응적	일탈적
외재적	시민운동의 참여	정치적 저항집단에의 참여	불법적 (범죄) 집단에의 참여
내재적	(통제되지 않는) 소비 (알코올, 담배, 약물)	자살(시도)	불법적 약물 소비

출처: Hurrelmann(1994: 198)

② 고용위기가 사회에 미치는 결과

실업은 개인들에게 직접적인 영향을 미치기도 하지만 실업의 기회비용으로 평가될 수 있는 국민경제의 손실을 발생시킨다. 일례로 조세와 사회보장부담금의 감소분과 실업으로 인해 발생하지 못한 재화와 서비스의 생산 등이 이에 속한다. 동시에 실업자는 일반적으로 국민경제적 측면에서 소비에 적절한 기여를 하지 못한다. 게다가 법적으로 규정된 최소한의 의료보험 및 연금, 기초생활수급비 그리고 실업급여 등의 직접적인 이전지출(transfer payment)이 실업비용에 추가된다. 뿐만 아니라 실업으로부터 발생하는 사회심리학적 질병, 범죄예방을 위한 비용, 실업으로 인해 발생한 저숙련과 장기적 측면에서 경쟁조건 악화, 낮은 소득과 소비지출로 인한 소득승수효과로부터 발행하는 소위 제2차 효과, 실업으로 인해 국가의 모든 영역에서 발생하는 추가적 사회비용 등과 같은 추가적 비용이 고려되어야만 한다.

그러나 실업은 심각한 경제적 문제로만 그치는 것이 아니라 남부유럽이나 남미의 사례에서 보듯 사회적 연대의 근간을 흔들고 민주적 사회구조를 불안정하게 만든다. 자본주의적 민주주의에서 지배적인 시장경제는 국가별로 차이가 있을지언정 일정한 수준의 사회정의에 기초하고 있다. 만약 증가하는 실업으로 시장경제가 위협되면 경제는 지금까지 지탱해온 중요한 근간을 상실하게 된다. 서구사회의 경험에서 보듯 복지국가, 시장경제, 민주주의는 상호 규정적이며 사회적 통합을 유지해온 중요한 요소이다. 만약 이러한 요소의 하나가 철폐된다면 다른 요소도 단기적으로든 장기적으로든 영향을 받게 된다(Beck, 1996: 142).

오늘날 청년실업은 결코 일시적인 문제가 아니라 장기지속적인 상황이며, 이는 사회적 주변화와 함께 발생하며 궁극적으로는 사회질서와 사회적 규범의 합법성을 위협할 수 있다. 실업률의 증가는 정치시민으로서의 참여를 불가능하게 하므로 장기적으로 사회에서 통용되는 기본적 가치마저 부정될 수 있다. 이러한 상황이 지속될 경우 민주주의의 안정성은 침해될 수 있다. 일례로 유럽의 경우, 유럽시장통합으로 인해 발생한 높은 실업률로 인해 부분적으로 극단적 민족주의적 경향이 강화되고 있는 실정이다. 나아가서 브렉시트(Brexit) 사태에서 보듯 유럽의 시민들이 경제적 연대의 장점을 인지하지 못한다면 빠른 속도로 EU의 합법성은 부정될 수 있다(Tham, 1999: 임운택, 2011).

Ⅲ. 분석틀: 고용정책과 노동시장정책의 관점에서 본 청년실업정책

1. 고용정책

일반적으로 고용정책은 "첫째, 잠재적 노동력에 일치하는 고용의 수준과 구조를 만들고, 이를 유지하며, 둘째, 모든 노동력의 완전한 고용을 보장하며, 셋째, 지역 및 산업의 고용구조를 개선하는 데 기여하는 국가와 여타 제도적 조치의 총합"을 의미한다. 따라서 "실업과 저고용의 위험이 지속적으로 줄어들고, 적절한 소득이 보장되며, 직업의 숙련이 활용되고 그 숙련수준이 가능성에 따라 발전되며, 일자리와 노동조직, 노동환경의 조건이 사람들의 수요에 조응할 때" 고용은 '완전한' 것으로 간주된다(Engelen-Iefer, 1995).

그렇게 볼 때 고용정책의 목적은 '모든 실업자들이 불편함을 감수하더라도' 그들에게 일정한 만족을 줄 수 있는 일자리를 찾는 데 있다. 물론 이는 모든 사람들이 '이상적인 일자리'를 찾는다는 것을 의미하지는 않는다. 그러한 것은 개별적 노력의 여하에 따라 달라진다.

2. 노동시장정책

노동시장정책은 일반적으로 경제 및 고용정책의 범주 내에서 이해된다.

노동시장정책은 노동시장의 결함을 특별히 사회적 약자를 고려한 사회적 규제를 통해 줄여가는 것을 추구한다. 이와 관련하여 적극적 노동시장정책과 소극적 노동시장정책이 구별된다.

적극적 노동시장정책으로서 노동시장정책은 노동력의 고용기회를 증대시키는 데 주목적을 둔다. 정보, 상담, 알선, 숙련 등은 이를 실현하기 위한 중요한 수단으로 활용된다. 그에 반해 소극적 노동시장정책은 실업급여와 같은 임금대체활동을 통해 실업상태에 있는 노동자의 생존을 보장하는 데 초점을 맞춘다(Reithofer, 1995: 85).

노동시장정책에서 시장과정에 대한 국가의 개입은 특정한 집단의 고용수준을 높이는 것에 초점을 맞춘다. 목표집단에 대한 지향성은 전반적인 고용수준을 높이는 것을 목표로 하는 거시경제정책적 조치와는 본질적인 차이를 가진다. 노동시장정책을 통해 통합되는 개별집단은 그 특성에 있어서 완전히 상이하다. 청년들을 대상으로 하는 노동시장정책의 특수성은 상호 긴밀한 연관을 가지고 있는 두 가지 사실로부터 발생한다;

1. 청년은 생계노동의 시작단계에 놓여 있다. 은퇴를 앞둔 고령 노동자들과는 달리 단기적 고용만을 목표로 하는 수단이 불충분하다. 이들에게는 다가올 생계노동의 과정에서 노동시장으로의 지속적인 통합이 가장 중요하다.
2. 고용시스템에서 미래의 성공을 위해 중요한 일반적이고, 직업적인 능력이 청년 시기에 형성된다. 따라서 직업훈련에 성공적으로 참여하고, 노동에 대한 동기를 부여하고 이를 안정화시키며, 단기적이기보다는 장기적인 노동시장의 통합을 유도하는 방식은 여타 직업집단과 다른 노동시장정책의 성공기준이 되어야만 한다(Bosch, 2001: 22).

이와 같은 정의에 기초하여 보면, 유럽의 고용정책은 청년들이 정상적으로 성년의 단계에 진입할 수 있는 기초적인 숙련을 확보하고, 성년이 되어 사회보장정책의 혜택을 지속할 수 있기 위해 고용을 유지할 수 있도록 기획되어 있으며, 노동시장정책은 복지국가 시스템 내에서 성인들이 노동시장의

그림 3 복지국가에서 생애의 제도화

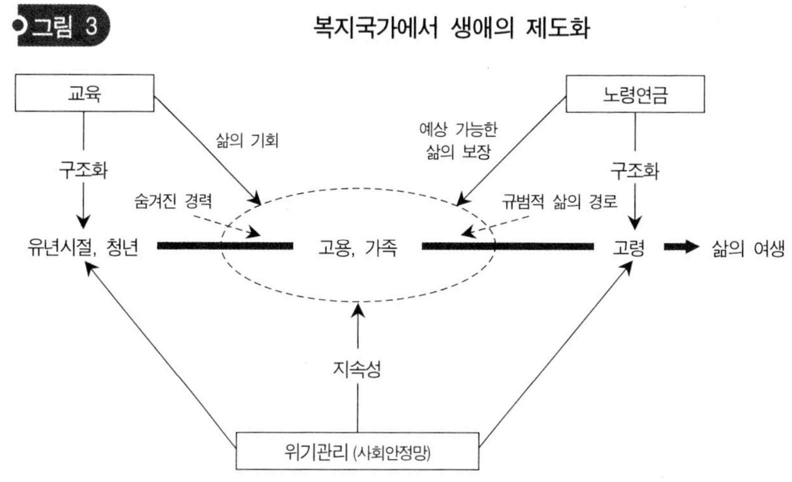

출처: Leisering and Walker(1998)

불안정성으로 인해 연금을 확보하는 데 어려움을 겪게 되는 위험을 방지하기 위한 위기관리 전략의 일환으로 활용된다. 복지국가의 생애과정에서 고용과 복지의 선순환과정을 요약한 〈그림 3〉에서 보듯, 유럽국가에서 청년시기는 일반적으로 미래의 안정적인 삶을 준비를 하는 전초단계로 인식된다. 만약 이 단계에서 청년들이 자발적이든, 비자발적이든 교육이나 훈련과정을 이탈하여 생계노동에 별다른 준비 없이 뛰어든다면, 청년들은 복지국가가 설정한 삶의 제도화단계에서 정상적인 노후를 보장받을 수 없는 어려움을 겪게 된다.

따라서 성인 노동자들을 대상으로 한 고용정책과 청년을 대상으로 하는 고용정책은 가치측면에서 차별화될 수밖에 없다. 보통 청년들을 대상으로 하는 노동시장정책은 이미 발생한 실업이나 청년들의 훈련부족을 해소하기 위해서 노동시장에 치료적인 개입을 하는 것으로 이해된다. 그러나 지체된 최초의 직업훈련은 단지 예외적인 경우에만 만회될 수 있다. 노동경험이 전혀 없는 청년들의 실업은 노동에 대한 동기부여를 오랫동안 상실하게 할 수 있다. 따라서 청년들을 대상으로 하는 노동시장정책을 일반 노동자들을 대상으로 하는 단기적 노동정책적 개입처럼 협소하게 정의하는 것은 문제가

그림 4 청년으로부터 성인으로의 다양한 이행과정

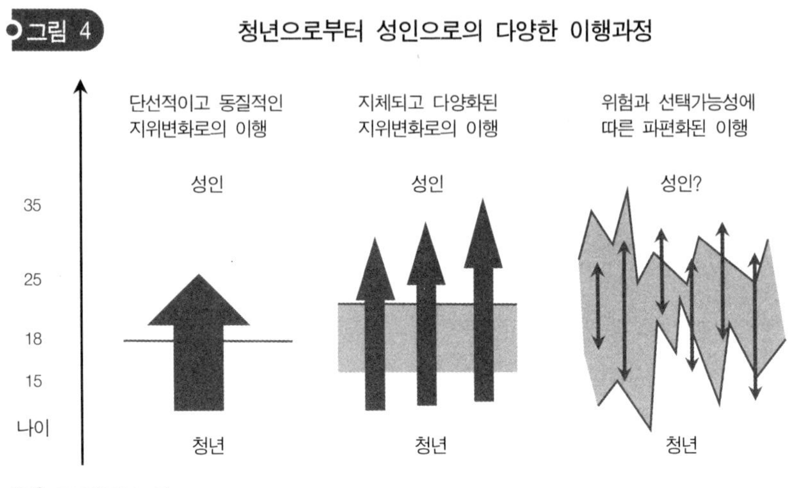

출처: IRIS(2001: 3)

있다(ibid., 22). 〈그림 4〉에서 보듯, 오늘날 청년이 성년으로 진입하는 과정은 단순히 생물학적인 성장과정을 넘어 복잡하게 구성된다. 단순한 직업훈련을 통해 단선적이고, 동질적인 지위변화가 있는 집단이 있는가 하면, 교육과 직업훈련의 연장을 통해 성인화가 지체되고 다양화되는 집단도 있으며, 경제적·문화적 요인(개인화과정)으로 인해 교육과 직업훈련으로부터 이탈하여 성인화과정이 일탈적으로 진행되는 집단도 있다.

그러한 이유에서 EU집행위원회(European Commission)가 고용정책의 본질적인 목표로 언급한 고용가능성(employability: Europäische Kommission, 1998)을 높이기 위해 유럽 주요국가는 청년실업 문제를 극복하기 위해 다양한 이행과정에 놓여 있는 청년들에 대한 직업훈련과 노동에 대한 동기부여에 주력한다. 동기부여를 통해 청년실업을 해결하려면 당연히 각국의 사회적·문화적 인식, 그리고 그에 기초하여 실업을 풀어나가는 방식이 다양할 수밖에 없다. 그러한 점에서 유럽의 청년실업정책은 단순히 고용정책적 제도의 측면뿐만 아니라 청년실업을 풀기 위한 다양한 사회적 인식이 같이 고려되어야 한다. 이러한 점은 유럽과 마찬가지로 높은 청년실업에 시달리는 한국에도 시사하는 바가 크다고 할 수 있다.

IV. 결론에 대신하여: 유럽 청년실업 대책이 한국의 청년실업 대책에 주는 의미

유럽 주요 국가들에서 시행된 청년실업 대책은 EU 룩셈부르크 정상회의의 고용정책적 가이드라인(2001)이 공표되기 이전부터 활발하게 시행되었다. 각국의 청년실업 대책은 문화와 전통에 따라 매우 상이하다. 따라서 어느 한 나라의 성공적인 프로그램을 다른 나라에 그대로 적용하는 데는 문제가 있다. 무엇보다 청년실업 대책과 관련된 프로그램들은 각국의 특수한 노동시장 상황에 근거하고 있다. 사회적·경제적·문화적·역사적 전통이 발전의 경로의존성을 규정하며, 따라서 청년실업과 관련된 프로그램의 개발에도 지대한 영향을 미친다. 그러나 인생의 과도기적 단계에 있는 청년은 그 자체로 하나의 가치를 지닌다고 생각하고, 노동시장으로 진입하는 이행단계에서 생계노동의 지위를 부여하려는 시도는 나라별로 상이한 문화적 전통 속에서도 공통적으로 추구된다.

나라별로 상이한 문화와 청년에 대한 이해는 실업의 결과(빈곤, 지위 및 사회적 정체성의 결여 등)로 등장한 구조적 요인과 노동시장에서 경쟁의 핸디캡이 되는 개인적 결함을 반영하여 정책으로 구현되었다. 이에 근거하여 유럽주요 5개국 청년실업 대책의 특성을 유형화하면 〈표 4〉와 같이 간략하게 요약할 수 있는데, 주요 특성은 다음과 같다.

영국의 청년실업 대책은 개별적 노동시장의 참여라는 의미에서 가능하면 빠른 자립을 선호한다. 따라서 청년실업 문제의 해결은 사회보장급여 등으로부터 구직자의 '자립화'라는 문화와 연계되어 있다(전형적인 자유주의적 복지국가 유형).

생계노동중심의 체제가 유지되는 독일에서는 청년실업의 문제를 직업노동과 정상적 고용관계에 집중해서 해결하려 하며, 이때 직업훈련은 청년들에게 중요한 사회적 장소이다.

사회보장으로의 개별적 진입과 '교육을 통한 평등'을 골자로 하는 덴마

표 4 EU 국가의 청년실업 대책의 특성

	의도적인 청년실업 대책	실업 대책의 유형	구조적 속성 혹은 개인적속성	실업 대책의 강제적 특성 여부	EU 룩셈부르크 고용가이드라인 이전의 대책	실업 대책의 범위	시행에 있어서 중앙집중적 혹은 분권적
벨기에	○	압도적으로 수요자중심	개인적	○	○	전국적, 해당하는 모든 사람, 지역차원의 공급	분권적
덴마크	○	공급자 중심	개인적	○	○	전국적, 해당하는 모든 사람	분권적
독일	○	공급자중심, 그러나 부분적으로 수요자중심의 대책 병행	개인적	×	○	전국적, 해당하는 모든 사람	분권적
영국	○	압도적으로 공급자 중심	개인적	○	○	전국적, 해당하는 모든 사람	분권적
프랑스	○	수요자 중심과 공급자 중심 병행	구조적/개인적	○※	○	전국적, 해당하는 모든 사람	분권적

※ 프랑스에서는 청년의 2/3가 국가의 지원을 받지 못하고 있거나 RMI(Revenu minimum d'insertion: 최저소득보조금)를 받는다. 노동시장통합이나 취업 활성화를 위한 대책은 대체소득이 없는 청년들을 대상으로 하며, 참여자들이 그럼으로써 사회급여를 받을 수 있도록 기획되었다

크(전형적인 스칸디나비아 국가 유형)에서 청년은 개인적 생애를 발전시키는 과제를 수행하는 시기로 정의된다. 따라서 청년은 일하는 존재가 아니라, 교육을 통해 스스로를 만들어가는 존재로 인식되기 때문에 청년실업은 사회적으로 중요한 테마가 아니다.

반대로 프랑스와 같은 국가(남유럽국가의 유형[7]))에서는 교육과 노동시장

정책에 대한 청년의 사회적 장소를 새롭게 정의하고, 실업청년의 교육과 훈련을 제도화하는 것이 쟁점이 되고 있다. 이는 독일이나 북유럽국가처럼 초기 산업화단계에서 직업훈련을 제도화하지 못한 역사적 경험에서 비롯된다.

이처럼 유럽국가들은 청년에 대한 독특한 사회문화적 이해에 기초하여 청년실업 대책을 수립하고 있다. 1990년대부터 2000년대 초반에 수립된 이러한 정책의 효과는 상이한 결과를 낳았다. 〈표 1〉에서 보듯 2014년 현재 이 글에서 분석된 유럽 5개국의 청년실업률을 보면 독일, 덴마크, 영국의 청년실업률이 EU 평균 실업률보다 낮게 나타난 반면, 벨기에와 프랑스의 청년실업률은 높게 나타났다. 실업률이 한 국가의 경제상황을 반영하는 것이기에 한 시기의 실업률을 가지고 일방적인 평가를 내리는 것은 물론 위험하다. 그럼에도 의무고용제를 통해 실업 문제를 적극적으로 해결하려는 의지를 보인 벨기에가 실업률을 떨어트리는 데 한계를 보이고, 상대적으로 청년실업에 대해 특화된 정책보다는 교육과 직업훈련에 주력한 덴마크의 청년실업률 또한 청년실업률 하락폭이 그리 크지는 않다.

전반적으로 어떠한 나라의 청년실업 대책도 완벽한 모델을 제공하지 않는다. 그러나 EU 국가들은 다른 이웃국가로부터 다양한 개혁사례를 배우고, 선택적으로 이를 수용하고 있다. 그러나 더 중요한 사실은 청년실업을 성공적으로 극복하기 위한 프로그램이 청년에 대한 사회적 인식, 〈그림 4〉에서 보았던 청년으로부터 성인으로 발전하는 다양한 과정을 염두에 두고 개발되고 있다는 점이다.

마지막으로 유럽청년실업이 한국에 주는 교훈을 간단하게 살펴보고자 한다. 유럽의 청년실업 대책은 그 자체로 완벽한 것이 아니다. 국가별로 편차가 있기도 하지만, 여전히 유럽은 적지 않은 청년실업을 유지하고 있다.

---

7) 남부국가 유형에는 프랑스를 비롯하여 스페인, 포르투갈, 그리스 등의 국가들이 포함된다. 북유럽국가들에 비해 이들 국가는 전통적으로 청년들에 대한 지원을 국가보다는 가족이 부담하여왔다. 1990년대 이후 높은 실업률로 인해 청년들을 위한 국가의 교육 및 직업훈련 대책이 상대적으로 늦게 개발된 공통적인 특성을 지닌다.

그러나 청년실업을 단순히 노동시장의 문제로만 환원시키지 않고, 청년실업의 상태를 세분화하고, 재사회화, 나아가서 시민권을 강화하려는 기회로 보려는 노력은 우리가 청년실업을 해결하는 데 있어서 교훈으로 삼을 필요가 있다.

유럽의 청년실업은 대부분 24세 미만의 저숙련, 저학력 취업계층이 주를 이루고 있는 반면에, 2011년 3월 현재 청년실업률 9.8%의 한국은 저학력 청년층의 실업률도 높은데다가 고학력 청년층의 실업률도 상대적으로 높다는 점이다. 이를 단순히 '88만 원 세대'(우석훈·박권일, 2007)로 뭉뚱그려 표현하는 것은 의지의 표현은 될 수 있을지언정 문제해결에는 별반 도움이 되지 않는다.

유럽 5개국의 경험이 한국의 청년실업 대책에 주는 교훈은 다음과 같이 요약될 수 있을 것이다.

첫째, 청년실업의 구조적 요인과 개별적 요인을 세분화하는 것이다. 전자는 고용의 창출에 관련되며, 후자는 구직자의 고용능력을 향상시키는 것과 관련된다. 두 개의 요인은 서로 연관되어 있지만, 청년의 교육수준, 사회화 수준, 욕구 등을 고려하여 세분화된 정책을 필요로 한다.

둘째, 구조적 요인의 측면에서 최근 한국에서는 벨기에나 프랑스의 청년고용할당제의 도입이 강조되고 있지만, 통계에서 확인되듯 청년고용할당제가 곧바로 실업 문제를 해결해주지는 않는다. 그러한 점에서 고용할당제는 조심스럽게 접근할 필요가 있다. 무엇보다 유럽의 청년고용할당제가 저숙련 실업청년을 겨냥하고 있는 반면, 한국은 주로 고학력자를 겨냥하고 있다는 점에서 그 배경은 다르다. 현재 국내에도 청년고용촉진법이 공공기관에 적용되고는 있으나 그 결과는 유명무실하며, 공공기관의 의무고용제는 실제로 스펙 혹은 학벌위주의 채용방식의 경계선을 확대시키는 것에 불과하다. 청년고용할당제를 확대시키기 위해서는 기업에 대한 인센티브를 사전지원방식[8]에서 사후지원방식으로 바꿔 지원하고 중소기업 사업주에게 유인요인이

8) 이명박 정부에서 시행한 청년인턴제사업, 박근혜 정부에서 시행하는 일-학습병행제

있을 만한 제도(상속세 감면)의 도입과 병행할 필요가 있다.

셋째, 한국의 청년실업률은 개인적 요인의 측면에서도 재고할 여지가 많다. 익히 알려져 있다시피 한국의 청년실업률의 주요 원인 중의 하나는 고용률이 매우 낮다는 점이다. 장기불황으로 취업준비자, 구직단념자들이 많은 탓이다. 이러한 문제를 단순히 눈높이 교정으로 해결할 수는 없다. 프랑스의 경우처럼 교육과정에서 개인적 상담을 활성화할 필요가 있다.

넷째, 청년은 노동경험이 부족하기 때문에 취업준비 단계에서 많은 재정적 어려움에 직면한다. 특히 최근 높은 등록금으로 인해 이미 채무자의 지위에 놓인 청년들이 최저임금도 못되는 취업지원서비스를 받으면서 고용능력을 향상시키기란 불가능하다. 그러한 점에서 앞서 살펴본 모든 유럽국가들처럼 청년실업부조를 도입하는 것이 필요하다. 이를 위해 단순한 실업부조부터 평생직업훈련계좌제도 등 다양한 프로그램을 개발할 필요가 있다.

다섯째, 독일과 덴마크의 사례처럼 민간기업이 직업훈련을 담당하고 고용능력을 향상시키는 노력을 제도화할 필요가 있다. 일종의 듀얼시스템(이론과 기업에서의 실무훈련 병행)으로 이는 저숙련, 저학력계층의 청년들에게 직업훈련과 고용을 연계시키는 중요한 기회를 제공할 것이다. 이는 현재 국내에서도 일-학습병행제로 시행되고 있으나 현재처럼 직업훈련 공급자에 의존하는 방식으로는 노동시장이행론[9]의 취지를 무색하게 할 뿐이다. 특히나 4차 산업혁명에 직면하여 산업구조의 변화에 조응하는 직업에 대한 전망, 노사협력에 기초한 직무제도의 확립 등이 반드시 선행되어야만 할 것이다.

마지막으로, 청년실업에 대한 문제인식이 정치엘리트에 의해 과도하게

등은 모두 기업 인센티브를 사전지원방식으로 부여하면서 오히려 비정규직을 남발하고, 기업의 모럴해저드를 초래하는 결과를 초래했다.

9) 독일의 슈미트(Schmid, 2013)는 한국의 고학력제도를 비판하면서 직업훈련과 고용을 연계시키는 이행노동시장체제를 권유하고 있다. 당연한 지적임에도 불구하고 현재의 공급자 중심의 직업훈련체제에서는 양질의 숙련을 기대하기도 어려우며, 직업훈련 분야도 매우 제한되어 있으며, 더구나 산업 전망에 부응하는 훈련체계는 더더욱 요원한 상태이다.

이데올로기화되는 것을 피해야 할 것이다. 세계화와 일련의 전 지구적 경제 위기는 전 세대에 걸쳐 실업을 초래했지 청년에게만 집중된 것이 아니다. 임금피크제나 성과연봉제처럼 아랫돌 빼서 윗돌 괴는 방식으로 청년실업을 해결하는 것은 불가능하고 바람직하지도 않으며, 세대 간 갈등만 초래할 뿐이다. 청년, 노조, 시민사회가 정책적 연대를 통해 전 세대의 실업 문제를 해결하려는 노력이 필요하다. 실업을 전 세대의 문제로 인식하고 연대를 모색하는 미국의 '세대연합(Generations United, 2011)'이나 정부의 청년 최저임금 도입에 반대하여 노조가 주도하고 대학생과 청년집단들이 결합한 뉴질랜드의 '동일노동 동일임금 캠페인(Same Work Same Pay: 2012년)'은 그러한 점에서 시사하는 바가 크다. 정규직 일자리와 임금을 조정하여 세대 간 갈등을 유발하는 정책보다는 노동시간 단축, 탄소집약적 경제대신 생태친화적 경제체제로의 전환을 통한 신규일자리 창출, 실업자들을 위한 사회보장지원, 주택·의료·운송·교육 등의 영역에서 공공서비스 강화 등을 통해 공공일자리 확보 등 다각적인 세대 간 연대 속에서 청년실업을 해결하려는 인식의 전환이 필요하다.

전반적으로 한 나라의 고용정책을 제도화하는 데는 많은 시간과 노력이 필요하다. 그러나 청년(실업)의 문제를 어떻게 보고, 어떠한 가치를 부여하느냐보다 더 중요한 인식적 출발점은 없다. 청년실업은 단순히 국가경쟁력의 문제만으로 환원되지 않는다. 장기적 실업에 놓이거나 불안정 고용에 시달리는 청년 시기는 결국 사회통합을 해칠 뿐 아니라 많은 사회갈등과 문제를 야기한다. 그러한 점에서 청년실업 대책을 위해서 정책수립자에게 경제성의 원칙보다는 '사회성'의 관점에서 청년실업을 바라보는 높은 '민감성'이 요구되며, 이를 통해 세분화된 청년실업 대책이 준비되어야만 할 것이다.

참·고·문·헌

김성희. 2007. “청년실업바로알기와 3가지 해결방안.” 『진보평론』 가을호.

노동부. 2006. 『한국의 고용전략수립에 대한 연구』. 서울: 노동부.

슈미트, 귄터(Schmid, Günther). 2013. 『한국의 청년실업: 독일 및 이행노동시장의 관점에서』. the HRD Review. 한국노동연구원.

우석훈·박권일. 2007. 『88만원 세대』. 서울: 레디앙.

이동임·김덕기. 2005. 『독일의 자격제도 연구』. 서울: 한국직업능력개발원.

이승렬·김주영·박 혁·황규성·옥우석. 2011. 『청년 일자리지원사업 심층연구』. 서울: 한국노동연구원.

임운택. 2009. 『대구지역의 청년층 고용창출전략개발을 위한 연구사업』. 대구: 대구경영자총협회.

_____. 2011. “유럽의 청년실업정책: 주요 5개국을 중심으로.” 『유럽연구』 제29권 제3호 겨울호.

_____. 2016. 『전환시대의 논리: 자본주의와 민주주의의 이중위기 속의 한국사회』. 서울: 논형.

Allen, S. 1968. “Some theoretical Problems in the Study of Youth.” *Sociological Review* 16(3): 319-331.

Bosch, G. 2001. “Die Zukunft der Arbeitsmarktpolitik für Jugendliche in Deutschland.” C. Groth and W. Maennig, eds. *Strategien Gegen Jugendarbeitslosigkeit im Internationalen Vergleich*. Frankfurt am Main: Peter Lang.

Broudieu, P. 1984. “La jeunesse n’est qu’un mot. Interview with Anne-Marie Metailie.” *Questions de Sociologie*: 143-154.

Bundesanstalt für Arbeit. 2003. *Europa kommt -geher wir hin! Perspektiven in Europa: Bildung—Ausbildung—Sutdium—Jobben*. Nürnberg: BfA.

Bundesregierung. 2003. “JUMP PLUS.” Bundesregierung: Berlin. http://www.

bundesregierung.de/Themen-A-Z/Kinder-und-Jugend-,2154/Jugendarbeitslosigkeit.htm

Comaroff, J., and J. Comaroff. 2005. "Reflections on Youth, from the Past to the Postcolony." In A. Honnana and F. De. Boeck, eds. *Makers and Breakers: Children and Youth in Postcolonial Africa*: 267-281. Oxford: James Currey.

Durham, D. 2004. "Disappearing Youth: Youth as a Social Shifter in Botswana." *American Enthnologist* 31(4): 589-605.

Engelen-Kiefer, U. 1995. *Beschäftigungspolitik*. Köln: Bund Verlag.

Europäische Kommission. 1998. *Nationale Aktionspläne*. Brüssel: EU.

______. 2009. *Eine EU-Strategie für die Jugend—Investitionen und Empowerment. Eine neue offene Methode der Koordinierung, um auf die Herausforderungen und Chancen einzugehen, mit denen die Jugend konfrontiert ist*. Apr. 27. KOM(2009) 200 endgültig.

Eurostat. 2016. *Jugendarbeitslosenquote*. Brüssel.

ILO. 2010. *Global Employment Trends for Youth: Special Issue on the Impact of the Global Economic Crisis on Youth*. Geneva: ILO.

IRIS e.V. 2001. *Institutionelle Ausgrenzungsrisiken im Übergang?: Eine vergleichende Auswertung nicht beabsichtgter Effekte von Maßnahmen zur Integration junger Erwachsener in den Arbeitsmarkt in Europa*. Hechingen/Tübingen: Universität Tübingen, 2001. http://www.iris-egris.de/pdfs/tser-bericht-deutschland.pdf

Jones, G. 2009. *Youth*. Cambridge: Polity Press.

Kraftl, P., J. Horton, and F. Tucker, eds. 2012. *Critical Geographies of Childhood and Youth: Contemporary policy and Practice*. Bristol: Policy Press.

Leisering, L., and R. Walker. 1998. "New Realities: the dynamics of modernity." L. Leisering and R. Walker, eds. *The Dynamics of Modern Society*. Bristol: The Polity Press.

Mizen, P. 2002. "Putting the Policies back into Youth Studies: Keynesianism, Monetarism, and the Changing State of Youth." *Journal of Youth*

Studies 5(1): 5-20.

Mundial, B. 2006. *World Development Report 2007: Development and the Next Generation*. World Bank.

OECD. 1998. "The OECD Jobs Strategy: Progress Report on Implementation of Country—Specific Recommendations." *Economic Departments Working Papers*. Nr. 196. Paris: OECD.

Raith, M. 2008. *Maßnahmen gegen Jugendarbeitslosigkeit in der Europäischen Union. Einfluss der Struktur allgemeiner gesellschaftlicher Werte und der institutionellen Rahmenbedingungen*. Saarbrücken: VDM Verlag Dr. Müller.

Reithofer, H. 1995. *Sozialpolitik in Österreich, Probleme, Lösungen, Argumente. Eine praxisorientierte Darstellung*. Wien: Verlag des ÖGB.

Sender, H., and M. Langley. 2007. "How Blackstone's chief became $7 billion man." In *Wall Street Journal*, June 13th. http://online.wsj.com/article/SB118169817142333414.html

Talburt, S., and N. Lesko. 2013. "An Introduction to Seven Technologies of Youth Studies." In N. Lesko and S. Talburt, eds. *Keywords in Youth Studies*: 1-10. New York: Routledge.

USIP(United States Institute of Peace). 2010. "Youth, Violence and Extremism." January 19th. www.usip.org/events/youth-violence-and-extermism

van Dijk, R., de M. Bruijn, C. Cardoso, and I. Butter. 2011. "Introduction: Ideologies of Youth." *Africa Development* 36(3&4): 1-17.

청년실업에 대한 심리학적 접근

부수현 • 경상대학교 심리학과

Ⅰ. 서론

2017년 기획재정부와 고용노동부가 발표한 '6월 고용동향'에 따르면, 청년(15~29세)의 실업률은 무려 10.5%에 달했다. 이는 외환위기로 인한 실업사태가 해소된 2000년 6월 이후 최대치이며, 2017년 2월에 10%를 넘어선 이후 좀처럼 감소되고 있지 않다. 특히, 체감 실업률은 11.1%이며, 청년들의 체감 실업률은 무려 23.4%에 달한다. 여기서 체감 실업률은 아르바이트 등을 하면서 구직활동을 병행하는 청년들, 공무원시험이나 기타 고시를 준비 중인 학생들, 결혼 및 육아 등으로 경력이 단절된 여성들과 같이, 취업의지를 가지고 구직활동을 하고 있으나, 실업상태에 있는 사람들을 포함한 지수이다. 간단하게, 일하고 싶은 청년 4명 중에 1명이 실업상태에 있다는 것이다. 더욱이 이러한 청년실업 상황이 개선될 여지가 좀처럼 보이지 않는다는 데 문제의 심각성이 있다. 더 나아가 청년실업은 경제적 측면에서만 문제를 일으키는 것은 아니다. 실업을 경험하고 있는 청년과 그의 가족, 그리고 주변인 및 지역사회에 매우 심각한 부담과 위험을 유발하는 요인이 된다. 본 장에서는 심리학적 관점에서, 청년실업이 개인(청년)과 사회에 미치는 부정적인 영향에 대해 심층적으로 논의해보려고 한다.

II. 과도한 스트레스를 받는 청년들

우리 청년들은 결코 게으르거나 모자라지 않다. 건국 이래 그 어느 세대보다 현재 세대의 학력이 높고, 더 훌륭한 기술과 능력(이른바 스펙)을 갖추고 있을 뿐만 아니라, 더 오래 그리고 더 절실하게 취업을 준비하고 있다. 구체적으로, 2017년 2분기(4~6월) 대졸 이상 실업자가 사상 처음으로 전체 실업자의 절반(50.5%)을 넘어섰고, 1999년 실업통계 기준을 변경한 이후 가장 많다. 이는 대부분이 대졸 이상의 학력을 갖추고 있는 청년들의 실업 문제가 매우 심각하다는 것을 보여준다. 덧붙여 청년들의 첫 취업까지 소요기간 평균은 11개월 정도이며, 4명 중 1명(25.4%)은 1년 이상의 취업준비 기간을 가진다(통계청, 2015). 하지만 취업의 어려움으로 인해, 중간에 휴학을 하거나, 졸업요건을 채웠음에도 불구하고 졸업을 유예하는 학생들을 감안한다면, 청년들의 실제적인 취업준비 기간은 더 늘어날 수밖에 없다. 실제로 2015년 취업난으로 인해 졸업유예를 한 학생은 1만 7천명이 넘는 것으로 조사되었다(교육부, 2016). 덧붙여, 2017년 4년제 대졸예정자 중 27.2%가 졸업유예를 할 계획이며, 세부적으로 사회과학계열 전공자들은 3명 중 1명(33.3%)이 졸업유예를 할 예정이라고 답했다(잡코리아, 2017). 이들이 졸업유예를 하는 이유 첫 번째는 '인턴십 등 직무경험을 쌓기 위한 것(63.3%)'이었고, 두 번째는 '외국어점수나 전공 자격증 등 부족한 스펙을 채우기 위해(47.6%)'였다.

더 심각한 문제는 취업준비 기간이 길어질수록 비용부담이 커질 뿐만 아니라, 적절한 취업기회를 놓칠 가능성이 높다는 점이다. 먼저, 취업준비 비용에 대한 정확한 통계는 산출하기 어렵지만 학원비, 교재비 및 시험 응시비와 같은 직접적인 교육비용뿐만 아니라, 준비 기간 동안의 기초적인 생활비까지 포함할 경우, 수입이 전혀 없는 청년이 감당하기 어려운 수준인 것임은 분명하다. 이로 인해 신-캥거루족(성인임에도 불구하고 경제적으로 부모에게 의존하는 청년층)이 확산되고 있으며, 취업에서의 경제적 불평등 문제(이른바 부모의 부도 스펙)가 대두되고 있는 상황이기도 하다. 더 나아가 프리터(freeter)족도 해결하기 어려운 사회 문제가 되고 있다. 프리터족이란 일본의 장기불황에서 나타난 신조어로서, '아르바이트가 직업이 되어버린 청장년층'을 말한다. 이들은 생계를 위해, 갖가지 아르바이트를 전전해야 하며, 저임금으로 노동시간이 더 길어질 수밖에 없어서, 취업을 준비하거나 미래를 설계할 기회를 빼앗기게 된다. 특히 우리나라의 프리터족이 점차 장년화되어 가고 있다는 것이 중요하다. 20대에 아르바이트 및 비정규직으로 사회에 진출한 청년들이 결국 30대 후반까지 안정적인 직장을 못 구하고 있다는 것이다. 실제로 아르바이트포털 알바몬(2016)에 따르면, 조사대상자 2,006명 중 31.8%가 프리터족인 것으로 밝혀졌으며, 20대(31.6%) 및 30대(28.5%)보다 40대(39.2%)에서 오히려 더 높은 비율을 차지하였다.

1. 과연 청년들의 눈높이가 문제인가?

1990년의 대학진학률은 33.2%에 지나지 않았지만, 2008년에 83.8%까지 대학진학률은 급격하게 높아졌다. 물론 2009년부터 감소하는 추세에 있지만, 최근까지 70%대를 유지하고 있는 상황이다. 이는 청년층의 고학력화를 단적으로 보여주는 예이며, 우리나라의 경우 학력에 따른 임금격차가 분명하게 존재하기 때문에, 개인적인 차원에서 볼 때, 고학력을 갖추는 것은 합리적인 선택이라고 봐야 한다. 구체적으로 고용노동부(2016)의 '고용형태별근로실태조사'에 따르면, 대졸자의 시간당 임금총액은 21,140원이고, 대학원 졸업자가 32,940원인 것에 반해, 고졸자는 12,939원으로 대졸자의 72.7% 수준에 그쳤고, 중졸 이하는 10,592원으로 대졸자의 절반 수준에 그쳤다.

우리나라 청년실업 문제의 핵심은 일자리의 미스매치일 수도 있다. 구체적으로 대학생(청년)과 노동시장 간의 선호도 차이가 존재한다. 간단하게 대부분의 대학생들은 일자리로서 대기업(71.3%)을 선호한다. 중소기업을 택하겠다는 대학생은 4.8%에 지나지 않는다. 반면, 중소기업은 청년층(72.1%)을 선호한다. 즉, 우리나라 실업 문제는 구직난과 인력난이 동시에 발생하고 있는 것이다. 여기서 중요한 것은 단순히 기업규모에 의해 구분되는 것이 아니라, 임금차이와 복지혜택, 그리고 정규직과 같은 안정성 등이 일자리 선호에 핵심이라는 점이다. 청년들은 안정적이고 보수가 높은 대기업 정규직을 선호하지만, 이러한 일자리가 한정되어 있기 때문에 자발적 실업이 늘어나는 것으로 봐야 한다.

이러한 맥락에서, 얼핏 보면 청년들의 눈높이가 문제인 것처럼 보이지만, 실제로는 전혀 그렇지 않다. 청년취업난이 갈수록 심화되면서 많은 청년들이 취업의 벽을 넘기 위해 최선을 다하고 있다. 대표적인 예를 들자면, 중견기업을 택하는 '눈높이 낮추기,' 혹은 '열정페이'까지 감수하는 청년들이 늘어나고 있다. 구체적으로, 열정페이란 '청년의 열정을 빌미로 하는 저임금 노동'을 의미한다. 즉, 청년들의 현장경력이나 취업조건을 갖추기 위한 노력의 일환으로, 거의 무보수로 노동하는 경우가 이에 해당한다. 열정페이는 2008년 글로벌 금융위기 때 급증하다가 2010년 잠시 주춤하였으나, 이후 지속적으로 증가하는 추세에 있다(현대경제연구원, 2016). 여기서 중요한 것은 '보수가 적고 일이 힘들어도 경험이라 생각해서 기꺼이 참겠다.'는 청년들이 65.2%에 이른다는 조사결과이다(알바천국, 2017). 즉, 대부분의 청년들이 자신이 원하는 진로 혹은 직종에 취업하기 위해서라면, 어떤 어려움이라도 감내하겠다는 각오를 가지고 있는 것이다. 실제로, 청년들은 '힘든 일도 다 경험이라고 생각해서(55.6%)', '취업난 시대에 일할 수 있는 것에 감사해야 함(22.5%)'

이 열정페이를 선택한 이유로 꼽았다. 따라서 청년 고학력 노동자들의 눈높이가 실업난의 주원인이라는 주장은 타당하지 못하다.

다른 한편으로, 청년들이 대기업을 막무가내로 선호하는 것도 아니다. 커리어넷(2015)에 따르면, 대기업이 체계적인 시스템을 갖추고 있기 때문에(40.4%), 중소기업의 비전이 밝지 않기 때문에(16.5%), 개인적 성장을 위해(15.6%), 고스펙 보유에 대한 심리적 보상 때문에(14.75%) 선호되는 것으로 밝혀졌다. 더욱이 청년들은 첫 직장을 선택할 때, 가장 중요한 요인으로 자신이 원하는 직무(42.7%)라고 응답하였고, 복리후생(20.5%)과 연봉(18.6%)이 그 뒤를 이었다. 이를 종합하여 보면, 청년들이 선호하는 것은 안정적이고 합리적이면서 지속적인 성장과 발전이라고 유추해볼 수 있다. 이와 유사한 맥락에서, 공시족(공무원시험을 준비하는 청년들) 역시 급증하고 있는 추세이다. 인사혁신처에 따르면(2016), 2016년 1월 9급 공무원시험에 총 22만 2,650명의 수험생이 지원하였다. 2013년 처음으로 20만 명을 넘어선 이후, 최근에 이르기까지 그 규모를 유지하고 있다. 이처럼 많은 청년들이 공무원시험에 매달리는 이유는 연봉이 아니라 '고용안정성'과 '복지혜택'에 있다. 이것은 급변하는 현대사회의 불확실성을 반영하는 것으로 봐야 한다. 더욱이 공무원시험은 최종 점수로 당락이 결정되는 것이기 때문에, 다른 어떤 직업보다 선발과정이 투명하고 공정하다. 따라서 매우 합리적이고 성실하면서, 열심히 노력하는 우리의 청년들이 상대적으로 보수가 적은 공무원을 선호하는 것은 그리 이상한 일이 아니다.

2. 취업난을 겪는 청년들의 심리적 문제

실업은 누구에게나 심각한 문제를 일으킬 수 있다(London, 1997). 중장년층의 실업(혹은 실직)은 매우 즉각적인 경제적 문제를 야기하지만, 청년들의 실업은 잠재적인 문제를 유발한다는 데 그 특징이 있다. 특히, 극심한 실업난 속에 청년들은 장기적인 실패와 좌절을 경험하게 되며, 그 과정에서 매우 높은 강도의 스트레스를 겪게 된다. 이것은 청년들의 정신건강에 매우 심각한 문제를 유발시킬 수 있는 것이다(오경자, 1998). 선행연구들에 따르면, 청년기 실업은 일에 대한 바람직하지 못한 태도를 갖게 할 뿐만 아니라(Banks & Ullah, 1988), 삶의 만족도와 사회적응 수준을 떨어뜨리고, 우울, 불안감, 짜증, 공격성 및 분노 등을 높이고, 자존감을 낮추는 데 직접적인 영향을 미치며, 알코올이나 약물남용 등과 같은 문제행동을 유발하기도 한다(유은정, 2004; Axelsson et al., 2002). 실제로, 청년실업자는 고용상태에 있는 청년들에 비해서, 신체적 및 심리적 고통을 더 많이 경험할 뿐만 아니라, 자존감 손상이 매우 심한 것으로 보고되었으며(Prause & Dooley, 1997), 국내 조사 결과에서도, 구직시도에서 완전히 실패한 청년들은 (취업에 성공한 청년들에 비해) 신체화 증상, 강박증, 대인예민성, 우울, 적대감, 그리고 불안 경향성 등과 같은 전 지표에서 취약한 정신건강 상태를 보고하였다(이훈구 외, 2000).

여기서 중요한 것은 실업기간이 길어질수록 문제가 더 악화된다는 점이다. Maxwell(1989)의 '지연에 따른 가치감소(temporal discounting)' 개념에 따르면, 실업기간이 길어질수록 실업자가 가지고 있던 직무능력이 쇠퇴하거나 뒤떨어져, 취업이 더 힘들어질 수밖에 없다. 이러한 상황에서 청년들은 '이대로 가면 뒤처진다.'는 심리적 압박감을 더 강하게 느낄 수밖에 없으며, 이것은 곧 취업에 대한 스트레스(즉, 취업 스트레스)를 가중시키는 원인이 된다. 취업 스트레스란 '대학을 졸업할 예정이거나 최근에 졸업한 사람이 최초의 취업준비과정에서 주관적으로 경험하는 스트레스'를 말하며(정의석·노안영, 2001), 구체적으로, 졸업 이후의 진로와 취업에 관련하여 발생하는 신체적, 정서적 심리적 갈등을 말하는 것으로, 평형 상태가 파괴되고 위기, 또는 긴장감 또는 불안감을 느끼는 상태를 말한다(강경훈, 2009; 배주윤, 2008).

무엇보다도 이러한 취업 스트레스는 겉으로 드러나지 않는 개인의 문제로 치부된다는 점이 가장 위험하다. 실제로, 실업난에 의한 취업 문제는 개인이 스스로 해결하기 어려운 구조적인 문제임에도 불구하고, 개인(특히, 청년)은 자신이 감당하고 해결해야만 하는 문제로 인식하는 경향이 있다(유기은, 2015). 그래서 청년들은 취업을 위해 더 많은 노력을 하게 되고, 그 과정에서 발생하는 스트레스를 적절하게 해소하지 못할 때, 혹은 결과적으로 취업에 여러 번 실패하여 좌절하게 되는 경우, 청년들은 열등감을 느끼고, 심각한 자존감 손상을 입는다. 이러한 열등감과 자존감 손상은 우울증을 유발할 뿐만 아니라, 불안 및 짜증과 같은 신경증적인 증상을 보이며(박미진 외, 2009; Hammarstrom & Janlert, 1997), 때때로 적대감이나 공격성과 같은 반사회적 행동이 유발되기도 한다(김상균, 2012; Mawson, 1987).

만약 실업이 장기화될 경우, 이것은 청년들을 만성적인 스트레스 상황에 놓이게 하는 것과 같다. 선행연구들에 따르면, 만성적인 스트레스 상황에 처하게 될 때 점차 인지적 왜곡이 심해지게 된다. 이것은 어떤 상황에 대한 객관적이고 합리적인 판단을 내리지 못하게 막을 뿐만 아니라, 타인과의 일상적인 대화나 교류에 있어서도 상대방이 부정적인 의도를 가진 것으로 편향되게 해석하는 경향을 유발시킨다(Huesmann & Miller, 1994). 간단하게, 최근에 이슈가 되었던 '강남역 여대생 살인사건'으로 설명할 수 있다. 이 사건의 가해자인 남성은 앞서 살펴봤던 프리터족이라고 볼 수 있으며, (사회에 진출한 혹은 고객으로 오는 까다로운) 여성들 때문에 자신의 지위가 위협받는다는 왜곡된 인지를 가지고 있었으며, 그 결과 일면식도 없는 여성을 무참하게 살해하게 되었다. 물론, 단 한 가지 사례로 모두를 일반화시키기는 어렵지만, 이와 관련된 선행연구들을 종합하여 보면, 이러한 해석이 충분히 가능한 것은 사실이다.

먼저, 취업실패와 같은 지속적인 좌절을 경험하게 되면, 자존감이 손상되고 매우 강한 부정적인 감정이 유발되며, 이러한 부정적인 상태를 적절하게 해소하지 못할 경우, 장기적으로 법과 도덕 등 사회적 규범체계에 혼란을 겪게 되어, 결과적으로 반사회적 행동에 취약해진다(김상균, 2012; Mawson, 1987). 또한 인상관리 차원에서, 자신의 자존감에 심각한 타격을 입었다고 느꼈을 때, 자신에 대한 긍정적인 인상을 유지하고, 손상된 체면을 회복시키기 위해, 고의적이고 보복성의 공격행위를 보인다(Felson, 1982). 종합하여 보면, 여러 번의 실패를 겪고, 사회 속에서 열등감과 소외감을 느끼는 개인은 '묻지마 살인'을 저지를 가능성이 높다(박순진, 2003).

덧붙여, 장기적인 실업은 개인을 사회로부터 고립되도록 한다. 먼저, 장기적인 실업은 경제적인 어려움을 겪도록 하며, 이것은 대인관계의 빈도와 질을 저하시키는 주원인이 된다. 실업 초기에는 주변으로부터 사회적 지지(경제적 지원을 포함)를 받을 수 있지만, 실업이 지속될수록 사회적 지지는 점차 줄어들어가며, 결과적으로 취업 스트레스를 완충하던 것(즉, 사회적 지지)의 효과가 점차 약해지는 것과 같다(Kong et al., 1993). 다음으로, 장기적인 실업은 열등감을 높이고, 자존감을 손상시킨다. 이것은 개인에게 우울, 불안, 짜증과 같은 신경증적 증상을 유발할 뿐만 아니라, 주변인들로 하여금 그러한 개인을 점차 회피하도록 하는 요인으로 작용하기도 한다. 실제로, 실업상황에 놓여 있는 청년들은 대인관계 불안감을 높게 느끼며, 타인들에 대한 적대감을 보이고, 과도한 음주와 같은 문제성 행동을 더 많이 한다(윤명숙·이효선, 2012; 이훈구 외, 2000). 결과적으로, 장기적 실업상태에 있는 청년들은 대인관계에서 어려움을 느끼기 시작하며, 이것이 지속될 경우 매우 심각한 사회적 고립이 발생할 수 있다(한금선 외, 2005).

III. 청년실업이 유발하는 사회 문제

앞서 살펴본 바와 같이, 실업상태가 지속될 경우, 청년들은 만성적인 스트레스 상황에 처하게 된다. 또한 반복적인 취업실패는 좌절로 이어지고, 이것은 열등감을 유발하고 자존감을 심각하게 손상시키게 된다. 이러한 심리적인 요인은 신경증적 증상을 유발하는데, 대표적으로 우울, 불안감, 신체화 증상뿐만 아니라, 특정 대상 및 집단에 대한 적대감이나 공격성도 이끌어낼 수 있다. 더 나아가 만성적인 스트레스는 인지적 왜곡을 불러일으키며, 대인관계의 예민성 및 어려움을 증폭시킬 수 있다.

이러한 요인은 장기적인 실업상태에 있는 청년들을 사회로부터 점차 고립시키게 되며, 결과적으로 매우 폭력적인 사회 문제(예, 자살이나 묻지마 살인 등)도 일으킬 수 있다. 따라서 장기적인 청년실업은 단순히 경제적인 차원의 문제를 넘어서서, 심리적인 차원의 심각한 부작용을 일으킬 수 있으며, 한 개인의 문제를 넘어서서, 그의 가족 및 주변인, 그리고 그가 속한 사회적 집단에 돌이킬 수 없는 사건사고를 일으킬 가능성도 충분하다.

1. 모든 것을 포기하는 청년들

실업상태에 있는 청년들은 취업으로 얻을 수 있는 여러 기능(예, 사회적 지위와 개인적 정체감 등)을 얻지 못하기 때문에, 사회에 적응하기 어려울 뿐만 아니라, 심리적으로 매우 혹독한 경험인 '좌절'을 경험하게 된다(오경자, 1998; Winefield & Tiggemann, 1989). '좌절'은 다음과 같은 두 가지 차원의 치명적인 결과를 가져올 수 있다. 첫 번째 차원은 무기력이다. 두 번째 차원은 특정 집단에 대한 적대감과 공격성을 보인다는 것이다.

먼저, 무기력과 관련하여, 실업은 정상적인 사회활동 및 일상생활을 못하도록 하며, 이러한 부정적인변화가 지속될 경우 개인은 이를 개선할 수 있는 방법을 찾는데 점차 소극적으로 되어갈 뿐만 아니라, 점차 부정적인 생활패턴에 순응해가는 경향을 보인다. 특히, 실업의 기간이 길어질수록 이러한 경향(무기력)이 강해진다는 데 문제의 핵심이 있다. 실례로, 단기적 실직자들은 통제 불가능한 사건에도 그것으로부터 벗어나기 위한 노력을 많이 기울이는 반면, 장기적인 실직자들은 그러한 노력을 덜 기울이는 양상을 보인다(Baum et al., 1986). 이는 장기적인 실직자들이 실업상태에 대한 통제감이 낮기 때문에 발생하는 것으로 볼 수 있으며, 이들은 미래에 대한 희망감도 상대적으로 낮다. 따라서 현재의 실업상태는 자신이 어쩔 수 없는 것이며, 이러한 상태가 미래에도 호전될 가능성이 낮다고 보는 것이다. 그러므로 현재 상태가 매우 불만족스러울지라도, 취업 및 구직활동을 적극적으로 하지 않게 되는 것이다. 왜냐하면, '또다시 실패할 것이 뻔하다.'고 예상하기 때문이다.

매우 고전적인 연구인 아이젠버그와 라자스펠드(Eisenberg & Lazarsfeldm, 1938)에 따르면, 실직자는 다음의 3단계를 거치게 된다. 첫 번째 단계는 실직으로 인한 충격을 경험했지만, 미래에 대한 희망을 갖고 지속적으로 구직 노력을 기울이는 단계이다. 두 번째 단계는 구직 노력이 허사로 돌아가는 실패의 경험을 반복적으로 하면서, 비관적 사고를 갖게 되고 극도의 불안감을 느끼는 등의 매우 고통스러운 단계이다. 더 심각한 것은 이러한 고통에 개인은 이내 적응해 나가는데, 마지막 단계가 바로, 실업상태에 대한 만성적인 적응기가 된다. 이러한 과정은 심리학적 관점에서, '학습된 무기력(learned helplessness)'의 개념에 해당한다(Seligman & Maier, 1967). 기본적으로 학습된 무기력이란 '피할 수 없거나 극복할 수 없는 환경에 반복적으로 노출된 경험으로 인하여 실제로 자신의 능력으로 피할 수 있거나 극복할 수 있음에도 불구하고 스스로 그러한 상황에서 자포자기하는 것이다.' 구체적으로, 셀리그만과 마이어(Seligman & Maier, 1967)는 실험을 통해 이러한 무기력이 학습될 수 있다는 것을 검증하였다. 실험에 따르면, 개가 전기충격이 가해지는 공간에서 도망칠 수 없도록 묶어 놓은 후 지속적으로 전기충격을 가하면, 처음에 개는 전기충격에서 벗어나기 위해 발버둥을 친다. 하지만 아무리 발버둥을 쳐도 전기충격에서 벗어날 수 없다는 것을 학습한 뒤에는 전기충격을 주어도 더 이상의 반응을 보이지 않는 것으로 나타났다. 더욱 심각한 것은 연구자가 전기충격에서 벗어날 수 있도록 개의 목줄을 풀어주어도 도망치지 않는다는 것이다.

이러한 결과에 대하여, 셀리그만과 마이어(1967)는 혐오적인 사건이 지속되고 이에 대한 통제력을 상실하였을 때, 앞으로도 이와 같은 부정적인 상태가 계속될 것이라는 부정적인 미래 예측이 무기력을 만들어 낸다고 보았다. 즉, 내가 어떤 행동을 취해도, 현재의 부정적인 상태에 아무런 영향을 못 미친다는 비-유관적(non-contingent) 예측이 무기력의 원인이라는 것이다. 후속하여 에이브럼슨(Abramson)과 동료들(1978)은 자신의 행동이 부정적인 결과를 바꿀 수 있더라도, 즉 반응(자신의 행동)과 결과(상태 개선) 간의 유관성이 객관적으로 존재할지라도, 개인이 그 유관성을 인식하지 못한다면, 상황에서 적절한 행동(즉, 반응)을 하려는 동기가 사라지게 되고, 이로 인해 결과적으로, 적절한 행동이 상황을 바꿀 수 있다는 사실(결과)을 학습하기 어려워진다고 지적하였다. 이와 유사하게, 드웩과 레푸치(Dweck & Reppucci, 1973)는 학습된 무기력의 일반적인 증상으로, 자신감 결여, 부정적 인지와 수동성, 통제력의 결여, 지속성의 결여, 과시욕의 결여, 책임감의 결여, 그리고 우울증이 포함된다고 밝혔다. 이를 간단하게 정리해보면, 학습된 무기력은 인지적 결함뿐만 아니라, 감정과 동기, 그리고 행동적인 측면에서도 복합적인 손상을 일으키는 것이다. 따라서 학습된 무기력은 개인으로 하여금 심리사회적으로 적절한 기능을 못하게 막는 것으로 볼 수 있다.

종합하여 정리해보면, 청년들이 장기적인 실업상태를 경험하게 될 경우, 학습된 무기력을 유발시킬 수 있다. 실례로, 만성적인 실업을 경험한 청년들은 그렇지 않은 청년들에 비해 취업에 대한 기대나 구직 의지가 매우 낮을 뿐만 아니라, 설령 취업에 성공하더라도 직장생활이나 직무활동으로 겪게 되는 고충에 매우 취약하고, 인내심이 낮다(Banks & Ullah, 1988; Jackson et al., 1983). 따라서 일반적인 청년들에 비해, 장기적인 실업을 경험한 청년들은 취업을 할 가능성도 낮을 뿐만 아니라, 취업을 하더라도 이내 다시 실업상태로 돌아올 위험성이 매우 높다. 이러한 반복적인 실패경험은 학습된 무기력을 강화시킬 뿐만 아니라, 심각한 자존감 손상을 불러일으키고, 결과적으로 매우 심한 우울에 시달리거나 자살을 시도할 가능성도 높다(김광일, 2011).

사회적으로, 청년실업으로 인한 학습된 무기력은 점차 삶의 더 많은 영역으로 일반화된다는 문제를 가지고 있다. 이에 대한 가장 대표적인 예가 '3포 세대'라는 자조이다. 3포 세대는 연애, 결혼, 그리고 출산을 포기했다는 것을 의미한다. 이러한 자조의 기저에는 장기적인 실업상태가 있으며, 이에 대한 무기력(즉, 취업도 못한 내가)이 청년 사회화에서 가장 중요한 결혼과 출산까지 포기하게 하는 것이다. 더 우려되는 것은 청년들이 포기하는 것이 점차 많아진다는 점이다. 이에 대한 단적인 예로써, 3포 세대 이후에 '5포 세대'를 이어, 인간관계와 미래희망까지 포기한 '9포 세대'가 등장하였고, 더 나아가 자신의 삶마저 포기한 '완포 세대' 혹은 '전포 세대'까지 등장한 실정이다. 이는 우리사회 청년들이 매우 심각한 무기력을 학습하고 있다는 것을 너무나 극명하게 보여준다.

취업 및 구직 활동에 국한하여 볼 때, 점차 니트(Neet: Not in Employment, Education or Training)족이 증가하는 것도 눈여겨볼 만하다. OECD에 따르면, 니트족이란 '노동시장에서 제외되어 있을 뿐만 아니라, 취업을 위한 직업훈련에도 참여하지 않는 청년층'을 의미한다. 니트족은 1990년대 장기적인 경기침체를 겪던 영국에서, 청년실업자들이 양산되면서 생겨난 개념이다. 그 이후 30년 이상 장기불황을 겪었던 일본에서 니트족이 등장하고 확대되면서 심각한 사회 문제로 대두된 사례가 있었고, 불행히도, 최근에는 우리나라에서도 니트족이 등장했을 뿐만 아니라 해가 갈수록 증가하고 있는 추세이다. 한국노동연구원(2013)에 따르면, 우리나라에서 니트족은 2003년 75만 명에서, 2010년 99만 명으로 증가하였고, 2011년에는 사상 처음으로 100만 명을 넘어선 것으로 추정되고 있다.

이후에도 니트족은 계속 증가하여, 2014년에 163만 명으로 생산가능 인구 중에 무려 17.2%를 차지하는 것으로 조사되었고, 2015년에는 180만 명대로 증가할 것으로 예상되었다(이근태·고가영, 2015). 다른 국가의 상황과 비교해 볼 때 우리나라의 니트족 문제의 심각성은 더욱 명확하게 드러난다. 구체적으로, 청년층 중에서 졸업 5년 후에도 니트 상태를 여전히 벗어나지 못하는 인구비율은 무려 36.8%로 경제협력개발기구(OECD) 회원국 중에서 최고 수준이다. 단적인 예로, 심각한 경제위기를 맞고 있는 남유럽 국가들, 이탈리아(35.6%), 그리스(33.6%) 및 스페인(31.0%)보다도 높은 비율이라는 것을 간과하지 말아야 한다.

세부적으로, 니트족은 구직활동을 소극적일지라도 하는지의 여부에 따라서 구직 니트족과 비구직 니트족으로 구분할 수 있다. 비구직 니트족은 실업상태에서 취업 및 구직에 관한 활동을 거의 하지 않는 집단으로, 전체 니트족에서 56.2%를 차지한다. 이들이 실업상태에서 하는 일은 집 등에서 그냥 시간을 보내거나 여행, 독서 등 여가시간을 보내는 것이었다. 이들 중에서 집안에서 육아나 가사노동을 하는 니트족 19.3%를 제외한, 36.9%의 니트족은 취업 및 구직활동에 대한 의사가 전혀 없는 것으로 조사되었다. 이들은 반복적으로 취업에 실패했거나, 취업에 성공했을지라도 '질 나쁜 일자리(비정규직, 아르바이트, 열정페이 등)'를 경험하면서 구직을 포기하고, 취업에 대한 관심을 잃은 것으로 추정된다. 즉, 앞서 정리한 학습된 무기력이 현실화된 집단이라고 볼 수 있다. 반면, 구직 니트족은 실업상태에서도 지속적으로 취업 및 구직 활동에 참여하는 사람들이다. 전체 니트족의 43.8%로서, 이들은 대개의 경우, 취업에 관련된 시험이나 공부를 하고 있는 상태(28.3%), 그리고 구직 활동을 하고 있다고 응답한 청년들(15.4%)이다. 이러한 구직 니트족은 노동시장이 개선될 경우, 정상적으로 경제활동에 진입할 가능성이 있는 집단이라고 볼 수 있다(현대경제연구원, 2014).

2. 폭발하는 청년들의 분노와 공격성

장기적인 실업상태는 무기력을 가져올 뿐만 아니라, 반복적인 좌절을 경험하게 한다. 이러한 좌절은 특정한 대상이나 집단을 향한 분노로 연결되기 쉽다(Berkowitz, 1989). 이를 반영하는 우리 사회현상의 대표적인 예는 '수저계급론'에서 찾아볼 수 있다. 이 용어는 '은수저를 물고 태어나다(born with a silver in one's mouth)'라는 영어표현에서 유래된 것으로써, 원래의 의미는 은식기를 사용하던 귀족층의 자제가 태어나자마자 유모가 젖을 은수저로 먹이던 풍습에서 유래한 말이다. 즉, 태어나자마자부모의 직업, 경제력 등으로 본인의 수저(미래)가 결정되는 부 및 권력세습 현상을 표현하는 것인데, 우리나리에서는 명문대 진학, 대기업 취업 등이 집안의 경제력이나 인맥 등에 의해 결정되는 것을 비꼬는 의미로 통용된다.

불행히도, 수저계급론은 우리나라 현실에 기반하고 있다. 한국직업능력개발원(2015)에 따르면 고소득 가정 학생이 국내 상위 대학에 진학하는 비율은 7.4%로 저소득 가정 학생의 진학률 8.6배 높은 것으로 나타났다. 또한 부유한 가정에서 태어난 학생들이 대학 졸업 후에도 더 많은 보수를 받을 가능성도 높은 것으로 나타났다. 구체적으로, 부모소득이 높은 자녀가 고소득층이 되는 비율은 24.7%로 4명 중 1명꼴이었지만, 저소득층 가정의 자녀가 고소득층에 합류하는 비율은 14.7%에 불과했다. 더 나아가 대기업, 공기업, 공무원 등 젊은이들이 선망하는 직장에 취업한 비율은 저소득층 자녀가 19.5%였던 반면, 중-소득층은 25.4%, 고소득층은 30%로 나타났다. 즉, 이것은 가구 소득이 높을수록 더 좋은(질이 높은) 직장에 취업하는 경향이 있다는 것을 의미한다. 이러한 한국사회를 가리켜, 청년들은 '지옥'을 뜻하는 영어 'Hell'과 신분이 세습되던 조선 시대의 '조선'을 합쳐서 '헬조선(Hell+조선)'이라고 부르고 있다. 이는 아무리 노력해도 계층 간 이동이 힘든 지옥 같은 세습사회를 의미한다.

여기서 중요한 것은 평범한 청년들 혹은 사회경제적으로 덜 유복한 청년들이 아무리 열심히 노력해도, 대학진학 및 좋은 직장에 취업할 가능성이 낮은 현실에 대한 강한 불만을 표시한다는 점이다. 심각한 취업난이 지속되고 있는 상황에서, 고소득 계층의 자녀들이 부모들로부터 더 많은 지원을 더 오랫동안 받을 수 있는 것이 사실이고, 그 결과로 고소득 계층의 자녀들이 양질의 일자리를 얻을 가능성이 높다. 특히, 때때로 대학진학이나 인사에 관련된 고위층의 비리가 언론을 통해 밝혀지는 것(예, 정유라 입시부정) 또한 이러한 수저계급론 확산에 결정적인 역할을 한다. 그럼에도 불구하고 부모의 경제력이 자녀의 취업과 성공가능성을 결정하는 절대적인 요소는 아니라는 점에도 주목할 필요가 있다. 즉, 이러한 사회적 불평등이 매우 확고한 상황이 아님에도 불구하고, 평범한 청년들은 이에 대해 매우 큰 상대적인 박탈감을 느낀다. 그 이유는 매우 심각한 취업난 속에서 반복적인 실패와 좌절을 경험하고, 이로 인해 상황에 대한 통제력을 잃어버린 상태에서 미래에 대한 희망마저도 낮아지는 무기력을 경험하고 있기 때문이다.

이론적인 관점에서, 장기적인 실업상태는 열등감을 유발하며 자존감을 심각하게 손상시킨다. 이러한 심리적 손상은 자신과 상황에 대한 왜곡된 인지를 일으킬 수 있는데, 이것은 자신이 처한 상황이나 사회, 그리고 특정한 집단에 대한 적대감을 강하게 표출하도록 한다(윤명숙·이효선, 2012). 이러한 적대감은 종종 실제적인 공격성으로 이어지기도 하는데, 이러한 심리적 기제를 가장 잘 성명해주는 것이 바로, 좌절-공격 이론(frustration-aggression theory)이다. 구체적으로 달러드(Dollard)와 동료들(1939)은 '공격성은 항상 좌절의 결과이다.'라고 주장하면서, 좌절-공격성 이론을 제안하였다. 먼저, 좌절은 한 개인이 욕구를 충족시켰을 때 얻을 수 있는 만족을 누군가(혹은 상황적으로) 방해받는 것을 말한다. 즉, 자신의 욕구가 충족되지 못하는 상황에서 개인은 좌절을 경험하며, 이러한 좌절에 대한 자연적이고 자동적인 반응으로써, 공격성이 유발된다는 것이다(Dollard et al., 1939).

이후 좌절-공격 이론은 버코위츠(Berkowitz, 1989)에 의해 수정되었는데, 그 핵심은 '기대하는 목표'에 있다. 즉, 단순한 욕구충족의 실패가 좌절을 만들어 내는 것이 아니라, 어떤 행동으로 얻을 것으로 기대하는 목표가 주어지지 않았을 때, 좌절을 만들어 낸다는 것이다. 따라서 사람들이 어떤 행동으로 무엇을 얻을 수 있다는 기대를 하지 않는다면, 좌절을 경험하지 않는다. 이 개념은 청년실업 문제에 매우 중요한 시사점을 제공한다. 만약, 청년들이 대학진학을 통해 양질의 일자리를 얻을 수 있을 것으로 기대하지 않았다면, 또는 만약, 청년들이 열심히 쌓은 스펙을 통해서 양질의 일자리에 취업할 수 있다고 기대하지 않았다면, 좌절은 발생하지 않는다. 그러나 우리나라의 현실은 그렇지 않다. 우리나라의 과도한 교육열과 신분상승 욕구는 대부분의 청년들로 하여금 대입에 매달리게 한다. 그 결과 우리나라의 대학진학률은 전 세계적으로 매우 높은 수준이다. 그렇게 대학을 졸업을 하면, 당연히 양질의 일자리를 얻을 수 있을 것으로 기대했으나, 우리나라의 현실은 그러한 기대를 충족시켜주지 못하고 있다. 더 나아가 우리나라의 청년들은 매우 성실하고 열정적이다. 대학을 다니는 동안에 비교적 일찍부터 취업을 준비하고, 매우 다양한 능력과 경험을 갖추기 위해 최선을 다한다. 하지만 이러한 스펙 쌓기로도 현재의 취업난을 돌파하기 어려운 실정이다.

즉, 취업 및 구직활동 과정에서, 다시 한번 우리나라의 청년들을 좌절하게 만든다.

더 나아가 버코위츠(1989)는 좌절이 언제나 공격성을 유발하는 것은 아니라고 제안하였다. 자신이 기대했던 목표를 누군가에 의해 의도적으로 방해받는다고 지각할 때, 비로소 공격성이 폭발한다. 만약, 누군가로부터 방해를 받더라도 그것이 정당한 방법이나 수단에 의해서 이뤄진 것이라면, 좌절을 했더라도 공격성을 드러내지 않는 자기-억제를 보인다. 따라서 상대적인 박탈감은 좌절로 인한 공격성을 유발하는 단서가 될 가능성이 높다. 기본적으로 상대적 박탈감은 치열한 경쟁상황에서, 특정집단에 비하여 자신(혹은 자기집단)이 상대적으로 열등한 위치에 놓였다는 것을 지각할 때 유발된다. 선행연구에 따르면, 이러한 상대적 박탈감은 비교 대상 집단에 비하여, 자기 또는 자기집단이 제대로 대우받지 못할 때, 그리고 이것이 부당하다고 느낄 때 더 커진다(Crosby, 1976). 그러므로 고소득계층에 비하여 자신의 경제적 및 사회적 위치나 영향력이 부족하다는 것 자체가 아니라, 그것이 성공가능성이나 취업과 같은 사회적 결과에 부당하게 영향을 미친다고 지각할 때, 상대적 박탈감을 더 크게 느끼게 되며, 이것은 취업실패와 같은 좌절로부터 공격성을 드러내게 할 가능성이 높다.

좌절-공격 이론에서, 더 흥미로운 점은 누군가가 정당하지 않게 의도적으로 방해하는 것보다 전혀 예기하지 못했던 방해를 받을 때 더 큰 공격성을 보인다는 것이다. 왜냐하면 예기치 않은 방해가 더 불쾌하기 때문이며, 이러한 부정적 감정을 해소하는 데 유용한 것이 특정집단을 적대시하고 그들을 공격하는 것이기 때문이다(Berkowitz, 1989). 덧붙여 예기치 않은 방해로 인한 공격성은 장기적 실업상태의 청년들의 왜곡된 인지와 맞물려, 특정집단에 대한 비정상적인 혐오와 무차별 공격성을 야기할 가능성이 높다. 구체적으로 장기적인 실업상태에 있는 청년들은 타인의 의도를 적대적으로 오귀인하는 경향을 보이는데(Huesmann & Miller, 1994), 이러한 현상은 적대적 귀인 편향(hostile attribution bias)으로 설명할 수 있다. 적대적 귀인편향이란 판단을 내리기가 애매한 상황에서 자신에게 부정적인(혹은 손해를 입히는)

사건이 발생했을 때, 그러한 사건을 타인(상대방)이 적대적인 의도로 일으켰다고 판단을 내리는 경향을 말한다(Shaffer & Kipp, 2010). 이러한 오귀인은 일반화되어 일상생활 속의 타인의 행동이나 동기를 적대적이고, 의도적인 것으로 왜곡하는 사고과정을 지속적으로 일으킨다(Quiggleet al., 1992). 따라서 장기적인 실업상태에 있는 청년들은 사회 문제를 자신에게 적대적인 방식으로 정의하고, 적대적인(혹은 대립적인) 목표를 취하며, 이것에 반하는 추가적인 정보를 찾으려고 하지 않는다. 결과적으로, 적대적인 사고방식이 강화된 청년들의 경우에는 사회적으로 용인되거나 규범을 통해 수용되는 대안 해결책을 강구하지 않을 뿐만 아니라, 공격행동으로 인해 자신에게 돌아올 부정적인 결과를 고려하지 않기 때문에, 공격적인 해결방법을 최우선으로 선택하는 경향을 보인다(Eron & Slaby, 1994).

실례로, 장기적으로 실직상태에 있는 청년들은 비행이나 범죄, 약물남용과 같은 문제행동을 보이거나(Donovan et al., 1986), 반사회적 태도와 행동을 발전시켜, 이러한 일탈적 행동이나 폭동에 참여하거나 스스로 사회적으로 고립되는 결과를 보이기도 한다(Coleman & Hendry, 1999). 앞서도 설명한 바 있지만, 이와 관련된 대표적인 예로써 특정집단에 대한 혐오(예, 여성-혐오, 외국인-혐오, 장애인-혐오 등)가 사회적으로 확산 되고, 이들에 대한 무차별 범죄가 종종 발생하는 것을 들 수 있다. 윤정숙과 김민지(2013)는 분노의 스노우볼(Snowball) 효과를 언급하면서, 이러한 위험성을 경고하였다. 구체적으로 사회적 거부나 실직, 혹은 사업실패 등으로 인한 좌절을 경험한 사람들이 종종 묻지마 범죄를 일으킨다. 그 원인을 세부적으로 살펴보면, 사회적 실패를 극복하기 위한 현실적이고 적절한 대안이 마련되지 않은 상태에서, 또 다른 사회적응 스트레스를 받게 되면, 이러한 스트레스에 다시 부적절하게 대처하는 좌절-분노의 악순환 및 증폭 고리를 따르게 되기 때문이다. 즉, 계속되는 사회적응 실패가 연이은 좌절을 일으키고, 이러한 좌절이 '눈덩이'처럼 불어난 분노를 유발한다는 것이다.

IV. 취업 스트레스에 대한 심리적 대처전략

우리사회의 심각한 문제인 청년실업은 어떤 한 요인으로 쉽게 해결할 수 있는 문제가 아니다. 그럼에도 불구하고, 심리학적 접근은 장기적인 실업상태로 인한 청년들의 학습된 무기력을 방지하고, 좌절-공격성의 고리를 끊는 데 도움을 줄 수 있다. 본 절에서는 청년실업으로 인한 개인적 및 사회적 문제를 예방하고, 개인의 정신건강 및 긍정적 사회적응을 도와줄 수 있는 방안에 초점을 두려고 한다.

1. 적절한 진로탐색과 진로준비행동

잡코리아(2016)에 따르면, 인해 병역의무를 가지고 있는 남성의 경우에는 평균 29.5세에, 여성의 경우에는 27.1세에 첫 직장을 가지는 것으로 조사되었다. 70%를 넘어서는 대학진학률을 감안할 때, 일반적으로 18~20세에 대학에 입학하고, 졸업까지 4~6년이 필요한 것을 고려해보면, 평균 4~5년의 실질적인 취업준비 기간이 존재하는 것으로 유추해 볼 수 있다. 실제로 취업준비 기간을 조사해본 결과, 짧게는 2~3년에서 길게는 7~8년이 걸리는 것으로 밝혀졌다. 이때 준비 기간이 길어질수록, 실업상태 및 취업실패로 인한 경제적·사회적 그리고 심리적 스트레스는 증가할 수밖에 없고, 이것은 학습된 무기력과 좌절-공격성을 유발할 수 있다(Berkowitz, 1989; Seligman & Maier, 1967). 따라서 청년들이 진로를 보다 일찍 결정하고, 취업에 대한 준비를 비교적 일찍 시작할수록, 그리고 구체적인 실행계획을 가지고 현실적인 목표를 단계적으로 달성해 나간다면, 취업 스트레스 및 실업상태로 인한 심리적 부작용을 억제시킬 가능성이 높다.

먼저, 발달 심리학적 관점에서 청년기(대학생을 포함)의 가장 중요한 발달과업은, 다양한 직업을 탐색하는 과정을 통해 자신에게 적합한 분야(진로)

를 발견하고, 거기에서 안정적인 위치(취업상태)를 확보하기 위해 노력하는 것이다(Savickas, 1997). 덧붙여, 단순히 취업에 성공하는 것만으로 발달과업을 달성했다고 보기 어렵다. 왜냐하면, 자신이 선택한 직업에 성공적으로 적응하는 것이 더 중요하기 때문이다. 이러한 맥락에서 볼 때, 직업 자체의 특성(예, 보수나 사회적 평판 및 지위 등)도 중요하지만, 직업이 요구하는 특성과 청년 자신의 심리적 특성이 일치할 때, 비로소 성공 가능한 직업이 될 수 있다(양난미·이은경, 2012). 그러므로 청년기에 요구되는 발달과업을 성공적으로 달성하기 위해서는 무엇보다도 자신의 특성과 적성에 적합한 직업을 선택하고, 그 분야에서 성공적으로 적응하기 위해 필수적인 역량을 갖추는 데 많은 시간과 노력을 들여야 할 필요가 있다.

구체적으로 진로 선택은 개인의 삶에서 매우 중요하다. 왜냐하면 직업 및 진로가 인간관계, 사회경제적 지위, 가치관, 능력발휘의 기회, 거주지결정 등과 같은 삶의 전반에 커다란 영향을 미치기 때문이다. 간단하게, 진로 선택은 삶의 방향과 질을 결정하는 데 매우 중요한 요소이다(Harre & Lamb, 1983; Tolbett, 1980). 수퍼(Super, 1963)의 진로발달 이론에 따르면, 대학진학에 앞서, 자신의 홍미와 능력, 환경적인 요소를 고려해 그에 맞는 전공을 선택하고, 대학 재학 중에 이러한 전공을 구체화시켜 직업세계에 입문해야 성공적으로 적응할 가능성이 높다. 그러나 과도한 교육열과 치열한 입시경쟁 속에서, 우리나라 청소년들은 자신에게 맞는 진로에 대해 생각할 기회 혹은 탐색할 기회를 제대로 갖지 못한 채, 대입에 매달리고 곧이어 취업 준비로 내몰리는 현실에 처해 있다. 더욱이 최근의 매우 심각한 취업난으로 인해 자신의 능력이나 적성보다는 직업의 안정성이나 용이성에 초점을 둔 진로선택 행동(예, 각종 공무원시험)이 두드러지고 있다(김민정·조긍호, 2009). 바로 이 점을 먼저 해결해야만, 청년들의 취업 스트레스 대처능력을 강화할 수 있을 것이다.

먼저, 청소년 및 청년들의 적절한 진로탐색 행동을 촉진하기 위해서는 진로태도의 성숙도를 높여야 할 필요가 있다. 구체적으로, 진로태도 성숙도란 '자신과 환경에 대한 이해를 바탕으로 자신의 진로를 선택하고 계획하는 과정에서의 확신, 적응 및 준비하는 정도'를 말한다(이기학, 1997). 일반적으로, 자아 개념이 분명하고 내적 통제감이 높을수록, 그리고 직업에 대한 내적 가치를 추구하는 사람일수록(즉, 외적 가치나 사회적 평가로부터 벗어난 사람) 진로태도 성숙도가 높은 경향을 보이며, 이들은 취업 불안이나 스트레스에 더 강한 것으로 밝혀졌다(이상희, 2006; 조민제, 2010). 기본적으로, 진로를 결정하는 과정에서 청년들은 매우 강한 심리적 압박감을 받게 되고, 이로 인한 스트레스를 빈번하게 경험하게 되지만, 이러한 스트레스 상황 그 자체보다 이것에 청년들이 어떻게 대처하고, 어떤 전략을 선택하는지가 진로발달에 더 중요한 영향을 미친다(김봉환·김계현, 1997; 유나현·이기학, 2009). 이와 관련하여, 청소년 및 청년들이 진로준비행동(career preparation behavior)을 더 이른 시기에 시작하는 것이 바람직하다. 진로준비행동이란 인지적 및 정서적 차원의 반응이 아니라 실제적이고 구체적인 행위를 말하며, 합리적이고 올바르게 결정된 진로와 이러한 결정사항을 실행하기 위한 구체적인행위가 이어지는 것을 의미한다(김선중, 2005).

정리하자면, 보다 이른 시기에 청소년 및 청년들이 자신에게 적합한 진로를 탐색할 수 있도록 해야 하며, 이 과정에서 사회적 기준이나 요구에 따르기보다 자신의 내적 특성 및 가치에 근거하여 선택할 수 있도록 도움을 제공해야 한다. 또한 이렇게 선택 및 결정된 진로를 준비하기 위한 실제적이고 구체적인 행위를 보다 일찍 그리고 체계적으로 실행해 나갈 수 있도록 지원해야 할 필요가 있다.

2. 사회적 기준과 요구로부터 벗어나기

안정지향은 현재 우리사회 청년들의 진로결정에서 매우 두드러진 경향이다. 이러한 안정지향은 미래에 대한 불확실성이 높기 때문에 나타나는 것이라고 볼 수 있지만, 사회적 영향력에 의해 유도된 결과일 수도 있다. 구체적으로 사회적 영향력(social-impact) 이론에 따르면, 사람들은 사회적 다수의 행동을 일종의 규범으로 인식하며, 그러한 행동을 따라할 뿐만 아니라 그것이 옳다는 확신을 한다(Campbell & Fairey, 1989). 이는 사회 혹은 미래 결과의 불확실성이 높고, 이로 인해 적절한 판단을 내리기가 애매할 때 더욱 잘 나타나는데, 그 이유는 다른 많은 사람들의 행동이 판단의 기준이 되기 때문이며, 이러한 기준에 따르도록 하는 규범적 압력이 작동하기 때문이다(Martin et al., 2002).

이와 관련하여, 다수의 행동과 이득 및 손실이 교차하는 현상에 대해 세부적으로 살펴볼 필요가 있다. 먼저, 다수가 하는 행동을 나 혼자 따라하지 않았을 때, 발생할 수 있는 손실은 더욱 크게 지각되는 경향을 가지고 있다. 이를 '손실집중 현상'이라 한다(DeDreu et al., 1994). 예를 들어, 대부분의 청년들이 토익시험을 준비하는 상황에서, 나만 준비하지 않았을 경우, 그로 인해 혹시나 발생할 수 있는 불이익이 매우 크게 지각되기 때문에, 심지어 자신의 진로와 특별한 관계가 없더라도, 영어공부에 매달리게 되는 것이다. 바로 이러한 손실집중 현상이 우리나라 청년들로 하여금 어쩌면 불필요한 스펙 쌓기에 최선을 다하도록 하는 것일 수 있다. 이와 반대로, 대분의 사람들이 하지 않음으로써 손실을 보고 있는 상황에서, 자신도 그 행동을 하지 않았기 때문에 입을 수 있는 손실은 별로 중요하지 않게 지각된다. 이를 '손실분산 현상'이라고 한다(Ross & Nisbett, 1991). 예를 들어, 많은 사람들이 다양한 진로나 직업에 대해 혹은 최근에 새롭게 나타난 진로나 직업에 대해 더 많은 정보를 탐색하지 않고, 잘 알려진 진로(예, 공무원시험)에만 집중하면서 생길 수 있는 손실은 그리 크지 않은 것으로 간주해버린다. 따라서 4차 산업혁명을 비롯한 급속한 기술 및 환경변화를 통해 향후 성장가능성이 높은 진로나 직업이 계속해서 등장하고 있음에도 불구하고, 많은 청년들이 이러한 낯선 진로에 대해 적극적으로 탐색해보지 않고, 그 진로 및 직업의 성공가능성을 무시하는 경향이 나타나는 것으로 볼 수 있다.

다른 한편으로, 이득의 측면에서도 집중과 분산이 발생하며, 이 또한 청년실업에 관련된 문제를 유발할 수 있다. 먼저, '이득분산 현상'은 많은 사람들이 어떤 행동을 함으로써 얻게 되는 이득에 대해서, 자신이 그 행동을 함으로써 얻게 되었을 때, 그 이득의 가치가 평가절하되는 현상을 말한다. 이 현상이 나타나는 이유는 조금 더 복잡하고, 상대적인 측면이 있다. 구체적으로 손실을 입는 것은 나 자신의 문제로 인식할 가능성이 높은 반면, 이득을 얻는 것은 다른 사람이 얼마나 얻는지 혹은 얼마나 많은 사람들이 함께 얻는지와 같이, 타인의 문제로 인식하는 경향이 있다(DeDreu et al., 1994).

또한 다른 사람들과 동일한 이득을 함께 갖는 것, 즉 어떤 이득을 다른 사람들과 나누는 것은 그것의 가치를 절하시키는데, 손실의 경우에는 그 효과가 상대적으로 덜 일어난다(Loewenstein et al., 1989; Messick & Sentis, 1985). 간단한 예를 들자면, 모두가 동일하게 1만 원 상품권을 받을 때, 그 상품권의 가치는 평가절하되지만, 모두가 동일하게 1만 원의 회비를 지출해야 할 때는 다른 사람과 관계없이 여전히 지불되는 비용을 아깝게 지각한다는 것이다. 이를 청년실업 문제에 적용해본다면, 많은 사람들이 대학생이고, 대학의 교육과정이나 취업지원 프로그램 혜택을 받을 수 있다. 이때 개인은 그러한 교육과정 및 프로그램의 가치나 효용을 평가절하할 수 있다. 이는 결과적으로, 그러한 프로그램에 대한 소극적인 참여와 수동적인 활용을 유발할 수 있다.

이와 반대로, '이득집중 현상'은 많은 사람들이 가지지 못한 것일수록 혹은 매우 적은 수의 사람들만 어떤 행동을 하여 이득을 보는 것이 있다면, 그러한 이득의 크기를 더 크게 지각하는 현상을 말한다(김재휘·전진안, 2010; Kelman, 1953). 이는 상대적 박탈감을 키우는 결정적인 원인으로 작용할 수 있다. 예를 들어, 매우 특수한 집단이나 계층의 사람들(예, 장애인이나 국가유공자)이 진로 및 취업에 있어서 작은 이득을 볼 수 있을지라도, 그러한 이득을 실제보다 더 크게 지각하여 분노를 일으킬 수 있다. 간단하게, 군가산점과 관련된 논란이 쉽게 풀리지 않는 기본적인 원인도 여기에 있다.

마지막으로, 사람들은 종종 다른 사람들의 상태나 지위를 기준으로 하여, 자신의 상태 및 지위를 평가하는 경향을 보이며, 이것은 개인의 사고와 행동에 직접적인 영향을 미칠 수 있다(Buunk & Gibbons, 2007; Mussweiler, 2003). 이것은 사회 비교(social comparison) 이론에 해당하는 것으로써, 크게 상향비교와 하향비교로 구분된다. 먼저, 상향비교는 자신보다 나은 특성이나 능력을 갖춘 사람들과 자신을 비교하는 것을 말하며, 결과적으로 스트레스 및 열등감, 그리고 자존감 손상과 같은 부정적인 영향이 발생하는 한편, 타인과의 차이를 좁히려는 강력한 동기를 유발하기도 한다. 이와 반대로, 하향비교는 자신보다 못한 특성이나 능력을 갖춘 사람들과 자신을 비교하는 것이며, 이 경우에는 만족감과 심리적 안정감을 가져다 주지만, 어떤 행동을 실천하려고 하는 동기는 유발하지 못한다(Bauer & Wrosch, 2011; Wehrens et al., 2010). 따라서 상향비교는 상대적인 박탈감을 유발하고, 취업 및 구직 과정에서 지속적인 스트레스와 부정적인 반응을 일으킬 수 있다. 특히, 자신보다 더 나은 집단(타인)과의 격차를 자신이 노력한다고 해서 좁힐 수 없다면, 심각한 무력감이나 좌절을 불러일으킬 수 있으며, 그 결과로 인해 개인적 및 사회적 문제가 발생할 수도 있다. 그러므로 가급적 상향비교는 억제하는 것이 바람직할 수 있다.

종합하여 보면, 우리사회의 극심한 취업난이 불확실성을 높이고, 이것은 다수의 행동에 대한 사회적 영향력을 강화하는 결과를 가져온다. 특히 청년들이 자신보다 더 나은 특성과 능력을 갖추고 있는 집단을 비교기준으로 삼을 때, 즉 상향비교할 때 상대적 박탈감을 느끼기 쉬울 뿐만 아니라, 취업 및 구직과정에서 스트레스를 비롯한 부정적인 영향을 더 많이 받을 가능성이 있다. 더 나아가 많은 사람들이하고 있는 행동을 하지 않았을 때 입을 수도 있는 손실을 더 크게 지각하는 손실집중 현상 때문에 어쩌면 불필요한 스펙 쌓기에 열중하고 있는 것일 수 있으며, 많은 사람들에게 주어지는 이득이나 혜택을 과소평가하는 이득분산 현상으로 인해 많은 청년들이 유용하게 활용할 수 있는 공통적인 교육과정이나 지원프로그램을 간과하는 것일 수 있다. 따라서 이러한 편향을 극복할 수 있도록 도움을 제공할 필요가 있다. 이와 반대로, 많은 사람들이 하지 않기 때문에 발생하는 손실을 작게 지각하는 손실분산 현상으로 인해, 새롭게 등장하고 있는 진로나 직업 탐색 활동에 소극적인 것 역시 문제이며, 몇몇 소수의 사람들에게 주어지는 특별한 혜택에 지나치게 초점을 맞춰, 그것의 공정성 여부에 집착하는 것 역시 개인적 및 사회적 문제를 일으킬 수도 있다.

3. 시간적 거리감과 실행가능성

청년들에게 취업이란 아직 발생하지 않은 미래의 가상적인 사건이라고 할 수 있다. 사람들은 오늘 점심으로 무엇을 먹을지, 혹은 커피 대신 녹차를 먹는 것과 같이 어떤 문제를 지금 당장 결정해야 하는 경우에는 시간적 요인이 결정에 크게 개입하지 않는다. 하지만 '지금 당장' 일어나는 일이 아니라 '나중에 언젠가' 발생되는 사건에 대해서 생각하는 경우에는 시간적 요인이 결정적인 영향을 미친다(Loewenstein et al., 2003).

트로프와 리버만(Trope & Liberman)의 해석수준 이론(2003)에 따르면, 현재시점에서부터 시간적 거리가 가까워지거나 멀어지는 것에 따라 동일한 사건이라도 서로 다른 심적 표상을 가지게 되며, 일반적으로 사람들은 가까운 시점에 대해서는 하위수준의 해석을 하게 되며, 먼 시점에 대해서는 상위수준의 해석을 하게 된다. 하위수준의 해석(low-level construal)은 어떤 대상이 현재시점과 가까운 거리에 있을 때 활성화되는 것을 말하며, 특정 대상에 대해서 구체적이고 상세한 정보를 표상하는 것을 의미한다. 예를 들어, 가까운 시점(예, 내일)에 '취업 준비'를 생각하는 경우, '자기소개서 작성하기', '면접 당일 복장 준비' 등을 생각하는 것이 있다. 이처럼 하위수준의 해석을 하는 경우에는 환경(맥락)에 의존하는 표상을 하게 되는데, 어떤 목적을 성공적으로 달성하기 위한 수단 위주로 생각을 하는 실행가능성(feasibility)에 초점을 두게 된다(Yan & Sengupta, 2011). 반면, 상위수준의 해석(high-level construal)은 어떤 대상이 현재시점과 먼 거리에 있을 때 활성화된다. 이렇게 특정한 사건이 현재시점으로부터 먼 거리에 있는 경우, 사람들은 특정 사건에 대해서 매우 추상적으로 생각을 한다. 예를 들어 비교적 먼 시점(예, 3년 뒤)에 '취업 준비'를 생각하는 경우, '가치관에 맞는 회사', '자신이 추구하는 인생관'과 같이 막연하고 추상적인 내용을 중심으로 생각을 하게 된다. 이처럼 상위수준의 해석을 하는 경우에는 자신이 처한 환경과는 상관없이 탈-맥락적으로 표상을 하게 되며, 어떤 목적을 달성함으로써 얻게 되는 결과인 바람직성(desirability)에 초점을 맞춰 생각을 하게 된다. 이처럼, '취업'이라는 동일한 사건에 대한 시간적 거리감이 달라짐에 따라 사람들이 표상하는 내용은 달라질 수 있다.

다른 한편으로, 미래에 대한 시간적 거리감은 어떤 사건의 가치를 서로 다르게 지각하도록 한다. 기본적으로, 사람들은 미래에 얻을 수 있는 더욱 큰 보상보다는 지금 당장 얻을 수 있는 작은 보상을 선호한다(Loewenstein, 2003). 이는 동일한 가치를 지는 물건이라도 시간적 거리가 멀어짐에 따라 그 가치가 감소하기 때문이다. 이를 '시간할인(time discounting)'이라고 한다. 예를 들어, 사람들은 지금 당장의 10,000원의 가치를 1년 뒤의 10,000원의 가치와 동일하다고 인식하지 않는다. 이렇듯 사람들은 미래의 가치보다는 지금 당장의 가치를 더욱 선호하는 근시안적 성향을 지니고 있다. 이와 유사하게, 미래에 발생되는 가상의 사건은 실제의 상황보다 긍정적으로 전망되고 과대평가될 가능성이 높다. 왜냐하면 사람들은 일반적으로 자신의 미래를 '장밋빛으로 전망(rosy view)'하는 경향이 있기 때문이다(Mitchell et al., 1997). 또한 앞서 언급한 바와 같이, 미래의 사건에 대해서는 바람직성에 초점을 맞추기 때문에 어떤 목적을 달성해 나가는 과정에서 발생할 수 있는 다양한 문제점이나 장애물들을 간과하는 경향이 있다(Newby-Clark et al., 2000).

이를 종합하여 보면, 청년들에게 진로선택 및 취업에 관한 문제를 지나치게 먼 미래의 사건으로 가정하게 하는 것은 바람직하지 않다. 될수록 가까운 미래의 일로 표상하도록 해야, 실행가능성에 초점을 두고, 각 대안의 구체적인 장단점을 비교평가하고, 자신에게 적합한 진로준비행위를 실행할 가능성이 높다. 또한 어떤 계획이나 목표를 세울 때, 짧은 시간에 달성할 수 있는 작지만 구체적인 것을 설정하는 것이 바람직하다. 왜냐하면, 시간적으로 거리가 멀어질수록 결과의 가치가 매우 클지라도 급격한 가치할인이 발생하기 때문이다. 따라서 단기적이고 구체적인 결과지표를 설정한 진로준비행동이 취업 스트레스를 방지하고, 장기적인 목표를 달성하는 데 매우 유리한 전략이라고 할 수 있다. 덧붙여 진로 및 취업계획을 세울 때, 지나치게 낙관적으로 전망하는 경향 역시 경계할 필요가 있다. 어떤 목표를 달성하는 과정에는 (계획이 아무리 구체적이고 체계적이라고 할지라도) 미처 예상하지 못한 요인과 사건이 개입할 여지가 많다. 따라서 이러한 예측 불가능한 요인까지 계획 안에 포함시켜두는 것이, 혹은 그러한 사건에 대비하거나 대처할 수 있는 충분한 자원(시간 및 노력)을 마련해두는 것이 훨씬 효과적일 수 있다.

4. 장기적 목표에 대한 자기-통제 전략

취업은 지속적인 노력이 요구되는 장기적인 목표이다. 이러한 장기적인 목표를 달성하기 위해서는 다양한 유혹 대안(예, 술자리 등)을 통제하고, 목표달성에 적합한 대안(예, 전공 공부하기 등) 선택을 지속적으로 유지할 필요가 있다. 따라서 취업과 같은 장기적 목표를 달성하는 것은 끊임없는 자기-통제의 연속을 이겨내야 한다는 것을 의미한다(Muraven et al., 2006). 구체적으로, 자기-통제는 '개인의 목표를 달성하는 과정에서 방해가 되는 것을 방지하거나 변화시키는 능력을 의미'하며(Tangney et al., 2004), 이러한 능력을 발휘하기 위해서는 '자기-조절 자원(self-regulatory resource)이 필수적이다. 하지만 마치 근육을 쉬지 않고 계속해서 사용하면 피곤해지는 것과 같이, 자기통제를 지속적으로 하다보면 자기조절 자원이 소진되어 어느 순간 통제력을 상실하는 '고갈효과'가 발생할 수밖에 없다(Baumeister, 2002). 따라서 성공적인 취업을 이뤄내기 위해서는 자기-조절 자원을 효과적으로 관리하는 전략이 필요하다.

선행연구에 따르면, 자기-통제는 자발적 통제와 비자발적 통제로 구분된다(부수현·한금만, 2016; Patrick & Hagtvedt, 2012). 먼저, 자발적 통제는 소비자가 스스로 설정한 목표를 자신이 원해서 달성하려고 하는 상황을 말하며, 비자발적 통제는 외적 혹은 상황적으로 요구된 목표를 어쩔 수 없이 따라야 하는 상황을 말한다. 일반적으로 자발적 통제 조건에서 소비자들은 더 높은 지각된 통제감을 보이며, 자신의 선택에 대한 확신을 갖는다. 반면, 비자발적 통제 조건에서소비자들의 자기통제 자원은 더 빠르게 고갈되며, 더 높은 스트레스 반응을 보인다(부수현·한금만, 2016). 따라서 진로결정 및 취업을 준비하는 청년들이 자발적으로 목표를 설정하고 통제할 경우에 취업 스트레스 및 부정적인 요인들에 더 잘 적응할 가능성이 높은 반면, 사회적 기대나 요구에 따라 어쩔 수 없이 목표를 설정한 경우에는 자기통제를 위한 조절 자원이 더 빨리 고갈될 뿐만 아니라, 그 과정에서 발생하는 스트레스 및 부정적 요인에 더 취약할 수 있다. 여기서 무엇보다 중요한 것은 청년 스스로가 진로 및 취업 목표를 설정하고, 그 과정에서 더 높은 통제감을 지각하도록 만드는 것이다. 그러나 현실적으로, 사회적으로 부과되는 기대나 요구에 의해, 자신의 진로결정 및 취업목표를 비자발적으로 통제해야 하는 청년들이 적지 않다는 점을 간과하지 말아야 한다. 이러한 문제를 해결하는 데 있어서, 히깅스(Higgins)의 조절초점 이론(1997)은 매우 유용한 시사점을 제공해 줄 수 있다.

구체적으로, 조절초점(regulatory focus)은 목표지향성에 따라 개인의 생각과 감정, 행동방식을 조절하는 자기규제를 말한다. 조절초점은 설정된 목표(준거점)와 그것을 달성하려는 전략 두 가지로 구분된다. 조절초점 이론은 일반적으로 소비자들이 쾌락을 추구하고 고통을 회피하려는 동기를 가지고 있다는 가정을 바탕으로 한다. 히깅스(1997)에 따르면 그러한 쾌락주의적 원리가 작동하는 방식에 있어서 향상초점(promotion focus)과 방어초점(prevention focus)의 두 가지 서로 다른 방식이 존재하며 그것이 개인들의 생각과 감정, 행동 등에 영향을 미친다고 하였다.

먼저, 향상초점은 이득을 성취하고자 하는 동기에 의해 개인이 얻을 수 있는 긍정적인 결과에 조절초점을 두는 성취지향 전략으로, 자신이 희망하는 이상적인 상태를 이루려고 하는 자기-조절 체계로서, 이상적 자기(ideal-self)가 평가의 준거이다. 이때 추상적 수준에서 정보를 처리하며 긍정적 결과를 열망하고 이를 성취하려는 동기를 지닌다(Forster & Higgins, 2005). 즉,

자신의 성장을 추구하고 바람직한 결과를 성취하려는 열망을 지닌다. 그러므로 이상적인(가능한, 최대한의) 목표를 달성하려고 하며 가능한 모든 대안을 모두 사용하여 얻을 수 있는 이득을 최대화시키려고 한다(Levine et al., 2000). 따라서 목표달성을 위한 위험도 기꺼이 감수하며, 획득-비획득 맥락에서 진보/진취적인 성향을 가지고 도전의식이 강하다.

다음으로, 방어초점은 손실을 피하고자 하는 방어적 동기로 인해 위험을 회피하고자 하는 조절기제로서, 개인이 잃을 수 있는 부정적인 결과에 조절초점을 두어 기본적으로 갖춰야 하는 당위적 자기(ought self)가 평가의 준거가 된다. 따라서 부정적인 결과를 회피하거나 발생 가능한 위험을 경계하며 부족한 것을 채우고 자신의 안전과 평정을 추구한다. 또한 구체적 수준에서 정보처리를 하고 현실적인 수준으로 필수적이고 최소한의 목표나 상태를 유지하려고 하며 관여오류(error of commission)를 최소화시키려고 한다. 따라서 가능하다고 다 해보는 것이 아니라 꼭 필요한 것이나 가장 나은 것만 실행하려는 경향을 보인다(Crowe & Higgins, 1997).

종합하여 보면, 자기-통제 유형에 따라, 서로 다른 조절초점이 더 적합하다(Aaker & Lee 2006; Avent & Higgins, 2006). 구체적으로, 자발적 자기-통제를 하는 청년들에게는 향상초점이 더 적합하다. 즉, 자기 스스로 목표를 세우고 그에 적합한 행동을 통제해 나가는 청년들에게는 다양한 대안을 제시하고, 더 높은 수준의 목표를 달성하도록 독려하는 방법이 바람직하다. 더욱이, 장기적인 실업상태로 인해 목표달성에 실패하였을 때, 자발적 자기-통제를 하는 청년들에게는 최종적인 목표를 낮추기보다 다른 수단을 제시하는 것이 동기감소와 같은 부정적인 요인을 억제하고, 지속적인 노력을 더하게 할 가능성이 높다. 예를 들어, 토익 900점을 목표로 세운 청년이 목표달성에 실패하였다면, 점수를 800점으로 낮추는 것이 아니라, 이전에 했던 수단(방법)을 변경하는 제안을 해주는 것이 더 바람직하다. 반면, 비자발적 자기-통제를 하는 청년들에게는 방어초점이 더 적합하다. 왜냐하면, 목표를 달성하는 과정에서 더 낮은 통제감을 지각하고 더 높은 스트레스 및 부정적 감정을 지속적으로 느끼게 되기 때문이다(부수현·한금만, 2016). 따라서 기본적이고 필수적인 목표를 달성하는 데 효과적인 대안을 제시하거나, 자칫 잘못 하면 입을 수 있는 피해나 손실을 강조하여 이를 피하는 안정적인 상태를 추구해 나가도록 하는 것이 더 효과적이다(Cesario et al., 2004). 또한 비자발적 자기-통제를 하는 청년이 목표달성에 실패했을 때에는 목표수준을 현실가능하게 낮춰주는 것이 더 효과적이다. 예를 들어, 토익 900점 목표에 실패했을 때, 그 목표를 계속해서 유지하는 것보다 현실적인 수준(즉, 현재점수에서 50점 향상과 같이)으로 낮춰주는 것이 바람직하다. 만약, 이러한 청년들에게 새로운 방법(도전거리)을 제안할 경우, 새로운 스트레스 상황을 만들어주는 것과 같으며, 그 결과 반복적인 실패 및 부적응을 야기할 가능성이 높다.

V. 결론 및 논의

최근 우리사회가 겪고 있는 만성적인 청년실업은 어떤 한 요인으로 쉽게 해결될 수 있는 문제가 아니다. 사회구조적인 측면에서부터 개별적인 사회구성원(개인)의 심리적인 차원에 이르기까지 수많은 요인이 복합적으로 작용하여 문제해결을 어렵게 하고 있다. 본 장에서는 심리학적인 관점에서 청년실업 문제를 살펴보고, 이를 해결하는 데 있어서 심리학적 이론과 접근법이 기여할 수 있는 부분을 제안하는 데 초점을 두었다.

먼저, 실업은 누구에게나 심각한 문제를 일으킬 수 있다(London, 1997). 특히, 만성적인 취업난은 청년들에게 매우 큰 스트레스를 야기할 뿐만 아니라, 결과적으로 일에 대한 바람직하지 못한 태도를 갖도록 하며, 우울, 불안감, 짜증 등과 같은 신경증적인 증상을 보이도록 한다(유은정, 2004). 이러한 취업난 속에서 반복적인 구직실패를 경험한 청년들의 자존감 손상은 심해질 수밖에 없으며, 이것은 타인에 대한 적대감이나 분노 및 공격성을 유발하는 원인이 된다(김상균, 2012). 결과적으로, 취업 스트레스를 심하게 받은 청년들은 개인적인 적응 문제를 겪을 뿐만 아니라, 가족과 주변인 혹은 사회로부터 점차 고립되는 경향을 보이며, 이것은 다시 취업 및 구직활동에서 실패를 견뎌내는 사회적 자원 및 지원이 결핍되는 현상을 가져올 수 있다(박미진, 2009). 따라서 만성적인 취업난은 한 개인의 사회적 적응력을 약하게 만들고, 부정적인 심리적 반응에 익숙해지도록 만들 뿐만 아니라, 결과적으로 사회로부터 점차 고립되게 만들 수 있다. 본 장에서는 이러한 실업으로 인한 악순환의 고리에 있어서 다음과 같은 두 가지 개념에 초점을 둘 필요가 있다고 제안하였다.

첫째는, 학습된 무기력이다. 반복적인 실패경험은 정상적인 사회활동 및 일상생활을 어렵게 만들고, 이러한 부정적인 변화가 지속될 경우, 개인은 그것에 점차 순응해간다. 그 결과로서, 개인은 무기력을 학습하게 되어, 부정적인 현재 상황을 개선할 수 있는 적절한 방법을 찾는 데 소극적일 뿐만 아니라, 외부에서 이러한 대안이 주어질지라도 그것을 시도하는 것을 꺼리게 된다(Jackson et al., 1983). 바로 이러한 무기력이 모든 것을 포기한 세대를 양산해내고 있다. 둘째는 좌절-공격성의 악순환이다. 심각한 취업난은 청년들로 하여금 반복적인 좌절을 경험하게 된다. 특히, 청년들이 기대했던 목표를 누군가가 의도적으로 방해하거나, 전혀 예기치 못한 방해를 경험하게 되었을 때, 좌절은 적대감과 공격성으로 연계되는 경향을 보인다(Berkowitz, 1989). 또한 반복적인 실패로 인한 자존감 손상은 타인의 의도를 적대적으로 오귀인하는 편향을 종종 일으키며, 이러한 인지적 왜곡은 특정한 집단 및 대상을 혐오하는 사회적 문제를 유발할 수 있다. 이러한 혐오가 위험한 이유는 그 대상에 대한 무차별적인 범죄(공격)로 연결될 수도 있기 때문이다(윤정숙·김민지, 2013).

청년실업이 위와 같은 사회 문제를 유발하기 이전에 방지하는데 있어서, 심리학 개념과 이론은 유용하게 활용될 수 있다. 본 장에서는 다음과 같은 4가지 전략을 제안하였다. 첫째, 청년 및 청소년기에 보다 일찍 적절한 진로탐색 및 결정을 할 수 있도록 도와줄 필요가 있으며, 이렇게 선택된 진로 및 직업을 성취하기 위한 실질적이고 구체적인 행위계획, 즉 진로준비행동을 실천할 수 있도록 학교 및 사회가 적극적으로 지원해야 할 필요가 있다. 특히, 이러한 진로결정에 있어서, 무엇보다 중요한 것은 진로태도 성숙도이다. 간단하게, 외부와 관계없이, 자신이 처한 환경 및 특성에 맞는 적절한 진로를 선택하고, 그 과정에서 스스로 확신할 수 있어야 하며, 그러한 진로를 진지하게 준비할 수 있어야 한다(조민제, 2010).

둘째, 취업을 준비하거나 진로를 선택하는 데 있어서, 청년들은 종종 사회적 다수가 행동하는 것을 기준으로 삼고, 그것을 따라하려는 경향을 보인다. 또한 치열한 경쟁사회 속에서 성장해온 청년들이기에, 사회비교를 함에 있어서 자신보다 나은 특성 및 능력을 가진 집단을 기준으로 하는 상향비교를 하는데, 이것은 상대적 박탈감을 높이고, 실패에 대하여 더 큰 좌절감을 맛보게 한다. 특히, 많은 사람들이 하고 있는 것은 나 혼자 하지 않았을 때의 손실을 크게 느껴서, 과도한 스펙 쌓기에 몰두하는 것은 부적응적이다. 그리고 다른 사람들에게도 모두 주어지는 이득이라고 해서(예, 학교의 정규 프로그램), 그것의 가치를 과소평가하는 것도 부적응적이다(DeDreu et al., 1994). 이와 관련된 편향 및 착각들에 대해서도 지속적으로 교육 및 개도할 수 있는 프로그램을 개발하여 청년들에게 제공할 필요가 있다.

셋째, 진로결정 및 취업목표를 달성하는 데 있어서 시간적 거리감은 좁힐수록 긍정적이다. 왜냐하면, 현재 시점으로부터 어떤 사건의 시간적 및 심리적 거리감이 멀어질수록 그 사건의 가치가 평가절하되는 경향을 가지고 있기 때문이다(Loewenstein et al., 2003). 또한 심리적 거리가 가까울수록 낮은 수준의 해석이 이뤄지고, 실행가능성을 중심으로 판단하게 되기 때문에, 더욱 현실적이고 구체적인 목표와 계획을 수립할 수 있다(Trope & Liberman, 2003).

마지막으로, 장기적인 목표를 달성하기 위해서는 지속적인 자기-통제를 해야만 한다. 이 과정에서 자기-조절 자원은 필수적인 요소인데, 이것은 자기-통제가 거듭될수록 점차 소모되어, 어느 순간 자신의 행동에 대한 통제력을 상실하는 고갈효과를 나타나도록 한다(Baumeister, 2002). 이러한 자기-통제는 자기 스스로가 목표를 세우고 자신의 행동을 통제하는 자발적인 자기-통제와 상황 및 외부의 요구에 의해 어쩔 수 없이 자신을 통제하는 비자발적인 자기통제로 구분된다. 기본적으로, 자발적인 자기-통제가 더 높은 통제감을 지각하도록 하며, 더 적은 자기-조절 자원을 소모한다. 심지어 목표에 대한 지속적인 몰입까지 높일 수 있기 때문에(부수현·한금만, 2016), 청년들이 취업과 관련하여 자발적 자기-통제를 할 수 있도록 유도하는 것이 바람직하다. 반면 비자발적 자기통제의 경우에는 극심한 스트레스를 유발하고, 더 빨리 자기-조절 자원을 소모시키며, 자존감을 더 쉽게 손상시킬 수 있기 때문에, 장기적인 취업목표 달성에 부정적이다. 더 나아가 목표달성(취업)에 실패했을 때 자발적 자기통제의 경우에는 향상초점이 적합하기 때문에, 목표는 그대로 유지하도록 하고, 그것을 달성하기 위한 수단이나 방법을 변경하는 전략을 취하는 것이 바람직하다. 반면, 목표달성에 실패했을 때, 비자발적 자기통제의 경우에는 방어초점이 더 적합하기 때문에, 목표의 수준을 현실적으로 달성 가능한 수준으로 끌어내리는 전략이 바람직하다.

참·고·문·헌

LG 경제연구원. 2015. 『청년실업으로 인적 자본 훼손된다』.

강경훈. 2009. "대학생의 자아분화, 자아존중감과 취업스트레스 간의 관계." 인제대학교 대학원 석사학위논문.

고용노동통계. 2016. 『2016년 고용형태별근로실태조사 보고서』.

교육부. 2016. 『2015 대학별 졸업유예 현황』(www.moe.go.kr).

김민정·조긍호. 2009. "취업준비생의 경제적 스트레스와 진로태도 성숙도가 무망감과 정신건강에 미치는 영향." 『한국심리학회지: 사회 및 성격』 23(4).

김봉환·김계현. 1997. "대학생의 진로결정수준과 진로준비행동의 발달 및 이차원적 유형화." 『한국심리학회지: 상담 및 심리치료』 9(1).

김상균. 2012. "무동기범죄의 실태와 대응방안에 관한 연구." 『경찰학논총』 7(2).

김선중. 2005. "진로장벽, 희망, 진로결정 자기효능감이 진로준비행동에 미치는 영향." 홍익대학교 대학원 박사학위논문.

김재휘·전진안. 2009. "목표행동에 대한 사회적 지지 정도에 따른 메시지 프레이밍의 설득효과." 『한국심리학회지: 소비자·광고』 10(3).

박미진·김진희·정민선. 2009. "진로상담: 취업준비 대학생의 스트레스에 대한 질적 연구." 『상담학연구』 10(1).

배주윤. 2008. "대학생의 자아탄력성이 취업스트레스와 구직효능감에 미치는 영향." 영남대학교 대학원 석사학위논문.

부수현·한금만. 2016. "재정적 박탈감이 희소한 제품의 구매의도에 미치는 효과." 『한국심리학회지: 소비자·광고』 17(4).

성한기·박순진. 2003. "대구 지하철 방화사건과 피의자의 방화행위에 대한 범죄·심리학적 분석." 『형사정책연구원 연구총서』.

알바천국. 2015. 『인턴 열정페이 현황』.

양난미·이은경. 2012. "대학생의 진로소명과 삶의 만족의 관계: 진로정체감의 매개효과." 『한국심리학회지: 상담 및 심리치료』 24(1).

오경자. 1998. "실직이 개인의 심리사회적 기능에 미치는 영향." 『한국심리학회 추계

심포지움 자료집』.
유기은·이기학. 2015. "대학생의 낙관성과 진로관여행동의 관계에서 진로적응성과 통제력 착각의 매개된 조절효과 검증." 『진로교육연구』 28(2).
유나현·이기학. 2009. "진로상담: 진로장애가 진로결정자기효능감에 미치는 영향-적극적 스트레스 대처를 매개변인으로." 『상담학연구』 10(4).
유은정. 2003. "청년실업 장기화에 따른 고학력자의 진로행동에 관한 연구." 이화여자대학교 대학원 석사학위논문.
윤명숙·이효선. 2012. "대학생의 우울, 취업스트레스가 자살생각에 미치는 영향." 『청소년학연구』 19(3).
윤정숙·김민지. 2013. "묻지마 범죄에 대한 심리적 이해." 『한국범죄심리연구』 9.
이기학. 1997. "고등학생의 진로태도성숙과 심리적 변인들과의 관계." 연세대학교 대학원 박사학위논문.
이상희. 2005. "대학생의 진로장애와 진로태도성숙의 관계: 진로자기효능감과 사회적 지지의 효과." 연세대학교 대학원 박사학위논문.
이훈구·김인경·박윤창. 2000. "경제불황이 20대 미취업 실업자에 미치는 심리적 영향." 『한국심리학회지: 문화 및 사회문제』 6(2).
인사혁신처. 2016. 『7급 및 9급 공무원 접수자 현황』(www.mpm.go.kr).
잡코리아. 2016a. 『대학생, 입학부터 졸업까지 평균 5.3년 걸렸다!』(www.m.jobkorea.co.kr).
______. 2016b. 『알바몬 조사, 현대인 31.8% '프리터족'』(www.m.jobkorea.co.kr).
정의석·노안영. 2001. "대학생의 취업스트레스와 우울증, 자아존중감 및 신체건강과의 관계 연구." 『전남대학교 학생생활연구』 33.
조민제. 2010. "대학생의 진로 성숙도가 취업 불안과 취업 스트레스에 미치는 영향." 『직업과 고용서비스 연구』 5(2).
커리어넷. 2015. 『구직자 40.37%, "체계적인 시스템 때문에 대기업 선호"』(www.career.co.kr).
한국노동연구원. 2013. 『우리나라 청년 니트(NEET)의 특징 및 노동시장 성과 연구』.
한국직업능력개발원. 2015. 『청년층의 계층이동과 시장경제에 대한 태도』.
한금선·임희수·양보겸·정혜경·서용진. 2005. "정신질환자의 자기주장훈련이 대인관계, 사회행동 및 정신증상에 미치는 효과." 『Journal of Korean Academy of Nursing』 35(5).

현대경제연구원. 2015. 『청년 니트족(NEET) 특징과 시사점』.

_____. 2016. 『청년 열정페이의 특징과 시사점』.

Aaker, J. L., & A. Y. Lee. 2006. "Understanding regulatory fit." *Journal of Marketing Research* 43(1): 15-19.

Adams, G. R., L. Bennion, & K. Huh. 1989. "Objective measure of ego-identity status: A reference manual."

Avnet, T., & E. T. Higgins. 2006. "How regulatory fit affects value in consumer choices and opinions." *Journal of Marketing Research* 43(1): 1-10.

Axelsson, L., & G. Ejlertsson. 2002. "Self-reported health, self-esteem and social support among young unemployed people: a population-based study." *International Journal of Social Welfare* 11(2): 111-119.

Banks, M. H., & P. Ullah. 1988. *Youth Unemployment in the 1980s: Its Psychological Effects*. Routledge.

Bauer, I., & C. Wrosch. 2011. "Making up for lost opportunities: The protective role of downward social comparisons for coping with regrets across adulthood." *Personality and Social Psychology Bulletin* 37(2): 215-228.

Baum, A., R. Fleming, & D. M. Reddy. 1986. "Unemployment stress: Loss of control, reactance and learned helplessness." *Social Science & Medicine* 22(5): 509-516.

Baumeister, R. F. 2002. "Yielding to temptation: Self-control failure, impulsive purchasing, and consumer behavior." *Journal of consumer Research* 28(4): 670-676.

Berkowitz, L. 1989. "Frustration-aggression hypothesis: examination and reformulation." *Psychological Bulletin* 106(1): 59.

Buunk, A. P., & F. X. Gibbons. 2007. "Social comparison: The end of a theory and the emergence of a field." *Organizational Behavior and Human Decision Processes* 102(1): 3-21.

Campbell, J. D., & P. J. Fairey. 1989. "Informational and normative routes to conformity: The effect of faction size as a function of norm extremity and attention to the stimulus." *Journal of Personality and Social Psy-*

chology 57(3): 457.

Cesario, J., H. Grant, & E. T. Higgins. 2004. "Regulatory fit and persuasion: Transfer from "feeling right"." *Journal of Personality and Social Psychology* 86(3): 388.

Coleman, J. C., & L. B. Hendry. 1999. *The Nature of Adolescence.* Psychology Press.

Costanza, R., S. C. Farber, & J. Maxwell. 1989. "Valuation and management of wetland ecosystems." *Ecological Economics* 1(4): 335-361.

Crosby, F. 1976. "A model of egoistical relative deprivation." *Psychological Review* 83(2): 85.

Crowe, E., & E. T. Higgins. 1997. "Regulatory focus and strategic inclinations: Promotion and prevention in decision-making." *Organizational Behavior and Human Decision Processes* 69(2): 117-132.

De Dreu, C. K., P. J. Carnevale, B. J. Emans, & E. Van De Vliert. 1994. "Effects of gain-loss frames in negotiation: Loss aversion, mismatching, and frame adoption." *Organizational Behavior and Human Decision Processes* 60(1): 90-107.

Dollard, J., N. E. Miller, L. W. Doob, O. H. Mowrer, & R. R. Sears. 1939. *Frustration and Aggression.*

Donovan, A., M. Oddy, R. Pardeo, & A. Ades. 1986. "Employment status and psyhchological well-being: a longitudinal study of 16-year-old school leavers." *Journal of Child Psychology and Psychiatry* 27(1): 65-76.

Dweck, C. S., & N. D. Reppucci. 1973. "Learned helplessness and reinforcement responsibility in children." *Journal of Personality and Social Psychology* 25(1): 109.

Eisenberg, P., & P. F. Lazarsfeld. 1938. "The psychological effects of unemployment." *Psychological bulletin* 35(6): 358.

Eron, L. D., J. H. Gentry, & P. E. Schlegel. 1994. *Reason to Hope: A Psychosocial Perspective on Violence & Youth.* American Psychological Association.

Felson, R. B. 1982. "Impression management and the escalation of aggression and violence." *Social Psychology Quarterly*: 245-254.

Förster, J., & E. T. Higgins. 2005. "How global versus local perception fits regulatory focus." *Psychological Science* 16(8): 631-636.

Hammarström, A., & U. Janlert. 1997. "Nervous and depressive symptoms in a longitudinal study of youth unemployment—selection or exposure?" *Journal of Adolescence* 20(3): 293-305.

Harré, R., & R. Lamb. 1983. *The Encyclopedic Dictionary of Psychology*. The MIT Press.

Higgins, E. T. 1997. "Beyond pleasure and pain." *American Psychologist* 52 (12): 1280.

Huesmann, L. R., & L. S. Miller. 1994. "Long-term effects of repeated exposure to media violence in childhood." *Aggressive Behavior*: 153-186.

Kelman, H. C. 1953. "Attitude change as a function of response restriction." *Human Relations* 6(3): 185-214.

Kong, F., C. C. Perrucci, & R. Perrucci. 1993. "The impact of unemployment and economic stress on social support." *Community Mental Health Journal* 29(3): 205-221.

Levine, J. M., E. T. Higgins, & H. S. Choi. 2000. "Development of strategic norms in groups." *Organizational Behavior and Human Decision Processes* 82(1): 88-101.

Loewenstein, G. F., L. Thompson, & M. H. Bazerman. 1989. "Social utility and decision making in interpersonal contexts." *Journal of Personality and Social Psychology* 57(3): 426.

Loewenstein, G., T. O'Donoghue, & M. Rabin. 2003. "Projection bias in predicting future utility." *The Quarterly Journal of Economics* 118(4): 1209-1248.

London, M. 1997. "Overcoming career barriers: A model of cognitive and emotional processes for realistic appraisal and constructive coping." *Journal of Career Development* 24(1): 25-38.

Martin, R., A. Gardikiotis, & M. Hewstone. 2002. "Levels of consensus and majority and minority influence." *European Journal of Social Psy-*

chology 32(5): 645-665.

Mawson, A. R. 1987. *Transient Criminality: A Model of Stress-induced Crime*. New York: Praeger.

Messick, D. M., & K. P. Sentis. 1985. "Estimating social and nonsocial utility functions from ordinal data." *European Journal of Social Psychology* 15(4): 389-399.

Mitchell, T. R., L. Thompson, E. Peterson, & R. Cronk. 1997. "Temporal adjustments in the evaluation of events: The "rosy view"." *Journal of Experimental Social Psychology* 33(4): 421-448.

Muraven, M., D. Shmueli, & E. Burkley. 2006. "Conserving self-control strength." *Journal of Personality and Social Psychology* 91(3): 524.

Mussweiler, T. 2003. "Comparison processes in social judgment: mechanisms and consequences." *Psychological Review* 110(3): 472.

Newby-Clark, I. R., M. Ross, R. Buehler, D. J. Koehler, & D. Griffin. 2000. "People focus on optimistic scenarios and disregard pessimistic scenarios while predicting task completion times." *Journal of Experimental Psychology: Applied*, 6(3): 171.

Patrick, V. M., & H. Hagtvedt. 2012. ""I Don't" versus "I Can't": When Empowered Refusal Motivates Goal-Directed Behavior." *Journal of Consumer Research* 39(2): 371-381.

Prause, J., & D. Dooley. 1997. "Effect of underemployment on school-leavers' self-esteem." *Journal of Adolescence* 20(3): 243-260.

Quiggle, N. L., J. Garber, W. F. Panak, & K. A. Dodge. 1992. "Social information processing in aggressive and depressed children." *Child Development* 63(6): 1305-1320.

Ross, L., & R. E. Nisbett. 2011. *The Person and the Situation: Perspectives of Social Psychology*. Pinter & Martin Publishers.

Savickas, M. L. 1997. "Constructivist career counseling: Models and methods." *Advances in Personal Construct Psychology* 4(2): 149-182.

Seligman, M. E., & S. F. Maier. 1967. "Failure to escape traumatic shock." *Journal of Experimental Psychology* 74(1): 1.

Shaffer, D. R., & K. Kipp. 2010. *Developmental Psychology: Childhood and Adolescence*. Cengage Learning.

Super, D. E. 1969. "Vocational development theory: Persons, positions, and processes." *The Counseling Psychologist* 1(1): 2-9.

Tangney, J. P., R. F. Baumeister, & A. L. Boone. 2004. "High self-control predicts good adjustment, less pathology, better grades, and interpersonal success." *Journal of Personality* 72(2): 271-324.

Tolbert, E. L. 1980. *Counseling for Career Development*. Boston: Houghton Mifflin Company.

Trope, Y., & N. Liberman. 2003. "Temporal construal." *Psychological Review* 110(3): 403.

Wehrens, M. J., H. Kuyper, P. Dijkstra, A. P. Buunk, & M. P. van der Werf. 2010. "The long-term effect of social comparison on academic performance." *European Journal of Social Psychology* 40(7): 1158-1171.

Winefield, A. H., & M. Tiggemann. 1989. "Job loss vs. failure to find work as psychological stressors in the young unemployed." *Journal of Occupational and Organizational Psychology* 62(1): 79-85.

Yan, D., & J. Sengupta. 2011. "Effects of construal level on the price-quality relationship." *Journal of Consumer Research* 38(2): 376-389.

청년실업에 대한 사회복지학적 접근:
청년실업 문제와 대안적 사회보장체계의 모색

노대명 • 한국보건사회연구원

I. 들어가며

우리사회는 매우 복합적 위험에 노출되어 있으며, 다양한 위험이 차례로 중요한 사회정책의제로 부각되는 양상을 보이고 있다. 인구고령화에 따른 사회보장과 저출산 문제 해결을 위한 정책에 집중하고 있던 시점에, 청년층의 실업과 박탈 문제가 사회적 관심이 되고 있다는 점이 이를 말해준다. 서로 다른 층위의 경제사회 문제가 뒤얽혀 복합적 위험에 처해 있음을 말해주는 것이다. 그리고 이러한 문제가 발생한 원인 또한 간단하지 않다. 한편에서는 탈산업화와 인구고령화, 교육시스템과 노동수요의 불일치, 노동시장의 이중구조 등을 원인으로 지적하고, 다른 한편에서는 기업의 사회적 비용 전가와 정부의 정책실패를 원인으로 지적하고 있다.

원인에 대한 상반된 해석은 대안 모색에서도 그 차이를 고스란히 드러내고 있다. 기업이 더 많은 일자리를 만들어야 한다는 주장, 공공부문이 선도적으로 양질의 일자리를 늘려야 한다는 주장, 노동시장에서 비정규직을 남발하는 기업들을 규제해야 한다는 주장, 조세 및 복지제도를 통해 소득재분배를 강화해야 한다는 주장이 각축하고 있다. 하지만 현재 우리사회가 직면한 복합적인 경제사회 문제를 해결하기 위해서는 위에 언급한 다양한 원인을 해결할 수 있는 종합적인 정책방향이 수립되어야 한다. 그리고 이를 부인하는 전문가는 거의 없다고 판단된다. 사실 문제는 다양한 정책이 서로 상충되지 않고 시너지 효과를 낼 수 있는 큰 그림이 없다는 점일 것이다.

이 글의 서두에서 이 문제를 장황하게 언급한 이유는 최근 청년실업에 대한 논의 또한 이러한 종합적 관점이 없이 단기처방을 중심으로 진행되고 있다고 생각했기 때문이다. 청년실업 문제는 다양한 경제사회적 모순이 응축된 문제이며, 청년실업자 또한 15~24세 연령집단 중 실업자라고 하지만 하나의 집단이 아니다. 다른 조건과 역량 그리고 욕구를 가진 집단이 혼재해 있다는 인식에서 출발해야 하는 것이다. 이는 청년들의 교육과 취업실태, 소득수준과 소비실태 등에서 적지 않은 차이가 있음을 의미하는 것이다. 이 모든 문제가 청년들에게 일자리를 제공하면 해결된다고 말하는 것은 지나치게 순진한 발상이다. 양질의 일자리를 창출하는 것이 가장 중요한 정책대안으로 모색되어야 하지만, 그것만으로 문제가 해결되지는 않는다. 결국 정부와 기업 그리고 사회보장제도 전반에 걸친 개혁이 필요한 일이다.

이 글은 청년실업 문제를 해결하는 종합적인 개혁의 하나로 사회보장제도 개편 문제에 천착하고 있다.[1] 청년들의 도전과 실패를 뒷받침할 수 있는 강력한 사회안전망은 무엇이고, 현 사회보장제도와 관련해서 개편방향은 어떻게 모색해야 하는지 살펴보는 데 목적이 있다.

---

1) 물론 여기서 말하는 경제적 관점이나 복지적 관점이 무엇을 지칭하는지에 대해서는 여전히 분명하지 않다. 하지만 이 글에서는 〈청년실업의 원인과 해법〉을 설명하는 관점으로 간주하고자 한다. 특히 복지적 관점이란 청년실업의 원인과 해법을 모색함에 있어 재분배정책에 초점을 둔 관점으로 정의하고자 한다.

II. 청년실업 문제에 대한 이론적 검토

21세기 각국에서 청년실업 문제가 촉발된 가장 주된 원인은 1) 탈산업화와 노동유연화에 따른 만성화된 고용불안, 2) 청년들의 높은 교육수준과 눈높이에 맞지 않은 열악한 일자리들, 3) 청년실업을 조장하는 근본원인을 해결하지 못한 정부의 정책실패에서 찾아야 할 것이다. 그리고 일자리 창출과 배분을 통해서 해결되지 않는 문제에 대한 무관심 또한 지적해야 할 것이다. 그것은 청년들을 위한 사회안전망을 강화하는 데 소홀했음을 의미한다. 가족이 학업을 마친 청년(자녀)을 부양하기 버겁고, 노동시장 또한 고용불안을 계속 확산시키는 상황에서, 복지제도마저 제 역할을 다하지 못했던 것이다.

1. 청년실업에 대한 정의와 해석

청년실업은 크게 두 가지 방식으로 정의할 수 있다. 엄밀한 의미에서 청년실업자란 ILO 기준에 따라 일주일에 한 시간이라도 유급노동을 하지 못한 사람 중 일할 의사가 있고 구직노력을 하고 있으며, 취업이 가능한 15세~24세의 청년을 지칭한다.[2] 하지만 좁은 의미의 정의는 초단시간 유급근로자까지 취업자로 간주하고, 실망실업자 등을 제외한다는 점에서 현실에서의 실업과는 다소 괴리가 있다. 이 점에서 광의의 청년실업 개념을 사용하는 것이 현실을 이해하는 데 더 적합할 수 있다. 이 글에서 광의의 실업이란 좁은 의미의 실업 외에도 비경제활동인구에 포함되어 있는 실망실업자, 취업자 중 부분실업자 등을 아우르는 미취업상태를 지칭하는 것으로 간주하고

2) 하지만 우리나라의 경우, 청년들의 군 입대로 인한 늦은 취업을 이유로 15~29세의 실업자를 청년실업자로 간주하고 있다.

있다. 결국 광의의 청년실업자는 비학업-비훈련-미취업(NEET: Not in Education, Employment, or Training)청년을 지칭하고 있는 것이다. 그리고 보는 관점에 따라 학업 중이라고 볼 수 있으나 실제 구직과정에 있는 한국의 공시생을 이 범주에 포함시켜도 무방할 것이다.[3]

이처럼 청년실업의 개념을 광의로 해석하는 이유는 현재 우리사회에서 청년실업이 갖는 다양한 모습에 천착하기 위함이다. 청년실업은 다양한 형태로 존재하는 것이 사실이다. 엄밀한 의미에서 구직의사도 있고 구직활동도 하고 있지만 취업에 성공하지 못하는 실업자가 상당수 존재하는 한편, 더 나은 직장을 찾는 과정에서 다양한 형태의 저임금 일자리를 전전하는 취업자도 포함되어 있기 때문이다. 후자는 통계적으로는 취업자이지만 실제로는 실업자와 크게 다름이 없다. 문제는 보다 나은 일자리를 찾는 기다림이 길어지면서 장기간 비정규직 일자리를 전전하는 청년층이 증가하고 있다는 점이다. 그리고 이들 중 상당수는 교육수준에 상응하는 임금과 고용조건을 갖춘 일자리로 진입하지 못하고 있다는 특성을 보인다. 아울러 청년실업의 구성 측면에서 대졸실업자 외에도 고등학교 졸업 및 중퇴 청년실업자에 대해서도 주목할 필요가 있다.

청년실업의 원인과 관련해서, 일부에서는 청년들이 공무원, 대기업, 정규직만을 선호하고, 중소기업이나 힘든 일을 기피한다고 비판한다. 많은 청년이 공시생이나 부분실업 상태를 유지하면서 안정된 일자리로 취업하려는 시도를 하고 있다는 점에서 그러하다. 하지만 이러한 현상이 나타나는 이유 또한 분명하다. 그것은 1997년 외환위기 이후 지금까지 사회 전체를 지배하고 있는 고용불안, 학력에 따른 임금과 승진에서의 격차 확대, 기업의 구조조정 과정에서 발생한 저학력자의 우선 해고 등의 집단적 경험에서 찾아야 할 것이다.[4] 이 점에서 대다수 청년이 대학에 진학하여 높은 스펙을 쌓았으

3) 이 글에서는 청년실업과 관련된 구체적인 수치는 자료에 따라 ILO 방식이나 한국 통계청 방식, 그리고 광의의 청년실업을 지칭하는 것으로 구분해 표기하고 있다.

4) 이행노동시장 이론가로 유명한 슈미트(Schmid)가 한국의 청년실업 문제와 관련해서 학벌주의의 폐해를 지적했던 것은 주목해야 할 점이다(Schmid, 2013).

며, 부모가 자녀교육에 많은 비용을 지불한 만큼, 그에 상응하는 일자리를 희망하고 있는 것이다.

물론 한국 고등교육체계의 경직성으로 인해 기업과 사회가 필요로 하는 교육이 제대로 이루어지 않는 심각한 미스매치 문제가 있는 것도 사실이다. 하지만 이 문제는 현재의 청년세대를 비난할 문제가 아니다. 지금까지 학력별 임금격차가 이처럼 크게 벌어지도록 용인해 왔고, 대기업과 중소기업 간 임금격차가 공정거래를 위태롭게 하는 문제를 묵인하거나 방조했다는 비판을 감안하면, 정작 비난받아야 할 대상은 정부와 기업 그리고 이를 방치한 정치권이라고 말해도 무방할 것이다. 청년실업 문제는 우리사회의 구조화된 모순 속에서 심화되어 왔던 것이다.

그리고 청년실업 문제를 심각하게 만드는 또 다른 요인은 일자리 양극화와 관련해서 부모의 계급적 지위가 적지 않은 영향을 미친다는 점이다. 이 문제와 관련해서 서구 복지국가에서도 청년층의 일자리 양극화는 청년 개개인의 교육수준이나 기술숙련도 외에 가족적 배경이 큰 영향을 미치고 있다는 지적을 쉽게 발견할 수 있다(O'Reilly et al., 2015: 12-13). 이는 청년층이 경험하는 노동시장과 결혼 그리고 삶의 미래가 학벌과 부모의 계급적 지위에 의해 불평등하게 고착화될 위험성을 안고 있음을 의미한다. 이것이 현재 청년실업 문제에 도사린 근본적인 모순이라고 말할 수 있다. 이 점에서 한국의 청년실업 문제는 단순히 취업기회를 갖지 못하는 문제가 아니라, 취업과 결혼 그리고 계층적 지위에 이르는 우리사회의 다양한 모순을 함축하고 있는 것이다.

한국 청년들이 OECD 국가의 청년들보다 늦게 노동시장에 진입하는 이유 또한 계층사다리 올라타기 문제와 무관하지 않다. 물론 우리나라는 높은 대학진학률과 스펙을 쌓기 위한 준비 기간 외에도 남성들의 군 입대라는 요인이 존재한다. 하지만 그 저변에는 노동시장에서의 불평등에 대한 집단적 경험으로 보다 좋은 일자리로 진입하기 위해 작은 일거리를 전전하며 부분실업을 감수하고 있다는 점에 주목할 필요가 있다. 노동시장의 이중화를 억제하고, 기업의 성과가 노동자 모두에게 보다 공정하게 배분되도록 정책적 개입을 하였다면, 15~19세의 청년들 또한 상당수가 취업을 선택했을지 모른다. 그리고 이러한 선택은 부모세대가 높은 주거비와 자녀 교육비를 감당하느라 준비 없이 노후를 맞이하게 되는 문제 또한 상당 부분 예방했을 것이다.[5)]

위에 언급한 바와 같이, 한국사회의 청년실업은 구조적 모순의 한복판에 있으며, 이 문제를 해결한다는 것은 경제시스템, 노동시장구조, 교육시스템을 아우르는 총체적 개혁을 전제하지 않을 수 없음을 의미한다. 물론 그중에서 노동시장의 과도한 임금격차를 해소하는 것이 가장 시급한 문제일 것이다.

이처럼 문제의 구조적이고 복합적인 성격을 강조하는 이유는 청년실업 문제를 대규모의 일자리 제공 정책을 통해 해결할 수 있다는 단순논리가 여전히 우리사회를 지배하고 있기 때문이다. 지난 십 년간의 정책경험을 반추해 보면, 청년실업자를 대상으로 보다 싼 임금의 정규직 트랙을 만드는 방식이 적절했는지, 공공기관을 대상으로 하는 획일적인 인턴채용이 실효성이 있는 것이었는지 재검토가 필요하다. 청년들이 진입할 일자리는 공정한 것이어야 한다. 임금이 낮은 또 다른 정규직 트랙을 만들거나, 인턴을 전전하게 만드는 희망고문은 그 출발점에서부터 공정하지 않다. 정규직 노동자에게 과로를 권하고, 청년들에게 비정규직 일자리를 권하는 시스템을 만들어 놓고, 그 책임을 정규직 노동자 때문이라고 말하는 것도 인과관계가 맞지 않는다고 여겨진다.

---

5) 현재 베이비붐세대는 대학을 졸업한 자녀를 부양하기에 역부족이다. 노후대비도 제대로 되지 않은 상황에서 미취업상태의 자녀를 부양한다는 것은 또 다른 사회 문제를 야기하게 되기 때문이다. 실제로 최근 발생하는 다양한 사회 문제는 고령 또는 노령세대가 성인 자녀를 부양하는 과정에서 발생하고 있으며, 준비 없이 노후를 맞아 가난해진 노인에 대한 자녀들의 부양부담에서 발생하고 있다.

2. 청년실업과 사회보장체계의 모순

청년을 미래세대라고 부르는 이유는 이들이 머지않아 우리사회를 지탱하는 근로연령층을 형성하게 되기 때문이다. 그리고 이들이 노동시장에서 공정한 대가를 받고 일하는 것은 각 개인의 삶뿐만 아니라 사회보장시스템을 지탱하는 데도 매우 큰 역할을 하게 된다. 노동을 통한 1차 소득분배가 공정하면, 복지를 통한 2차 소득분배가 훨씬 수월하다는 점은 20세기 복지국가의 역사를 통해서도 쉽게 알 수 있는 것이다. 하지만 노동소득의 불평등은 더욱 심화되고 있으며, 청년들은 이 사슬의 최하단에 위치하고 있다. 이는 청년을 위한 사회보장체계 정비가 중요한 시점임을 말해주는 것이다.

지금 전 세계 노동시장에 불어 닥친 변화는 4차 산업혁명과 새로운 노동형태로 설명할 수 있다. 4차 산업혁명은 기술혁신과 작업방식의 변화에 따라 일자리의 생성과 소멸이 본격화되고, 구조적 실업이 증가할 수 있다는 점을 암시한다. 이미 현재 진행 중인 새로운 노동형태 또한 중요한 변화를 예고하고 있다. 그것은 고용관계를 특정하기 힘든 플랫폼 노동이나 클라우드 워크 등이 확산되고 있으며, 이러한 추세가 더욱 가속화될 수 있다는 점을 말해준다. 반면에 이러한 변화는 일국 차원에서 통제하기 힘든 글로벌가치사슬(GVC: Global Value Chain)과 맞물려 있는 상황이다. 이러한 산업구조 및 고용형태 변화는 기존 사회보장제도에도 큰 영향을 미치고 있다. 기술혁신은 반복적 직무(routine work)의 일자리만을 대체하는 것이 아니라, 비반복적 직무마저 대체하는 경향을 보이고 있는 상황이다.

이는 청년들을 위한 사회보장제도 개편의제가 미취업 또는 부분실업 상태에서 빈곤과 박탈 위험에 노출되어 있는 집단을 보호하는 동시에, 기존 제도로는 보호하기 힘든 새로운 고용형태의 출현 및 일자리 창출과 소멸과정에서 증가하는 이동성에 대비할 수 있는 방안을 모색하는 것임을 암시한다. 당장의 문제에 대처하면서, 다가오는 위험에 대비함으로써 사회보장제도의 지속가능성을 담보하는 전략이 필요한 것이다. 그리고 한국의 사회보장제도는 청년들이 공정한 출발점에서 경쟁할 수 있는 사회시스템을 구축해야 하는 문제를 안고 있다. 이는 현재의 사회보험 중심체계를 뛰어넘는 새로운 사회보장체계를 구축해야 할 필요성을 말해준다.

하지만 현실의 사회보장제도는 전반적으로 여전히 사각지대가 넓고 보장수준이 낮다는 한계를 안고 있다. 특히 청년층은 부모와 함께 생활하고 있다는 점에서 본격적인 지원 대상으로 간주되지 않았다. 그 결과, 현재 청년들을 위한 사회보장제도는 매우 취약한 상황이다. 사실 현재의 사회보장제도는 사회적 취약계층을 제대로 보호하지 못하는 문제점을 안고 있다. 노동시장에서 고용불안과 저임금·저소득 위험에 더 크게 노출된 취약집단일수록 사회보장제도에서 배제되어 있다는 점이 이를 말해준다. 노인을 위한 사회보장제도가 여전히 취약하고, 비정규직의 사회보험 가입률이 낮으며, 자영업자를 위한 사회보장제도 또한 미비된 상태이다. 그리고 청년실업자를 위한 사회보장제도는 극도로 취약한 상황이다.

물론 1990년대 후반부터 현재까지 거의 모든 정부는 이 문제를 해결하겠다고 약속해 왔다. 그리고 그 정책기조는 거의 변함이 없었다. 김대중 정부 이후 모든 정부는 기업경쟁력을 제고하여 경제성장을 촉발하고, 그 결실을 사회적 취약계층을 보호하는 데 투자하겠다고 약속해 왔기 때문이다. 하지만 그 결실은 제대로 재분배되지 않았고, 사회취약계층은 더욱 힘든 상황으로 내몰리게 되었다. 기대했던 낙수효과도 나타나지 않았고, 사회보장제도를 획기적으로 확충하겠다는 약속도 크게 실효성이 없었다. 자주 등장했던 정책공약은 사회보험 확대와 사회부조 강화였다. 하지만 사회보험은 가입자를 확대하는 데 실질적인 성과를 거두지 못하였고, 사회부조는 예산제약을 이유로 빈곤율 증가에 상응하는 확장에 이르지 못한 것으로 평가받고 있다. 이런 상황에서 공공성이 강조되어야 할 주거와 교육 분야의 가계지출은 계속 증가해 왔다. 고용불안과 저임금·저소득에 노출된 취약계층들이 필수재라 할 주거와 교육비 지출을 감당하느라 허덕였을 것은 자명한 일이다. 고용불안의 위험을 높이는 정책을 선택하면서 그로 인해 발생하는 문제를 사회보장제도를 통해 적극적으로 해결하겠다는 약속은 제대로 지켜지지 않았던 것이다.

청년들을 위한 사회보장제도는 특히 취약했다. 고등학교를 졸업하지 못하고 사회로 진출해야 했던 청년들, 대학을 졸업했지만 학자금 대출 등으로 많은 부채를 지고 있는 청년들, 비정규직 트랙으로 진입해 벗어나지 못하고 있는 청년들을 위한 사회보장제도는 매우 선별적으로 운영되어 왔기 때문이다. 특히 청년층이 극빈층에 이르기 전에 예방적으로 이들을 지원하는 사회보장제도는 거의 없었다. 가장 중추적 빈곤정책이라 할 기초생활보장제도는 수급자로 선정된 청년빈곤층에게는 상대적으로 많은 자원을 투입하였지만, 그보다 훨씬 규모가 큰 비수급 빈곤층이나 저소득층에 대한 지원은 그다지 확대되지 않았다. 한 가지 예를 들면, 수급가구의 청년들은 대학 학자금이 지원되는 데 비해, 비수급 빈곤층이나 저소득층 청년 대다수는 대출로 학자금을 조달해야 했다. 그 결과, 수급자와 저소득층 사이의 생활여건이 역전되는 문제가 발생하기도 하였다. 이는 극빈층으로 전락할 때까지 지원하지 않는 획일화된 사회부조제도를 장기간 실시해 왔던 결과라고 말할 수 있다. 이처럼 획일화된 제도는 수급가구 청년들의 취업에도 큰 영향을 미치고 있다. 현재의 노동시장 여건 속에서 저임금 일자리에 취업하는 것보다 수급자격을 유지하기 위해 취업을 기피하는 문제가 발생하고 있기 때문이다.

이러한 문제는 청년들을 위한 사회보장제도가 한편으로는 고용단절과 저임금으로 인한 빈곤화를 예방하고, 빈곤상태에 빠진 경우에는 빠르게 그로부터 탈출할 수 있도록 지원을 강화하는 방향으로 재설계되어야 할 필요성을 말해준다. 앞서 언급했던 노동시장구조의 개편과 기업지배구조의 개혁 그리고 교육훈련시스템의 개혁에는 많은 시간이 소요될 것이다. 그리고 이 과정에서 현재의 청년층이 좌절과 박탈을 경험하게 될 위험성은 점점 커질 것으로 예상된다. 그렇다면 청년들을 보호할 수 있는 사회보장제도를 구축하는 데 많은 노력을 기울일 필요가 있다. 그것이 반드시 현재의 사회보장체계를 전제할 필요는 없다. 보다 근본적인 대안모색이 필요할 것이다. 최소한의 사회안전망도 갖추어지지 않은 상황에서 청년들에게 창업을 통해 미래에 도전하라고 말하는 것은 책임 있는 발언이 아니다.

III. 청년실업과 청년빈곤의 현황 그리고 문제점

청년실업 문제는 소득불평등과 빈곤 그리고 그에 따른 박탈의 문제로 이어지기 쉽다. 그리고 그것은 앞서 언급한 바와 같이 부모의 계층지위에 의해 영향을 받을 뿐 아니라, 청년 본인의 계층지위에도 큰 영향을 미칠 것으로 예상된다. 노동시장에서 실업과 취업을 반복하는 고용불안과 저임금은 이후의 직업에 결정적인 영향을 미칠 개연성이 크기 때문이다. 이 점에서 청년실업이 야기하게 될 소득빈곤과 박탈 문제에 초점을 맞추어 살펴보기로 한다.

1. 청년실업의 추이와 특징

앞서 언급한 바와 같이, 청년실업은 ILO나 OECD가 정한 기준에 따라 측정하는 좁은 의미의 청년실업률과 다양한 미취업청년을 아우르는 넓은 의미의 청년실업률로 대별할 수 있다. 이는 청년실업을 어떻게 정의하는지에 따라 해당 집단의 규모에서 큰 차이가 날 뿐 아니라, 원인진단과 해법모색에서도 큰 차이를 보이게 된다. 하지만 이 글에서는 청년실업을 넓은 의미로 해석하는 것이 문제의 성격을 드러내는 데 훨씬 적합하다는 입장을 취하고 있다. 따라서 이 절에서는 청년실업 문제를 넓은 의미로 사용할 것이다. 다만, 통계자료의 제약으로 국제비교에서는 15~24세의 실업자를 청년실업자로 규정하고 있으며, 국내 통계자료는 15~29세의 실업자를 청년실업자로 규정하는 방식을 취할 것이다. 그리고 미취업청년과 관련해서는 미취업청년(NEET)에 대한 통계를 활용할 것이다.

먼저 한국의 청년실업 문제가 얼마나 심각한지 확인하기 위해 국제비교를 할 필요가 있다. 하지만 청년실업률의 국제비교와 관련해서는 신중할 필요가 있다. 유럽이나 OECD 국가의 청년실업률과 비교하는 경우, 한국이

그림 1 OECD 주요국의 청년실업률 추이

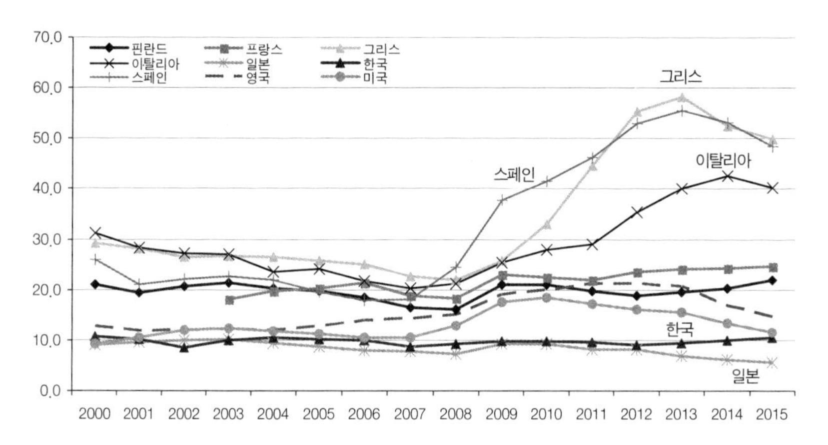

자료: OECD.stat(2017.4.15일 추출)

다른 국가에 비해 상황이 낫다는 착각을 하기 쉽기 때문이다. 청년실업 문제를 청년미취업 문제로 확대해서 보면, 한국의 청년실업 문제는 다른 국가들에 못지않게 심각한 상황이라는 점을 알 수 있다. 〈그림 1〉이 청년실업률과 관련한 한국과 OECD 국가의 비교이고, 〈그림 2〉는 미취업(NEET) 청년 비율을 비교한 것이다.

〈그림 2〉의 수치는 한국사회에서 청년미취업 문제가 OECD 평균보다 높은 상태라는 점을 보여준다. 그리고 이 그림에 나타나 있지 않지만, 성별로 보면, 여성에 비해 남성 미취업 청년의 비율이 훨씬 높은 것으로 나타나고 있다. 이는 다양한 측면에서 설명할 수 있다. 한편으로는 청년층 여성들의 취업경쟁력이 남성보다 상대적으로 높다고 생각해 볼 수 있다. 하지만 다른 한편으로는 새롭게 생겨나는 일자리 대부분이 서비스업종 일자리이며, 여성의 진입이 용이한 특성을 갖고 있다는 점이다. 이는 청년층 여성의 높은 취업률이 긍정적인 의미만을 갖는 것은 아니라는 점을 말해준다. 여성취업률의 증가가 소득격차의 심화로 이어지는 것과도 무관하지 않기 때문이다.

이어 한국의 청년실업률을 세부적으로 살펴볼 필요가 있다. 청년실업률

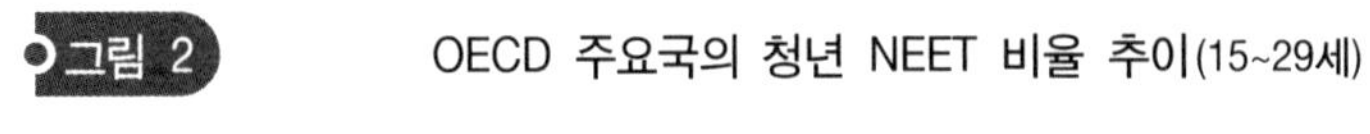

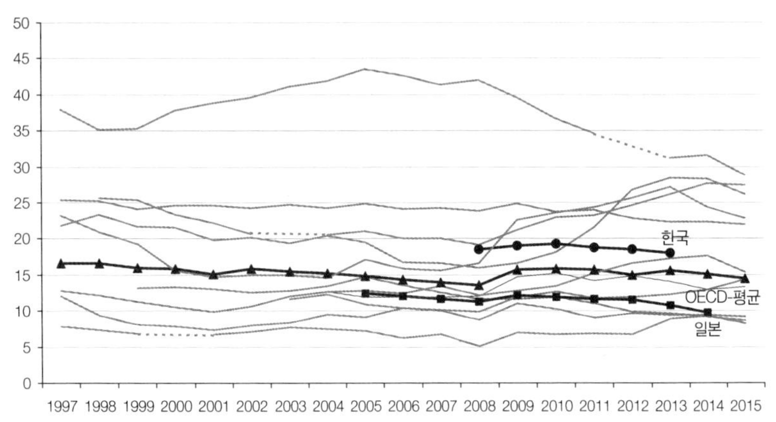

자료: OECD.stat(2017.4.15일 추출)

그림 3 청년실업과 연령대별 실업률 추이

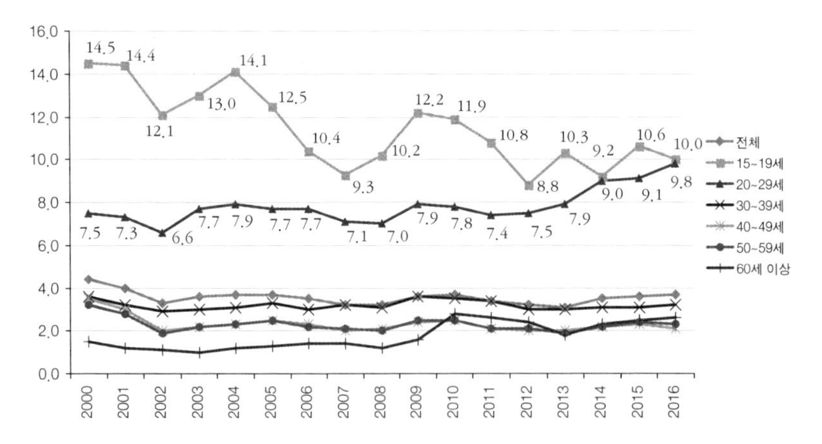

자료: 통계청, 경제활동인구조사, 각 연도(2017.4.14일 추출)

은 다른 연령집단에 비해 월등히 높게 나타나고 있으며, 이는 대부분의 국가에서 유사한 추세를 보이고 있다. 우리나라는 청년실업률이 약 10%라면,

전체 실업률은 3~4%에 불과한 것으로 나타난다. 그리고 청년실업률을 연령대별로 보면, 20~29세의 청년실업률이 지속적으로 증가하는 반면, 15~19세의 청년실업률이 빠르게 감소한 것을 알 수 있다. 이는 15~19세 청년집단이 고등학교나 대학교에 재학하는 비율이 높아졌다는 점과 무관하지 않다.

끝으로 청년들의 취업상태는 어떠한가. 〈표 1〉은 2007~2014년 청년층의 취업상태가 어떻게 변화하였는지 보여주고 있다. 위의 기간 중 청년들은 중소기업에서 대기업으로의 이동한 비율(14.5%)보다 대기업에서 중소기업으로 이동한 비율(34.1%)이 두 배 이상 높게 나타났다. 그리고 여전히 대기업에 머물거나 중소기업에 머문 비율이 더 높았지만, 중소기업에 머무는 비율이 64%로 대기업에 머문 비율 48.7%보다 높게 나타나고 있다. 또한 계속 미취업자로 머문 비율도 37.5%에 달하고 있다. 이는 우리사회의 청년들이 대기업보다 중소기업으로 하향이동하는 비율이 높고, 중소기업과 미취업의 트랙에 머물게 될 위험성이 크며, 반복적인 고용단절을 경험하는 경향을 보이고 있음을 의미한다.

표 1 성별 청년층의 유형 변화 추이: 2007년→2014년

(단위: %)

		2014년				
		중고등학생	대학(원)생	중소기업	대기업	미취업
2007년	중고등학생	-	48.0	27.4	11.7	12.9
	대학(원)생	-	8.4	45.5	30.3	15.8
	중소기업	-	1.1	64.0	14.5	20.5
	대기업	-	1.8	34.1	48.7	15.4
	미취업	-	5.5	42.6	14.4	37.5

자료: 한국고용정보원(2016), 2014년 청년패널조사 보고서

2. 청년실업의 이면: 가려진 청년빈곤 문제

한국사회에서 청년실업 문제가 심각한 지경에 이르고서야 정책의제로 부각된 이유 중 하나는 그것이 빈곤 문제로 나타나는 경로가 가구를 통해 완화되었기 때문으로 판단된다. 부모가 실직자녀들의 생계를 책임지는 메커니즘이 상당 기간 작동해 왔던 것이다. 그리고 이러한 메커니즘은 지금까지도 크게 변하지 않고 있다. 그 결과, 청년빈곤 문제가 안고 있는 잠재적 위험에 둔감하게 만드는 측면이 있다.

그렇다면 우리사회의 청년빈곤 문제는 어떠한가. 〈그림 4〉를 보면, 청년빈곤 문제는 그다지 심각하지 않은 것처럼 보인다. 2015년 현재 19~34세 연령집단의 빈곤율은 5.8%로 전체 빈곤율 18.6%의 1/3 수준에 불과하기 때문이다. 전기 청년의 빈곤율이 다른 청년들의 빈곤율보다 다소 높게 나타나고 있지만, 전체 빈곤율과 비교하면 여전히 낮은 수준이기 때문이다. 그 이유는 크게 두 가지로 설명할 수 있다. 하나는 노인빈곤율이 매우 높아 전체 빈곤율 상승에 큰 영향을 미치기 때문이고, 다른 하나는 청년들이 부모

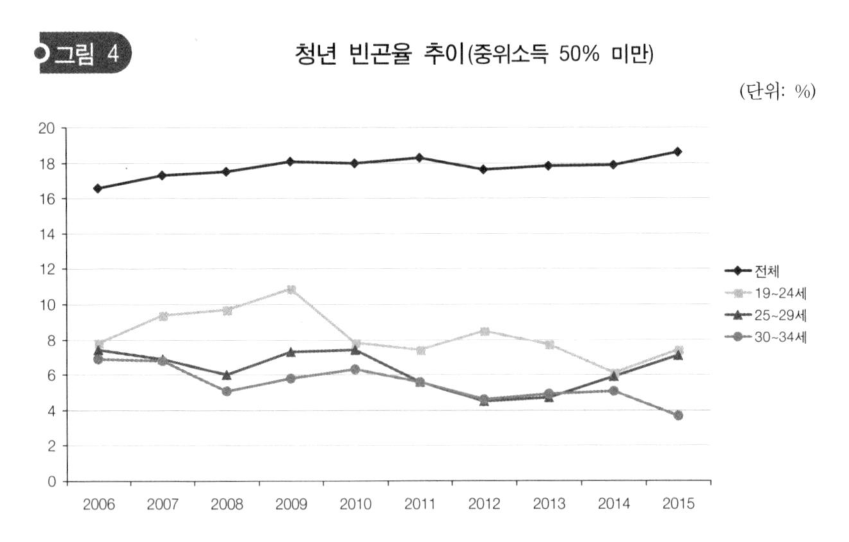

그림 4 청년 빈곤율 추이(중위소득 50% 미만)

자료: 통계청, 가계동향조사, 원자료; 이태진 외(2016) 130쪽에서 재인용, 전체 빈곤율은 필자가 추가

와 함께 거주하는 비율이 높기 때문이다. 높은 대학진학률과 남성들의 군입대 등으로 다른 국가에 비해 청년층의 가구독립이 늦고, 실업상태에서 부모와 함께 거주함에 따라 빈곤 문제가 표면화되지 않고 있는 것이다. 앞서 언급한 바와 같이, 후자는 한국사회의 청년실업 및 청년빈곤의 충격을 완화하는 측면도 있지만, 다가오는 위험을 감지할 수 없도록 문제의 본질을 흐리는 측면이 있는 것이다.

모든 취업자가 빈곤위험에 노출되는 것은 아니라 상대적으로 가구여건이 취약한 청년이 실업으로 인한 빈곤위험에 쉽게 노출된다는 점에 주목할 필요가 있다. 가족이 빈곤위험을 완화시키는 역할을 하기 힘들기 때문이다. 그리고 근로연령층의 고용단절과 소득빈곤이 심화되는 경우, 가족이 이러한 위험분담을 감당하기는 더욱 어려워질 것으로 예상된다. 그렇다면 청년층 중 어떤 집단에게서 빈곤위험이 높게 나타나는지 살펴볼 필요가 있다.

먼저 같은 연령집단이라도 취업여부나 종사상지위 그리고 가구여건에

표 2 청년가구 형태별 청년 빈곤율 추이(중위소득 50% 미만)

(단위: %)

	청년 1인 가구	청년 부부	청년부부와 자녀	부모동거 청년가구	기타 청년가구
2006	16.7	0.7	6.2	6.9	8.5
2007	12.6	0.4	4.7	6.4	11.6
2008	12.2	0.2	4.3	6.9	8.5
2009	18.5	4.0	3.8	7.7	9.0
2010	17.0	2.4	6.4	5.8	9.0
2011	12.9	2.1	6.4	4.9	8.4
2012	17.5	2.7	4.3	5.1	6.9
2013	15.1	1.8	4.3	4.8	7.9
2014	21.2	2.7	5.4	3.5	7.9
2015	19.5	-	3.1	4.3	8.4

자료: 통계청, 가계동향조사, 원자료; 이태진 외(2016), 132쪽에서 재인용

따라 빈곤위험이 다르게 나타날 수 있다. 2015년 현재 청년층의 가구규모 및 가구형태별로 빈곤위험을 비교해 보면, 청년 1인 가구의 빈곤율이 가장 높게 나타나는 것을 알 수 있다. 물론 기술적으로 부모의 지원을 받는 1인 가구를 완벽하게 분리하기는 힘들지만, 상대적으로 독립생활을 하는 청년가구의 빈곤위험이 가장 높게 나타나는 것은 충분히 예측할 수 있는 결과이다. 가정을 이룬 청년가구나 부모와 함께 생활하는 청년가구의 빈곤율이 각각 3.1%와 4.3%라는 점을 감안하면, 청년 1인가구의 빈곤율 19.5%는 그보다 5~6배 높은 수준임을 알 수 있다. 이것이 최근 가족이나 부모로부터 재정지원을 기대할 수 없는 청년 1인가구를 위한 소득보장정책이 정책적 관심의 대상이 되는 이유이기도 하다.

이어 청년들의 빈곤위험과 가장 밀접한 관계가 있는 요인으로 종사상지위를 들 수 있다. 한국사회에서는 종사상지위가 고용안정성과 임금수준을 대표하는 특징을 갖고 있기 때문이다. 〈표 3〉은 이러한 결과를 잘 보여주고 있다. 종사상지위가 상용직인 청년의 빈곤율은 비교기간 중 가장 높았던

표 3 경제활동상태별 청년빈곤율 추이(중위소득 50% 미만)

	상용	임시일용	자영	실업	비경제활동
2005	2.4	8.6	10.1	24.2	7.8
2006	1.9	9.6	10.2	18.4	7.7
2007	1.9	8.9	12.6	23.5	9.7
2008	2.1	7.2	7.6	14.9	10.4
2009	1.0	6.6	7.1	11.5	18.6
2010	1.6	5.5	7.8	23.7	16.1
2011	0.7	6.4	6.6	13.7	20.5
2012	1.5	7.1	10.0	16.4	16.2
2013	1.5	8.4	7.4	10.8	23.1
2014	0.8	7.0	4.7	26.2	14.4

자료: 통계청, 가계동향조사, 원자료; 이태진 외(2016), 139쪽에서 재인용

2005년에도 2.4%에 불과했던 반면, 실업자인 청년의 빈곤율은 2014년 현재 26.2%에 이르는 것으로 나타나고 있다. 그리고 비경제활동인구로 분류되는 청년의 빈곤율이 다음으로 높은 14.4%로 나타나고 있다. 그 밖에 자영업에 종사하거나 임시일용직으로 일하는 청년의 빈곤율 또한 낮지 않은 것으로 나타나고 있다.

끝으로 청년들의 가족배경, 특히 성장기 가족의 소득지위는 이후의 취업과 어떤 관련성이 있는지 살펴볼 필요가 있다. 이 문제와 관련해서는 한국고용정보원의 청년패널조사결과를 참조할 수 있다. 다만 이 표와 관련해서는 주의할 사항이 있다. 그것은 이 표가 말하는 고소득층과 저소득층이 기존의 빈곤연구의 기준과 다르다는 점이다. 이 조사결과 보고서는 조사시점 취업자의 평균 소득을 기준으로 그 이상을 고소득계층, 이하를 저소득계층으로 구분하는 방식을 채택하고 있다. 이는 위에 언급한 빈곤층 판별기준, 즉 중위소득의 50~60%를 빈곤선으로 적용하는 방식과 크게 다른 것이다. 이를 감안하여 결과를 해석하면, 저소득가구에서 자란 청년은 이후 취업과정에서 고소득계층 청년에 비해 대기업으로 취업할 확률이 낮고, 미취업상태에 빠질 확률은 다소 높은 것으로 추정된다. 하지만 중소기업으로 진입할

표 4　소득계층별 청년 취업자의 유형 변화 추이(2007년과 2014년)

(단위: %)

			2014년			
			대학(원)생	중소기업	대기업	미취업
2007년	전체	고소득층	1.3	52.5	34.7	11.5
		저소득층	1.2	56.6	16.0	26.3
	남성	고소득층	1.8	60.2	36.2	1.8
		저소득층	0.9	66.9	22.7	9.5
	여성	고소득층	0.3	37.8	32.0	29.8
		저소득층	1.4	49.8	11.6	37.2

주: 8차 조사 횡단면 가중치 적용
자료: 한국고용정보원(2016), 2014년 청년패널조사 보고서

확률은 저소득층 56.6%와 고소득층 52.5%로 그 격차가 크지 않은 것으로 나타나고 있다.

IV. 청년실업자를 위한 사회보장제도: 대안의 모색

청년실업자 또는 청년 일반을 대상으로 하는 사회보장제도로는 어떤 제도를 생각할 수 있는가. 크게 세 가지 유형으로 구분할 수 있다. 하나는 기존 사회부조의 수급자격을 완화하여 생계비나 주거비를 지원하는 방식이고, 다른 하나는 취업청년을 대상으로 근로장려세제와 같은 소득지원제도를 도입하는 방식이고, 마지막 하나는 기여(contribution)를 전제하지 않는 보편적 소득보장제도를 도입하는 방식이다.

1. 청년층 대상 기존 사회보장제도의 평가

부모가 자녀들의 대학교육을 책임지고, 취업에 이를 때까지 부양하고, 결혼하면 집을 장만해주는 시대는 저물어가고 있다. 물론 소득계층별로 상황은 크게 다르다. 하지만 대다수 중산층 부모세대 또한 장성한 자녀를 부양할 여력이 없는 것은 분명하다. 이런 상황에서 청년들은 점점 더 실업·고용불안·저임금의 위험에 노출되고 있다. 이는 청년실업이 청년빈곤 문제로 확산될 개연성이 크다는 점을 말해준다.

최근까지 청년을 위한 사회보장제도는 정부의 주요한 관심사가 아니었다. 정치사회적으로 더 시급한 문제가 산적해 있었기 때문이다. 2015년 현재 노인 중 빈곤층 비율이 50%에 육박하는 상황에서 청년빈곤층은 젊고 근로능력이 있다는 점에서 후순위 문제였던 것이다. 사실 청년실업률이 빠르게 증가하고, 청년들의 정치적 목소리가 커지면서, 청년실업과 청년빈곤 문제가 정책의제로 부각되기 시작한 것도 불과 2~3년 남짓한 일이다. 그리고 정책의제로 다루어지고 있는 청년실업 문제가 주로 대졸실업자의 문제라는 점에서 청년빈곤 문제가 본격적으로 의제화되지 않은 측면도 있다. 대졸실업자 중 상당수는 청년빈곤층이지만 전체적으로 문제의 심각성이 부각되지 않고 있는 것이다. 이는 고졸실업자나 중퇴실업자들의 문제와 비교할 때, 그러한 측면이 있는 것이다. 하지만 현실에서 점점 많은 청년들이 근로빈곤층이나 실직빈곤층의 형태로 빈곤 문제에 직면하고 있는 것으로 판단된다. 그리고 이들은 경제적으로 지원할 수 있는 가족이 없는 취약계층을 중심으로 증가하고 있다. 앞서 언급한 1인 청년가구의 빈곤 문제가 이를 말해주는 것이다.

그렇다면 지금까지 실시되었던 청년층 또는 청년실업자를 위한 사회보장제도는 무엇이 있는가. 그것은 직접적인 소득보장 프로그램보다 취업과 훈련을 지원하거나, 제한적인 소득보장과 연계된 취업지원 프로그램이 중심으로 이루고 있다. 크게 두 가지 프로그램을 떠올릴 수 있다.

하나는 청년인턴과 같은 청년들의 취업경험을 지원함으로써 이후의 안정적 취업을 촉진하는 지원프로그램이다. 이 프로그램은 적정한 노동수요가 존재하고 정규직 일자리로의 경쟁이 공정하게 보장되는 경우, 취업에 이르는 중요한 경로가 될 수 있다. 하지만 현재 우리사회에서 양질의 일자리가 부족한 현실과 여전히 학벌주의가 지배하는 상황에서 이러한 직장경험이 정규직으로 이어지기는 힘든 것처럼 보인다. 오히려 정규노동시장으로 진입하기까지 경력 공백을 메우는 수단이자, 생활비를 벌기 위한 임시적 방편의 일자리로 활용되고 있기 때문이다. 그리고 많은 청년들은 인턴을 반복하며, 일종의 비정규트랙에 빠져드는 양상이 나타나고 있다.

다른 하나는 청년실업자를 위한 근로연계복지형 프로그램이다. 이명박 정부의 청년서포터즈나 박근혜 정부의 청년 취업성공패키지 등이 그것이다. 이러한 프로그램의 특징은 취업에 어려움을 겪는 청년구직자에게 취업기회나 직업훈련기회를 제공하고, 프로그램 참여하는 기간 중 소액의 수당을 지급한다는 점이다. 이는 취업지원과 현금급여를 결합시켰다는 점에서 고용과 복지를 연계한 대표적 프로그램으로 홍보되기도 하였다. 하지만 이 프로그램이 대졸 실직자에게 실질적인 도움이 되고 있는지는 보다 심층적인 평가가 필요해 보인다. 노동수요가 충분하지 않은 상황에서 청년들이 원하는 제대로 된 일자리로의 연계가 용이하지 않았으며, 기업이 필요로 하는 기술훈련 프로그램을 제공하기도 힘들기 때문이다. 더욱이 상당수 프로그램은 기존의 대학 취업알선 지원기관을 통해 진행되었다.

위에 언급한 취업지원 프로그램이나 고용복지연계 프로그램은 시행 초기에는 정부의 공약사업이라는 점에서 큰 주목을 받았지만, 시간이 갈수록 많은 비판에 직면하게 되었다. 한편에서는 청년들에게 양질의 일자리를 제공하는 전략이 아니라, 작은 일자리를 배분하거나 훈련을 되풀이하는 방식의 비효율적인 정부대책이라는 비판을 받았고, 다른 한편에서는 청년들에게 희망고문을 하며 노동시장의 왜곡된 관행과 구조를 바로잡으려는 노력을 게을리하고 있다는 비판을 받았던 것이다. 보다 근본적인 개혁을 미룬 임시방편에 불과하다는 것이다. 이는 노동시장에서의 임금격차 문제를 바로잡지 않는 한, 그리고 충분한 노동수요를 자극하지 않는 한, 문제해결이 용이하지 않다는 점을 말해준다. 다음과 같은 비판에 주목할 필요가 있다. “1990년 이후 한국 노동시장의 비정규직은 정규직으로 이어지는 과정보다는 함정에 놓일 가능성이 높다는 지적을 감안하면, 청년실업의 감소를 위한 비정규직 활성화 정책은 신중을 기해야 한다”(최용환, 2015: 105-107).

청년 및 청년실업자는 각종 사회보장제도로부터도 소외되어 있는 상황이다. 1997년 외환위기 이후 정부는 복지정책을 강화하는 데 많은 노력을 기울여 왔던 것이 사실이다. 이는 2000년대 이후 복지지출 증가율이 OECD 국가 중 가장 높았다는 점에서도 확인할 수 있다. 하지만 경제성장기에 복지제도 확충에 소홀했던 결과, 빠른 지출확대에도 불구하고 전체 사회지출 비중은 OECD 국가들 중 가장 낮은 그룹에 속해 있는 실정이다. 물론 향후 국민연금의 수급이 본격화되는 경우, 사회지출은 더욱 빠르게 증가할 것으로 예상된다. 그리고 보육료지원과 아동수당의 도입 등도 사회지출의 증가에 영향을 미치게 될 것이다. 하지만 정작 청년들이 혜택을 받을 수 있는 사회보장제도는 찾아보기 힘들다.

그리고 청년들이 노동시장에 진입하는 순간 그 어려움은 더욱 구체적으로 다가오게 된다. 많은 청년들이 비정규직으로 취업하는 경우, 사회보험(특히 고용보험) 가입률이 낮으며, 신규실업자의 경우 고용보험으로부터 실업급여를 받을 수 없다. 〈표 5〉는 청년취업자의 사회보험 가입률이 전체 평균보다 높다는 점을 보여주고 있다. 하지만 그것은 크게 50~59세 취업자와 60세 이상 취업자의 낮은 가입률로 인해 평균값이 크게 낮아진 데 따른 것이다. 이 점을 고려하면, 청년취업자의 사회보험 가입률은 다른 취약계층과 마찬가지로 낮은 수준에 머물러 있다고 해석할 수 있다.

청년빈곤층의 경우에는 기초생활보장제도의 보호를 받을 수 있다. 그러나 기초생활보장제도는 전체 빈곤층의 약 30%를 보호하는 선별적 제도이며, 부양의무자 기준 및 재산기준이 적용되고 근로능력 유무도 중요한 고려사항이라는 점에서 청년실업자에 대한 빈곤예방이나 능력개발의 기회를 제공하는 제도가 되기는 힘들다. 더욱이 대학졸업자의 경우에는 취업가능성이 높다고 간주하여 탈수급을 종용받기도 한다. 기초생활보장제도와 비교해서 진일보한 소득보장제도 또한 존재하고 있다. 하지만 그것은 중앙정부가 추

표 5 임금근로자의 사회보험 가입률의 비교: 전체와 청년층(2016년)

	국민연금	건강보험	고용보험
계	70.2	73.6	71.1
15~29세	71.4	72.3	71.7
30~39세	84.3	84.8	83.8
40~49세	76.9	77.2	75.9
50~59세	69.2	69.9	67.9
60세 이상	21.3	47.9	37.1

자료: 통계청, 지역별 고용조사, 2016년(2017.4.14일 추출)

진하는 전국단위의 소득보장제도가 아니라, 서울시의 청년수당과 성남시의 청년배당 프로그램이다. 이는 일정 연령의 청년층을 대상으로 소액의 보편적 소득보장을 하거나(청년배당), 저소득층 청년실업자를 대상으로 하는 사회부조형 소득보장을 하는(청년수당) 프로그램이다. 그러나 이 두 제도 모두 적용범위와 보장수준 측면에서 한계가 있는 상황이다.

2. 청년실업자를 위한 대안적 사회보장제도의 모색

한국사회에서 청년실업 문제에 대한 대응방식은 근본적인 변화가 필요하다. 이를 위해서는 인구고령화에 따른 저출산 문제, 다가오는 4차 산업혁명에 따른 고용관계의 급격한 변화, 소득계층 간 소득격차의 확대, 그리고 제반 사회 문제로 인한 사회결속(social cohesion)의 약화라는 구조적 변화에 대한 고려가 전제되어야 한다.

그리고 문제해결의 기본방향은 노동시장에서의 격차와 불평등의 문제를 해결하는 데 초점을 두어야 한다. 이는 대기업과 중소기업 간, 고졸과 대졸 간, 정규직과 비정규직 간 임금격차와 기타 고용조건에서의 불평등을 해소하는 일이 선결과제라는 점을 말해준다. 물론 그것은 시장에서 노동수요를 위축시키지 않는 방향으로 추진되어야 한다. 이와 관련해서 최근 추진되고 있는 최저임금 인상은 매우 중요한 역할을 할 것으로 기대된다. 단기간에 큰 폭의 인상은 쉽지 않겠지만, 청년층을 비롯한 취약계층의 구매력을 제고한다는 측면에서 다양한 정책적 효과를 기대할 수 있기 때문이다.

더불어 고등교육과 직업훈련과 관련해서도 근본적인 개혁이 요구된다. 현재의 대학진학률은 그 자체로 비판할 문제가 아니다. 성장잠재력을 제고하기 위해서는 인적자본 개발에 대한 투자가 필요하기 때문이다. 장기적으로 이러한 투자는 예측하기 힘든 4차 산업혁명에 대비할 수 있는 잠재력을 확충한다는 점에서도 의미가 있다. 하지만 현재의 고등교육과 직업훈련제도는 급변하는 노동수요에 부응하지 못하는 측면이 있다. 그리고 평생교육의 관점에서 직업이동의 증가에 대처할 수 있는 시스템 구축 또한 필요한 과제이다. 국가 차원의 직업능력개발정책이 변화하는 노동수요에 대한 정보제공의 의미를 갖는다는 점을 감안하면, 고등교육제도와 직업훈련시스템은 그에 상응하는 개혁이 시급하다.

하지만 앞서 언급한 바와 같이 노동시장에서 발생하는 고용단절과 소득감소 문제를 해결하고, 청년들의 도전을 촉진하기 위해서는 〈강력하고 효율적인〉 사회보장제도 구축이 필요하다.

첫째, 기존의 사회보험 중심체계에서 사회보장세에 기초한 보편적 사회보장체계로의 점진적 이행을 준비해야 한다. 앞서 언급한 바와 같이, 고용불안이 심화되고 새로운 고용형태가 증가하는 상황에서 사회보험 가입과 보험료 납부를 전제로 하는 사회보장제도는 보편적 제도로 발전하는 데 제약이 크다. 점점 많은 취약계층을 배제하는 방향으로 발전하고, 노동시장의 이중구조를 보완하기보다 공고하게 만들 위험성이 있기 때문이다. 여기서 말하는 취약계층은 장기실업자 외에도 부분실업자나 자영업자, 그리고 청년실업자 등이 해당된다. 그렇다고 단기간에 사회보험 중심체계에서 벗어나기는 용이하지 않다. 특히 국민연금을 비롯한 공적연금제도를 개편하려면 많은 시간이 필요하다. 이 점에서 사회보험 중심체계의 사각지대를 해소하는 범위에서 작은 규모의 사회보장세를 도입하고, 복지수요 증가에 따라 단계적으로 세율을 조정할 필요가 있다. 이는 노동시장에서 발생하는 다양한 형태의 불평등과 배제를 해소하는 데 실질적인 기여를 할 수 있을 것이다. 앞서 언급한 자영업자나 청년실업자 등에 대한 보호를 강화할 수 있는 것이다.

둘째, 단기적으로는 가난한 청년취업자와 청년실업자를 위한 별도의 소득보장제도를 도입하는 방안을 생각해 볼 수 있다. 먼저 취업빈곤층에 대해서는 현재의 근로장려세제를 확대하는 방안을 생각해 볼 수 있다. 적용범위를 조정한다면 청년층 부분실업자의 상당수를 보호할 수 있을 것으로 판단된다. 다만, 이 경우에도 실질적인 소득보장이 가능하도록 급여수준을 상향조정할 필요가 있다. 이어 실직빈곤층에 대해서는 취업지원 프로그램 참여를 조건으로 하는 실업부조제도를 도입하는 방안이다. 물론 이는 현재의 기초생활보장제도를 개편하는 방식으로도 대응할 수 있다. 그 핵심은 선정기준을 상향조정하여 청년들이 극빈층으로 떨어지기 전에 보호하는 역할을 하는데 있다. 이 문제와 관련해서는 프랑스의 청년빈곤층 대상 생계급여제도라 할 수 있는 청년보장(Garantie Jeune) 프로그램과 수공업 등의 분야에서 기술전승을 목적으로 하는 〈세대 간 기술전수계약〉(Contrat de Generations) 프로그램에 주목할 필요가 있다.

그 밖에도 청년실업자를 위한 주거복지를 강화할 필요가 있다. 이 주제와 관련해서는 이미 이태진 외(2016)의 연구에서 상세히 소개된 바 있다. 여기서는 청년층을 위한 주거지원대책이 갖는 강점에 대해 간단하게 설명하고자 한다. 먼저 그것은 기존 현금급여에 비해 용처를 둘러싼 논란의 소지를 최소화할 수 있다는 강점을 갖는다. 그것은 현금급여지만 그 용처가 특정되어 있다는 점에서 그러하다. 이어 주거지원은 청년층의 삶을 안정화하는 데 가장 큰 기여를 할 수 있다는 점에서 강점을 갖는다. 청년층 대다수가 소득의 대부분을 주거비로 지출하고 있는 상황을 감안하면 주거지원이 청년층에게 주는 생활안정화 효과는 매우 크다고 말할 수 있기 때문이다. 끝으로 현재 실시되고 있는 주거급여의 특례집단 형태로 저소득층 청년구직자를 보호하기 용이하기 때문이다. 그것은 부모로부터 경제적으로 독립한 실질적인 저소득층 청년에게 지원을 한정하는 방식을 지칭한다. 그리고 이러한 지원은 영속적인 성격을 갖기보다 한시적 성격을 갖는 것이 바람직할 것으로 판단된다. 물론 지자체 차원에서 사회적 경제조직들을 활용하여 다양한 형태의 대안적 주거실험을 하는 것도 바람직한 일이다.

V. 맺으며

지금 우리사회는 청년실업 문제에 대한 대처방향과 관련해서 보다 종합적인 계획수립이 필요한 시점이다. 최저임금을 인상하여 취약계층의 가처분소득을 높이자는 주장, 공공부문에서 청년실업자를 위한 일자리를 늘리자는 주장, 기업의 경쟁력을 높여 경제성장률을 높여야 한다는 주장, 이 모든 주장은 나름의 의미가 있다. 하지만 그것은 기본적으로 공정하고 사회가 합의한 원칙에 따라야 한다. 그것은 대기업과 중소기업 간의 불공정한 거래를 줄이고, 정규직과 비정규직 노동자 간의 임금격차를 해소하는 다양한 대책이 필요하다는 것을 의미한다.

하지만 청년들에게 취업을 조건으로 하는 소득보장을 이야기하기에 앞서, 우리사회가 지향해야 할 사회권 보장의 원칙에 충실할 필요가 있다. 그것은 모두가 중요하다고 말하지만 실제로는 지켜지지 않는 약속을 이행하는 것에서 출발해야 한다. 모든 국민이 소득보장을 비롯한 필요한 사회보장혜택을 받고, 그로부터 소외되는 집단이 없게 만드는 일이다. 구체적인 형식에서는 사회보험 방식만을 고집할 필요는 없다. 일정 기간 사회보험의 사각지대를 해소하는 수준에서 사회보장세에 기초한 복지제도를 도입하는 단계적 접근방식도 가능할 것이다. 급하다는 이유로 서로 상충되는 작은 소득보장제도나 복지제도를 남발하지 않는 것도 중요한 일이다. 청년실업 문제와 관련해서는 사회보험과 사회수당 그리고 사회부조라는 큰 틀의 제도를 정비하고, 이것을 포괄되지 않는 경우 특례제도 형태로 청년층을 지원하는 제도를 실험하는 방식이 현실적일 것이다.

사회보장제도는 사람들이 적정수준의 인간다운 삶을 할 수 있게 하는 역할을 하며, 취약계층에게는 최소한의 인간다운 삶을 보장하는 역할을 담당하고 있다. 시장경제에 근간을 둔 우리사회에서 경쟁은 매우 중요한 요소 중 하나이다. 그것은 각 개인과 집단의 능력을 잘 끌어내는 역할을 하기 때문이다. 하지만 그것은 무조건적 경쟁을 통해 이루어지지 않는다. 아무런

보호 장치 없는 경쟁이 초래한 결과는 분명하다. 지난 이십 년간 우리사회는 갈등과 불안이 심화된 사회로 치달았다. 그리고 자살률은 급격하게 증가하였다. 그리고 사회갈등이 심화되면서 사회혁신과 관련된 많은 정책이 합리적으로 논의되기도 전에 정쟁의 대상으로 전락하였다.

청년실업과 관련한 사회권적 관점이란 청년들이 미래를 위해 도약하고 도전할 수 있는 최소한의 안전판을 만들어주는 것이다. 그것은 보편적 사회보장제도라는 패러다임 변화를 필요로 하기도 하고, 청년수당이나 청년을 위한 주거지원과 같은 정책수단이 될 수도 있다. 구체적인 정책방안에 대한 논의는 열려 있지만, 그것이 지향하는 방향은 분명해 보인다.

참·고·문·헌

강성호·김태완. 2013. "청년실업 경험과 연금수급권." 『대한경영학회지』.

김위정·김왕배. 2007. "세대 간 빈곤이행과 영향요인에 관한 연구." 『한국사회학』.

김유선. 2010. "비정규직과 청년실업." 『한국인적자원개발학회 학술연구발표회 발표 논문집』.

김태완 외. 2012. "청년 근로빈곤 실태 및 지원방안 연구." 『한국보건사회연구원』.

오민애. 2016. "프랑스의 청년 실업과 청년 고용정책." 『국제노동브리프』.

윤진호. 2012. "신자유주의 시대의 고용불안과 청년실업." 『황해문화』.

이성균. 2009. "한국사회 청년층의 사회적 배제." 『한국사회학회 사회학대회 논문집』.

이태진 외. 2016. "청년 빈곤 해소를 위한 맞춤형 주거지원 정책방안." 『한국보건사회연구원』.

최용환. 2015. "청년 실업률의 영향요인과 정책방향 탐색: 다국가 패널분석(2000년~2013년)을 통한 증거." 『한국청소년연구』.

한귀영. 2015. "청년의 시선으로 본 한국 사회의 현재와 미래." 『한겨레경제사회연구원 개원심포지엄 자료집: 이 땅에서 청년으로 산다는 것』.

Guidi, Riccardo. 2014. "Touth Policies in Europe: big changes after the big crisis?: An exporative analysis." *SOCIETAMUTAMENTOPOLITICA* 5(10): 241-264.

Manlio Cinall, Marco Giugni. 2013. "New challenges for the welfare state: The emergence of youth unemployment regimes in Europe?" *International Journal of Social Welfare* 22(3): 290-299.

O'Reilly, Jacqueline et al. 2015. "Five Characteristics of Youth Unemployment in Europe: Flexibility, Education, Migration, Family Legacies, and EU Policy." *Sage Open*: 1-19.

Schmid, Günther. 2013. *Youth Unemployment in Korea: From a German and Transitional Labour Market Point of View* (No.63). IZA Policy Paper.

Tito Boeri. 2011. "청년실업과 이중구조 완화를 위한 제언." 『국제노동브리프』.

Vis, B. 2009. "Governments and Unpopular Social Policy Reform: Biting the Bullet or Steering Clear?" *European Journal of Political Research*, 48(1): 3157. Direct link: http://onlinelibrary.wiley.com/doi/10.1111/j.14756765.2008.00783.x/abstract.

제2부

청년실업의 국가별 사례: 도전과 대응

제5장 영국의 청년실업: 도전과 정부 정책들 강욱모

제6장 독일의 청년실업과 고용 대책: 직업교육훈련 '이원체제(dual system)'를 중심으로 이호근

제7장 프랑스의 청년실업, 노동시장 그리고 국가 심창학

제8장 일본의 청년고용정책에 대한 고찰: 좋은 일자리 창출을 위한 다차원적 접근에 근거하여 임정미

제9장 한국의 청년실업 정재명

영국의 청년실업: 도전과 정부 정책들

강욱모 • 경상대학교 사회복지학과

Ⅰ. 머리말

실업자는 세상을 살아감에 있어 여러 가지 '낙인효과(scarring effects)'를 경험하게 되는데, 특히 연령이 낮은 사람일수록 그리고 실직 상태가 오랫동안 지속되면 될수록 낙인효과는 보다 크게 나타나는 것으로 알려져 있다(Bell & Blanchflower, 2010). 개인적 차원에서, 노동시장에 처음 진입하는 청년기에 취업의 기회를 갖지 못함으로써 겪어야 할 고통들은 평생을 두고 지속될 수 있다. 평상시에 비해 취업이 어려운 시기에는 인재에 대한 옥석이 더욱 분명하게 가려질 수 있다는 점을 감안할 때 청년기에 일자리를 갖지 못한 구직자들은 무능력자로 낙인찍히기 쉬울 것이다. 또한 매년 비슷한 수의 청년구직자들이 노동시장에 진입하기 때문에 구직기회가 늘어나기보다는 오히려 줄어들 가능성이 클 것이다. 사회·경제적 차원에서, 청년층은 현재적 존재임과 동시에 국가·사회를 책임질 미래적 존재로서 이들이 노동시장에 진입하지 못하게 되면 세대 간 노동력 대체에 커다란 공백이 생길 것이고, 이는 곧 국가 경쟁력의 저하로 이어지게 될 것이다. 또한, 현장경험을 통해서 선배 근로자로부터 전수받을 수 있는 암묵적 지식과 노하우가 원활하게 전수될 수 없기 때문에 기술의 진보, 양질의 경험·지식·노하우의 축적이 어려워질 것이다. 나아가 경제가 활성화된 이후 노동력 부족사태 및 인력 채용에 따른 비용지불로 인해 기업의 경쟁력을 약화시킬 것이다. 뿐만 아니라, 청년실업이 결과하는 개인적 불안감의 고조는 범죄율을 증가시키고 사회복지 급여에의 의존 등으로 추가적인 비용을 유발시킬 것이다. 이처럼 청년기의 실업경험은 전 생애에 걸쳐 심각한 상처(scar)로 작용할 수 있기 때문에 성년 노동자를 대상으로 한 고용정책과는 가치측면에서 차별화되어야 할 것이다.

이러한 청년실업의 폐해로 인해, 유럽연합(EU) 차원에서도 청년실업 문제를 주요 정책의제로 다루게 되었지만, 그 해결방안의 모색에 있어서는 개별 국가의 제도적·문화적·가치적 특성을 반영하여 개별국가 차원에서 다루어지고 있다(임운택, 2011: 64). 청년실업률과 관련하여 유럽 국가들 사이에는 큰 차이가 있는데, 그리스와 스페인에서 특히 높고, 노르웨이, 독일, 네덜란드, 오스트리아에서는 상대적으로 낮은 수준이다. 영국의 경우, 청년실업 수준은 유럽 국가들 가운데 중간 지점에 속해 있다.

대부분의 유럽 국가들과 마찬가지로 영국 또한 청년실업 문제를 주요 정책의제로 채택하여 다양한 노동시장정책 및 고용정책적 조치들을 실시하고 있는데, 특히 1997년에 집권한 노동당 정부가 복지개혁의 핵심으로 '근로연계복지(welfare-to-work)'를 제시함에 따라 청년실업 문제는 주요 정책의제로 등장하게 되었다. 사실, 영국에서 청년실업은 1970년대까지는 사회문제로 등장하지 않았으나, 1980년대 후반 및 1990년대 초반에 경기침체를 경험하면서 청년실업률이 급격히 상승함으로써 정책적 논점으로 부각되었다. 또한, 2008년의 경제위기를 통해 드러난 새로운 사실은 청년실업 문제가 단지 낮은 수준의 학력과 자격을 가진 청년들에 한정된 문제가 아니라는 점이었다. 대졸 실업도 점차 늘어나, 고등교육 비용을 마련하기 위해 상당한 부채를 안고 있는 상황에서 특히 문제시되었다. 물론 경제상황이 호전됨에 따라 청년실업 문제는 호전되는 양상을 보이고는 있지만, 청년실업률은 여전히 전체 실업률에 비해 높은 수준을 유지하고 있는 실정이다.

본 장에서는 1997년 노동당 정부 집권 이후 청년실업 현황과 청년실업정책들을 살펴보고자 한다. 영국의 청년실업정책은 우리나라에서도 자주 벤치마킹의 대상이 되었기 때문에 국내에서도 이미 잘 알려져 있다. 특히, 노동당 정부가 1998년 4월부터 전국적으로 실시한 '청년뉴딜(New Deal for the Young People)' 프로그램은 국내에도 널리 알려져 있다. 하지만 청년실업과 관련한 대부분의 국내연구들이 노동당 정부가 추진한 청년뉴딜 프로그램에 집중됨으로써 노동당 정부 이후의 연립 정부와 보수당 정부에 의해 실시된 정책들에 대해서는 체계적인 후속연구가 아직까지 부족한 실정이다.

또한, 영국 정부가 취한 복지 및 고용정책 개혁 전반에 대한 분석하에서 청년실업정책을 파악하기보다는 청년실업정책 자체에 한정됨으로써 전체적인 정책흐름을 파악하기에 한계가 있었다. 따라서 본 장에서는 복지 및 고용정책 전반의 변화과정 속에서 청년실업정책을 살펴보고자 한다. 본 장의 구성은 다음과 같다. 먼저, II절에서는 청년실업의 원인과 청년실업이 결과하는 낙인효과를 분석한 선행연구들을 검토함으로써 이론적 배경으로 삼고자 한다. III절에서는 영국에서의 청년실업 현황과 특성을 살펴보고, IV절에서는 영국 정부가 추진한 청년실업 대책을 거시적 측면에서의 복지 및 고용정책의 개혁 내용과 결부시켜 분석하고자 한다. 마지막 V절에서는 결론으로 영국의 청년실업정책의 특성을 도출하고 한국에서의 시사점을 제시하고자 한다.

II. 청년실업과 관련한 이론적 논의

1. 청년실업의 원인

대부분의 유럽국가에서 전체 근로계층과 비교할 때 15~24세 청년층의 고용률은 상대적으로 낮은 반면 실업률은 높은 실정이다. 또한 청년들의 최초 고용진입이 다른 연령집단에 비해 인턴, 임시직, 한시적 고용 등으로 이루어져 있다는 특징도 있다. 이러한 특징을 고려할 때, 노동시장 전반을 설명하는 이론체계 내에서 청년실업 문제를 바라볼 것이 아니라 따로 분리하여 살펴볼 필요가 있을 것이다. 기존의 실업 관련 이론 및 경험적 사례연구들은 다른 연령집단에 비해 청년층의 실업률이 높은 이유를 다음과 같이 분석하고 있다.

첫째, 무엇보다도 경기침체와 국제경쟁력 훼손으로 인하여 일자리가 부족해졌기 때문이라는 점이다. 유럽에서 청년실업은 1980년대와 1990년대 초반에 경기침체기를 경험하면서 급격히 증가하게 되었는데, 그 원인은 청년층이 가장 먼저 해고되었을 뿐만 아니라 근로경험이 없는 청년들에 대하여 우선적으로 신규채용의 문을 닫아버렸기 때문이라는 주장이다(Kawaguchi and Murao, 2012; Schmid, 2013: 129에서 재인용).

둘째, 경기침체의 여파로 학교 졸업 후 고용으로의 이행기간이 늘어났는데, 학교 졸업 후 일자리로의 이행이 늦어지면 질수록 취업할 기회가 급격히 줄어들 뿐 아니라(OECD, 1998), 장기실업과 비경제활동 사이를 오가는 비정착 형태로 이어질 위험 또한 더 높아진다는 것이다(임유진·정영순, 2015: 404).

셋째, 교육수준에 따른 노동시장 성과의 차이에 기인한다는 주장인데, 인적자본론은 청년층의 성공적인 노동시장 이행이 개인이 소유한 인적자본에 의해 좌우된다고 주장하고 있으며, 신호이론은 시장에서는 개인의 생산성에 대한 정보가 부족하기 때문에 기본적으로 교육의 질이 높은 사람들이 더 생산적일 수 있다는 전제에서 이들을 선호한다는 것이다(Frazis, 2002).

넷째, 기존 일자리가 요구하는 숙련과 교육제도가 제공하는 숙련 간의 불일치를 들 수 있는데, 매칭이론에 따르면 노동시장 참가자들 사이에 수요와 공급의 마찰 내지 미스매치로 인해 노동시장에서 구직과 구인 활동이 끊임없이 일어남에도 불구하고 구직자와 '빈 일자리(vacant jobs)'는 지속적으로 존재한다는 것이다(문외솔, 2010: 2). 이러한 미스매치의 원인으로 정연근 등(2011)은 구직자의 전공이 업무와 맞아떨어지지 않는 전공 미스매치를, 그리고 최창곤(2013)은 노동시장 불안정으로 인한 기술, 임금, 지역의 미스매치 등을 제시하고 있다.

다섯째, 학교에서 노동시장으로 진입하는 과정에서 성별, 학력, 나이, 사회계급, 출신지역 등과 같은 개인의 특성에 따라 성공을 위한 기회구조 자체가 다르게 분배되어 있다는 점이다. 이중노동시장이론에 따르면, 노동시장은 직무와 고용의 상대적 안정성을 중심으로 '1차 노동시장(primary labour market)'과 '2차 노동시장(secondary labour market)'으로 구분되는데, 1차 노동시장은 고용안정성이 보장되며 임금수준도 높고 작업환경이 좋은 반면, 2차 노동시장은 불안정한 고용조건과 저임금, 열악한 작업환경 등의 특징을 지닌다는 것이다. 이러한 내부노동시장의 형성은 주로 사용자가 고용안정을 확보하여 생산비용을 감소시키려는 의도에서 나타나기 때문에 1차 노동시장에 진입하기가 어려운 청년들은 좋은 일자리에 취업하는 것이 어렵게 된다는 것이다.

끝으로, 지위획득이론에 따르면, 부모의 사회경제적 지위가 자녀의 노동시장 성과에 영향을 미친다는 것인데, 부친의 직업지위가 자녀의 학력에 영향을 미쳐 이후 자녀에게 부친의 직업지위가 세습된다고 주장하고 있다(박미희·홍백의, 2014: 24).

이처럼 청년실업의 원인은 경제침체에 따른 일자리 부족, 학교졸업 후 노동시장으로의 이행기간의 연장, 교육수준에 따른 성과의 차이, 기존 일자리가 요구하는 숙련과 교육제도가 제공하는 숙련 간의 불일치, 이중노동시장의 고착화, 부모의 지위에 따른 차이 등 매우 다양하게 나타나고 있는데, 대체적으로 구직자 측면에 초점을 둔 요인과 구조적 제한요인으로 구분된다.

2. 청년실업과 사회·경제적 '낙인효과(Scarring Effects)'

청년실업 문제를 주요 정책의제로 다루어야 할 본질적인 이유는 무엇보다도 실업을 경험한 청년들이 당면하게 되는 가혹한 부정적 영향들을 들 수 있다. 밸과 블랜치플라워(Bell & Blanchflower, 2010)는 청년실업이 그들의 성년생활에 미치는 영향을 분석했는데, 청년기의 실업경험은 이후 35년이 지난 후에도 임금과 행복감을 낮추었으며, 실직기간이 오래 지속되면 될수록 상처는 더욱 악화된다고 주장하고 있다. 하지만 성년기의 실업은 어떠한 동일한 영향을 초래하지 않았다는 것이다. 청년실업이 결과한 낙인효과를 보다 구체적으로 살펴보면 다음과 같다.

첫째, 일자리를 구한 이후에도 실업자가 될 가능성이 높다는 점인데, 청년기에 실업을 경험하면 그렇지 않았던 청년들에 비해 26세에서 29세 사이 매년 추가적으로 평균 2개월(남성은 8.41주, 여성은 10.7주)을 실업상태로 보내게 된다는 것이다(ACEVO, 2012: 13).

둘째, 청년기에 실업을 경험한 사람은 고용된 이후에도 '임금 불이익(wage penalty)'을 겪게 된다는 점이다. 청년기에 1년간 실직한 남성은 실직하지 않았을 때 획득할 수 있었던 소득에 비해 30~34세까지 8%(여성의 경우 6%)나 적게 소득을 획득할 것으로 예상된다는 것이다(Arumlampalam, 2001). 남성과 여성의 상이한 평균소득과 근로기간을 고려했을 때, 이러한 임금 불이익은 남성의 경우 그들이 30대 초반이 될 때가지 연간 3,300파운드를 약간 상회하고, 여성의 경우 1,800파운드에 약간 미치지 못하는 수준이다. 영국에서 대학학위 소득 프리미엄이 약 20~25%임을 감안할 때(ACEVO, 2012), 임금 불이익이 매우 심각함을 알 수 있다.

셋째, 실업의 경험에 따른 심리적 낙인으로 정신적 및 육체적 건강에 부정적인 영향을 미친다는 점이다. 일련의 연구들은 실업이 질병, 정신적 스트레스, 무력감, 그리고 우울증의 원인이 되는 자존감 상실에 대한 민감성을 증가시킨다고 주장하고 있다(The Prince's Trust, 2010a). 나아가 이러한 심리학적 낙인은 이후 생애에도 지속되고, 그 결과 후기 생애에서 심장병과 같은 취약한 신체적 건강을 결과하게 된다는 것이다(Bell & Blanchflower, 2010).

넷째, 노동시장에 진입하기까지 직면하게 되는 일련의 불평등들이 상호 연결되어 청년들의 '사회적 이동성(social mobility)'에 대한 기대를 좌절시킨다는 점이다.

끝으로, 청년실업은 현재 및 장래에 실업자를 지원하기 위한 복지프로그램에서의 지출, 상실된 조세 징수액 등으로 국가재정에 큰 부담을 전가하게 된다는 점이다. 먼저, 아케보(ACEVO)의 연구결과에 따르면, 2012년 현재 교육 혹은 근로를 하지 않는 16세에서 17세의 81%, 18세에서 24세 연령의 35%가 어떠한 형태의 실업과 관련한 급여를 신청하지 않고 있음에도 불구하고, 연간 약 42억 파운드에 달하는 사회복지 급여를 지불하고 있다는 것이다. 이러한 지불액은 급여를 신청하고 있는 16세 연령 1인당 연평균 3,559 파운드, 그리고 18세에서 24세 연령 1인당 5,662파운드로 환산된다(ACEVO, 2012). 둘째, 2012년 현재 실직으로 인해 징수할 수 없게 된 세금 손실이 약 5억 파운드를 약간 상회한다는 것이다. 현재 실업상태인 16~17세 연령의 청년의 경우, 만약 일을 하게 되더라도 그들의 소득은 과세분기점 이하일 것이기 때문에 '근로장려세(Working Tax Credits)'를 신청하는 것이 가능해지고, 그 결과 연간 143파운드의 국고지출을 유발하게 된다. 반면, 18~24세 연령층의 경우 소득에 따른 조세납부를 통하여 개인 당 연간 추가로 820파운드를 국고에 기여하게 된다는 것이다. 셋째, 상실된 산출물로 인해 경제 전반에 초래한 비용이 2012년의 경우 약 107억 파운드에 달한다는 것이다. 더욱이 청년실업으로 인한 국가재정에 대한 비용은 단지 현재가 아니라 장래에 경제가 회복된 이후에도 오랜 기간 동안 수십억 파운드의 비용을 유발할 것이라는 점이다.

이처럼 청년실업은 오랜 기간 동안 실업자 개인뿐만 아니라 가족 및 국가에 부정적 영향을 미치기 때문에 청년실업을 줄이고, 그 부정적 영향을 최소화시키는 데 국가정책의 우선순위가 주어져야 할 필요성이 있는 것이다.

3. 청년실업 해소를 위한 정책적 접근

청년실업 문제의 원인이 어디에 있든지 간에 대부분의 국가에서 채택하고 있는 청년실업정책은 교육·훈련을 통한 고용으로의 이행에 집중하고 있는 것으로 보인다. 준비 없이 노동시장에 편입되는 청년노동자들을 위해 학교와 노동당국, 기업 등이 연계하여 우선적으로 직업교육을 받을 수 있는 '제2의 기회'를 마련할 필요에서이다. 일반적으로 교육·훈련과 고용 간의 이행 문제는 크게 두 가지로 구분하여 생각해 볼 수 있다.

첫째는 정규학교 재학 중 및 졸업 후 고용으로의 이행을 들 수 있는데, 청년실업자 중 대다수가 고졸 이하의 학력자일 뿐만 아니라 이들은 직업훈련을 받아보지 못한 채 열악한 일자리에 취업하고 있다는 점을 반영하고 있다. 정규교육에서 고용으로의 이행 시의 위험을 관리하는 조치로써 특히 일자리 기반 학습 강화를 통한 교육·훈련과 고용 간의 연계구축이 강조되는데, 교육과 일을 병행하는 경험은 학생들을 고용주에게 연결시켜줌으로써 학교에서 배운 지식을 기업현장에서 응용할 수 있는 기회와 함께 배움의 질을 향상시킬 수 있다는 점에서 그리고 직무와 관련된 지식과 기술을 개발시킴으로써 학교에서와 마찬가지로 기업에 긍정적인 영향을 미칠 수 있다는 점에서 매우 중요하다. 그럼에도 불구하고 교육·훈련에서 직업세계로의 이행정책이나 제도는 각국마다 상이하고 매우 복잡할 뿐만 아니라 학자들 간에 합의 또한 이루어지지 못하고 있는 실정이다(이정표, 2004: 118). 가장 크게는 학교에서 노동시장으로의 이행경로가 매우 다양하기 때문인데, 학교를 졸업하고 직접 취업하는 경로, 학교 급 간의 연계교육 후 취업하는 경로, 졸업 후 진학하여 교육을 더 받은 후 취업하는 경로 등 다양하기 때문이다(Salas-Velasco, 2007).

둘째는 성인들을 대상으로 한 재교육, 직업훈련 등을 들 수 있는데, 고학력층·고숙련층 역시 실업과 소득의 변동으로부터 완전히 자유롭지 못하기 때문이다. 여전히 고학력·고숙련 근로자는 상대적으로 높은 고용률과 낮은 실업률을 나타내고 있으나, 이들 역시 실업과 빈곤의 위험에 노출되어 있을 뿐 아니라 단지 고학력·고숙련 근로자들이 저학력·저숙련자들을 대체함으로써 이를 피하고 있다는 점이다.

이와 같이 청년실업 문제에 직면하여 유럽연합집행위원회(European Commission)는 다양한 이행과정에 놓여 있는 청년들에 대한 직업훈련과 노동에 대한 동기부여에 주력할 것을 고용정책의 본질적인 목표로 설정했으며, 특히 2013년에는 실직하거나 교육을 마친 청년들에게 그 시점으로부터 4개월 내에 양질의 일자리, 지속적 교육, 견습 또는 훈련 과정을 제공하려는 목적으로 '청년보장(Youth Guarantee)' 프로그램을 각국에서 실행하도록 결정하기도 했다. 하지만 이 프로그램 또한 각 회원국 간에 서로 다른 제도적 배경, 노동시장 및 구조적 조건들이 다르다는 점을 감안하여 자국 고유의 전략을 채택할 수 있도록 하였다.

III. 영국의 청년실업 현황과 특성

1. 현황

1) 청년실업

영국에서 청년실업자는 "16세에서 24세 연령층에서 취업의사와 능력이 있지만 직업을 갖지 못한 사람"으로 통상적으로 정의된다. 사실 영국에서 청년실업은 1970년대 초반까지 문제시되지 않았다. 1970년까지 18세 이하 연령층에서의 실업률이 성년 실업률에 비해 약간 높았지만, 청년실업은 단지 쇠퇴지역, 상습적인 무단결석자, 비행청소년 등과 같은 특정 문제 집단이나 정주하여 어떠한 일자리도 가지는 것이 불가능하다고 여겨지는 청년들의 문제로만 여겨졌다(Baxter, 1975). 그 결과 1976년까지 노동력 수요에서 충분한 여력을 가지고 있으면서 직장에의 진입이 불충분한 청년들을 위해

1972년 도입된 '지역공동체 산업(Community Industry)'을 제외하고는 변변한 직업훈련제도도 갖추지 않았었다(Shanks, 1982).

하지만 1980년대 후반 및 1990년대 초반, 그리고 2008년의 경제위기를 경험한 이후 청년실업률은 급격히 증가하게 되었다. 〈표 1〉에서 보는 바와 같이, 16~17세 연령의 경우 2013년 34.5%의 최고조에 달했다가 2015년 현재 25.4%로 낮아졌으며, 18~24세 연령의 경우 2012년 19.4%의 최고조에 달했다가 2015년 현재 13.2% 수준을 유지하고 있다.

〈표 1〉에서 파악할 수 있는 청년실업의 특이점은 다음과 같다. 먼저, 2015년 현재 영국의 전체 실업률은 5.6%로 완전고용에 접근하고 있지만,[1) 16~17세 연령층에서의 실업률이 25.2% 그리고 18~24세 연령층에서 13.2%로 청년층의 실업률이 전체 실업률에 비해 매우 높다는 점이다. 둘째, 2008년 경제위기 이후 제대로 된 일자리를 찾는 어려움이 상대적으로 낮은 수준의 학력과 자격을 지닌 청년들에게 한정되지 않고, 대학 졸업자가 다수를 구성하는 18~24세 연령층에서도 점차 늘어나는 추세라는 점이다. 끝으로, 청년실업률의 하락에도 불구하고 12개월 혹은 그 이상 동안 실업상태로 지내는 장기 청년실업률은 이에 상응하게 하락하지 않고 있다는 점이다. 16세~17세 연령에서의 전체 실업자 117,000명 중 12.4%가 장기실업자이며, 18~24세 연령에서는 527,000명 중 26.0%가 장기실업자이다. 경기후퇴가 시작되기 이전인 2005년에서 2007년 사이 장기 청년실업자는 74,000명에서 약 102,000명으로 증가했으며, 2008년의 경기후퇴는 장기실업 문제를 더욱 악화시켰다는 점을 알 수 있다. 나아가 장기 청년실업자의 비율은 경기후퇴기에 전반적인 청년실업에 비해 보다 빠르게 증가한 것을 알 수 있는데, 영국에서 청년 장기실업의 문제는 구조적인 문제임을 알 수 있다. 장기실업을 경험한 청년들은 임금, 고용, 건강 등에서 낙인효과(scarring effects)를 가질 수 있고, 실업기간이 길면 길수록 보다 더한 낙인효과를 경험하기 때문에

1) The Bank of England와 Office for Budget Responsibility는 약 5%의 실업률을 '완전고용'으로 간주하고 있다.

영국의 연령 및 실업기간에 따른 실업률

(단위: 천 명, %)

연도	16~64세 연령 집단					16~17세 연령집단					18~24세 연령집단				
	전체	비율 (%)	12개월까지	12개월이상	12개월이상비율	전체	비율 (%)	12개월까지	12개월이상	12개월이상비율	전체	비율 (%)	12개월까지	12개월이상	12개월이상비율
'92	2,708	9.7	592	967	35.7	122	15.9	26	9	7.8	679	15.3	168	198	29.2
'93	2,870	10.4	586	1,232	42.9	111	16.8	31	19	16.7	738	17.3	168	260	35.2
'94	2,674	9.7	478	1,214	45.4	121	17.9	24	17	13.7	635	15.9	143	231	36.4
'95	2,403	8.7	412	1,048	43.6	122	17.4	28	12	10.1	572	14.9	125	177	30.9
'96	2,279	8.2	409	905	39.7	143	18.4	32	13	8.9	522	14.0	104	156	30.0
'97	1,982	7.1	317	762	38.5	144	17.7	29	17	11.8	452	12.5	79	122	26.9
'98	1,725	6.2	258	567	32.8	133	16.7	24	10	7.4	401	11.3	68	82	20.6
'99	1,701	6.0	268	505	29.7	140	17.8	27	10	7.1	388	11.0	70	63	16.3
'00	1,581	5.6	243	443	28.0	146	18.5	28	9	6.4	366	10.2	53	65	17.7
'01	1,370	4.8	217	375	27.3	116	15.2	19	10	8.5	337	9.4	51	55	16.2
'02	1,476	5.1	234	335	22.7	131	17.4	26	10	7.6	359	9.7	71	44	12.3
'03	1,422	4.9	207	321	22.6	144	18.8	28	15	10.2	371	10.0	50	49	13.3
'04	1,371	4.7	236	289	21.1	139	18.8	35	10	7.0	358	9.3	64	50	13.9
'05	1,375	4.7	219	300	21.8	139	19.1	31	11	7.8	397	10.4	61	60	15.2
'06	1,601	5.3	298	351	21.9	144	21.6	44	11	7.5	470	11.9	83	78	16.7
'07	1,605	5.3	275	394	24.6	152	23.5	32	14	9.3	494	12.3	91	88	17.8
'08	1,557	5.1	266	404	25.9	147	22.2	41	12	7.9	465	11.5	71	104	22.5
'09	2,319	7.6	442	533	23.0	165	28.0	41	19	11.7	685	17.1	141	133	19.4
'10	2,422	7.9	520	792	32.7	185	33.3	59	21	11.6	677	17.1	155	191	28.3
'11	2,441	7.8	449	807	33.5	172	33.4	49	24	13.7	682	17.1	139	180	26.5
'12	2,504	8.1	509	881	35.2	169	33.1	45	28	16.3	779	19.4	188	238	30.6
'13	2,420	7.8	418	907	37.5	164	34.5	41	28	17.1	725	18.1	125	249	34.4
'14	2,011	6.4	346	738	36.7	139	31.0	30	24	16.9	599	14.9	110	190	31.6
'15	1,757	5.6	301	556	31.6	117	25.4	23	14	12.4	527	13.2	96	137	26.0

참고: Not seasonally adjusted; 발간은 2016년 5월 18일, labour.market@ons.gsi.gov.uk
매년 3월~5월 기준으로 함

(ACEVO, 2012; Gregg and Tominey, 2005; The Prince's Trust, 2010a), 정부의 청년실업 문제 해결 노력 또한 이들 장기청년실업자에게 집중될 필요가 있다.

2) 니트(NEETs)

앞의 〈표 1〉에서 제시된 실업률은 청년층의 상황을 적절하게 보여주지

표 2 잉글랜드[2] 니트의 수 및 비율

(단위: 천 명, %)

연도	16세	17세	18세	16~18세	16~24세	18~24세
2000년	44(7.5%)	43(7.3%)	63(11.4%)	150(8.7%)	629(12.3%)	542(13.7%)
2001년	46(7.3%)	51(8.5%)	73(12.8%)	171(9.4%)	660(12.5%)	563(13.9%)
2002년	52(8.5%)	56(8.8%)	69(11.6%)	177(9.6%)	661(12.3%)	554(13.3%)
2003년	51(8.2%)	45(7.5%)	76(12.1%)	172(9.3%)	667(12.1%)	571(13.3%)
2004년	58(8.9%)	45(7.2%)	74(11.8%)	177(9.3%)	738(13.1%)	635(14.6%)
2005년	54(8.8%)	60(9.5%)	87(13.5%)	202(10.6%)	824(14.5%)	710(16.0%)
2006년	53(8.1%)	53(8.5%)	88(13.6%)	194(10.1%)	804(13.9%)	698(15.4%)
2007년	42(6.4%)	57(8.8%)	88(13.8%)	186(9.7%)	768(13.0%)	669(14.6%)
2008년	40(6.3%)	55(8.3%)	107(16.0%)	202(10.3%)	845(14.2%)	750(16.1%)
2009년	28(4.5%)	49(7.4%)	98(15.3%)	175(9.1%)	880(14.8%)	803(17.2%)
2010년	28(4.3%)	41(6.6%)	92(13.9%)	161(8.3%)	933(15.6%)	863(18.3%)
2011년	32(5.1%)	52(8.1%)	96(15.9%)	180(9.4%)	967(16.0%)	883(18.5%)
2012년	22(3.6%)	33(5.3%)	97(14.5%)	152(8.0%)	894(14.9%)	839(17.6%)
2013년	21(3.2%)	30(4.9%)	93(14.3%)	144(7.6%)	849(14.1%)	799(16.7%)
2014년	15(2.5%)	34(5.2%)	84(13.0%)	133(7.0%)	787(13.1%)	738(15.5%)
2015년	12(2.0%)	28(4.5%)	81(13.3%)	121(6.6%)	690(11.6%)	650(13.7%)

자료: Labour Force Survey, 매년 10~12월을 기준으로 함

2) 영국 통계청은 실업률에 관해서는 잉글랜드, 웨일즈, 스코틀랜드, 노든 아일랜드를 포함하여 통계를 산출하고 있지만, 니트와 관련해서는 개별적으로 통계를 산출하고 있다.

못한다는 점에서 그 유용성은 제한적이다. 예를 들어, 청년층의 상당수를 차지하는 학생은 노동인구에서 제외되기 때문에, 청년실업률이 제시하는 정보는 청년층의 일부에 대해서만 의미가 있기 때문이다(Mascherini, 2013: 6). 또한, 청년층의 경우 비경제활동과 실업을 명확히 구분하기 어렵다는 한계가 있다. 이에 따라 최근 '니트 비율(NEET rate)'을 중요한 노동시장 지표로 삼고 있다. 니트[3]는 현재 '취업하지 않으며 교육이나 직업훈련을 받고 있지도 않은 자'로 정의되며, 일반적으로 15~24세 연령층에서 취업 또는 학업 중이 아니어서 노동시장과 사회적 배제 차원에서 상대적으로 위험이 큰 경우를 가리킨다(Mascherini, 2013: 6).

〈표 2〉는 잉글랜드의 16~24세 니트의 현황을 나타내고 있는데, 16~18세 연령의 니트 비율은 2015년 현재 6.6%로 2014년에 비해 0.4% 포인트 낮아졌으며, 같은 기간 19~24세 연령의 NEET 비율은 2.1% 포인트 낮아진 13.7%이다. 2015년 현재 16~18세 및 16~24세 연령의 니트 비율은 비교 가능한 자료가 시작된 2000년 이래 가장 낮은 수준이다.

2. 특성

영국의 청년실업 및 니트 수준에서 나타나는 주요 특징을 살펴보면 다음과 같다. 첫째, 무엇보다도 경제위기가 노동시장에 미친 영향이 연령별로 다르게 나타났다는 점이다. 특히 2008년의 금융위기는 노동시장에 참여하는 가장 이른 연령대인 16~17세 및 고졸 또는 대학졸업자인 18~24세 연령층에 가장 피해가 심각했다는 점이다. 둘째, 경제가 성장세를 회복하고 일자리 수요가 늘어났지만, 청년실업률은 전체 실업률에 비해 높게 나타나고

3) NEET라는 용어는 1980년대 후반 영국에서 처음으로 등장했는데, 배경은 영국 복지급여제도가 변경되면서 16~18세의 대부분이 실업급여를 받지 못하게 된 것이 계기가 되었다. 또한, 1999년 영국 정부의 'Bridging the Gap' 보고서가 발간되면서 정치적 차원에서 공식적으로 도입되었다(Social Exclusion Unit, 1999).

있다는 점이다. 셋째, 장기 청년실업 문제는 경제위기 이전부터 증가하기 시작하여 지속적으로 높은 수준을 유지하고 있을 뿐 아니라 장기실업률은 전반적인 청년실업률에 비해 보다 빠르게 증가했다는 점이다. 넷째, 2015년 현재 16~24세 연령의 니트는 690,000명(11.6%)으로 추산되며, 16~18세 연령집단에 비해 18~24세 연령집단의 비율이 높게 나타나고 있다는 점이다. 이는 고등학교까지 의무교육으로 되어 있을 뿐 아니라 16~17세 연령의 전일제 교육 참가율이 계속적으로 증가하고 있다는 상황을 반영하고 있다고 볼 수 있다(Bivand, 2012: 17). 끝으로, 보다 오랜 기간의 구조적 문제로서, 지난 10여 년에 걸쳐 경제가 보다 활력을 되찾았음에도 불구하고 16세에 달하여 7~9%가 장기 니트가 되는 구조적인 문제를 가지고 있으며, 이는 가장 불리한 청년들에게 불균형적으로 영향을 초래한다는 점이다.[4)]

IV. 영국의 청년실업 대책

1. 노동당, 연립 및 보수당 정부의 복지 및 고용정책 개혁 내용

1) 노동당 정부 집권기(1997~2010년)

1997년 총선으로 집권한 블레어의 노동당 정부의 주요 관심 중의 하나는 사회보장 급여가 비효율적이며 낭비적이라는 일반의 인식과 관련되었다. 1988년에 발간된 일련의 문헌을 통해 노동당 정부는 사회보장 및 고용정책에 관한 전반적인 분석 결과를 제시하면서 "사회보장 지출의 증가가 빈곤의 증가를 억제시키지 못했으며 따라서 제도는 비효율적이며 급진적인 개혁이

---

4) 장기 니트들은 덜 부유하고 덜 교육을 받은 가족배경, 높은 실업률을 나타내는 지역, 10대 어머니 혹은 젊은 보호자, 장애 혹은 학습장애, 청년 범죄자일 가능성이 매우 높다는 지적이다(Bivand, 2012: 17-18).

요구된다"는 점과 "현존 제도는 사회보장 급여에 대한 의존을 낳았으며 사람들이 노동시장에 재진입할 동기를 약화시켰다"는 두 가지 논점을 부각시켰다.

1988년에 발간된 녹서에서 사회보장과 고용에 관해 새로운 '취업 우선' 전략을 제시했다(DSS, 1998a). 녹서는 "근로 가능한 사람에게 근로를, 근로할 수 없는 사람에게 복지를" 제시함으로써, 실업급여를 받는 복지 수급자가 수동적으로 복지혜택을 받는 것을 배제시키고 개인이 '능동적'인 구직자의 모습으로 변하게 하여 개인의 실업 문제를 해결할 뿐 아니라 국가적으로도 불필요한 사회복지 지출을 줄이는 것을 핵심으로 하였다. 같은 해에 발간된 또 다른 정부 보고서에서 사회보장과 고용에 관해 새로운 '취업 우선' 전략을 제시하는 한편, '단일 취업중심 게이트웨이(single work-focused gateway)' 서비스(이후 'ONE'로 명명)를 제공하기 위한 시범사업을 제안했다(DSS, 1998b).[5] 또한 1999년에 발간된 빈곤과 사회적 배제에 관한 정부 보고서에서 무직과 관련된 문제들에 대처하기 위해 근로연계복지의 접근법을 제시하면서 정책의 초점을 단순히 실업자에게만 적용시킬 것이 아니라, 예를 들어 실업자의 배우자, 한부모, 양육책임자, 장기질병 또는 장애를 가진 사람들과 같은 기타 비취업 집단으로 확장시키는 것이 정부의 목표임을 밝히고 있다(DSS, 1999). 곧, 근로야말로 빈곤가정이 가난을 탈피할 수 있는 가장 적합하고 지속 가능한 해결책이라는 신념에서 '근로연계복지'를 강조하면서 복지개혁의 틀로 삼았다.

노동당은 집권기 동안 복지 및 고용정책 개혁은 대체적으로 네 가지 차원에서 추진되었다. 먼저, '근로연계복지' 프로그램으로 상이한 집단들(청년실업자, 장기실업자, 50세 이상의 실업자, 한부모, 장애인, 실업자 배우자)을 표적

5) 이 사업은 근로연령대의 급여 청구자들에게 통합적인 급여와 취업서비스를 제공하는 것을 골자로 하고 있었는데, 급여 청구자들이 여러 상이한 정부 기관 각각에 대해 일을 처리해야 하는 것에서 발생하는 혼란을 줄이는 동시에 수급자들이 급여에서 탈피해 취업할 수 있도록 원조하기 위한 목적—즉, '취업 우선' 문화를 확립하기 위한 목적으로 설계되었다.

화한 뉴딜(New Deal) 프로그램들이 도입되었다.

둘째, 조세제도의 개혁을 통해 저소득 근로가족에 대한 혜택을 강화하였다. 이를 위해 '가족공제(Family Credit)'제도를 '근로가족세액공제(Working Family Tax Credit)'로 그리고 기혼 납세자의 세액공제를 '자녀세액공제(Children's Tax Credit)'로 대체했다. 또한, 2001년 4월에는 조세제도와 사회복지제도를 단순화시키면서 가장 도움이 필요한 곳에 집중적인 지원을 하기 위한 방편으로 '세액공제제도(Tax Credit)'를 새로이 도입했다. 나아가 2003년 4월에는 근로가족세액공제, 소득지원/구직자수당, 자녀세액공제 등 기존의 세액공제제도 모두를 '근로세액공제(Working Tax Credit)'로 통합하였다. 이로써 노동당 정부가 모색하던 고용, 조세, 사회보장 영역이 모두 통합되게 되었다.

셋째, 근로를 유인하기 위한 금전적 동기부여도 중요하지만, 이것이 구직, 직업훈련 등에 대한 적극적인 정부지원과 병행될 때 가장 효과가 크다는 인식에서 '확실한 출발(Sure Start)' 프로그램을 도입하였다. 이를 통해 저개발 지역의 가정에 양질의 조기교육, 의료, 보육, 가사지원 등의 통합제공, 보육시설을 통한 육아와 가사지원 결합 등 다양한 방안이 마련되었다.

끝으로, 최저임금제도,[6] 저소득근로자 세율인하를 위한 '10% 근로소득세 초기세율제도(starting rate),' 자산조사 후 이루어지는 세액공제 혜택(means-tested tax credit) 등의 조치들이 도입되었다.

이와 같이 노동당 정부의 사회복지개혁의 핵심을 이루었던 '근로연계복지' 정책은 근로를 제공하는 공간인 '노동시장'과 복지서비스를 제공하는 공간인 '복지부문'을 결합하여 노동력을 재상품화하려는 시도로 볼 수 있다. 또한, 노동당은 이러한 목표를 전통적 의미의 복지국가에서와 같이 조세지출에 의하기보다는 세액공제제도라는 '재정복지(fiscal welfare)'를 통해 달성하고자 했다(강욱모, 2012: 65).

---

6) 1998년의 최저임금법(National Minimum Wage Act)은 22세 이상의 근로자들에 대해 최저 시간당 임금률을 설정했으며 18세에서 21세 사이의 근로자의 경우 그보다 낮은 임금률을 적용했다. 법정 최저임금제도는 노동당 정부의 목적인 '노동의 가치를 높이기(make work pay)'의 한 단면을 보여주는 것이다.

2) 연립(2010~2015년) 및 보수당(2015~현재) 집권기

2010년 총선을 통해 보수당과 자유민주당의 연립 정부가 집권했을 때 영국의 사회정책 환경은 매우 심각하였다. 먼저, 2차 대전 이후 가장 심각한 수준으로 악화된 재정적자로(Treasury, 2010), 긴축재정이 불가피했다. 이에 따라 재무장관은 거의 모든 부처의 지출을 평균 20% 감축하는 등 2014~15년 회계연도까지 830억 파운드의 경비지출을 축소하는 내용의 '긴축재정안(Comprehensive Spending Review)'을 발표했다. 그 결과 공공부문 일자리가 약 50만 개 축소되고 육아수당, 주택수당 등 각종 복지혜택도 줄어들 전망이었다(이정희, 2010b: 60). 둘째, 2010년 5월 '국가현황보고서(State of the Nation Report)'에서 밝힌 바와 같이 노동시장 상황 또한 심각한 수준이었다. 보고서의 진단에 따르면, 8%대의 실업률이 가지는 심각성과 함께 ① 260만 명이 지난 10년 중 최소 5년 이상 실업 관련 복지수당을 수령하고 있으며, ② 16~24세 청년실업자 규모가 94만 명이고, 청년층 중 NEET의 비율이 EU 회원국보다 높은 수준이며, ③ 흑인 가정의 1/3 이상, 장애인의 절반 이상이 일을 하지 않고 있으며, ④ 노동연령 인구의 10%가 아무런 자격증 없다는 것 등을 지적했다. 연립 정부는 이러한 상황을 노동시장정책 및 복지정책 개혁이 필요성의 근거로 제시했다.

이러한 정책환경하에서 캐머론의 연립 정부는 '21세기 복지(21st Century Welfare)'란 백서를 통해 복지개혁의 대강을 발표했다(DWP, 2010). 백서는 지금까지의 사회복지개혁은 복지제도의 전체적인 조망을 통해 제도 전반적인 합리화 작업을 추진하지 못해 "영국의 복지제도가 경제와 사회의 변화 속도를 따라 잡는 데 실패" 하였음을 지적하면서, 복지제도의 핵심 문제로 "급여대상자들에 대한 근로에 대한 재정적 인센티브가 너무 미약하다"는 점과 "너무 많은 종류의 급여와 조세제도가 복잡하게 얽혀 비효율적으로 운영되어 대상자의 근로동기를 저해하고 대상자 선정 오류 및 부정수급 등의 문제를 발생시키고 있다"는 점 등을 지적했다.

먼저, 빈곤집단에 대한 미약한 근로 인센티브와 관련하여, 주당 16시간 미만 근로를 하는 집단의 경우 재정적 인센티브가 다른 집단에 비해 상대적으로 낮다는 것이다. 일주일에 16시간보다 적게 일하는 경우에도 구직자수당을 받을 자격이 있지만, 근로소득공제와 급여가 상충관계에 있어 추가적인 근로를 통한 이득이 매우 미미한 수준이라는 지적이다.

두 번째 문제인 복잡한 제도와 관련하여, 백서는 각종 사회복지 급여와 세액공제들이 너무 복잡할 뿐 아니라 여러 정부부처들이 관여하고 있기 때문에 수혜대상자들의 입장에서 제도가 너무 복잡하다는 것이다. 그 결과 낮은 근로유인과 결합된 높은 복지 의존성과 빈곤계층의 고착화, 부정행위와 행정상의 오류, 그리고 비생산적인 행정 처리로 인한 국가지원 비용이 높아지고 있다는 것이다.[7]

이러한 문제를 해결하기 위해 고용연금부는 복지제도의 개혁 방향으로 다음과 같은 7가지 원칙을 제시했다. 첫째, 사람들로 하여금 일자리를 가지는 것이 그렇지 않은 것보다 더 큰 명백한 보상이 주어짐을 확신시켜야 할 것, 둘째, 저소득 근로에 대한 보상 및 열심히 일할수록 보다 많은 소득을 얻을 수 있도록 인센티브를 개선시킴으로써 가구나 가족의 근로진입 및 노동시간 증가의 장려, 셋째, 서로 다른 급여수령 집단 사이 및 수혜자와 납세자 사이의 공정성 증진, 넷째, 대상자들이 가장 필요로 하는 것들에 대한 지원을 지속하고 빈곤상태의 아동과 무직상태의 가구 수를 축소하고 기초적 욕구에 대한 지원제도 간 상호작용 고려의 강화, 다섯째, 인센티브 개선과 급여 수급조건 강화와 더불어 저축과 가족강화와 같은 긍정적 행위 및 책임성 촉진, 여섯째, 부정행위와 실수 그리고 과다급여의 범위를 줄이기 위해 급여제도의 과정을 자동화시키고, 급여대상자 스스로의 셀프서비스 부문의 적극적 활용, 끝으로, 장단기에 있어 급여와 세액공제제도는 재정적으로 감

7) 행정처리 비용과 관련하여, 근로연금부와 소관 기관들은 근로연령층에 대한 수당을 지불하고 관리하는 데 연간 20억 파운드를 지출하고, 지방자치단체 역시 주거급여와 지방세공제를 관리하는 데 10억 파운드 이상 지출하고, 국세청 역시 1년에 5억 파운드, 고용연금부 급여에서의 약 31억 파운드에 해당하는 비용이 낭비되고 있는 것으로 추정되고 있다. 과소급여 역시 심각한 문제인데 급여부문에서 연간 13억 파운드, 세액공제에서 연간 26억 파운드가 과소지급되고 있다(DWP, 2010).

당할 수 있어야 한다는 것이다(DWP, 2010).

연립 정부가 내세우고 있는 복지개혁의 대체적인 내용은 크게 네 부문으로 구분하여 살펴볼 수 있다. 먼저, 기존의 다양한 복지개혁 프로그램들을 단일의 '일자리 프로그램(Work Programme)'으로 통합한다는 것이다. 이른바 근로연령 가구원이 있는 가구들을 지원하는 접근 방식으로 소득지원(Income Support), 소득기초 구직자수당(Income-based Jobseeker's Allowance), 소득연계 고용지원수당(Employment and Support Allowance), 주거급여(Housing Benefit), 아동세액공제(Child Tax Credit)와 근로세액공제(Working Tax Credit) 등을 통합급여(Universal Credit)로 일원화한다는 것이다.

둘째, '근로연계복지'를 강화하기 위해 급여수급 조건을 보다 강화한다는 것이다. 일자리를 구할 수 있거나 일할 준비가 된 사람들의 경우 급여를 받기 위한 조건을 이행할 것이 요구되며, 그들이 책임을 다하지 않을 경우 급여감소와 같은 제재가 따를 것이다.

셋째, 노동과 복지혜택의 연계를 위해 구직자수당을 신청하는 즉시 재취업 훈련 등 노동연계복지 프로그램에 참여토록 의무화한다는 것이다.[8] 덧붙여 일을 하지 않고 복지혜택만 수령하는 상황을 방지하기 위해 기존의 '무능력급여(Incapacity Benefit)' 수령자 전체를 재심사하여 실업급여 수당 대상자로 전환시키거나 취업을 독려한다는 것이다.

끝으로, 복지서비스 전달체계 개선의 일환으로 제3섹터 시장을 육성하는 한편, 이들과의 계약을 통해 사회복지서비스를 보다 적극적으로 제공한다는 것이다. 이를 위해 2010년 6월 고용연금부는 일자리 프로그램을 발표하면서 공·사 파트너십을 통한 새로운 서비스 제공의 원칙을 제시했다. 고용서비스 제공을 위한 공공부문과 민간부문 간 파트너십은 전통적인 공공부문의 영역이었던 고용서비스 제공에 민간부문이 참여하는 전달체계상의 변화를 토대로 하며, 이는 점차 성과 중심의 경쟁으로 확대되는 추세로 이어졌다.

8) 전임 노동당 정부하에서는 실업급여를 받는 시점부터 재취업 프로그램에 참여하도록 했기 때문에 나이에 따라 6~12개월 유예기간이 부여되었다.

2. 고용서비스 행정체계

영국의 청년실업 대책을 살펴보기 위해서는 교육체계, 고용서비스 행정체계, 그리고 직업훈련체계를 함께 살펴볼 필요가 있다. 영국 통계청이 발간하는 통계자료가 노동시장 진입에서 가장 어린 연령인 16~17세 연령대와 고등학교 졸업 또는 대학 졸업자인 18~24세 연령대로 구분하여 수치를 제시하고 있는 것은 영국의 교육제도, 직업훈련체계, 그리고 고용 관련 행정서비스 체계와 관련이 있다고 판단되기 때문이다. 또한, 고용연금부가 책임을 맡고 있는 고용업무에 공동의 이해관계를 가지고 있는 중앙정부 부서로 재무부(HM Treasury), 통상산업부(Department for Trade and Industry), 교육기술부(Department for Education and Skills)가 있기 때문이다.[9)]

먼저, 영국의 교육체계를 살펴보면, 5~11세 연령의 초등교육과 11~16세 연령의 중등교육은 의무교육으로 되어 있다. 의무교육을 이수한 16세 이상 청소년들은 대학 진학을 목적으로 하는 인문교육 중심의 대학 진학반 및 대학 진학 전문대학, 직업교육과 대학 진학을 동시에 준비할 수 있는 고등전문학교, 전문직업교육을 위한 '계속교육칼리지(Further Education College)' 등 크게 세 종류의 학교로 진학하게 된다. 이 중에서 계속교육칼리지는 16세에서 18세 청소년들의 노동시장 이행이 원만하게 진행될 수 있도록 지원하기 위한 제도이다. 이를 위해 1974년에는 지방정부 산하의 계속교육 교육기관에 직업자격증 과정을 설치하여 학교교육에 직업교육과정을 도입하였으며, 1988년 이후에는 인문교육·직업교육 중 어떠한 교육을 받더라도 직업교육을 일정 정도 받을 수 있는 제도적 장치가 마련되었다(장익현, 2013: 247). 또한, 1990년대 이후 근로와 교육 모두에서 배제되기 쉬운 취약계층 청소년을 위한 상담서비스, 진로 컨설팅 서비스, 산업체와의 네트워크 강화 정책

9) 재무부는 정부의 근로연계복지 정책과 사회보장 관련 이슈의 방향을 결정함에 있어 중요한 역할을 수행할 뿐 아니라 각종 세액공제제도에 대해서도 국세청과 함께 행정적 책임을 지고 있다. 통상산업부는 완전고용 달성의 책임부서이며, 교육기술부는 훈련, 기술개발 및 성인 교육에 대한 책임을 지고 있다.

등이 실시되었다. 그 결과, 1980년대까지 16세 이상 모든 청년들은 고용부(Department of Employment)가 실시하는 '청년기회프로그램(Youth Opportunities Programme, 이후에는 '청년훈련제도'(Youth Training Scheme))'의 대상이 되었다. 대신, 1980년대 후반부터 18세 이하는 실업 관련 급여들에 대한 자격이 주어지지 않고 다만 훈련수당이 지급되는 훈련기회가 제공되었다.

한편, 영국의 고용서비스 행정체계는 노동당 정부가 '근로연계복지' 정책을 국정과제로 채택하면서 대대적인 개편을 단행했다. 핵심 내용은 고용정책과 사회보장정책을 긴밀히 연계시키는 것이었는데, 이를 위해 2001년 6월에 사회보장부(Department of Social Security)와 고용서비스청(Employment Service Agency)을 고용연금부(Department for Work and Pensions)로 통합했다. 고용연금부는 '공공고용지원센터(Jobcentre Plus)'[10]라는 집행기구를 감독하는데, 이 또한 기존에 분리되어 있던 '급여관리청(Benefit Agency)'과 고용서비스청이 통합된 것이다. 이에 따라 공공고용지원센터는 일자리 알선, 급여신청 및 지원, 훈련 파트 등으로 조직되었으며, 일자리 알선 업무는 민간기관과의 협력업무, 고용주 및 고용인 지원업무, 중소기업 취업지원 업무, 기술·서비스 개선업무, 고용 관련 조언 및 상담업무 등을 담당하게 되었다(채준호, 2013: 8). 또한, 각 지역에 산재되어 있는 공공고용지원센터는 지역 내 구직자와 고용주의 수요와 지역사회에서의 수요를 파악하여 이를 충족시키기 위해 지방정부, 지역 내 공공기관, 노사단체, 업종별 학습기술위원회, 국민보건서비스, 영리 및 비영리 고용서비스기관, 자원봉사기관 등의 유관기관과의 파트너십을 형성하여 지역실정에 맞는 고용서비스를 제공하게 되었다.

끝으로, 노동당 정부는 국가 차원의 훈련제도를 '고용주 주도'의 훈련을

10) 공공고용지원센터는 1999년부터 2003년까지 실시된 ONE이라는 기존의 시범사업이 발전한 것인데, ONE 시범사업은 생산가능인구인 급여수급권자들에게 급여와 취업서비스를 '원스톱 기관(one-stop shop)'에서 통합적으로 제공할 수 있는 가능성을 모색하기 위해 실시되었다. ONE에는 주거급여 및 지방세 감면대상자도 포함되었기 때문에 공공고용지원센터보다 그 범위는 다소 넓었다고 볼 수 있다.

강조함으로써, 공공훈련제도와는 완전히 독립된 25개 산업분야별 기술이사회제도를 적극 활용하게 되었다. 이처럼 노동당 정부가 채택한 '고용주 주도'의 훈련은 다음과 같은 특징을 갖게 되었다. 첫째, 공공훈련제도를 통한 실업자 지원은 두 단계로 구성되게 되었다(Sung, 2009: 19). 첫 번째 단계는 구직 지원, 구직자와 구인 기업을 연결해 주는 일자리 매칭에 주력하는 취업서비스 단계로서, 이 단계에서는 직업훈련은 제공하지 않는다. 첫 번째 단계를 거치면서도 실업이 지속될 경우 두 번째 단계로 이행되는데, 이 단계에서는 자원봉사활동이나 기업에 업무 배치 등을 통해 장기실업자를 노동시장으로 복귀하도록 하는 다양한 방법들이 검토된다. 두 번째 특징은 실업자를 위한 훈련이 고용주를 통해 이루어지게 되었다는 점이다. 만약 고용주를 통한 훈련이 여의치 않을 경우 실업자는 직업교육칼리지나 국가자격증 이수과정을 담당하는 국가인증 훈련제공업체로부터 교육을 받게 된다. 그 결과 영국의 공공훈련제도는 750개의 공공고용지원센터 사무실과 수많은 훈련제공업체로 구성되게 되었는데, 공공고용지원센터는 훈련생이나 구직자를 찾고 있는 고용주뿐만 아니라 개별 구직자에게도 도움을 주는 구직·직업매치 중개인 역할을 담당한다. 반면, 실질적인 훈련은 공적 지원을 받는 공립직업교육칼리지, 민간 훈련기관, 비영리 또는 자선단체, 견습제와 같은 업무 중심 훈련을 제공하는 고용주 등의 훈련제공업체들이 훈련제공의 역할을 담당하고 있다.

이처럼 영국의 고용 관련 교육·훈련 및 행정체계가 구축됨으로써, 교육과 관련한 노동시장 이행정책은 교육기술부와 부서 내 고용기술위원회(UKCES)가 담당하며, 마지막 단계에서 주로 이루어지는 계약고용 프로그램은 고용연금부가 담당한다. 따라서 다음에서는 의무교육과정 중에 있는 청년들을 위한 정책, 견습제와 같은 학교교육과 노동시장 사이 청년들을 위한 정책, 그리고 학교교육 이후의 청년들을 위한 정책으로 구분하여 청년실업정책을 살펴보고자 한다.[11]

---

11) 16~17세 연령대의 실업은 후기중등교육 이상의 초기교육 기회를 놓쳤거나 교육체계

3. 청년실업정책

1) 의무교육(16세까지) 연령 청소년을 위한 정책

아동과 청년이 자신의 배경에 관계없이 자신의 잠재력을 최대한 실현할 수 있도록 도와주는 교육제도는 지속적인 번영과 청년층의 노동시장 배제 완화를 위해 매우 중요하다. 따라서 1997년에 집권한 노동당 정부는 의무교육과정에 있는 청소년들에게 근로세계 혹은 직업에 대한 근로경험을 정규교과과정에 편입시키려는 노력을 기울였다.

먼저, 기업가정신에 대한 조기교육을 강조함으로써, 2008년 3월 기준으로 '주요 단계 4[12](14~16세 학생)' 학생을 대상으로 기업가정신 교과과정을 개설하였으며, 2008년 가을부터는 기업가정신 교육을 중등교육에서부터 초등교육과 고등전문교육(tertiary education)으로 확대하였다.

둘째, 2008년부터 12세에서 16세까지의 교육단계인 '주요 단계 3, 4'에서 청소년이 산업현장에서 변화하는 기회를 잘 포착하고 활용할 수 있는 역량을 갖출 수 있도록 '경제적 복지(economic wellbeing)'와 '재무능력(financial capability)'을 위한 진로교육, '일 관련 학습(work-related learning),' 기업교육과 재무능력 교육 등 새로운 프로그램을 교육과정에 추가했다(임언, 2008). 특히, '일 관련 학습'은 현장 관련 학습 또는 노동 관련 학습 등으로 표현되기도 하는데, 2004년 9월부터 '주요 단계 4'의 모든 학생들이 경험하도록 법

에서 중도 탈락한 경우, 또는 초기교육을 이수하였다 하더라도 교육 내용이 노동시장과의 연관성이 낮은 경우에 더욱 심각하게 나타나는 경향이 있기 때문에 교육기술부와 고용기술위원회가 주관하는 학습과 노동 관련 프로그램들을 분석할 필요가 있으며, 18~24세 연령의 청년실업은 고용연금부가 주관하는 근로연계 복지프로그램들을 살펴볼 필요가 있기 때문이다.

12) 영국에서 공교육은 초등과정(preliminary curriculum)과 중등과정으로 구성되어 있는데, 초등교육은 5~7세를 대상으로 하는 '주요 단계 1(key stage 1: 1~2학년)'과 7~11세를 대상으로 하는 '주요 단계 2(key stage 2: 3~6학년)'로 구성된다. 중등교육은 11~14세를 대상으로 하는 '주요 단계 3(key stage 3: 7~9학년)'과 14~16세를 대상으로 하는 '주요 단계 4(key stage 4: 10~11학년)'로 구성된다.

률상 필수요건으로 규정하였다.

셋째, 2008년부터 14세에서 19세 연령의 청소년에게 학습경로에 대한 선택의 폭을 넓혀주기 위하여 일련의 '교육적 조치들(New Learning Entitlement 14~19)'을 발표했다. 핵심 내용은 14~19세 연령층을 대상으로 교실수업과 현장체험을 함께 할 수 있는 디플로마(Diploma) 과정을 활성화시켜 일반중등교육자격(GCCSEs), 견습제와 함께 세 가지 주요한 교육 옵션이 되게 한 것이다.[13)]

한편, 2010년에 집권한 연립 정부도 16~17세 연령층의 교육 혹은 기술훈련을 강화하기 위한 방안들을 보다 강화하였다. 연립 정부가 제시한 내용을 보면 다음과 같다. 첫째, 2013년 현재 17세로 되어 있는 100% 취업·교육·기술훈련 참가 대상 연령층을 2015년까지 18세로 높인다. 둘째, 청년층 대상의 견습제에 대한 대규모 투자를 하여, 견습직을 구하는 과정을 쉽고 짧게 할 수 있도록 유도하고, 견습 기간 동안 높은 수준의 훈련을 통해 실질적 취업을 위한 풍부한 경험을 쌓을 수 있도록 도움을 준다. 셋째, 특별교육 백서에 기록된 대로, 각 지방정부기관들이 청년층, 특히 취약계층 청년층을 지원하는 의무를 다할 수 있도록 재원과 권한을 부여한다. 넷째, 1억 8천만 파운드의 기금을 새로이 확보하여 청년층 지원의 재정적 장벽을 낮춘다. 끝으로, 니트 청소년들이 교육, 견습, 혹은 직업교육을 받을 수 있도록 지원하는 새로운 프로그램을 도입한다는 것이 그것이다.

하지만 영국의 교육과정 내에서의 고용가능성 제고 방안에는 학교 중퇴자에 대한 대책은 부족한 실정이다. 학업을 중도에 포기한 청년들은 항상 있기 마련이고, 이러한 중퇴자들은 공인된 자격이 부족하기 때문에 노동시장에서 불리한 상황에 처할 것은 명백하다. 그럼에도 불구하고 영국에서 학교 중도 탈락자를 교육이나 훈련에 재통합하기 위한 방안은 결국 견습제에

13) 여기서 디플로마는 특정 분야 기업에서 실제 일하는 것이 무엇인지를 알며, 영어, 수학, ICT에 대한 역량을 가지고 있다는 자격을 의미하는데, 이 과정의 이수는 대학이나 기업에서 인정되었다(임언, 2008).

의존할 수밖에 없는 실정이다.

2) 의무교육 이후 연령층을 위한 정책: 견습제(Apprenticeship)[14)]

정규 교육체계 내에 있는 학생들과 학교중퇴자의 고용가능성을 제고하기 위한 또 다른 방안은 직장 내에서의 학습을 통해 구체적인 직업능력을 확보하거나 취업에 대비하여 전반적인 교육 및 기술 수준을 향상시킴으로써 자신의 취업역량을 제고할 수 있도록 지원하는 것이다. 이러한 방안들 중 견습제는 근로와 학습을 병행할 수 있는 가장 대표적인 제도인데, 고등학생 및 고졸에 해당하는 학생들이 기업에서 실무교육을 받으면서 임금도 수령할 수 있는 제도이다.

이러한 인식하에 영국에서도 견습제를 청년실업 해결책으로 연계하려는 노력을 시도하고 있다. 영국에서 견습제는 견습 수준에 따라 5개 과목 일반중등교육 자격(5 GCSE) 혹은 '2A 레벨(2A level)' 일반 상급교육 자격을 인정해 주거나 국가취업자격(National Vocational Qualification)을 수여하는 '직업교육'으로, 전일제 학생이 아닌 16~24세 청년들이 지원할 수 있고 직업교육의 수준에 따라 1년에서 최대 4년까지 최저임금을 받으면서 기술을 습득하는 제도이다. 견습생 고용은 영국 내 견습생 취업 전문회사 또는 공공고용지원센터를 통해 이루어진다.

하지만 영국에서 실시되어온 견습제에 대한 평가는 매우 부정적이었다. 먼저, 영국 고용기술위원회(UKCES)가 발간한 보고서(2014b)에 의하면, 보편적으로 이루어지고 있는 12주 과정의 견습제는 고급기술을 습득하기에는 너무 짧다는 지적인데, 노령근로자를 위한 '교육훈련보조금(Train to Gain Scheme)' 확보를 위해 견습제에 대한 지원금을 삭감한 결과이다(김성욱,

---

14) 견습제도와 인턴제도의 가장 큰 차이는 자격증 혹은 자격부여에 있다. 즉, 견습제도를 마치면 국가취업자격을 수여받지만, 인턴제도는 단지 '경험'을 해보는 데 그치는 것이다. 게다가 견습생은 돈을 벌면서 하지만, 인턴은 무급이 대부분이다. 따라서 견습제도는 '직업교육'에 가까운 제도인 데 반해 인턴제도는 직업 '경험'에 가까운 것으로 이해할 수 있다(김성욱, 2012b: 52).

2012b: 56). 둘째, 영국고용기술위원회(UKCES)의 조사 자료에 의하면, 조사 대상 사용자의 57%가 견습제에 대해 전혀 들어본 바가 없거나 알지 못한다고 응답했고, 그 가운데 40%는 정부가 운영하는 어떤 형태의 견습제에 대해서 들어본 적이 없다고 밝혔다는 점이다. 더욱이 견습제에 참여하고 있는 사용자 가운데 49%가 견습제를 기존의 직원들에게 제공하고 있다고 응답했으며, 절반 정도의 사용자는 주당 5시간 미만으로 학습이나 훈련 혹은 감독관과의 미팅과 같은 일과업무 이외의 활동을 한다고 응답하고 있는 실정이다(UKCES, 2015: 17). 셋째, 견습제에 참여하는 사용자의 비율 또한 기업 규모나 지역에 따라 상당한 차이가 있다는 점이다. 종업원 100인 이상 대기업의 44%가 현재 견습생으로 일하는 직원이 있다고 응답한 반면, 종업원 2~4인의 소규모 기업의 경우 5%만이 견습이 있다고 응답했다. 끝으로, 견습생 일자리 중 대다수가 아스다(Asda), 모리슨(Morrisons), 맥도날드(Macdonald's)와 같은 슈퍼체인이나 패스트푸드점에서 일하는 단순계약자들이라는 점이다(김성욱, 2012b: 56).

이처럼 견습제가 애초에 정부가 의도한 대로 실행되지 않자 개혁을 단행하였다. 먼저, 노동당은 2009년에 공업과 IT 분야에서 높은 수준의 기술과 지식을 가진 인력에 대한 수요를 충당하기 위해 기존 교육과정의 대학원 파운데이션 학위[15]에 해당하는 '레벨 5(level 5)'와 석사학위에 준하는 '레벨 6(level 6)'의 고등견습제(higher apprenticeship)를 도입하였다. 또한 연립 정부는 몇 가지 차원에서 견습제에 대한 개혁은 단행했다. 첫째, 2013년부터 항공우주, 자동차, 디지털, 전자, 에너지, 금융, 식품·음료제조, 생명공학 8개의 핵심 산업분야에 선도기업을 선정하여 새로운 견습제에 대한 표준을 설정하였다. 둘째, 기업이 견습생의 임금 및 기타 비용들을 지불하되 정부가 해당 비용과 등록금의 3분의 2를 부담하는 이른바, 정부, 기업, 대학 3자의 협력하에 최고 등급의 학위를 받을 수 있는 '학위견습생제(Degree Appren-

15) 대학과 대학원 사이로 주로 대학 졸업 후 대학원 진학을 준비하는 과정에 해당하는 학위임.

ticeship)'를 도입하였다. 셋째, 기업의 견습생 채용장려 조치의 일환으로 견습생에 대해 국민보험 기업부담 면제를 현재의 21세에서 25세 미만으로 확대했다(정민아, 2015: 70). 넷째, 견습생을 고용하는 사용자에게 보조금을 지불하는 것인데, 이에 따라 잉글랜드의 경우에는 근로자 1천 명 이하 사용자가 16~24세 청년을 채용하여 견습 훈련을 제공하는 경우 1인당 1,500파운드를 보조하고, 스코틀랜드의 경우 16~24세 출소자, 소년·소녀 가장 등 취약 청년들을 대상으로 견습 프로그램을 운영하는 사용자에게 재정지원을 하고 있다. 끝으로, 취업이나 견습생 자리를 원하지만 실질적으로 기술과 지식이 부족한 청년층을 위해 수습생제도를 2013년 8월에 도입하였는데, 프로그램의 활성화를 위해 정부는 2016년 2월부터 교육평가기관으로부터 우수등급을 받은 기관만 수습생제도의 공급자로 채택될 수 있도록 한 것에서 다른 계속교육기관도 제공할 수 있도록 범위를 확대했다.

끝으로, 현임 보수당 정부는 2015년 여왕 연설(Queen's Speech)을 통해 청년실업과 관련하여 2015년 5월부터 2020년 3월까지 잉글랜드 지역에서 3백만 개의 견습생 일자리를 창출할 것을 발표했다. 이를 위해 공공부문은 물론 민간사업체들과의 협력을 강화하고 있는데, 현재 약 150여 개의 선도적 기업에서 1,300여 고용주들이 210여 개의 견습생 고용기준을 제시했으며, 그중 60여 개는 고등학력을 요구하는 일자리이다(장익현, 2016: 211). 또한, 2017년부터는 고용주들이 주도가 되는 독립적인 견습생운영기관이 운영될 계획인데, 이 기관은 정부 기금에 의해서 운영될 계획이며, 소규모 사업체에서 고용하는 견습생에 대해서는 보조금이 지급될 것이다. 이러한 목표를 달성하기 위해 재무장관은 연간 임금총액이 300만 파운드를 넘는 기업에 임금 총액의 0.5%를 2017년 4월부터 '견습세(Apprenticeship Levy)'로 부과할 것이라고 밝혔다. 끝으로, 보수당 정부는 2017년 4월부터 21세 이하의 영국 청년들은 정부가 제공하는 실업혜택을 받기 위해서는 일자리를 찾거나 견습이나 인턴십 자리를 확보하도록 했다.

3) 고졸 및 대졸(18~24세) 연령층을 위한 정책

영국에서 18세에서 24세 연령층은 의무교육을 이수했거나 대학교육을 이수한 청년층에 속하는데, 이들 연령층에서 가장 중요한 고용정책은 복지제도와의 연계를 통한, 이른바 의무적인 근로경험을 전제로 구직자수당을 지급하는 '근로복지연계' 정책이 핵심 프로그램이 되고 있다. 이러한 정책은 1997년 노동당이 집권하면서 본격적으로 시작되어 연립 정부와 현임 보수당 정부를 거치면서 한층 강화되었는데, 청년뉴딜(1998년), 유연뉴딜(2009년), 일자리 프로그램(2011년)으로 이어졌다.

(1) 청년뉴딜, 유연뉴딜, 그리고 일자리 프로그램

1997년 총선에서 노동당의 다섯 가지 핵심 선거공약 가운데 한 가지는 250,000명에 달하는 25세 이하 청년층이 급여에서 탈피해 취업을 하도록 만들겠다는 것이었으며, 1998년에 청년뉴딜을 실시하였다.[16] 청년뉴딜은 6개월 이상 구직자수당(JSA)을 수령한 18~24세 청년을 대상으로 하였는데, 등록자는 입문단계(Gateway Stage), 선택단계(Option Stage), 그리고 추후단계(Follow-through Stage)라는 3단계에 걸쳐 훈련을 받게 된다.

먼저, 첫 번째 단계인 입문단계에서는 개인조언자(Personal Advisor)와 함께 구직자의 고용적합성, 취업능력 제고, 구직활동, 훈련기회 그리고 취업 후 조세와 복지급여 등에 관한 심층적인 일대일 직업상담 및 조언을 받는다. 입문단계 기간 중 취업을 하지 못한 청년들은 두 번째 단계인 선택단계에서 정부보조금이 지급되는 고용분야, 전일제 교육훈련분야, 자원봉사활동분야, 그리고 환경관련분야 중 의무적으로 한 가지를 선택해야 한다. 이 중 처음 두 개의 대안은 마지막 두 개의 대안에 비해 우월한 것으로 인식되는데, 비협조적인 참가자에 대해서는 급여액이 삭감되거나 급여가 정지되는 등의 일종의 제재로 사용되었기 때문이다. 두 번째 단계가 경과한 후에도

---

16) 뉴딜 프로그램은 청년뉴딜에 이어 장애인, 한부모, 고령자, 그리고 급여 청구자의 배우자 등의 다른 표적 집단을 대상으로 확대되었다.

여전히 실업상태에 있는 경우 마지막 단계인 추후단계로 진입하는데, 이 단계에서는 특히 개인상담사의 집중적인 도움을 받아 취업할 수 있도록 추가적인 기회를 제공한다. 한편, 마지막 단계에서도 취업을 하지 못하고, 이후 6개월 동안 지속적으로 구직수당을 청구하는 경우에는 뉴딜 프로그램에 처음부터 다시 참여하도록 하였다. 청년뉴딜에 참여하는 구직자수당 청구자들은 특정 상황들[17]에서 제재를 받을 수 있는데 이는 구직자수당의 일반적 규정과 동일하다. 뉴딜 프로그램은 144개의 직업훈련 및 기업위원회(TEC), 노동조합, 대학, 공공부문의 사용자, 지역 및 지방의 당국 간의 다양한 지역 파트너십에 의해서 시행되었는데, 특히 12개 지역에서는 어떠한 뉴딜을 선택하고 준비하느냐의 문제가 완전히 민간부문의 조직으로 양도되기도 했다. 1997년부터 2002년까지 26억 파운드의 예산이 투입되었으며, 이 기간에 64만 명의 청년들이 참여했다.

뉴딜 프로그램에 대한 평가 결과는 매우 상이하게 나타나고 있다. 재정연구소(Institute of Fiscal Studies)의 연구결과에 따르면, 뉴딜 프로그램 참여가 구직 확률을 20% 정도 높인다는 결론을 제시했으며(하세정, 2008), 국립경제사회과학연구소(National Institute of Economic and Social Research)는 2000년에 발표한 보고서에서 청년뉴딜 프로그램이 경제에 기여하는 가치가 5억 파운드에 달한다고 보고했다(하세정, 2008에서 재인용). 하지만 뉴딜 프로그램을 비판하는 사람들은 '제대로 된 일자리'를 창출하지 못한 반면, 정부가 구직자들에게 일반적으로 구직수요가 거의 없는 일자리를 압박할 뿐이라고 비난한다. 또한, 구직에 성공한 근로자들의 40%가 6개월 이내에 다시 실업급여를 신청하는 것으로 보아 사후적인 직장 유지를 지원해 주는 기능이 빈약하다는 지적도 있었다. 끝으로, 청년뉴딜 프로그램은 2001년에 노동당 정부가 제시한 목표를 달성했다는 판단하에, 프로그램 표적이 청년실업

---

17) 여기서 특정 상황들이란 적절한 사유 없이 프로그램 참여를 거부, 적절한 사유 없이 프로그램에서 이탈, 불량행위로 프로그램에서 방출된 경우를 말하는데, 이러한 상황이 발생할 경우 2, 4 혹은 26주 동안 급여가 중단된다.

자에서 한부모, 장애인, 중장년층 등을 포함하는 뉴딜 프로그램으로 전환한 결과 2004년 전후에 청년실업이 급속히 증가하는 결과를 초래하게 되었다(Bivand, 2012: 15). 결국 뉴딜 프로그램은 직업교육을 통한 취업률 증가보다는 구직자수당 지급을 볼모로 직업경험을 강제하여 실업률을 낮추는 데 중점을 둔 것으로 보이는데, 도입 당시 경기침체에 따른 높은 실업률과 이에 따른 높은 구직자수당 증가라는 상황을 강하게 반영한 정책으로 보인다.

2009년 10월에 청년뉴딜 프로그램을 대체한 유연뉴딜 프로그램이 시작되었는데, 민간위탁사업 중 가장 효과가 큰 것으로 평가되는 고용촉진지역을 중심으로 기존의 뉴딜 프로그램을 하나로 통합하여 12개월 이상의 장기실업자를 대상으로 실시되었다. 이 프로그램은 실직 후 12개월까지는 공공고용지원센터에서 서비스를 제공받으며 실업급여 수급기간이 12개월 이상이 되면 민간위탁기관의 전문서비스로 이행되고, 적극적인 취업서비스가 필요하다고 판단되는 경우 6개월 경과 후에도 민간위탁기관으로 이양이 가능한 제도이다. 프로그램 신청자는 2주마다 공공고용지원센터를 방문하여 사전에 협의된 회의에 참여하며, 전화 통화를 하도록 요구되었다. 또한, 신청자는 제공기관의 전문가와 함께 작성한 실행계획을 반드시 수행해야 하며, 능동적으로 구직활동을 하고 있음을 증명해야 했다. 참여를 거부하거나 책임을 다하지 못할 경우, 실업수당과 같은 사회보장급여가 중단되도록 하였다. 서비스 제공업체들은 프로그램이 개시되면 합의된 비용의 20%, 해당 근로자가 13주간 취업상태에 있을 경우 50%를, 고용이 26주간 지속되면 30%를 지급받는다.

하지만 유연뉴딜 프로그램은 성과측면에서 기존의 뉴딜보다 나아진 결과를 보이지 못하면서 비판을 받게 되었다. 2011년 진행된 성과 평가에 의하면, 유연뉴딜에 참여한 청년층의 일자리 질은 어느 정도 향상되었으나, 18~24세 청년층의 취업률은 기존의 뉴딜 참여자에 비해 낮았으며, 프로그램 참여자들 역시 기존의 뉴딜에 비해 오히려 제공받는 서비스의 범위가 줄어들었으며, 맞춤형보다는 일반형 서비스였다고 평가한 경우가 많았다(Vegeris et al., 2011). 그 결과 유연뉴딜 프로그램은 2011년 6월에 연립 정부에 의해 일자리 프로그램(Work Programme)으로 대체되었다.

2011년 6월부터 연립 정부에 의해 실시된 일자리 프로그램은 기업과 비영리조직이 프로그램 제공기관이 되어 장기실업자를 지원하는 제도인데, 의무적으로 참가해야 하는 청년들은 그들의 상황에 따라 달라진다. 먼저, 몇몇 청년들은 구직자수당 신청 9개월 이후 의무적으로 의뢰되는 청년들이 있다. 둘째, 몇몇 청년은 연령이 18세이면서 구직자수당 신청 이전 6개월 동안 니트였거나, 지난 24개월 기간 중 22개월 동안 구직자수당을 신청했거나, 그리고 교정기관을 퇴소했다면 구직자수당 신청 3개월 이후 의무적 대상이 된다. 셋째, 보호 부담을 벗어났거나 홈리스와 같은 특정 범주에 속하는 청년인 경우 구직자수당 신청 3개월 후 공공고용지원센터의 자율적 판단에 따라 의뢰된다. 넷째, 몇몇은 근로능력검사 후 즉각적으로 의뢰될 것이다(ACEVO, 2012: 57).

이렇게 일자리 프로그램에 이관된 대상자들이 경험하게 되는 세부 프로그램은 연령과 실업기간, 노동능력 등에 따라 크게 '일자리체험제도(work experience scheme)', '부문기반체험제도(sector based work academy places)', '의무현장실습(mandatory work activity)', '일자리 프로그램(work programme)', '일자리 프로그램 이후(post work programme)' 등으로 나누어진다. 이들 프로그램 중 청년실업자에 특화된 프로그램은 일자리체험제도와 부문기반체험제도이고, 그 외 프로그램은 전 연령층을 대상으로 하고 있다. 먼저, 일자리체험제도는 실업기간이 3개월에서 9개월 사이에 있는 16~24세를 대상으로 2~8주간 노동경험을 제공하데, 이 기간 동안 참가자들은 현장체험을 하는 한편 정규직 일자리를 찾아야 한다. 참가기간은 4주 동안 연장될 수 있고, 이후 일정 수준의 임금을 받을 수 있는 수습(견습)생 신분이 될 수 있다. 정부는 이러한 일자리체험 기회가 대략 10만 개 만들어질 수 있을 것이라 기대했다. 또한, 2011년 8월에 도입된 부문기반체험제도는 3개월 이상 실업상태에 있는 실업자들이 직업훈련과 노동체험을 함께 할 수 있는 프로그램이다. 처음에는 16~24세 청년층을 대상으로 설계된 이 프로그램은 모든 연령대에 개방되었다. 기간은 6주인데, 일자리에 배치되기 전 2주간 훈련과정을 거쳐 4주 동안 일자리 체험을 한다. 제공되는 일자리는 지역 내 노동시장 상황에 따라 조정된다. 이 프로그램에는 자발적으로 참가할 수 있지만 고용센터로부터 이 프로그램 참가를 요구받은 경우, 출석은 강제사항이 되고, 만약 출석하지 않으면 수당을 잃게 된다(이정희, 2013: 71).

이처럼 연립 정부가 시행 중인 일자리 프로그램 또한 실업급여 등의 사회복지 혜택 수급을 전제조건으로 실직 청소년에게 어떠한 형태로든 근로를 제공할 것을 의무화한 것이다. 하지만 일자리 프로그램에 참여할 수 있는 대상 청년층이 많지 않기 때문에 그 효과 또한 크지 않을 것으로 전망되었다. 고용연금부의 애초 계획은 약 100,000명이 1년 동안 자격을 가질 것으로 추산되었는데, 청년니트가 7십만 명에 달한다는 사실에 비추어 볼 때 충분한 서비스를 제공하기에는 부족한 실정이기 때문이다. 실제로 하원 결산위원회에 따르면, 2011년 6월부터 2012년 7월까지 14개월 동안 노동연계복지 프로그램 참가 대상자 가운데 안정적인 고용상태로 전환된 비율은 3.6%에 불과했는데(이정희, 2013: 72), 이는 정부가 예상한 수치에 비해 훨씬 낮은 것이다.

(2) 미래직업기금(Future Jobs Fund)

2008년의 금융위기에 따른 실업률 증가에 대처하기 위해 노동당 정부는 2009년에 미래일자리기금을 마련하였는데, 10억 파운드의 기금으로 12개월 이상 실직상태인 18~24세의 청년층과 장애인에게 약 15만 개의 신규일자리를 창출한다는 것이었다. 이 기금을 통해 지원을 받는 실직 청년은 6개월간 주당 최소 25시간을 근무하는 일자리 제안을 받게 된다(Sung, 2009: 24). 행정 부담을 줄이기 위해 파트너십에의 참여가 적극적으로 권장되었는데, 6개월의 기간 각각에 대해 최소 30개의 일자리가 창출되도록 해야 하는 신청조건이 부여되었음에도 불구하고 공공, 민간, 사회적 분야와 이 세 분야의 파트너십 등 다양한 입찰자들이 제출한 약 250개의 제안서가 채택되어 약 6만 개의 신규 일자리가 창출되는 성과가 있었다(Longlands, 2010: 23).

(3) 청년계약(Youth Contract)

연립 정부는 청년실업의 해소를 위해 10억 파운드를 들여 청년계약을 2012년에 도입하여 약 50만 명의 18~24세의 청소년들에게 근로경험 혹은 인턴십과 같은 기회를 제공할 것을 목표로 하였다(김성욱, 2012a: 58). 청년계약이라는 용어는 급여 인센티브, 근로경험제, 견습직 등의 세부적인 정책을 포괄하고 있는 광의의 용어인데, 공공고용지원센터나 일자리 프로그램을 통해서 근로인력을 모집하는 기업은 각 인력에 대해서 일정한 임금인센티브(wage incentive)를 지원받게 되는데, 18~24세의 청년을 최소 26주간 고용하게 되면 한 명당 약 2,275파운드가량을 지급받게 된다.

(4) 근로경험제(Working Experience)

근로경험제는 16~24세의 니트들에게 2주에서 8주가량의 근로경험을 제공하기 위한 제도인데, 급여는 제공되지 않지만 구직수당을 이 기간에도 받을 수 있고, 여비와 같은 부수적인 지원은 가능하다. 공공고용지원센터에 등록된 구직자들이 그들의 적성에 적합한 고용주 밑에서 최대 8주까지 일하게 되는데, 종료 이후에도 4주간 더 연장을 신청한 후 고용주 밑에서 견습직으로 일을 배울 수도 있다.

V. 결론

본 장에서 살펴본 바와 같이, 영국의 청년실업정책들은 학령기와 계속교육체제 내에서의 교육부의 정책, 의무교육 기간에서 의무교육 수료 이후 청년층을 위한 고용기술위원회의 정책, 그리고 고등학교 및 대학교육을 이수한 청년들을 대상으로 고용과 복지의 연계를 통해 청년실업을 줄이려는 고용연금부의 정책들로 구성되어 있다. 이러한 청년실업정책들에서 나타나는 몇 가지 특징은 다음과 같다.

첫째, 청년고용정책은 '근로연계복지' 체계구축이라는 사회보장제도의 전반적인 개혁의 일부로 등장하게 되었는데, 이에 따라 모든 실업자는 구직자수당을 수급하는 조건으로 반드시 적극적인 구직활동을 하고 있음을 증명해야 했다. 또한, '근로연계복지' 체제의 효율적인 수행을 위해 2001년 사회보장에 관한 업무를 담당하던 사회보장부와 고용서비스 업무를 담당하던 교육고용부를 고용연금부로 통합했으며, 2002년에는 노동 관련 서비스의 책임운영기관인 공공고용지원센터가 출범했다. 이처럼 영국의 청년실업정책은 근로와 복지의 연계를 지나치게 강조함으로써 고용으로의 단선적 전환에만 초점을 두게 된 것이다. 이러한 정책은 직업훈련 기회 제공을 통해 일자리 복귀를 도모하는 유럽 대륙 국가들과 뚜렷이 구별되는데, 청년실업 문제를 잘 해결하고 있는 독일, 오스트리아, 스위스 등의 경우 교육과정을 수료한 이후 직업세계로 이행하는 것을 원치 않거나 혹은 이러한 경로를 거칠 능력이 되지 못하는 청년들에게 교육과 직업훈련을 동시에 경험할 수 있는 견습제를 적극적으로 활용하고 있기 때문이다. 물론 영국도 견습제를 활용하고 있을 뿐 아니라 이를 청년실업 대책의 일환으로 적극적으로 활성화시키려는 노력을 하고 있지만, 그 실적은 매우 미흡하다. 영국에서는 견습제를 활용하는 청년들이 다른 국가에 비해 상대적으로 적을 뿐 아니라 최근의 참여율에서의 증가 또한 청년실업자들이 견인한 것이 아니라 청년기를 벗어난 연령층에서 견인하고 있기 때문이다. 이러한 '근로연계복지' 체계에서 나타나는 또 다른 문제는, 구직자를 위한 고용서비스 제도가 지나치게 징벌적이라는 점이다. 예를 들어, 청년뉴딜에서 26주 제재를 도입한 것은 정신분열증, 학습장애 혹은 독서장애 등과 같은 심각한 문제를 가진 청년에 대해 별다른 고려 없이 제재를 남발할 우려도 있다.

둘째, 본 연구에서 살펴본 바와 같이, 영국의 전반적인 실업 문제를 관장하는 중앙부서는 고용노동부이지만, 청년실업과 관련해서는 의무교육과정에 있는 청소년 및 계속교육칼리지에 등록된 청소년은 교육기술부, 16세에서 24세 연령의 견습생은 고용기술위원회, 그리고 18세에서 24세 연령층은 고용연금부가 담당하고 있다. 또한, 지역 수준에서 청년들의 실업 문제에 관여하는 기관들은 대략적으로도 약 70개 이상이 된다(Lee et al., 2012: 40). 이처럼 관련 기관들이 파편화되어 있기 때문에 자칫 전달체계상의 혼란을 초래할 수 있을 것이다. 더욱이 관련 기관들 간의 치열한 경쟁에 따른 업무와 정보교류에서의 비협조는 정책성과를 약화시키는 요인이 되고 있다. 고용서비스 기관들의 목표가 취업건수라는 거칠고 단순한 양적 측면에서 평가되고 있기 때문이다.

끝으로, 영국의 청년실업정책의 한계를 통해 우리나라가 얻을 수 있는 시사점을 간략하게 제시하면 다음과 같다. 첫째, 영국의 청년실업정책의 핵심은 청년실업자를 취업으로 최대한 빨리 복귀시키려는 이른바 '취업을 통한 소득확보(Making Work pay)' 정책인데, 이보다는 취업능력 향상과 이행기간에 소득지원제도를 연계하여 보다 더 근본적인 해결을 지향하는 '이행을 통한 소득확보(Making Transition Pay)' 정책을 보다 고려할 필요가 있다는 점이다. 특히, 우리나라의 청년들은 높은 등록금으로 인해 이미 채무자의 지위에 놓인 채 최저임금도 되지 않는 취업지원서비스를 받으면서 고용능력을 향상시키기란 불가능할 것이기 때문인데, 이러한 점에서 최근 논의되고 있는 실업수당제 내지 청년수당제를 도입하는 것을 보다 적극적으로 검토해볼 필요가 있을 것이다.

둘째, 우리나라도 청년층의 학교에서 직업세계로의 원활한 이행을 지원하기 위한 보다 체계적인 정부 차원의 대책 마련이 요구된다는 점이다. 물론 현 정부는 이전 정부와 마찬가지로 선 취업-후 진학 체제를 위해 특성화고와 마이스터고를 활성화하여 고교 취업을 지원하고 있다. 또한, 중등직업교육의 활성화와 함께 초등학교와 중학교에 대한 직업진로 교육을 강화하고 있기도 하다. 하지만 영국의 사례에서 보듯이 학령기 청소년을 대상으로 하는 교육·훈련의 목표가 분명치 않으면 그 효과가 반감된다는 점이다. 영국의 경우, 근로자들이나 기업이 장기적인 시각의 숙련 양성을 위한 직업훈련에 개입하기보다는, 청년실업이 심각해지면서 실업상태인 청년들이 일시적인 실업탈출이나 이들이 단기적으로만 유지될 수 있는 일자리를 얻는 것을 돕는 정책으로 변질된 것이다. 그 결과 교육·훈련 프로그램의 내용과 수준이 기업이나 사회의 요구수준에 비해 매우 낮은 상태로 일관되어 청년실업 정책으로서 제 구실을 못하게 된 것이다. 정부가 아무리 좋은 정책을 만들려고 애써도 사용자가 무관심하거나 신뢰하지 않으면 그 정책은 안정적으로 정착되기 어려울 것이다.

결론적으로 한 국가의 고용정책을 제도화하는 데는 많은 시간과 노력이 필요하다. 하지만 청년실업의 사회·경제적 낙인효과를 고려할 때, 단순히 국가경쟁력의 문제만으로 환원되지 않는다는 점을 인식할 필요가 있다. 이런 점에서 청년실업 대책은 현재의 경제적 비용을 고려하기보다는 장기적인 측면에서의 비용뿐만 아니라 미래의 안정적인 사회통합을 함께 고려하는 거시적 안목을 가지고 접근할 필요가 있을 것이다.

참·고·문·헌

강욱모. 2012. “영국의 복지개혁 과정 — 새로운 ‘길’ 모색?” 『민족연구』 제51호.

김성욱. 2012a. “영국의 청년실업 현황.” 『국제노동브리프』 10(9).

______. 2012b. “영국의 견습제도에 대한 고찰.” 『국제노동브리프』 10(11).

문외솔. 2010. “2010 노벨 경제학상 수상 이론과 한국경제에 대한 시사점.” 『SERI 경제포커스』 361호.

박미희·홍백의. 2014. “청년층의 노동시장 이행 유형과 그 결정요인.” 『사회복지정책』 41(4).

이정표. 2004. “여성 청년층의 학교에서 직업세계로의 이행 실태 분석.” 『직업능력개발연구』 7(1).

이정희. 2010a. “영국 연립정부의 노동정책.” 『국제노동브리프』 제8권 제5호.

______. 2010b. “영국의 긴축재정방안과 이를 둘러싼 논란.” 『국제노동브리프』 제8권 제11호.

______. 2013. “영국 노동연계복지 정책의 비판적 검토.” 『국제노동브리프』 11(4).

임 언. 2008. “영국의 진로교육 동향.” 『THE HRD REVIEW』 11(3).

임운택. 2011. “유럽의 청년실업정책: 주요 5개국을 중심으로.” 『유럽연구』 29(3).

임유진·정영순. 2015. “고졸청년의 좋은 일자리 이행가능성 영향요인 분석: 남성과 여성 비교.” 『한국사회정책』 22(1).

장익현. 2013. “저학력 청년 실업자를 위한 FE(Further Education) 시스템의 개혁 및 실천적 정책 계획.” 『THE HRD REVIEW』 16(3).

______. 2016. “영국의 직업교육 제도 개혁에 대한 동향.” 『THE HRD REVIEW』 19(3).

정민아. 2015. “영국 청년고용의 문제점.” 『국제노동브리프』 13(3).

정영근·장민수·김혜정. 2011. “대졸 고학력 노동시장 미스캐리 연구.” 『질서경제저널』 14(3).

채준호. 2013. “영국의 고용서비스 전달체계.” 『국제노동브리프』 11(10).

최창곤. 2013. “노동시장 미스매치의 현황과 일자리 정책.” 『경제연구』 31(4).

하세정. 2008. "영국 뉴딜정책 시행 10년: 평가와 전망."『국제노동브리프』 6(3).

_____. 2010. "영국 노동시장의 회복과 탈불황 시대의 이슈."『국제노동브리프』 8(1).

ACEVO. 2012. *Youth Unemployment: the Crisis we Cannot Afford*. London: ACEVO.

Arumlampalam, W. 2001. "Is unemployment really scarring? Effects of unemployment experiences on wages." *The Economic Journal* 111: 585-606.

Baxter, J. L. 1975. "The Chronic job-changer: a study of youth unemployment." *Social and Economic Administration* 9: 184-206.

Bell, D., and D. Blanchflower. 2010. *Youth Unemployment: Déjá Vu?* Bonn: Institute for the Study of Labour.

Bivand, P. 2012. *Generation Lost: Youth Unemployment and the Youth Labour Market*. London: TUC.

DEE, DSS, and Treasury. 2001. *Towards Full Employment in a Modern Society, Green Paper, Cm 5084*.

DSS. 1998a. *New Ambition for Our Country: A New Contract for Welfare, Green Paper Cm 3805*. London: TSO.

_____. 1998b. *A New Contract for Welfare: The Gateway to Work, Cm 4102*. London: TSO.

_____. 1999. *Opportunity for All: Tackling Poverty and Social Exclusion, Cm 4445*. London: TSO.

DWP. 2010. *21st Century Welfare*. London: TSO.

Evans, M. 2001. *Welfare to Work and the Organisation of Opportunity: Lessons from Abroad, CASEreport, 15, Centre for Analysis of Social Exclusion*. London: LSE.

Frazis, H. 2002. "Human Capital, Signaling, and Pattern of Return to Education." *Oxford Economic Papers* 54(April): 298-320.

Gregg, P., and E. Tominey. 2005. "The Wage Scar from Youth Unemployment." *Labour Economics* 12(4): 487-509.

Grimshaw, D. 2011. "경제위기와 저임금 고용: 영국의 정책조치." 『국제노동브리프』 9(9).

Kawaguchi, D., and T. Murao. 2012. "Who Bears the Cost of the Business Cycle? Labor-Market Institutions and Volatility of the Youth Unemployment Rate." *IZA Journal of Labor Policy* 1(10): 1-22.

Lee, N., P. Sissons, B. Balaram, K. Jones, & N. Cominetti. 2012. *Short-term crisis- long- term problem? Addressing the Youth Employment Challenge*. London: The Work Foundation.

Longlands, S. 2010. "영국 정부의 고용전략 및 경기침체에 대한 대응." 『국제노동브리프』 8(4).

Mascherini, M. 2012. "유럽의 니트: 특성, 비용 및 정책대응." 『국제노동브리프』 11(5).

OECD. 1998. *Employment Outlook*. OECD.

Pemberton. 2008. "Tackling the NEET generation and the ability of policy to generate a NEET solution-evidence from the UK." In *Environment and Planning C: Government and Policy* 26(1): 243-259.

Salas-Velasco, M. 2007 "The transition from higher education in employment in europe: the analysis of the time to obtain the first job." *Higher Education* 54: 333-360.

Schmid, G. 2013 "Youth Unemployment in Korea: From a German and Transitional labour Market Point of View." *THE HRD REVIEW* 69. 한국직업능력개발원.

Shanks, K. 1982. *After Community Industry*. London: Community Industry.

Social Exclusion Unit. 1999. "Bring the Gap: New Opportunities for 16-18 Year-Olds Not in Education, Employment or Training." London: The Stationery Office.

Sung, J. 2009. "경제위기하에서 영국의 실업과 직업훈련." 『국제노동브리프』 7(8).

The Prince's Trust. 2010a. *YouGov Youth Index*. London: The Prince's Trust.

______. 2010b. *The Cost of Exclusion: Counting the Cost of Youth Disadvantage in the UK*. London: The Prince's Trust.

Treasury, HM. 2010. "Securing he Recovery." *Budget 2010*. London: HMSO.

UKCES. 2014a. "Working Futures 2012 to 2022: Main Report." *UK Commission for Employment and Skills*.

______. 2014b. "The Labour Market Story: The State of UK Skills." *UK Commission for Employment and Skills*.

______. 2015. "Catch 16-24: Youth Employment Challenge." *UK Commission for Employment and Skills*.

Vegeris, S., L. Adams, K. Oldfield, C. Bertram, R. Davidson, L. Durante et al. 2011. *Flexible New Deal Evaluation: Customer Survey and Qualitative Research Findings*. London: DWP.

Wolf, A. 2011. *Review of Vocational Education-The Wolf Report*. London: TSO.

독일의 청년실업과 고용 대책:
직업교육훈련 '이원체제(dual system)'를 중심으로

이호근 • 전북대학교 법학전문대학원

Ⅰ. 문제제기

우리나라의 청년고용은 구조적인 문제를 안고 있다. 표면상으로만 보면 우리나라의 청년실업률은 OECD 평균 청년실업률(20%)에 비해 통계상 수치로는 9.3%로 낮은 수준에 있다. 그러나 이러한 표면적인 통계치 이면에 우리나라 청년고용과 관련된 복잡한 문제가 있다. 무엇이 문제일까? 먼저, 우리나라 청년고용이 문제인 것은 실업률이 ① 2007년/8년 이후 지속적으로 증가추세이며, ② 2014년 이후 8.4% → 2015년 8.0% → 다시 2016년에 9.3%로 현재에도 증가추세에 있으며, ③ 향후에도 개선될 전망이 보이지 않는다는 데 있다. 무엇보다 우리나라의 청년고용률과 경제활동참가율이 낮은 것은, 대학진학률이 높을 뿐만 아니라, 취업이 어려워 졸업을 미루거나, 대학원 진학, 취업준비 등을 위해 노동시장에 참가하지 않고 있는 청년이 많기 때문이다. 그런데 표면적인 통계치인 청년(15~24

세) 실업률이 9.3%에 머물고 있으나 사실은 보다 큰 규모의 '취업애로층'[1]이 폭넓게 존재하고 있다. 100만 명이 넘는 이 취업애로층이란 청년실업의 1차 고용지표상 공식통계를 넘어 존재하는 청년층을 의미한다. 이는 청년(15~29세) 대상 연령층 가운데 실업자 39.7만 명+추가 취업 희망자 6.8만 명+잠재적 구직자 61만 명을 합하여 약 107만 7천 명이 이른바 취업애로층으로 분류되고 있다. 한편, OECD 국가 중 우리나라 청년실업률보다 낮은 국가는 일본·노르웨이·독일·스위스 등이 있다. 특히 유럽 독일어권 국가인 독일, 스위스, 오스트리아, 그리고 덴마크의 청년실업률은 매우 양호한 것으로 보인다. 그 이유는 무엇일까? 본고에서는 이러한 게르만권 국가들 중 대표 국가라 할 수 있는 독일의 청년고용 현황은 어떠하며, 특히 독일의 청년고용 '대책'과 함께 관련 '제도'를 분석하고 우리에게 주는 시사점을 도출하고자 한다.

본고에서는 먼저 독일의 주요 청년고용'정책'을 분석한다. 독일의 경우 청년고용정책은 주로 저숙련자나, 장애인, 장기실업자 등 사회적 취약계층 청년에 대한 대책이 중심을 이루고 있다. 이 점은 일본의 청년고용정책 대상과도 유사한 측면이 존재하는데, 우리나라 청년고용의 문제는 대졸자 등 고등교육을 마친 후 고학력자의 실업으로 이들 국가와 대비되고 있다. 그다음 독일 청년고용의 핵심인 '직업교육훈련제도'를 상세히 분석하고자 한다. 이른바 '이원체제(dual system)'로 알려져 있는 독일의 사업장과 직업학교에서 견습생 신분으로, 사업주와 계약을 통해 직업교육과 훈련을 병행하며,

---

1) '취업애로층'은 이른바 '고용보조지표'를 활용하여 취업에 애로를 갖고 있는 대상층을 분류하는 통계이다. 이에 따르면 먼저, ① 고용보조지표1(%)=(시간 관련 추가 취업가능자+실업자)÷경제활동인구×100, ② 고용보조지표2(%)=(실업자+잠재적경제활동인구)÷확장경제활동인구×100, ③ 고용보조지표3(%)=(시간 관련 추가 취업가능자+실업자+잠재경제활동인구)÷확장경제활동인구×100으로 나눌 수 있으며 특히 제3의 고용보조지표에 따르면 우리나라 15~29세까지의 연령층 22%까지가 청년취업애로계층이라고 할 수 있다. 김 준, 「청년 일자리 현황과 입법·정책적 과제 세미나 토론문」, "청년 일자리 현황과 입법·정책적 개선방안 토론회"(2016.9.23) 자료집, 국회입법조사처, p.28 참조.

이것을 뒷받침하는 교육 커리큘럼과 정부 및 노사의 역할, 그리고 이것이 자연스럽게 취업으로 이어지는 이 독특한 제도가 어떤 배경하에 형성되었으며, 구체적으로 어떻게 구성·운영되고 있으며, 그것이 다른 주변국가와 달리 어떻게 청년고용의 우수한 성과를 보이고 있는지를 분석하고 우리에게 주는 함의를 도출하고자 한다.

II. 독일 고용시장과 청년실업 현황

독일은 유럽연합에서도 청년고용이 매우 양호한 국가에 속한다. 독일이 선진국 경제(OECD)권에서 청년고용에 관한 한 드물게 독자적인 모습을 보이고 있어 주목된다. 〈그림 1〉은 그러한 유럽연합과 독일 청년고용 상황을 잘 나타내주고 있다. 한편, 최근 독일의 경제현황과 고용노동시장의 최근 현황을 보면 선진국 경제 중에서는 전반적으로 매우 양호한 모습을 보여주고 있다. 독일의 노동시장 주요 과제로 '청년고용'은 다른 나라에 비하여 여태껏 고용정책의 중심 이슈는 아니었다. 그만큼 독일의 청년고용 현황이 다른 나라와 구분되며, 다른 방식으로 관리되고 있다고 할 수 있다.[2] 이것은 주목되는 사안으로서, 다른 나라에 이식하기도 쉽지 않은 오랜 역사적 발전과정의 형성물이라고 할 수 있다.

최근 독일 노동시장의 주요 이슈는 다음과 같은 주제들이다. 첫째, 가장 주목되는 것이 '디지털 자본주의시대 노동의 미래'의 문제이다.[3] 독일 정

2) Sebastian Königs, "청년 노동시장 — 호주 및 독일의 사례," 「청년, 더 나은 일자리로의 모색 — Pathways to Youth Employment」, KLI-OECD 청년고용 국제컨퍼런스 발표자료(2017.6.30), 서울, pp.29-38 참조.

3) 한국노동연구원, "기술의 변화와 노동의 미래 — 개원 28주년 기념세미나"(2016.9.30) 자료집 참조.

유럽연합과 독일의 청년실업 현황

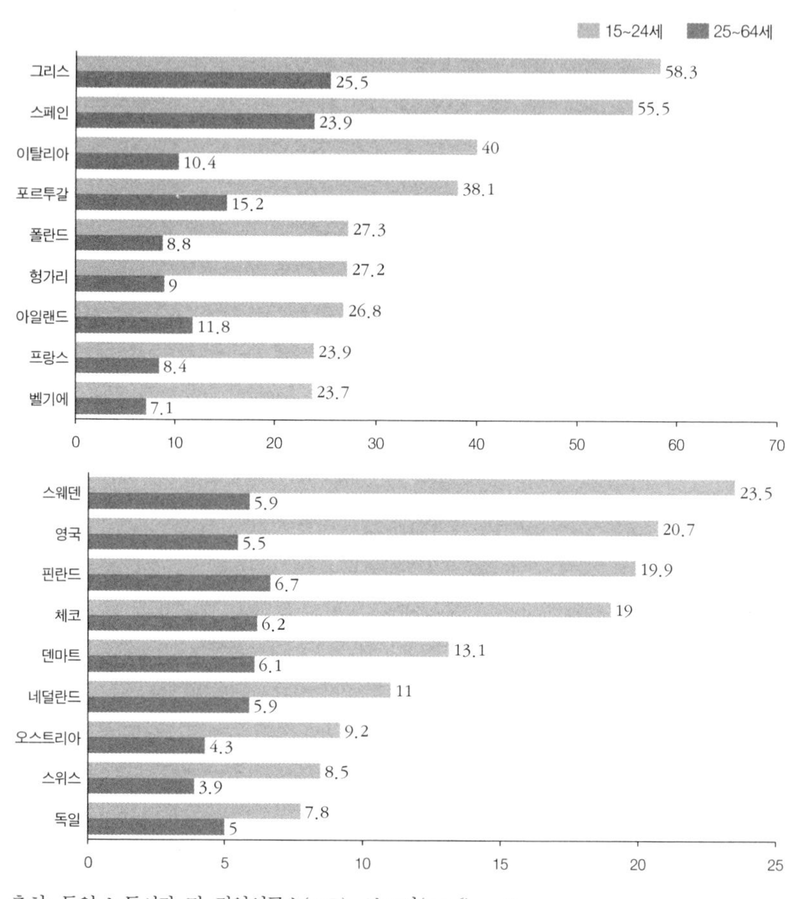

출처: 독일 노동시장 및 직업연구소(IAB), 보고서(2016), p.2

부가 2011년 생산과 경제체제의 '디지털화(Digitalisierung)'로 인공지능(AI), 사물인터넷(Things of Internet), 로봇(Robot)화 등이 초래하는 이른바 제4차 산업혁명의 파고인 '인더스트리 4.0(Industrie 4.0)' 시대 선언을 하고 난 이후, 그에 대응하여 '노동 4.0(Arbeiten 4.0)'에 대한 논의가 본격화되고 있으며, 2015년에는 정부 차원의 노동사회부에서 '녹서(Grünbuch)'가 나온 이후, 2016년 11월 말에는 이런 문제가 미래 고용노동시장과 노동관계에 미치는 영향을 심층 분석하는 정부 차원의 '백서(Weißbuch)'[4]가 출간되었다. '플랫폼 경제(Platform Economy)', '공유경제(Sharing Economy)' 등 혁신적인 경제체제의 변화는 고용노동시장의 상당한 변화를 초래할 것으로 보고되고 있다.[5]

두 번째 과제는 최근 중동과 아프리카의 분쟁 지역 그리고 2004년 유럽연합이 확대된 이후 동유럽에서 서유럽 중심부로 노동인력의 이동이 심화되며 증가한 '이주노동(Migration Worker)'의 문제가 가장 큰 문제로 대두되고 있다.

셋째, 노동시장의 주요 이슈는 '사회적 취약계층(여성, 장애인, 저임금근로자, 저숙련자 등)'의 고용 문제이다. 특히 독일과 유럽연합 국가들의 공통적인 문제는 실업의 50% 이상을 차지하고 있는 1년 이상 장기실업자가 구조적 문제라 할 수 있는데, 이에 대한 대책이 주목된다. 독일은 최초 노동시장 진입 시 첫 8년간 취업이 어려운 경우, 이것이 장기간 노동시장 진입을 어렵게 하는 것[6]으로 보고 그 문제의 해소에 주력하려는 모습을 보이고 있는데, 바로 이 부분이 청년고용 대책 관련 우리가 관심 있게 보아야 할 문제라 할 수 있다. 아울러 그다음 8년까지 그룹별로 단계적인 정책대상을 설정하고, 맞춤형 고용 대책을 논의하고 있다.

넷째, 독일의 노동시장의 최대의 문제는 우리나라와 마찬가지로 고용형태의 다변화가 초래하는 '불안정 고용의 증가'와 이로 인한 '저임금 근로의 확산'이 노동시장 양극화를 심화시키고 있는 문제라 할 수 있다. 이 문제는 2000년대 고실업의 경제사회적 위기 시 추진되었던 이른바 'Agenda 2010' 하에서 2003~5년까지 진행된 하르츠개혁(Hartz Reform)이 노동시장 내 실업을 줄이고, 고용을 늘려 상당한 양적인 성과를 가져온 것으로 평가되나, 그와 동시에 다수의 불안전고용이 증가하여 그에 대한 평가는 긍정론과 비

---

4) Bundesministerium für Arbeit und Soziales, *Weißbuch Arbeiten 4.0* (2016) 참조.

5) 이에 대해서는 김기선, "디지털화와 노동 – 디지털시대 노동의 과제," 한국노동연구원 개원기념 28주년 세미나 발제문(2016), pp.87-112 참조.

6) 김기선(2016) 참조.

판론이 공존하고 있다.

청년고용 대책은 독일에서는 사실 우리가 기대한 만큼 두드러진 주된 노동시장의 주제는 아니라고 할 수 있다. 그럼에도 독일 청년고용의 문제는 지금까지 주로 '저숙련 사회적 취약계층의 청년고용 대책'이 중심을 이루어 왔다.[7] 그러한 독일의 청년고용 상황에 있어 주목하여야 할 점은 개별적인 정책은 물론, 결국 청년고용을 둘러싸고 있는 주변 제도와 환경 특히, 이 나라의 독특한 직업교육훈련제도와 수요자인 사용자, 긴밀한 협력파트너인 노동조합 그리고 이를 지원하는 정부의 기본적인 태도라 할 수 있다. 이처럼 독일의 청년고용은 개별적인 청년고용촉진을 위한 정책패키지 그자체만으로서가 아니라, ① 독자적인 '직업교육훈련제도,' ② 그 기반 위에서 학교와 직장(school-to work)을 효과적으로 연계하는 '고용서비스체제,' ③ '숙련'을 중시하는 '기업들의 관심과 개입' 및 '노사정간의 긴밀한 협의' 등이 안정적이며 상대적으로 높은 청년고용 성과의 핵심이라는 점을 주목할 필요가 있다.

III. 독일 청년실업 대책

독일의 청년고용 '대책' 프로그램은 1980년대 이후 꾸준히 추진되어 왔다. 그러나 독일은 청년실업이 그 자체로 비중이 상대적으로 높지 않은 편이다. 때문에 우리와 같이 큰 사회적 이슈가 아니다. 독일의 청년고용은 교육과 직업훈련 그리고 취업 등이 독자적으로 오랜 기간 동안 독특한 체제를 형성하여 비교적 잘 관리되고 있다. 따라서 독일에서는

7) G. Schmid, "한국의 청년실업: 독일 및 이행노동시장의 관점에서," *The HRD Review* (한국직업능력개발연구원, 2013) 참조.

청년들을 대상으로 하는 고용정책 프로그램은 주로 일시적으로 추진되거나, 우리와는 다른 관점에서 접근하고 있다.

2000년대 들어 독일의 청년고용 대책은 ① 저소득가구 청년근로자와 ② 장기실업자들을 주 대상으로 추진되었다. 우리나라 청년고용 대책이 대졸실업자 등 고학력 청년실업이 주된 문제라 한다[8]면 독일은 저숙련과 장애인, 장기실업자 등 사회적 취약계층에 청년고용 대책이 집중되었다. 독일은 2000년부터 2004년까지 실업률이 급증하여 급기야 500만 명이 넘는 실업률을 보이며 대대적인 노동사회개혁을 추진하였다. 이 시기에 실업률의 증가와 청년고용률의 하락은 무엇보다 장기적인 '경기침체'와 다른 선진국에 비하여 상대적으로 높은 수준의 '임금'이 고용시장의 경직성을 초래한 데 주요 원인이 있는 것으로 주장되었다.[9] 특히 동서독 통일 이후에 양 지역 간의 생산성 차이를 고려하지 아니하고, 소득 평준화를 위해 단 시간에 구 동독지역의 임금수준을 서독지역의 70%까지 인상함으로써 독일은 전체적으로 고임금의 고용형태를 갖게 되었고, 이것이 역으로 고용시장의 장애로 나타나며 2000년대 초반에 높은 실업률로 나타나게 되었다.

한편, 1990년 통일 이후 동독지역의 가급적 빠른 통합을 위하여 막대한 재정 및 조세지원이 이루어졌음에도, 동독지역의 낮은 생산성으로 인하여 그것이 고용증대로 이어지지는 못했다. 게다가 국민총생산의 1/3에 이르는 사회보장지출과 증가한 실업률은 실업수당과 1인당 복지예산의 부담도 함

---

8) 주지하다시피 우리나라 청년(15~24세)의 공식 실업률은 9.3%로 집계되고 있다. 그러나 사실상 구직을 포기했거나 취업, 교육, 직업훈련을 모두 포기한 이른바 NEET족, 유학이나 진학 그리고 각종 공무원시험이나 자격증시험 준비 등에 치중해 사실상 구직이 어려운 상태에 있는 청년층을 모두 합한 지표인 이른바 '고용보조지표 3'을 이용한 우리나라의 실질적인 청년실업자 수는 사실상 117만 명으로, 같은 연령층 인구의 20%에 달하는 청년이 취업상태 밖에 있는 것으로 추산된다. 그러나 이러한 잠재적 실업자를 포함한 청년층이 '임금체계의 개편'이나 '해고제한의 완화 등 노동유연화 전략'에 의해서만 해결될 수 있다고 주장하는 것은 전형적인 신자유주의정책이다.

9) G. Schmid, "한국의 청년실업: 독일 및 이행노동시장의 관점에서," *The HRD Review* (한국직업능력개발연구원, 2013), p.131 참조.

께 증가시키며 독일은 한때 "유럽의 병자(German Disease)"로 불리며 청년 고용의 문제 역시 대두되었다.

1. 일자리-활성화, 자격, 훈련, 투자, 중개법(Job-AQTIV) 제정과 청년고용 촉진

1998년 10월에 집권한 슈뢰더(Schröder) 적록정부는 2000년대 초 실업자 수가 무려 500만 명에 이르게 되자 적극적인 고용 대책을 모색하고자 노동사회보장법의 여러 법령 개정 작업에 착수한다. 2001년 9월에 연방사회법(BSG: Bundessozialgesetz)의 제III권(Arbeitsförderung, 고용촉진), 제IV권(Gemeinsame Vorschriften für die Sozialversicherung, 사회보험일반원칙), 제V권(Gesetzliche Krankenversicherung, 법정의료보험), 제VI권(Gesetzliche Rentenversicherung, 법정연금보험), 제IX권(Rehabilitation und Teilhabe behinderter Menschen, 재활과 장애인의 참여) 그리고 제XI권(Soziale Pflegeversicherung, 사회적 장기요양보험) 및 근로자파견법(Arbeitsnehmerüberlassungsgesetz), 종업원평의회법(Betriebsratgesetz), 노동법원법(Arbeitsgerichtgesetz) 등 수많은 법령의 개정 작업에 착수한다.

이들 법령 개정의 주된 내용은 ① 장기실업자를 회피하고, ② 개별적인 고용능력을 제고하며, ③ 예방적인 노동시장정책을 강화하고, ④ 노동시장정책의 유연화와 ⑤ 고령자의 고용기회 개선 및 ⑥ 남녀 간의 노동시장에서 동등대우를 촉진하고, ⑦ 실업 시에 사회적 안전망을 확충하는 것이었다. 여기에서 이른바 'Job-AQTIV-Gesetz(약칭, 직업활성화법)'이 제정되어 시행되었다. 이 법의 명칭인 'AQTIV'는 '활성화(Aktivieren), 자격(Qualifizieren), 훈련(Trainieren), 투자(Investieren), 중개(Vermitteln)'의 약자로 기존의 '고용을 위한 연대' 차원에서 추진되어왔으며, 이 법제정 이후 시행된 Hartz법의 '선행적' 성격을 띠었다.[10)]

이 법령 중 청년고용 대책으로 긴급청년프로그램(Jusopro), 기업에서의 실습비 보조(AQJ: Arbeit und Qualifizierung für noch nicht ausbildungsgeeignete Jugendliche), 청년활성화 촉진을 위한 비용의 50%까지 보조, 중개프리미엄을 통한 기업 밖 양성훈련 수행기관의 촉진, 근로자파견의 완화, 직업순환(Job-Rotation)제 도입, 취업 시 '합당성척도(Zumutbarkeitskriterien)' 완화, 실업위험 시 신고의무화, 직업양성훈련과 계속교육 및 훈련참여 시 자녀의 돌봄비용 지원, 일자리 중개강화와 프로파일링, 기회예측 및 합의확신 등을 통한 자문, 취업 초기 적응 합의, 그리고 구직중개의 제3자 위탁 가능성 등 모든 '활성화 조처'를 포함하는 것이었다.

그러나 의무적인 적응합의는 억압적 수단으로, 제3자 위임 가능성은 걱정스럽게 받아들여졌고, '합당성척도'[11] 완화는 탈 숙련의 수단으로 인식되며 비판의 대상이 되기도 하였다.[12] 그러나 국가의 적극적인 노동시장정책이 명시된 이 법은 이어 2003~2005년에 추진된 Hartz법 제정을 통하여 완전한 노동시장활성화법으로 발전하게 되었고 독일의 청년고용 대책은 이 연장선상에서 지속적으로 추진되었다.

2. 점프(JUMP) 및 점프플러스(JUMP Plus) 정책을 통한 청년고용 촉진

독일은 1980년대부터 고용시장의 급변에 대응하기 위하여 실업의 '기간'

---

10) Christian Brinkmann, "Das Job-AQTIV-Gesetz: Evaluation zwischen Handlungszwängen und solidem Handwerk," IAB, 21(März, 2002) 참조.

11) 독일 연방사회법(BSG) 제III권 §140(Zumutbare Beschäftigung)은 실업급여를 수급하기 위한 조건으로 이른바 '합당성기준(Zumutbarkeitkriterien)'을 예시하고 있는데, 이에 따르면, 예를 들면 처음 3개월간 일자리가 종전 소득 대비 20% 미만 감액된 일자리거나, 그 다음 3개월간에는 30% 미만 감액, 그리고 실직 7개월 차부터는 순소득이 실업급여 이상 지급되는 모든 일자리를 합당한 적정 기준 일자리로 간주하고 있는데 이 기준을 낮추어 고용을 촉진하고자 했던 것이다.

12) https://de.wikipedia.org/wiki/Job-AqTIV-Gesetz 참조.

과 총 실업자의 '수'를 줄이기 위해, '적극적 노동시장정책(ALMP)'의 일환으로 청년층의 고용 대책을 추진하여 왔다.[13] 이후 그 연장선상에서 1998년 들어 '청년들에게 미래전망'을 갖도록 하는 청년 긴급지원 대책인 이른바 **'JUMP(Jugend mit Perspective, 미래전망을 갖는 청년)'** 프로그램이 도입되었다. JUMP는 인접국 청년고용 대책인 영국의 'New Deal'이나 프랑스의 '청년고용(les emplois jeunes)'과 'Trace' 프로그램 등의 영향을 받아 시도된 것이었는데 다음과 같은 특징이 있었다.

첫째, 자격증 획득 또는 직업훈련지원사업이다. 이것은 도제기술을 희망하는 구직자에 대한 지원이나 도제 준비훈련 및 기업의 직업교육훈련을 지원하는 것이다.

둘째, 다음으로 주요 고용촉진사업으로서 신규 취업노동시장의 일자리와 관련한 '편입보조금'[14]을 지급하고, 고용촉진을 위한 고용창출사업(ABM: Arbeitsbeschaffungsmaβnahme)[15]을 실행하는 것이었다.

셋째, 주요 정책목표 대상을 상대로 한 사업으로 장애인 청년 및 기술훈련능력이 제한적인 청년(특히, 외국인 청년층이나 독일 이민자들 등)을 위한 고용대책사업을 실시하는 것이다. 독일의 가장 핵심적인 청년고용 대책 프로그램인 이 JUMP 프로그램에 참여한 청년의 수는 2000년도에 이르러 총 50

---

13) 임운택, "유럽의 청년실업대책, 주요 5개국을 중심으로," 『유럽연구』 제29권 3호(한국유럽학회, 2011), p.77 참조.

14) 연방사회법 제III권 §88(Eingliederungszuschuss, 편입보조금)에 근거한 이 규정에 따라 사용자는 근로자의 채용 시 최소급여에 대한 보상으로 보수에 대한 보조금을 지급받을 수 있다.

15) 이 고용창출조처(ABM: Arbeitsbeschaffungsmaβnahme)는 논란이 많았던 고용 대책으로 1980년대 후반부터 공적보조에 의한 '미숙련 저임금노동의 제2노동시장을 창출'하는 것이었다. 90년대 특히 고실업 시기 공적보조금이 주어지는 이런 사회적 일자리 사업은 2009년 연방사회법 제II권에서 완전히 삭제되었는데, 단기간(6개월에서 최대 1년 이내)에 걸친 저임금 일자리는 일시적인 실업통계의 개선에 기여할지 모르나 대상자의 궁극적인 노동시장 편입에는 기여하지 못하여 실질적인 성과가 의문시되었고, 사용자가 이 제2노동시장에 의존하게 되는 등 부작용이 나타나, 2010년에는 불과 1,000여 명으로 지원대상자가 축소되었고, 2012년 이후 더 이상 추진되지 않고 있다.

만 명에 이르게 되었으며, 그 결과 이 정책은 청년실업해소에 일정한 기여를 하여 청년실업이 부분적으로 하락하였다.

이처럼 JUMP는 2003년까지 시행되었고, 2003년 7월 1일부터는 후속 프로그램인 JUMP PLUS가 2004년 말까지 시행되었는데, 이 프로그램은 내용적으로 그전 JUMP와 대동소이했으며, 특히 지역적·구조적으로 취약한 동독지역 청년들의 사회통합 프로그램으로 활용되었다. 프로그램의 참여 허용기간은 최대 24개월이며 참여자들에게 월 460유로의 재정 지원이 이루어졌다.[16] 주 재원은 독일 정부와 유럽연합의 사회 및 구조기금에서 지원되었다. 이것이 나중에 2013년부터 뒤에 상술하는 유럽 차원의 '청년보장(Youth Guarantee)' 프로그램으로 계속 확대·발전하게 된다.

3. 하르쯔(Hartz)법과 청년고용 촉진

이후 2002년 노동시장개혁을 위한 이른바 'Hartz-Komission(하르쯔 위원회)'을 구성하고 2003년부터 일련의 과제를 추진하는데, 실업자의 자기책임을 강화하고, 민간 일자리 중개의 지원과 노동청(BA)을 통한 임금보조급여 지급요건을 강화하는 등 1, 2차에 걸친 법 개정을 통해 노동시장 서비스의 '현대화'[17]정책을 추진하였다. 2004년에는 '연방노동청(Bundesanstalt für

16) 임운택(2011), p.80 참조.

17) 'Hartz 위원회' 법 개정은 먼저 2002년에 Das Erste Gesetz für moderne Dienstleistungen am Arbeitsmarkt vom 23. Dezember 2002과 Das Zweite Gesetz für moderne Dienstleistungen am Arbeitsmarkt vom 23. Dezember 2002(이른바 Hartz I & II)가 제정되고, 이어 2003년에 노동청(BA)의 전면개편과 초단시간 저임금 근로자보호(Mini and Midi-Job) 및 '1인 주식회사' 촉진지원법인 Das Dritte Gesetz für moderne Dienstleistungen am Arbeitsmarkt vom 23. Dezember 2003(Hartz III) 그리고 실업부조(Arbeitslosenhilfe)와 사회부조(Sozialhilfe)를 통합한 '실업급여 II(Arbeitslosengeld II)' 관련 법(Das Vierte Gesetz für moderne Dienstleistungen am Arbeitsmark: Hartz IV)이 2003~2005년간 순차적으로 제정·발효되었다.

Arbeit)'의 명칭을 '연방노동에이전트(Bundesagentur für Arbeit)'로 개칭하여 고용 관련 서비스체계를 '적극적' 노동시장정책을 뒷받침할 수 있도록 전면 개편하는 등, 2003년부터 2005년까지 단계적으로 본격적인 노동시장개혁을 추진하였다.

사실 이 노동시장개혁의 핵심은 종래 실업부조를 없애고 연방사회법 제 II권(Grundsicherung für Arbeitssuchende, 구직자를 위한 기본소득 보장)에 실업급여 수급기간을 종래 최대 32개월에서 12개월로 줄이고, 대신 '실업급여 II(Arbeitslosengeld II)'를 창출하여 근로할 수 있는 자에 대한 구직지원과 근로할 수 없는 자의 사회부조(Sozialhilfe)를 구분하여 장기실업자를 줄이고 구직활동에 나서도록 하는 적극적 노동시장정책이었다. 당시 집권한 적록정부의 보다 포괄적인 사회정책 개혁프로그램인 'Agenda 2010' 개혁안에 따라 추진된 이 Hartz 노동개혁안은 이후 약 50만 개 이상의 직업을 새롭게 창출하여, 2004년에는 청년실업률이 6% 이하로 떨어지게 되었다.

이 시기 청년고용 대책은 고령자에 대한 지원을 통해 청년고용을 간접적으로 촉진하는 '고령자 파트타임근로(Altersteilzeit)' 촉진제도와 '조기퇴직(Vorruhestand)' 및 연금제도로 전환하는 '퇴직전환(Altersübergang)' 프로그램 등이 있다. 독일 정부는 그 외에 청년고용 등 일자리 창출을 위하여 전술한 JUMP 프로그램과 연동, 사용자를 지원하는 조치로 취업 초기에 근로자 적응과정을 지원키 위하여 '편입보조금(Eingliederungszuschusse)'을 지급하였다. 이는 근로자가 초기 수습과정에 그만큼 업무능력에 한계가 있는 상황에서 이를 보상하려는 목적에서 지급하는 것이다. 보조금의 지급기간 및 수준은 해당근로자의 업무능력, 적응에 필요한 수요를 기준으로 산정, 12개월 한도로, 임금의 1/2을 상한으로 지급되었다.

또한, Hartz법에는 창업을 하려는 자에게 본인의 재정 부담을 줄여주는 '창업지원'도 있다. 이는 청년만을 대상으로 한 것은 아니며, 실업자에게 고용을 알선하는 목적도 있었는데, 지난 2년간 새로이 창업을 하여 5명 미만의 근로자를 고용한 소기업의 사용자가 그 대상이다. 지원은 2명 한도로 이루어지고 지원기간은 최장 12개월이며, 그 기간 동안에 대상 근로자의 임금 1/2이 지원된다. 여기에 창업 후 생계를 지원하는 형태의 '전환보조금(Überbrückungsgeld)'이 지급되기도 한다. 이것은 실업보험급여로 지급받던 금액과 이를 기초로 산정되는 사회보험 보험료의 금액을 합한 액수로 6개월 한도로 지원된다. 결국 Hartz개혁 법안 중 청년고용과 직접적으로 관련된 정책은 대부분 '활성화'정책이었다. 그러나 이 법안들은 양질의 일자리 창출보다는 노동시장 이중구조를 심화시키고, 저임금 노동을 증대시키는 등 실질적으로 '양적'인 일자리 증가에 초점을 맞춘 정책이라는 비판 속에 논란이 지속되어 왔다.[18]

4. '양성훈련 협약(Ausbildungspakt)'을 통한 청년고용 촉진

특히 청년고용과 더불어 주목할 만한 것은 독일 정부가 추진해 온 직업훈련협약이다. 이 양성훈련 협약은 이미 1998년 슈뢰더 적록정권 시 고용문제 등에 관한 노사정 정상회담인 '고용과 양성훈련과 경쟁력을 위한 연대(Bündnis für Beschäftung, Ausbildung und Wettbewerbsfäigkeit)'를 통해 국가 수준에서 노사정이 특히 양성훈련의 촉진을 통한 고용위기 극복시도에서 비롯되었다.[19] 그러나 이후 2002년 제8차 회담에서 임금정책을 둘러싼 노사 간 대립으로 공동성명을 발표하지 못하게 되었다. 노조가 더 이상 참여

---

18) Peter Hartz, "Macht und Ohnmacht, im Gespräch mit Inge Kloepfer, Hoffmann und Campe"(2007) 및 Matthias Kaufmann, "Kein Recht auf Faulheit. Das Bild von Erwerbslosen in der Debatte um die Hartz-Reformen, Reihe: Theorie und Praxis der Diskursforschung"(Springer, 2013) 참조.

19) 그 이전 동서독 통일 후유증으로 고용에 심각한 위기상황에서 금속노조(IG-Metall) 위원장인 Zwickel은 Helmut Kohl 기민/기사-자유당 연정에 '노동을 위한 연대(Bündnis für Arbeit)'를 제안하고 노사정은 1995년에 장기실업자 대책, 직업훈련의 촉진과 총 실업자 수의 반감 등을 목표로 기본 합의를 하게 된다. 그러나 콜 수상 정부는 이 합의 후 1996년 이후 해고제한 완화 등 노동시장 유연화정책을 추진, 노조는 이에 반발 이 연대에 더 이상 참여하지 않게 된다. 이후 Schröder 적록정권의 집권과 함께 새로운 연대가 1998부터 추진되었다.

를 하지 않자 정부는 2004년부터 사용자단체와 이른바 직업훈련을 위한 '양성훈련 협약(Ausbildungspakt)'을 체결하고, 훈련생 일자리를 창출하는 기업들에 대해서 인센티브를 제공하는 정책을 펴 왔다.

실업학교(Realschule), 기간학교(Hauptschule) 그리고 일반학교(Gymnasium)의 '1단계 교육과정을 이수'한 15~19세 독일 학생의 약 2/3가 사용자와의 계약을 체결하고 3년 내지 3년 반에 걸친 도제식 직업교육훈련을 받는다. 이때 직업학교에서의 공식적 직업교육과 기업에서의 현장훈련이 '이원체제'로 병행적으로 이루어지며 교육훈련을 이수한 훈련생은 국가가 인정하는 자격증을 받아 노동시장에 진출할 수 있다.[20] 훈련생은 근로감독관, 인적 네트워크, 신문광고를 통해 직접지원 등을 통해 기업과 계약을 체결하게 되는데 이 양성훈련의 총량적 목표치에 대한 국가 차원의 협약이 이루어졌던 것이다. 그러나 교육훈련생을 실제 어느 직종에 몇 명이나 채용할 것인지에 대해서는 기업이 자주적으로 결정한다.[21] 학생들은 3~4일은 기업에서 실습을 하고, 1~2일은 직업학교에서 이론 중심의 수업을 듣는다. 이론과 직업 관련 교육비중은 각각 1 : 2를 차지하며 청소년들을 전공 관련 수업 외 독일어, 사회학 같은 일반과목을 이수한다. 직업훈련생들은 계약기간 중 직업교육보수를 받는다. 보수는 임금률이 규정되어 있는데, 월 약 250유로부터 920유로까지 직업마다 다양한 차이가 있으나 평균 500~600유로 정도이며, 계약기간 중 사회보험의 적용을 받고, 학습자료, 식사, 작업복, 교통비 지원과 기업에 따라 별도 보조금을 지급받기도 한다.[22]

기업은 해당 기업에 필요한 인력을 조기에 직접 양성할 수 있는 장점이 있고, 직업교육훈련 참가자 입장에서는 계약종료 후 해당 기업에 대부분 취업가능성이 보장되는 장점이 있는 제도이다. 정부와 사용자단체와의 이 양

---

20) Lothar Funk, "독일의 직업교육훈련 제도의 실태와 전망," 『국제노동브리프』, 특집: 이원적 직업교육훈련 제도 2(한국노동연구원, 2006), pp.47-48 참조.

21) 장홍근·정승국·오학수, 『숙련개발체제와 노사관계 ― 한국, 일본, 독일의 사례』, 한국노동연구원 정책연구 2009-05(한국노동연구원, 2009), p.47 참조.

22) 장홍근·정승국·오학수(2009), p.48 참조.

성훈련 협약은 최근까지도 지속적으로 갱신되어 오고 있으며, 나름의 청년 고용에 상당히 긍정적인 성과를 거둔 것으로 평가되고 있다. 2005년 이후에도 양성훈련 계약은 꾸준히 상승하여 연간 650,000개의 양성훈련 계약이 체결되고 있는데, 지난 2010년 10월에 협약을 갱신하여 2014년까지 지속되도록 하였다.

이러한 독일의 청년고용 대책이 시사하는 바는 '선택과 집중'이 필요하며 단기적이나 일시적인 정책, 개별적인 정책을 남발하기보다는 관련 '제도와 정책 간 연계'적 관점에서 '지속성'을 갖고 지원되는 프로그램의 중요성이라 하겠다. 한편, 슈미트(G. Schmid)는 2008/9년 세계금융위기 시 독일에서 고용조정의 주 희생자로 청년근로자를 보고 있다. 특히 상대적으로 많은 청년들이 종사하던 건설업이 자산가격 버블로 인해 큰 타격을 입었는데, 청년층의 타격이 컸다. 따라서 그는 청년고용을 촉진한다며 이런저런 섣부른 정책을 추진하기보다는 '체제 내의 자동안정화 장치(automatic stabilizer)'의 수립을 강조하고 있다. 즉, 여기에는 ① 경제위기 동안 유효수요를 유지할 수 있는 '실업보험,' ② 경제위기 동안의 근로자·사용자·국가 간 위험분담을 통해 실업을 예방하는 '조업단축수단(Kurzarbeitergeld, short time work allowance),'[23] ③ 직업의 유무와 상관없는 '전국민건강보험,' ④ 개인의 근로생애 경력과는 상관없는 '안정적인 기초연금(reliable basic pension)' 등이 그것이다.

슈미트는 이어 혁신적인 민간투자를 위한 적절한 기준의 설정을 통해

---

23) 독일에서는 경기침체, 계절적 요인 등 일시적 작업 중단으로 인한 근로자의 실업을 방지하고 고용관계를 유지하기 위한 제도로 '조업단축지원금제도(Kurzarbeitergeld)'가 있다. 경제여건의 악화 및 기업의 구조조정, 자연재해 등의 이유로 고용조정과 일시적 조업단축이 불가피하여 근로자의 임금이 삭감되는 경우, 이를 보상키 위한 것이다. 1개월에 3분의 1 이상의 근로자에게 10% 이상의 임금 삭감이 예상되는 경우 지원된다. 지원금은 최장 6개월까지 지급되며, 삭감되기 전 임금의 60% 혹은 가족이 있는 경우 67%(자녀 1인 이상 양육 기혼자)가 지급되는 것으로 지난 2008/9년 세계경제위기 시 독일은 이 제도에 의하여 대량실업을 막고 고용유지를 이뤄, 전 세계적인 주목을 받기도 하였다. 이에 대해서는 이호근, "정리해고 등 기업의 고용조정과 독일의 '조업단축지원금' 제도의 고용안전망 역할에 관한 고찰," 『노동정책연구』 제12권 제3호(2012), pp.177-214 참조.

'지속가능한 민간투자의 경쟁력 지원'을 강조한다. 즉, '금융시장에 대한 효과적인 통제'와 '상품시장 독점에 대한 규제' 등을 들고 있는데 '정보통신기술과 녹색기술의 육성 같은 목표지향적인 산업정책'도 새로운 일자리를 창출하는 데 도움이 되는 것으로 보고 있다.

동시에 그는 한국에서 제조업의 감소가 한국의 청년실업의 증가와 밀접한 관련이 있다고 진단하고 있다. 즉 제조업 감소와 반대로 수출 가능한 고품질 서비스의 결여로 정부가 고용 대책으로 교육·건강·아동·보육 및 노인 부양과 같은 공공재와 관련된 일자리를 창출하는 중요성을 강조하고 있다는 것이다. 그러나 한국은 고품질 서비스에서의 청년고용창출이 이루어질 수 있도록 노력할 필요를 강조하고 있다. 동시에 '활성화(activating) 정책'[24]을 통해 근로자 1인당 GDP의 1%만큼 실업자 1인당 적극적 노동시장정책 지출을 증가시키면서 전체 청년 NEET 위험을 낮출 수 있는 것으로 보고, 청년이 '학력'에 의해서가 아니라 '능력'에 의해 일자리를 배분되는 것을 보장하는 시장원칙을 확립하는 것을 중요한 것으로 간주하고 있다.[25]

5. 유럽연합 '청년보장(Youth Guarantee)'의 독일 내 이행을 통한 청년고용 촉진

2008~2009년 글로벌 금융위기가 남긴 고용위기는 유럽연합 전반에 상당한 파장을 남겼다. 그러나 고용에서 가장 타격을 받은 계층이 청년층이었

24) 심창학, 『사회보호 활성화 레짐과 복지국가의 재편』(도서출판 오름, 2014) 참조.

25) G. Schmid(2013), pp.130-132 참조. 슈미트는 '즉각적인 청년실업대책'으로 최근 유럽연합 집행위원회가 추진하는 '유럽청년보장(European Youth Guarantee)'을 들고 있다. 이는 4개월 동안 일자리가 없는 25세 미만 모든 청년에게 일자리, 도제훈련, 향상훈련 또는 훈련과 결합된 일자리에 대한 권리를 부여하는 것을 의미하는데 그 목표는 ① 조기 학교중퇴의 방지, ② 조기 학교중퇴자의 재통합, ③ 학교에서 노동시장으로의 이행촉진, ④ 취업능력의 향상, ⑤ 사용자에 대한 장벽 제거와 장려금 제공 등을 적극 고려할 것을 강조하고 있다.

다. 이들에 대해 2012년/2013년 유럽연합 내 청년실업이 23%의 사상 최고치를 기록하자, 2012년 12월 유럽연합이사회는 전 유럽 차원에서의 대응방안을 강구하게 된다. 이렇게 추진되고 있는 것이 이른바 전 유럽적 범위에 걸쳐 추진되고 있는 '청년보장(Youth Guarantee)' 프로그램이며, 독일은 회원국으로 이 프로그램에 적극 참여하고 있다. "청년보장(Youth Guarantee) 이란 청년들이 실직하거나 정규교육을 마친 시점으로부터 4개월 이내에 양질의 고용, 계속교육, 견습 또는 훈련을 제공받는 상황을 가리킨다. 계속교육 제공은 직업능력 자격증으로 이어지는 양질의 훈련 프로그램도 포함될 수 있다."[26]

유럽연합은 이러한 청년보장 프로그램과 관련 각 회원국은 '청년보장 이행계획(YGIP: Youth Guarantee Implementation Plans)'을 작성하여 제출 및 관련 운영프로그램을 마련하고, 이를 기반으로 '유럽구조기금(European Structural Funds)'과 '청년고용이니시어티브(YEI: Youth Employment Initiative)'를 통해 재정지원토록 하였다.[27]

독일은 2014년도에 보고된 '국가이행계획'[28]을 통해 독일 청년고용의 현황과 과제를 분석하고 있다. 이 보고서를 보면 독일은 청년실업 관련 15~20세까지와 20~25세까지의 두 연령그룹으로 구분하고, 특히 청년실업이 문제가 되는 연령그룹이 20~25세로 절대다수인 청년층의 83%를 차지한다고 보고 있다. 그리고 청년실업의 '기간'과 관련 2013년도 평균 3.9개월로 분석

---

26) Council of the European Union, 2013, Council Recommendation of 22 April 2013 on establishing a Youth Guarantee(2013/C 120/1) 참조.

27) 마시밀리아노 마스케리니(Massimilano Mascherini), "유럽청년보장: 유럽 청년정책의 새로운 기본 틀," 『국제노동브리프』, 기획특집① — 청년고용증진정책, 한국노동연구원(2016.5), p.10 참조. 그에 따르면 유럽연합에서는 1981년 북유럽협의회 차원에서 이러한 청년보장이 논의되어 시행되고 있으며 2012년 전 유럽 차원에서 이것을 시행하게 되었다는 점이다. 종전과 비교되는 점은 청년고용 대책이 전면적이고, 조기에 가동되며, 교육과 훈련을 연계하고, 이를 지원하기 위한 수당 등 재정지원 방안 등이 공세적으로 추진된다는 점이다.

28) Bundesministerium für Arbeit und Soziales, "Nationaler Implementierungsplan zur Umsetzung der EU-Jugendgarantie in Deutschland"(2014) 참조.

하고, 20~25세 연령층의 4개월 이상 실업자 중에서 60%가 직업교육수료증이 없으며, 20~29세 연령층 청년 중 1,4백만 명의 청년(해당연령층의 15%)이 마찬가지로 이러한 '양성훈련수료증'이 없다고 분석하고 이들에 대한 대책에 주력하고자 하고 있다.[29]

또한 독일은 국가이행보고서에서 15~25세 청년 중 대략 29.4%가 이민배경을 갖고 있는 청년층(5,74백만 명)으로 분석하고 이들이 학교와 직업으로의 이행이 특별히 어려운 것으로 분석하고 있다. 그 다음의 쟁점으로 독일은 이른바 'NEET(Not in Education, Employment or Training)' 청년층이 2012년 현재 7.1%(640,000명)에 달하고 있는데 이 가운데 '실직 중인 NEET 청년'이 270,000명 그리고 '비경제활동인구 중 NEET 청년'이 370,000명으로 분류하고 이들 중 건강상의 이유 등으로 일할 수 없는 한부모 가정의 청년이거나 장애를 갖고 있는 청년으로, 독일은 기본적으로 이들에게 모든 정보를 제공하고, 필요 시 적합한 '지원'을 제공한다는 정책추진 계획을 보고하고 있다. 결국 2014년 현재 독일의 청년보장의 핵심은 20~25세 직업교육수료증이 없는 청년들을 주 대상으로 하고 있다[30]고 밝히고 있다.

이상에서 살펴본 바와 같이 독일에서는 청년고용 관련 다양한 정책 프로그램을 운용하고 나름의 성과를 거두고 있다. 그러나 독일의 청년고용 대책은 주로 저소득 취약계층 청년을 대상으로 이들의 고용가능성을 제고하고, 학교와 직업으로의 이행촉진을 지원하기 위한 방안들이 주된 것이라 할 수 있다. 결국 이러한 독일사례에서 청년고용 '대책'은 하나의 '정책'적 대응이라 할 수 있으며, 그보다 더 본질적인 청년고용 대책은 교육훈련'제도'로 청년을 노동시장에 더욱 긴밀하게 연결시켜주는 독일, 오스트리아, 덴마크, 스위스, 네덜란드 등의 게르만권 유럽국가의 이원화 학습제도인 '이원체제(dual system)'의 작동방식에 있다고 하겠다. 다음에 이러한 독일의 직업교육훈련의 이원체제에 대하여 자세히 살펴보고자 한다.

---

29) Bundesministerium für Arbeit und Soziales(2014), p.9 참조.

30) Bundesministerium für Arbeit und Soziales(2014), p.12 참조.

IV. 독일 '직업교육훈련제도'와 청년고용

이 절에서는 독일 청년고용 성과의 핵심적인 요체는 지금까지 살펴본 '정책'적 차원 외에 '제도' 차원에서 독일을 비롯한 게르만권 국가의 독특한 인력양성과 직업교육훈련제도에 있다는 것을 강조하고자 한다. 즉 독일 외에도 스위스, 오스트리아, 덴마크, 네덜란드 등 유럽 대륙의 게르만 권 국가들의 청년고용률이 공통적으로 매우 양호한데, 이들 국가에서는 하나같이 청년들에 대한 직업교육훈련이 이른바 '이원제도(dual system)'라 하는 독특한 제도 속에 운영되고 있는 것이다. 이 이원제도는 청년들에 대해 '직업양성훈련(Berufsausbildung)' 또는 '직업교육(berufliche Bildung)'이 체계적으로 이루어지도록 하고 있는 것인데, 이것이 상당히 안정적인 청년고용의 유지와 밀접한 관련이 있다.

이원적 직업교육훈련제도는 법령에 의하여 제도화되어 있으며, 주로 대략 15~19세 연령의 청년들의 학교교육과 직업훈련이 기업과 직업학교(Berufs-schule)에서 동시에 병렬적으로 이루어지도록 하는 것이다. 한 개 연령그룹 중 60% 이상이 이 이원적 직업교육을 받고 있으며 개별 직업에 대한 교육은 연방정부의 교육령의 통제를 받고, 교육과정을 이수하면 노동시장에 진입할 수 있는 '자격증(Gesellenbrief, 도제자격증; Facharbeitbrief, 전문공 인증)'을 발부하는데 인정되는 직종이 약 350개에 달하고 있다고 한다.[31)]

구체적으로 이러한 독일의 직업교육훈련의 이원체제는 주로 독일의 중등교육 1단계에서 실업학교(Realschule),[32)] 기간학교(Hauptschule),[33)] 종합

---

31) Hans-Dieter Schinner, "독일의 직업교육훈련과 고용, 특집 ― 이원적 직업교육훈련제도 1," 『국제노동브리프』(한국노동연구원, 2006), p.8 참조.

32) 초등학교를 마치고 5학년에서 10학년까지 또는 7학년에서 10학년까지의 과정이다. 이 과정을 이수하고 실업학교 졸업증서를 취득하면 모든 유형의 중간 수준의 직종에 대한 훈련을 받을 수 있다.

33) 초등학교를 이수한 후 중등학교에 진학하지 않은 모든 학생들은 의무적으로 기간학교

그림 2 독일 교육제도의 기본 구조

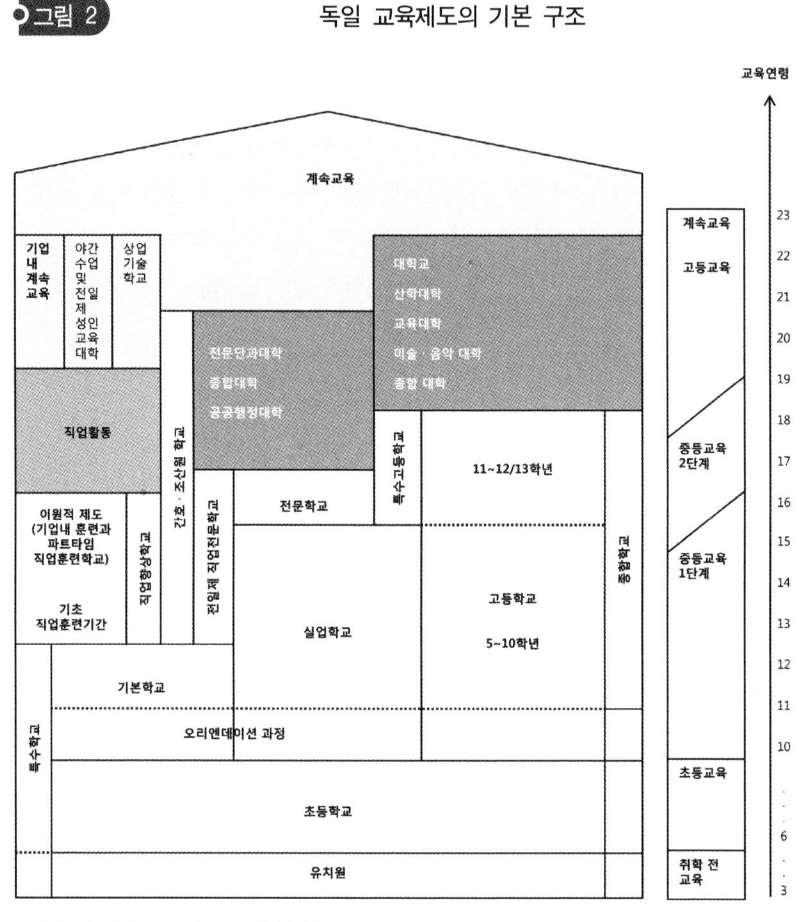

· 연방정부의 교육제도로 주단위로 약간씩 차이가 있음
· 교육연령은 해당교육기관에 입학가능한 최연소 나이를 의미함

출처: Hans-Dieter Schinner, "독일의 직업교육훈련과 고용, 특집 — 이원적 직업교육훈련제도 1," 『국제노동브리프』(한국노동연구원, 2006), p.5 참조

학교(Gesamtschule)[34]의 이수자와 일반계 학교(Gymnasium)[35]의 하급반 졸

인 이 과정에 등록하여야 하는데, 5학년에서 9학년 또는 일부 주에서 10학년 과정이며 본 과정에서는 실용적 직업훈련의 기초가 되는 일반적인 교육을 제공한다.

34) 이 학교는 여러 유형의 중등학교를 통합·조직하여 커리큘럼을 제공한다. 부가형 및

업자 등을 그 주 대상으로 하는데 이들에게 기업과 직업학교 간 교육과 실습훈련이 이원적 체제하에서 병렬적으로 이루어지도록 하는 것이다. 기업과 연계되어 이들 교육을 실행하는 기관은 '전문학교(Fachschulen)', '직업전문학교(Berufsfachschulen)', '직업단과대학(Berufskollege)' 등으로 이들에는 '직업학교와 기업 외 교육과정과 연계된 교육'으로 '양성훈련(Ausbildung)'과 '학업(Studium)'이 병행적으로 이루어진다.

이러한 이원적 직업교육훈련은 이어서 중등교육의 2단계 또는 3단계인 고등교육단계로 '직업아카데미(Berufsakademien)' 등에서 '계속교육(Weiter-bildung)'이 제공된다. 이때 계속교육과 직업훈련제도로 중간적인 의미의 '향상훈련(Fortbildung)'이 있는데 양자 간의 구분이 약간 불분명하기도 하며 각각의 과정에 중첩적인 부분이 존재한다. 그리고 그다음 단계로 '종합대학(Gesamthochschule)'이나 '전문단과대학(Fachhochschule)'이 4차 고등교육기관으로 존재한다.[36] 〈그림 2〉는 이러한 독일의 직업교육훈련체계를 보여주고 있는데 15~19세까지의 중간 2단계가 전형적인 이원체제에 속한다.

다음에서는 독일의 주요 인적자원의 개발 및 직업훈련기관 및 관련 제도를 구체적으로 살펴보고자 한다.

1. '직업훈련학교(Berufsbildende Schule)'

독일의 직업훈련학교는 취업을 할 수 있는 '직업자격'을 주는 학교와 일반학교와 유사한 '진학자격'을 주는 학교로 구분된다. 이 직업훈련제도는

협력형이 있다.

35) 초등학교 이수 후 진학하는 일반계 고등학교로 원칙적으로는 9년이지만 8년 또는 7년 과정도 있다. 11~13년차 상급반을 거쳐 최종 '졸업증서(Abitur)'를 취득 후 모든 고등교육기관에 입학자격이 주어진다.

36) 장홍근·정승국·오학수, 『숙련개발체제와 노사관계 — 한국, 일본, 독일의 사례』, 한국노동연구원 정책연구 2009-05(한국노동연구원, 2009), p.46 참조.

1969년에 제정된 직업훈련법[37]에 그 법적 근거를 두고 있다. 직업훈련의 대상은 대개 실업학교(Realschule), 기간학교(Hauptschule), 종합학교(Gesamtschule)의 이수자 및 일반계 학교(Gymnasium)의 하급반 졸업자 등 중등 1차 교육을 마친 15~19세 청소년들을 '대상'으로 하며, 기간은 최소 2년에서 최대 3년으로[38] 작업장에서의 현장 '실습'과 직업훈련학교에서의 이론 '수업'을 결합한 형태로 이루어진다. 이는 오래된 게르만권 '장인(Meister)'교육에 기원하고 있다. 관련 법 규정에는 위 직업훈련의 학습 '장소(Lernorte)'로 ① 기업이나 기업 외 유사기관, 특히 공공서비스, 자유직업종사자 및 가계에서 이루어지는 경우, ② 직업훈련학교, ③ 기타 학교와 기업의 직업훈련 외 기타 직업훈련기관(기업 밖 직업훈련)을 예시하고 있다.[39] 경제 관련 직업훈련 파트너는 약 500,000개, 훈련센터는 약 900개(교육생 100,000명) 그리고 경제파트너십을 가진 직업훈련학교는 약 2,000개, 강사진이 약 130,000명에 달하며 상공회의소에 등록견습생이 170만 명에 달하고 있다고 한다.[40] 이 직업훈련학교의 과정은 다음과 같다.

"- 훈련생의 전공교육에 관한 내용 등 교육훈련의 내용은 사회적 파트너의 교섭에 의해 결정되며 이 과정에서 연방직업교육훈련연구소(BiBB)가 전문지식에 대한 자문을 제공하기도 한다.
- 개별기업에서 이루어지는 훈련에 대한 감독, 승인과 훈련과정을 마친 훈련생들에 대한 심사는 해당 산업의 사용자들이 반드시 가입해야 하는 상공회의소(공공기관과 유사한 성격)에서 맡고 있다.
- 작업장 수준에서, 작업장협의회는 일반적인 기술과 해당 기업 차원

37) 독일 직업교육훈련법 Berufsbildungsgesetz vom 23. März 2005(BGBl. I S. 931) 참조.

38) 상동 법 규정 § 5(양성훈련 령, Ausbildungsordung) 제(1)항 1호 참조.

39) 상동 법 제1부 총칙 § 2조 참조.

40) Hans-Dieter Schinner, "독일의 직업교육훈련과 고용, 특집 — 이원적 직업교육훈련 제도 1," 『국제노동브리프』(한국노동연구원, 2006), p.11 참조.

의 특수한 기술훈련 간의 균형을 유지할 목적으로 기업 차원의 훈련을 관리하는 데 공동참여할 법적인 권리를 가지고 있다. 이 권한은 기업이 거대화됨에 따라 실질적으로 더 중요해지고 있다."[41]

직업학교는 '전일제 직업전문학교(Berufsfachschule)'와 '전문학교(Fachoberschule)'로 나뉜다.[42] 전문과목과 일반과목으로 이루어진 과정을 최소 1년 이상 계속하는 전일제 직업전문학교에서는 훈련규정에서 인정된 '양성훈련 직종(Ausbildungsberufe)' 자격을 부여하는 학교, 인정된 훈련 직종의 기업이나 훈련기관에서 일정 기간 훈련을 받음으로써 직업훈련 자격을 받을 수 있는 학교, 마지막으로 출석만으로 직업훈련 자격을 받을 수 있는 학교로 구분되고 있다고 한다. 한편, 전문학교에서는 '기능사(Geselle)'와 '기능자(Meister)'를 대상으로 자격증 취득 이후 고등교육(전문단과대학, 종합대학, 공공행정대학 등)과 계속교육·훈련 기회를 제공하고 있다.[43] 대부분의 국가와 달리, 독일은 '직업교육훈련과 자격제도를 하나로 운영'하고 있으며 '과정을 이수하면 바로 자격검증을 취득'할 수 있다. 즉 직업교육 → 자격제도 → 취업가능성이 상시적으로 연계되도록 운용하고 있다. 이러한 독일의 직업교육훈련제도는 기업이 필요로 하는 '사내훈련'과 '직업학교교육'의 직접 결합을 통해 3년간 병행적으로 직업교육훈련을 실시하는 것으로, 이 '이중체제(dual system)'가 독일 직업교육훈련제도와 청년고용의 핵심적 특성이며 이 제도를 통해 청년고용이 제도적으로 관리되고 있다.

---

41) Lothar Funk, "독일의 직업교육훈련 제도의 실태와 전망, 특집 - 이원적 직업교육훈련제도 2," 『국제노동브리프』(한국노동연구원, 2006), p.48 참조.

42) Joerg-Peter Pahl, "Berufsbildende Schule - Bestandaufnahme und Perspektiven, W. Bertelsmann Verlag"(Bielefeld, 2010) 참조.

43) 장석인, "선진국들의 청년층 실업과 인적자원개발에 관한 국제비교연구," 『한독사회과학논총』(2010, 겨울호), p.230 참조. Andreas Busch, "Die Entwicklung der berufsbildend Schulen in Deutschland - Ein historischer Abriss," Verlag, Bad Langensalza(2003).

2. '직업아카데미(Berufsakademie)'

독일의 중등훈련 2단계 이후 과정으로 고급 인력양성 과정의 특별한 제도로서 45개교에서 280개의 과정을 운영하고 있는 '직업아카데미(Berufsakademie)'를 들 수 있다. 이것은 1960년대 말 일반대학 졸업자의 실무나 실습경험을 우려한 메르세데스 벤츠사가 1971년 바뎀-뷔템베르그 주 문화부장관에 제안함으로써 시작되었다고 한다.[44] 1974년 바덴-뷔템베르그 주의 스튜트가르트와 만하임에서 이 직업아카데미과정이 시작되어, 164명 수강생과 51개 교육기관이 참여하며 시작되었다. 처음에는 '경제와 기술'분야로 시작되었으나 1975년 스튜트가르트 직업아카데미는 '사회문제영역'을 포함시켰다. 이후 1981년에 바뎀-뷔템베르그 주 「직업아카데미법」이 제정되어 1982년부터 발효되었는데 현재에는 대략 전 독일 연방공화국 대부분의 주요 거점도시에 총 20,000명 이상의 수강생이 재학 중이며, 70,000명의 졸업생이 각 영역에서 활동하고 있다고 한다. 모든 국민에게 직업교육기회를 제공한다는 취지를 갖고 운영 중인 이 과정에 참여기업도 2만 개가 넘고 있다.

2009년 바뎀-뷔템베르그 주는 가장 먼저 이 직업아카데미를 '이원대학(duale Hochschule)'으로 전환하기도 하였다.[45] 이 직업아카데미의 지원자는 양성훈련의 이원체제 1단계와 비슷하게 마찬가지로 '기업과 3년간의 직업교육계약을 체결'하는데, 따라서 직업교육의 50%는 기업에서 이루어지며, 나머지 50%는 직업아카데미에서 3개월 주기로 이론과 실습단계가 번갈아 교육과 직업훈련이 병렬적으로 이루어진다.[46]

---

44) https://de.wikipedia.org/wiki/Berufsakademie 참조.

45) https://de.wikipedia.org/wiki/Berufsakademie 참조.

46) 직업아카데미 또는 고등교육법에 근거한 직업아카데미는 각 주마다 다양하게 존재한다. 작센 주에 국영아카데미가 있으며, 민간에 의해 운영되나 주 법에 의해 국영으로 인정되는 직업아카데미를 운영하는 주는 함부르크, 헤센, 니더작센, 자르란드, 슐레스비히-홀스타인 등이며, 베를린은 경제·법 대학에 직업아카데미에 상응하는 '이원과정'을 두고 있다. 상동 같은 곳 참조.

일반 대학과의 차이는 교육생이 이러한 직업아카데미에서 3년간 교육과정을 이수하는 동안, 이 직업아카데미는 담당 '전임강사'가 배정되며 그가 기업과 협의하여 교육생의 교육·훈련과정을 계획하고, 조직하며, 실제 교육생을 지도하게 된다. 실습은 교육커리큘럼과 '독립'하여 운영되고, 기업이나 경제적으로 실무와의 연관성을 이룰 수 있도록 진행되고, 반면에 교육생과 훈련계약을 체결한 '훈련기업'은 교육생의 인적·물적 통합이 이루어지도록 각각의 전문분야에 맞추어 학습과 교육훈련을 계획한다.

직업아카데미의 수업과정은 통상 20~30명으로 구성되며, 1학점에 25~30시간 그리고 총 학위과정은 180학점(총 5,400시간)을 이수하도록 짜여져 있다. 학업과정은 '사회 문제', '기술', '경제'영역으로 나누어지며, 헤센 주에서는 그 외에 '음악'영역을 학업과정에 두고 있기도 하다. 2년의 예과과정을 수료 후, '중간시험'을 치러야 하며 수업의 40%는 대학의 전임교원의 강의로 제공하도록 되어 있다. 평균 3개월의 이론학습과정 이후, 정해진 실습과정을 기업에서 받게 되는데 실습과정에서 연간 4~6주의 휴가가 보장된다. 수강생은 또한 전 교육기간 동안 직업교육수당 또는 급여를 수령하는데 이는 기업, 직업교육기간, 전문분야에 따라 월 400유로에서 1,600유로까지의 급여와 집세 등의 보조를 받고, 경우에 따라서는 이동수당과 학업보조수당이 지급되기도 하고, 기업에 따라서는 한 학기에 50~200유로의 복사와 책값을 지급하기도 한다.

3년, 6학기를 수료한 이후, 졸업시험을 보는데 합격하면 학사학위(Diplom, BA)가 부여되고, 학점이 '양(ausreichend)' 이하로 불합격되면 1회에 한하여 재시험 기회가 부여되며, 재시에서도 다시 '양(ausreichend)' 이하를 맞으면 퇴학 처리되며, 기업과의 직업교육훈련 계약도 자동해지가 된다. 졸업 후 이들 교육생의 기업취업률은 바덴-뷔템베르그 주의 경우 평균 80%에 달하고 있는데, 이렇게 높은 취업률은 기업이 교육생의 3년간의 교육·훈련과정의 재정지원에 같이 참여하고 있다는 점에 기인하고 있다고 한다. 해외에서 이 학위는 석사학위(MA)에 상응하는 것으로 인정되고 있으며, 바덴-뷔템베르그 주와 같은 주에서는 '최우수(sehr gut)' 학점을 받은 일부 우수학생의

경우 바로 박사학위과정의 진학을 보장하고 있기도 하다.[47)]

이러한 중등 2단계와 3단계 과정이라 할 수 있는 고등교육단계 이후 과정으로 독일은 직업생활 중 다양한 '향상훈련(Fortbildung)'과 재교육훈련을 총칭하는 '계속교육(Weiterbildung)' 과정이 있으며, 종합대학에서 제공하는 4단계 '고등교육(Hochschule)'이 있다. 덴마크에서도 유사한 체제를 확인할 수 있다.[48)] 즉, '초기 직업교육훈련(VET: Initial Vocational Education and Training)'과 '계속 직업교육훈련(CVET: Continuing Vocational Education and Training)' 과정이 있으며 이들을 제도적으로 연계시키고 있다. 관련 직업교육훈련기간은 유급휴가(최대 1년까지)가 보장되며, 기업은 이를 통해 재직근로자의 직업능력 향상을 모색하고, 동시에 지자체와 지역의 노사는 그 기간 동안 구직자를 '직업순환차원(Job Rotation)'에서 대체근로자를 상호 협의하여 투입하고, 정부는 그 기간 동안 고용보험 등 사회보험 등을 통해 이를 유급휴가로 지원하는 유기적인 연계시스템이 덴마크의 성공적인 고용전략으로 운용되고 있다.

3. 직업전문대학(Fachhochschule) 또는 '응용학문을 위한 대학(Universität für angewandte Wissenschaften)'

독일은 1960년대 말부터 경제성장기에 직업전문학교의 부족으로 정부가 인적자원의 양성을 위하여 전문기술인력양성 차원에서 '직업전문대학(Fachhochschule)'을 고등직업전문교육기관으로 설립 양성하기 시작하였다. 이 시기 독일연방정부는 직업전문대학법(Fachhochschulgesetz)을 제정하고 1969년과 1972년 사이에 독일은 각 주에 이 대학을 설립하였다. 인근 오스

---

47) https://de.wikipedia.org/wiki/Berufsakademie 참조.

48) 이호근·김재원, "덴마크 일자리 창출방안에 관한 연구—'고용안정성(Employment Security)'모델의 역사적·제도적 발전과정 분석을 중심으로," 한국노동연구원 부설 고성과작업장혁신센터(한국노동연구원, 2009) 참조.

트리아에서는 1990년에 그리고 스위스에서도 1995년에 이 직업전문대학 설립 결정이 이루어졌다. 이것은 영미권과 프랑스의 이른바 '응용학문을 위한 대학(University of Applied Sciences=Universität für angewandte Wissenschaften)'에 유사한 것으로 이제는 공식적으로 '응용학문대학'으로 불리고 있다.[49)]

이 직업전문대학은 일반 종합대학과 비교하여 그 수준과 자격 및 사회적 인지도가 거의 유사하면서도 실무 중심의 교육훈련을 강조하여 일반대학과 차별화된 교육을 실시하고 있으며, 독일의 이 직업전문대학의 학생 수가 총 40만 명을 넘고 있으며 이들이 경쟁력 있는 현장중심의 직업교육을 통해 실무능력을 갖춘 전문 인력의 높은 취업률을 보이고 있다. 이 직업전문대학(이제는 '응용학문을 위한 대학') 졸업자에게는 일반대학과 동일한 학술학위가 주어지는데, 단, 박사과정은 개설되지 아니한다.

이런 독일의 직업전문대학제도, 현재의 '응용학문을 위한 대학'제도는 우리나라에서 90년대 교육자율화를 통해 종래 전문대학을 종합대학으로 전환하고 설립신고만 하며 허가를 내주던 교육정책과 사실상 정반대의 시스템을 운용한 것이다. 우리나라 고용노동부 산하의 한국기술교육대학이 이와 유사한 제도라 할 수 있다. 이 학교는 우수한 교수요원의 수준이나 취업과 연계된 교육과정 그리고 졸업생들의 실질 취업률이 매우 높아 사실상 매우 성공적인 모델이라 할 수 있다.

---

49) 2000년도 이래 독일과 오스트리아에서는 '볼로냐-프로세스'의 일환으로 국제적인 학사와 석사과정의 전환이 이루어졌고, 이로써 종래 '직업전문대학'은 공식적으로 '응용학문을 위한 대학(Universität für angewandte Wissenschaft)'으로 전환되고 있으며, 이들 대학은 그 이름에 걸맞게 주로 실무 중심의 응용학문에 가까운 학업과정 개설과 연구에 집중하고 있다. 일부 주는 시범사업으로 제한적 박사학위 과정을 두고 있다고 한다. https://de.wikipedia.org/wiki/Fachhochschule 참조.

4. 계속교육(Weiterbildung)

독일의 '계속교육'제도는 우선 '공급구조'와 '주체'들이 매우 복잡한 구조로 되어 있다. 즉 ① 다양한 공급자가 존재하며, ② 법적인 강제에 의해서보다는 '시장적 특성이 중심'이 되고 있고, ③ '정부는 보조자 역할'만을 수행하는 것으로 되어 있다. 기업은 훈련참가자 수나 훈련규모에서 계속직업교육훈련의 가장 중요한 공급자이며, 국가가 제공하는 전문학교 과정 및 국가의 고등교육기관, 지역의 '국민대학(Volkshochschule),' 법적인 경제단체인 상공회의소, 공공단체, 그리고 영리 또는 비영리의 수많은 단체와 개인들이 참여하고 있다. 이런 공급자 구조의 다양성 때문에, 교육과 훈련의 상호 호환성은 결여되어 있다고 할 수 있으나, 계속교육과 훈련기회는 공급자 상호간의 경쟁을 통해 확대되고 있다고 한다.

계속교육훈련의 내용은 ① 사내 직업훈련, ② 심화훈련, ③ 재교육 또는 고등학교기관에서의 훈련, ④ 원격학습 등으로 나눌 수 있는데, 심화훈련과 재교육은 '바우처제도(voucher system)'를 통해서 참가자가 자유로이 원하는 프로그램을 선택하고, 또한 프로그램의 공급자도 경쟁을 하도록 하고 있다.[50] 훈련비용은 일반적으로 '노동청(Bundesagentur für Arbeit)'이 지거나 '사업주부담'이 되며, 피 훈련생의 부담이 되지 않는 방식으로 교육훈련이 간접 지원되고 있다.

이상이 개략적으로 살펴본 독일의 직업교육훈련제도의 모습이다. 우리나라에서도 유사한 형태의 다양한 직업교육훈련제도나 각종 프로그램들이 존재하고 있다. 다만 우리의 경우, 장기적·지속적 사업보다는 한시적·단기간, 단속적인 사업이 많고 그리고 잡다하고 다양한 프로그램, 공공예산을 확

---

50) 계속훈련에는 비공식적이고 비정형화된 교육훈련을 포함하는데, OJT, 직무순환, QC, 자기주도적 학습, 연구를 위한 방문, 학습 서클, 컨퍼런스 등 참여, 워크숍 등과, 기업 밖 외부에서 조직이 제공하는 교육훈련도 계속훈련에 포함한다. 장홍근·정승국·오학수, 『숙련개발체제와 노사관계 — 한국, 일본, 독일의 사례』, 한국노동연구원 정책연구 2009-05(2009), p.55 참조.

보하여, 주로 공적기관 중심만으로 직업교육과 훈련이 이루어지고 있어 그 효율성이 떨어지고 있다. 특히 학교교육과 직업훈련과의 연관성이 부족한 점이 독일의 이원체제의 기능과 크게 대비되고 있다. 또, 직업교육훈련이 주로 관주도로 지도·육성한다는 관점에서 이루어지는 반면, 투자대비 효율성이 떨어지는 사업이 많다. 반면, 독일과 달리 공공과 민간 그리고 노사와 당사자의 보다 긴밀한 참여나 협의를 추구하기보다는, 일방적으로 제공되는 서비스가 많다는 점에서 '참여'에 의한 직업교육훈련 이념이나 실천이 이루어지지 못하고 있다는 점을 향후 지속적으로 개선해야 할 것이다.

5. 독일의 '이원체제(dual system)'의 의의와 평가

독일의 이른바 '이원체제(dual system)'란 위에서 상세히 살펴본 것과 같이 직업교육과 훈련이 학교와 사업장에서 이원적·병렬적으로 이루어지는 체제를 의미한다. 즉, '기업'은 직업훈련을 집중적으로 하고, '직업학교'는 이론에 중점을 둠으로써 직업학교와 기업이 서로 보완적으로 기능하고 있다. 이들은 일반학교나 직업훈련학교와도 달리 교육당국으로부터 상당한 자율성을 갖고, 다양한 교육·훈련방식을 운용하고 있다. 핵심은 국가와 기업 그리고 노조 역시 직업학교와 훈련생들을 숙련된 기술자로 훈련시키고자 하는 공통된 목적을 갖고 있다는 점인데, 학교에서 실시하는 직업교육은 주정부의 교육규정에 따라 이루어지는 반면, 기업훈련 역시 '직업훈련법'에 따라 이루어진다. 사용자와 견습생 간의 '계약'을 하는 형태로 진행되어 전 산업에 걸쳐서 광범위하게 확대되어 있는 이원체제는 기업특수적 지식보다는 일반적인 교육과 직업에 대한 준비를 시키는 것을 목적으로 하고 있다는 점이 그 핵심이다.

직업능력 양성은 회사 내의 실무적인 훈련과 의무적인 파트타임 직업학교와 이론위주의 도제훈련과정으로 구성되고 있다. 이 과정에서 대부분의 사용자들이 가입해 있는 '상공회의소(Kammer)'는 이 견습생들을 등록하고 훈련자격과정의 기준을 정하는 데 깊은 관련이 있어서 '훈련은 사용자 주도의 형태'를 띠고 있으며, '훈련비용 역시 사용자가 담당하고 있다'는 점이 특색이다. 이 제도는 사실 독일의 독특한 직업문화에 기반한 것으로 직업훈련자는 '단일화된 훈련과정'과 아주 '표준화된 시험과정'을 통해 직업능력자격을 부여받는다는 점이 주목된다. 우리나라에서도 최근 '국가표준직업능력제도(NCS)'[51]를 도입하여 제도화하고자 하는 것도 이와 유사한 맥락에서 이해할 수 있다. 무엇보다, 직업능력훈련은 현장중심으로 경영자들의 수요에 따라 이루어져 훈련기간 동안에 작업경험의 중요성을 익히기 때문에 무엇보다도 '실용적'이라고 평가받고 있다.

반면, 이 견습기간 동안은 본격적으로 채용되기 전 훈련기간에 해당하기 때문에 견습생은 사용자로부터 최소한의 보수만을 받게 되는데 이것을 가리켜 독일의 합리적인 임금착취 제도라는 비판도 존재한다. 그러나 독일에서는 현재 해마다 수만 명의 청년들이 이런 과정을 밟아 취업하고 있다. 최근의 통계에 따르면 견습생의 66%가 3년간 본인이 직업훈련을 받았던 사업장에 취업[52]하는 것으로 나타나고 있으며, 2/3에 해당하는 청년들의 교육, 훈련, 취업의 연계가 자연스럽게 이루어지고 있고, 현재 160~170만 명 이상의 청년(이 중 40%가 여성)들이 다양한 관련 분야에서 직업능력을 쌓고 있다고 한다.[53]

이런 체제는 우리나라와 같이 청년들이 고등학교나 대학을 졸업 후, 취업을 위해 보수와 고용안정성이 높으나 채용이 점차 줄어들고 있는 대기업

51) '국가직무능력표준(NCS)'이란 산업현장의 직무수행에 요구되는 직무능력(지식, 기술, 태도)을 과학적이고 체계적으로 도출하여 표준화한 것을 의미함. 직무능력은 직무수행능력과 직업기초능력으로 나뉘, ① 직무수행능력: 필수직업능력, 선택직업능력, 산업공통직업능력으로 구분하고 ② 직업기초능력:, 직종이나 직위에 상관없이 모든 직업분야에서 직무를 성공적으로 수행하는 데 공통적으로 필요한 능력을 의미하며 2002년 이래 고용노동부와 한국 산업인력공단은 전체 24개 분야에서 모델을 개발해오고 있으며 2014년 말 현재 857개의 모델이 개발되었다.

52) IAB 2016 보고서 참조.

53) 장석인(2010), p.231 참조.

을 향한 구직노력이나, 고용안정성을 위하여 국가공무원시험 등에만 절망적으로 매달리는 현상과 크게 비교되고 있으며, 독일에서는 청년고용이 아주 다르게, 그리고 국가 차원에서, 체계적으로 운용되고 있음을 확인할 수 있다. 특히 이 나라의 직업문화와 함께 견습생의 확보와 그 배치에 대해 '노사정이 긴밀히 협의'를 하고 있다는 점이 주목된다. 이런 점은 극한적인 대립과 상호배제적인 노사문화가 지배하고 있는 우리 노사환경과 아주 비교되는 점이다. 독일의 이원체제 운영에 공공, 민간, 준 민간기구들이 다양한 협조체제를 구축하고 있으며, 이 탓에 독일의 청년실업은 다른 이웃국가들이 20%대의 높은 청년실업을 보이고 있을 때 지속적으로 7%대의 비교적 낮은 양호한 상태를 보이고 있으며, 특별히 청년실업이 사회문제화되고 있지 않은 실정으로 우리와 대비되고 있다.

V. 맺는 말

독일, 오스트리아, 스위스, 덴마크, 네덜란드 등의 국가들은 청년고용과 관련하여서는 무엇보다 이원체제를 구축하여 높은 청년고용 성과를 보이고 있는 나라들이다. 이러한 독일의 청년고용은 양적인 성과에도 불구하고, 2003~5년 Hartz 개혁 이후 공공부문과 사무직의 기간제 고용의 증가 그리고 최근 파견근로의 유연화 등으로 인하여 고용의 '질'에서 변화에 직면하고 있다. 노동시장개혁 이후 불안정 고용과 저임금 근로가 증가하며, 차별과 사회적 양극화가 중요한 사회적 화두로 대두되고 있으며 청년고용이 그 주 대상이 되고 있다.

독일 사례에서 우리나라 청년고용 문제와 관련 몇 가지 근본 문제를 비교할 수 있다.

첫째, '경제체제와 산업정책적 차원'에서 우리나라의 경제는 경제구조의 고도화로 인해 지속적으로 경제성장이 둔화하고 있다. 특히, 수출제조업에서의 고용여력의 지속적 위축과 고급서비스 산업의 부재가 청년들이 원하는 좋은 일자리 부족 및 청년실업의 주요 원인이라고 할 수 있다. 이것은 구조적인 문제라 할 수 있는데, 독일은 이 부분에서 글로벌 경쟁력을 유지하고 있다. 통일에도 불구하고 이 정도로 국제경쟁력을 유지할 수 있는 독일의 비결은 무엇보다 대기업은 물론 '중소기업'까지 글로벌한 경쟁력을 유지하고 있는 탄탄한 기술력, 전후 확립된 공정한 경쟁질서의 유지, 산업의 축적된 경험 그리고 노사관계 거버넌스 등이 중요한 배경이라 할 수 있다.

우리의 경우 독일의 경우와 같이 경쟁력 있는 중소기업을 꾸준히 육성해, 대기업과 중소기업의 기업 간 차이를 줄이도록 하여야 하며, 그 속에 종사하는 종사자들의 처우가 크게 차별되지 않도록 장기적인 산업정책 방향을 잡도록 하여야 할 것이다. 그것은 현재의 재벌 중심의 수직적 계열화가 고착되어 가는 구조하에 경제구조도 원청, 하청, 재하청 등 종사자 간의 노동시장 내 격차가 구조적으로 재생산되고 있는 여건에서는 청년실업의 바람직한 문제해결은 한계가 있을 것이다. '경제민주화'가 중요한 이유인데 독일은 이 부분에서 결정적인 구조적 차이가 있다. 공정한 시장경제와 법치주의 그리고 민주적 의사결정의 학습이 우리에게 취약하다. 우리가 미래 중요하게 보완해 나가야 할 사항이다.

둘째, '노동시장과 고용노동정책적 차원'에서 보아 독일도 이미 90년대 이후 기간제와 파견 그리고 단기간 고용 외에 호출, 용역, 도급 등의 형태로 고용관계의 50% 이상이 '표준적 고용관계(Normal Arbeitsverhaeltnis)'에서 벗어나 있으며, 이 추세는 글로벌 기업경쟁과 급속히 다가오는 '디지털화' 등 기술변화와 함께 더욱 심화될 것으로 전망하고 있다. 우리의 경우는 고용노동시장의 분절화나 파편화가 더 심각한 상황이다. 가장 직접적인 영향을 받고 있는 것은 노동시장에 신규로 진입하는 청년층과 여성근로자, 그리고 사회적 취약계층이다. 독일은 2000년대 초 500만 명의 고실업의 정점에서 노동사회개혁을 시도했고, 장기적으로 보아 이것은 비판에도 불구하고 일정한, 특히 양적인 측면에서 성과를 거뒀다는 평가를 받고 있다. 그러나 독일 역시 노동시장 양극화가 최근 주요한 사회적 이슈가 되고 있으며 사회통합적 노동사회정책의 추진이 쟁점이 되고 있다.

주목되는 것은 독일의 경우 노동시장의 개혁논의를 함에 있어 항시 '균형'을 강조하고 있으며 사회적 경제주체들의 '참여와 협력'을 통해 문제를 해결해 나가는 능력이 주목되고 있다. 제4차 산업혁명으로 표준적 고용관계와 이것이 노동에 미칠 영향이 강조되는 시점에 어떻게 이에 대응하여, 청년에 우선적으로 교육과 직업훈련기회의 부여와 취업의 우선적 배려, 근로시간단축과 그에 상응하는 다양한 소득보장 방안의 마련, 일-가정양립의 실현 등 공정한 고용관계의 질서와 사회적 안정망을 결합시킬 것인가에 대해 사회적 주체들 간의 다양한 대화의 거버넌스를 구축하여 이 문제에 대처해 나가도록 하려는 노력이 요구된다.

셋째, '교육 및 직업교육훈련체제와 교육정책적 차원'에서 보아 독일과 우리나라의 차이점이 비교된다. 무엇보다 현재 우리나라의 교육시스템의 심각한 비효율성을 지적할 수 있다. 즉, 우리나라는 현재 과도한 학력 인플레이션 또는 과잉교육의 문제를 갖고 있는데 "대학졸업자의 50% 이상이 1년 이내에 일자리를 얻지 못하거나, 공식 교육수준에 못 미치는 일자리만 얻고 있는 실정이다. 이러한 체제는 이른바 매몰 투자비용의 측면에서뿐만 아니라, 불평등 및 불의의 측면에서도 상당한 사회적 낭비로 평가된다. 능력에 의해서가 아니라 학벌에 의해 일자리를 얻는 것은 잘못된 경제적 유인을 창출하고 특히 저소득 가구 출신 청년을 차별하게 되는 악순환을 낳고 있다."[54] 아울러, 현재의 학교교육은 '학교에서 노동시장(school-to work)'으로의 이행에 큰 어려움이 있는 것으로 지적되고 있다. 청년의 졸업 후 취업의 소요기간이 평균 11개월이나 되며 약 27%의 청년이 첫 취업까지 1년 이상 소요되며, 2년 이상 소요되는 청년의 비중도 16%나 되며 1~2년 이상 장기간이 소요되는 청년의 비중이 증가하고 있다는 점에 문제가 있다.[55]

---

54) G. Schmid(2013), p.140 참조.

55) 김 준. "청년 일자리 현황과 입법·정책적 과제 세미나 토론문," 『청년 일자리 현황과

최근 한국은 2017년까지 대학진학과 졸업률이 정점에 달하고 있으며, 청년실업은 이와 병행하여 최고조에 달하고 있다. 독일의 경우 본문에서 분석한 것처럼 학교와 기업에서 동시에 이루어지고 있는 '이원체제(dual system)'하에서의 직업교육훈련체제가 그 핵심이라는 것은 전술한 바와 같다. 이러한 체제를 우리가 동시에 받아들일 수 있을까 하는 점은 사실 의문이다. 한국의 청년실업 문제를 비교적 잘 알고 있는 슈미트는 그럼에도 이와 관련 학교와 일자리를 연결시켜줄 방안으로 한국이 독어권 모델에 따라 88개의 마이스터고등학교를 도입하고 이런 유형의 교육시스템이 전문학교와 대학교 수준으로 확장되어 나가 실업학교, 직업아카데미, 산업대학, 응용대학 등의 육성을 통해 순수학문 지향의 대학졸업자에 비하여 실용적이며 응용학문 교육으로의 교육체제의 전환이 결국 노동시장에서 청년들이 더 좋은 기회를 얻게 하는 데 기여할 것으로 본다.

이러한 이원화 교육이 독일 외에도 오스트리아, 스위스, 덴마크 등에서 나름의 성과를 거두고 있다며 바로 여기에 사용자, 근로자, 국가 간에 공정한 방식으로 투자위험을 분담하는 방안의 도입을 권고하고 있다. 그 핵심은 청년들이 현장에서 학습하고, 시장임금으로 소득을 올리도록 하며, 청년들을 위해 공식 교육제도 내에 시장지향성을 접목시키고, 양호한 최저임금, 품질표준 및 학교와 교사에 대한 공적인 재정지출의 보장 등 시장과 국가의 두 가지를 접목시키도록 하는 '이행노동시장(transitional labour market)의 개념'이 대안임을 강조하고 있다.

입법·정책적 개선방안』(국회입법조사처, 2016), p.29 참조.

참·고·문·헌

그렉 J. 뱀버 외. 2005. “국제비교 고용관계.” 서울: 한국노동연구원.

김기선. 2016. “디지털화와 노동 ― 디지털시대 노동의 과제.” 『한국노동연구원 개원 기념 28주년 세미나 발제문』. 한국사회보장학회.

김 준. 2016. “청년 일자리 현황과 입법·정책적 과제 세미나 토론문.” 『청년 일자리 현황과 입법·정책적 개선방안』. 국회입법조사처.

나혜심. 2008. “독일 사회국가의 기원과 성격.” 『사림』 제31호. 수선사학회.

노호창. 2011. “고용유지지원금 지급의 요건.” 『노동법학』 제40호. 한국노동법학회.

도재형. 2008. “구조조정의 상시화와 고용 법리의 변화.” 『노동법학』 제26호. 한국노동법학회.

류지성. 2013. “한일 청년실업정책의 비교연구.” 『한일동북아논총』 제69호. 한국동북아학회.

마시밀리아노 마스케리니. 2016. “유럽청년보장: 유럽 청년정책의 새로운 기본 틀.” 『국제노동브리프』. 한국노동연구원.

심창학. 2014. 『사회보호 활성화 레짐과 복지국가의 재편』. 서울: 도서출판 오름.

양승광. 2014. “사업주의 고용유지지원금 지급요건에 관한 고찰.” 『사회보장법연구』 제3권 제1호. 서울대학교 사회보장법연구회.

이호근. 2012. “정리해고 등 기업의 고용조정과 독일의 ‘조업단축지원금’제도의 고용안정망 역할에 관한 고찰.” 『노동정책연구』 제12권 제3호. 한국노동연구원.

이호근·김재원. 2009. “덴마크 일자리 창출방안에 관한 연구.” 한국노동연구원.

임운택. 2011. “유럽의 청년실업대책, 주요 5개국을 중심으로.” 『유럽연구』 제29권 3호. 한국유럽학회.

장석인. 2010. “선진국들의 청년층 실업과 인적자원개발에 관한 국제비교연구.” 『한독사회과학논총』 겨울호. 한독사회과학회.

장홍근·정승국·오학수. 2009. 『숙련개발체제와 노사관계 ― 한국, 일본, 독일의 사례』. 한국노동연구원.

정이환. 2012. 『경제위기와 고용체계 ― 한국과 일본의 비교』. 경기도: 한울아카데미.

조성재. 2010. "일자리 나누기인가 고용조정인가." 『산업노동연구』 16(1). 한국산업노동학회.

Bosch, G. 2014. "The German Welfare State: From an Inclusive to an Exclusive Bismarckian Model." Vaughan-Whitehead, ed. *The European Social Model in Times of Economic Crisis and Austerity Policies*. ILO.

Brinkmann, C. 2002. "Das Job-AQTIV-Gesetz: Evaluation zwischen Handlungszwängen und solidem Handwerk." IAB, 21. März.

Bundesministerium für Arbeit und Soziales. 2014. "Nationaler Implementierungsplan zur Umsetzung der EU-Jugendgarantie in Deutschland." Bundesministerium für Arbeit und Soziales. *Weißbuch Arbeiten 4.0*.

Busch, A. 2003. "Die Entwicklung der berufsbildenden Schulen in Deutschland—Ein historischer Abriss." Verlag. Bad Langensalza.

Council of the European Union. 2013. "Council Recommendation of 22 April 2013 on establishing a Youth Guarantee." 2013/C 120/1.

Eichenhofer, E. 2014. *Sozialrecht* 9. Auflage. Tuebingen: Mohr Siebeck.

European Foundation for the Improvement of Living and Working Conditions. 2009. *Europe in recession: Employment initiatives at company and Member State level—Background paper*.

Funk, L. 2006. "독일의 직업교육훈련 제도의 실태와 전망, 특집—이원적 직업교육훈련제도 2." 『국제노동브리프』. 한국노동연구원.

Hartz, P. 2007. "Macht und Ohnmacht, im Gespräch mit Inge Kloepfer, Hoffmann und Campe."

Kaufmann, M. 2013. "Kein Recht auf Faulheit. Das Bild von Erwerbslosen in der Debatte um die Hartz-Reformen, Reihe: Theorie und Praxis der Diskursforschung." Springer.

Kaufmann, F. X. 2002. *Sozialpolitik und Sozialstaat*. Opladen.

Königs S. 2017. "청년 노동시장—호주 및 독일의 사례." 『청년, 더 나은 일자리로의 모색—Pathways to Youth Employment』. KLI-OECD 청년고용 국제컨퍼런스 발표자료.

Madsen, P. K. 2005. "The Danish road to flexicurity: Where are we. And how did we get there?" T. Bregaard & F. Larsen, eds. *Employment Policy from Different Angles*. Aalborg: CARMA.

OECD. 2011. *Society at a Glance*. Paris: OECD.

Pahl. J.-P. 2010. "Berufsbildende Schule — Bestandaufnahme und Perspektiven, W. Bertelsmann Verlag." Bielefeld.

Preut, H. 2015. "Youth Unemployment in the European Union: An Analysis of Causes, Consequences and Possible Ways Forwards." 『EU연구』 제39호.

Ritter, G. A. 1989. *Der Sozialstaat*. Muenchen.

Schinner, H.-D. 2006. "독일의 직업교육훈련과 고용, 특집 — 이원적 직업교육훈련 제도 1." 『국제노동브리프』. 한국노동연구원.

Schmid, G. 2013. "한국의 청년실업: 독일 및 이행노동시장의 관점에서." *The HRD Review*. 한국직업능력개발원.

Zacher, H. F. 1987. "Das soziale Staatsziel." J. Isensee, P. Kirchhof, Hrsg. *Handbuch des Staasrechts der Bundesrepublik Deutschland*. Bd. 1. 1 Aufl.

https://de.wikipedia.org/wiki/Berufsakademie

https://de.wikipedia.org/wiki/dual system

프랑스의 청년실업, 노동시장 그리고 국가

심창학 • 경상대학교 사회복지학과

I. 들어가는 말

한 국가의 청년실업 문제에 대한 포괄적 이해를 위해서는 세 가지 측면에 대한 종합적인 분석이 필요하다.

첫째, 실업 동향이다. 이는 실업률 지표를 통해 파악하고 있다. 하지만 본 글의 분석대상인 청년집단에 대해서는 집단적 특성을 고려하여 두 가지 보완지표가 사용되고 있는 바 청년실업비(youth unemployment ratio)와 니트율(NEET rate)이 바로 그것이다.

둘째, 노동시장 상황이다. 양적으로는 노동시장을 통해서 제공되는 일자리 규모가 분석대상이다. 관련지표로 경제활동참가율 그리고 고용률을 들 수 있다. 하지만 청년집단에 대해서는 일자리의 질 또한 중요한 사안이다. 이는 어떤 형태의 일자리에 청년집단이 취업하고 있는가 하는 것이다. 여기에는 근로계약기간(무기 혹은 유기계약), 계약의 주체(국가 혹은 민간), 제공된 일자리의 성격(일반근로직, 유급인턴, 대체근로 등) 등이 분석 대상에 포함되어야 할 것이다. 가정하여, 특정 국가의 청년실업률이 낮음에도 불구하고 제공된 일자리의 성격이 열악하다면 이 국가의 청년실업 문제는 여전히 진행형으로 판단하는 것이 적절할 것이다.

셋째, 청년실업과 관련된 국가의 역할이다. 여기서 나타나는 국가 역할은 크게 두 가지 측면으로 우선, 일자리 제공과 관련된 국가의 역할이다. 일자리 창출의 마지막 주체(the last resort)로서 국가가 청년집단의 일자리 창출을 위해 어떠한 정책 및 제도를 실시하고 있는가에 관한 것이다. 두 번째 측면은 청년집단에 대한 사회보호(social protection) 혹은 사회복지적 대책이다. 생애주기에서 청년집단은 이행기적, 과도기적 특성을 지니고 있는 집단으로서 불안정한 삶을 영위할 수밖에 없다. 시민자격(citizenship), 사회권 보장의 차원에서 이에 대한 국가의 개입은 당연함에도 불구하고 현실적으로는 국가마다 다양한 모습을 보이고 있는 것이 사실이다.

이상의 관점에서 본 글은 프랑스의 청년실업에 대한 포괄적 이해 제고를 목적으로 하고 있다. 프랑스 경제는 2009년부터 글로벌 경제위기에서 벗어나 서서히 회복국면에 접어들고 있으나 아직도 경제성장률이 1.5% 내외를 기록하고 있어 성장 동력의 상실이 우려되고 있는 상황이다. 프랑스 경제상황과 관련하여 오래전부터 문제가 되고 있는 부분이 바로 실업이다. 1970년대 중반까지 4~5%에 머물렀던 실업률이 오르기 시작한 시점은 1980년대 초이다. 1983년의 7.1%를 기록한 이후 지금까지 한번도 7% 이하로 내려간 적이 없을 정도로 프랑스의 실업 문제는 심각하다. 여기서 청년실업은 실업 문제의 핵심에 자리 잡고 있다고 할 수 있다.

프랑스에서 청년실업 문제가 등장한 시점은 1980년대 초로서 약 40년 가까이 지속되고 있다. 청년실업의 구조적 성격이 나타나는 대목이다. 이후 최근까지 청년실업률은 전체 실업률에 비해 약 2~3배 정도 높은 수치를 보이고 있다. 한편, 청년실업분석에서 가장 먼저 고려되어야 사항은 연령대에 관한 것이다. 사회학적으로 청년집단은 두 가지 의미를 지니고 있다(CESE, 2012). 한 가지는 생애주기에서 이행기적·과도기적 성격을 띠고 있는 집단이다. 즉, 노동시장 진입을 위한 준비 단계로서 법정 교육 체계 혹은 훈련 과정을 이수하고 있는 연령대이다. 여기서 문제는 법정 교육 제도의 이수 기간이 동일하지 않다는 것이다. 일반적으로 15~24세를 교육체계에 속한 집단으로 간주하는 것이 일반적인 현상임에도 불구하고 이를 다시 15~19세와 20~24세로 나누는 것은 이에 기인한 것이다. 둘째, 청년집단은 사회학적으로 자립을 추구하는 연령대이다. 여기서 자립이란 안정된 일자리, 독립 주거의 확보, 경제활동을 통한 소득보장, 독자적인 가족 구성 등을 의미한다. 여기서 나타나는 최근의 현상은 이러한 자립 추구를 위한 기간이 점점 길어지고 있다는 것이다. 평균 학업 기간의 장기화가 요인 중의 하나이다.

하지만 그보다 더 중요한 요인은 교육에서 고용으로의 이행 양상의 변화에 있다. 즉, 종래에는 교육→고용이라는 단선적 양상을 보였다면 지금은 교육→고용→실직→재교육→재취업 등을 비롯하여 궤적 양상이 다양하게 나타난다. 중요한 점은 이러한 변화는 청년기간 연령대의 연장이라는 결과를 초래하고 있다. 이러한 변화를 반영이라도 하듯 EU의 청년집단 통계 데이터는 기존의 15~24세를 대표적인 청년집단 연령대로 간주함에도 불구하고 15~29세, 더 나아가서는 15~34세의 통계까지 제시하고 있으며 프랑스의 공식통계기구 역시 비슷한 경향을 보이고 있다.[1)]

청년실업 동향에서 고려되어야 할 두 번째 사안은 청년실업 문제 확인을 위한 지표에 관한 것이다. 실업 문제의 심각성을 확인하기 위해 일반적으로 사용되는 지표는 실업률(unemployment rate)이다. 하지만 청년실업의 경우에는 실업률의 부가지표이자 보완지표로서 두 가지 지표가 동시에 활용되고 있는 바 실업비(unemployment ratio)와 니트율(NEET rate)이 바로 그것이다. 이 중 니트율은 전혀 생소한 용어는 아니다. 하지만 본 글을 준비하면서 내린 필자의 결론은 실업률의 한계를 보완하고자 하는 것이 실업비이며 실업비의 한계 극복차원에서 등장한 것이 니트율이라는 것이다. 따라서

---

1) 한편 우리나라 통계청은 15~24세, 25~29세로 나누어 각각의 고용률과 실업률을 집계하고 있다.

실업관련지표의 사용을 통해 청년실업 문제의 심각성을 제대로 이해하기 위해서는 각 용어의 개념 정의 및 등장 배경에 대한 이해가 선행되어야 하며 이를 바탕으로 특정국가 혹은 국가비교분석이 후속되어야 한다는 것이 필자의 생각이다.

II. 프랑스의 청년실업 동향

1. 청년실업지표의 개념 정의 및 유용성

여기서는 청년실업 확인을 위한 지표로서 프랑스뿐만 아니라 유럽 전반에서 사용되고 있는 실업률, 실업비 그리고 니트율이 지니고 있는 의미 및 유용성을 살펴보기로 한다.

1) 실업률(unemployment rate)과 실업비(unemployment ratio)

주지하다시피 실업률은 3대 경제활동지표 중의 하나로서 실업 문제 확인을 위해 가장 많이 사용되고 지표이다. 실업률은 〈표 1〉처럼 경제활동인구(이하 경활인구) 대비 실업자 규모를 의미하는 것으로 경제 및 고용사정 악화를 보여주는 장점은 분명히 있다.

하지만 실업률 지표는 비경제활동인구(이하 비경활인구)는 고려하지 않는 한계를 지니고 있다. 경제의 역동성 측면에서 생산가능연령인구 중 비경활인구가 차지하는 비중은 매우 중요한 문제이다(지은정, 2012). 특히 청년집단의 연령대적 특성을 고려한다면 전일제 학업이나 기타 사유로 인해 노동시장 밖에 머무르는 사람 즉 비경활인구 규모에 대한 고려는 절대적으로 중요하다. 이런 부분을 간과한 채 단지 경활인구를 중심으로 하는 청년실업률은 청년실업의 한 단면만을 살펴보는 데 불과한 것이다. 따라서 고용 및 경

표 1 집단구분을 통한 실업률, 실업비 그리고 니트율의 상호비교

	전체 인구 집단				
대구분	경제활동인구			비경제활동인구	
소구분	취업자	훈련참가 실업자	실업자	비교육/비훈련	교육/훈련
	A	B	C	D	E
실업자		▨	▨		
NEET			▨	▨	
실업률	B+C/A+B+C				
실업비	B+C/A+B+C+D+E				
NEET율	C+D/A+B+C+D+E				

출처: Eurofound(2016), p.10 〈table 1〉의 내용을 바탕으로 재정리

제 상황의 악화를 보여주고 있는 장점에도 불구하고 실업률이 지니고 이상의 한계는 특히 청년실업 문제를 진단할 때 크게 부각되는 대목이기도 하다(CESE, 2012).

실업비[2]는 실업률이 지닌 이러한 한계를 보완하는 지표이다. 구체적으로 이 용어는 해당 연령 전체 인구 중 실업자가 차지하는 비중을 말한다. 따라서 〈표 1〉처럼 제수 즉 분모에는 경제활동인구뿐만 아니라 비경제활동인구도 포함된다. 이러한 지표가 필요한 이유는 전체 혹은 여타 연령 집단에 비해 청년실업률이 높은 배경에 대한 정확한 이해에 그 목적이 있다. 구체적으로 실업률과 실업비 간 차이가 크다면 해당연령의 인구 집단에서 비경활인구가 차지하는 비중이 매우 높으며 이는 달리 말하면 경제의 역동성이 떨어진다고 할 수 있다.[3]

이처럼 실업률의 부가 지표이자 보완지표로서 실업비는 청년집단 중 비

2) unemployment ratio를 실업비로 호칭한 것은 이에 대한 국내 사례를 찾기 힘든 데 따른 필자의 궁여지책으로 좀 더 적절한 용어로 대체되길 기대한다.

3) 후술하겠지만 본 연구에서는 이를 확인하기 위해 두 지표 간 배율 즉, 실업률 대비 실업비 비중을 살펴볼 것이다. 한편, 유럽연합통계에서 실업비는 1995년부터 자료 검색이 가능하다.

경활인구의 비중에 대한 관심이 얼마나 중요한가를 보여주고 있다는 점에서 청년실업 이해에 대한 기여도가 크다고 할 수 있다(Boisson-Cohen, M. et al., 2017: 15-16). 하지만 실업률과 실업비가 청년실업 문제 이해의 충분조건인가에 대해서는 부정적인 의견이 많다. 왜냐하면 비경활인구 규모 못지않게 중요한 것이 이들 집단의 상황이기 때문이다. 이미 언급한 바와 같이 생애주기에서 청년집단은 내부적으로 이질적인 성격이 강하다. 구체적으로 15~19세 혹은 15~24세는 학업에 전념하는 연령대이며, 19~24세는 교육에서 고용으로의 이행단계 집단임에 반해 25~29세는 고용상태의 연령대이다(CESE, 2012). 따라서 비경활 상태의 청년집단 중에서 고용가능성 제고의 목적으로 학업이나 훈련을 받고 있는 사람이 많다면 이는 미래의 경제 역동성 제고의 관점에서 큰 문제는 아닐 것이다. 하지만 취업 상태도, 교육이나 훈련도 받지 않는 사람의 비중이 높다고 한다면 이는 현재뿐만 아니라 미래의 경제 역동성에 부정적인 요인임에 분명하다. 이에 청년실업자뿐만 아니라 비경활인구의 내적 모습을 보여주는 하나의 지표가 있으니 니트율이 바로 그것이다.

2) 니트율(NEET rate)[4]

니트에 대한 관심이 시작된 것은 1980년대 말경 영국에서였다. 당시 영국은 급여 체계의 변화로 16~18세의 대부분은 실업급여수급에서 배제되어 있는 상태였다. 이에 영국 정부는 이러한 청년집단에서 나타나는 노동시장 취약성을 평가하기 위한 새로운 방법 도입의 필요성이 제기되었다. 이처럼 영국에서 관련 용어가 사용되었을 때의 대상 집단은 연령적으로 16~18세를 겨냥한 것이었다. 이후 연구자들은 NEET 용어에 관심을 갖기 시작했으며, 1999년부터 영국 정부는 정책보고서에 니트 용어를 공식적으로 사용하기 시작했다. 2000년대 초에 NEET에 대한 관심은 유럽연합 회원국뿐만 아니라 일본, 뉴질랜드, 대만, 홍콩까지 확장되어 지금은 전 세계적으로 일반화되는

4) 이 부분은 Eurofound(2012), pp.19-27의 내용에 바탕을 둔 것임.

용어가 정착되었다. 특히 니트 용어에 대한 유럽연합의 관심은 매우 높다. 예컨대, 유럽 2020 성장 전략에서 니트율은 실업률, 실업비와 함께 청년실업 그리고 청년집단의 사회적 상황을 보여주는 3대 통계 지표의 하나로 사용되고 있다.

한편, 유럽연합에서 니트가 청년실업률의 공식지표로 사용되기 시작한 것은 2010년이다. 당시 유럽 고용위원회와 지표개발팀은 니트를 15~24세 청년 중 취업, 교육 혹은 훈련 중 어디에도 속하지 않은 사람으로 정의하고 관련 현상 측정을 위해 노동력 조사(LFS) 국가 데이터를 사용하는 데 합의했다.

앞의 〈표 1〉처럼 니트가 중요한 이유는 우선 개념적으로 청년집단의 joblessness 수준 즉 무업(無業)수준을 보여주고 있기 때문이다. 즉, 실업자만 joblessness에 포함되는 것이 아니라 비교육, 비훈련 상태의 비경활인구 역시 이에 포함시키는 것이 중요함을 시사하고 있다. 왜냐하면 이들은 통계를 위한 집단 구분에서는 비경활인구이지만 실질적으로는 잠재적인 경활인구이기 때문이다. 따라서 후술하겠지만 니트 개념은 니트 집단의 내부 구성에도 많은 관심을 가지고 있다. 즉 국가별 실업자와 비교육-비훈련 니트집단 간의 상대적 비중, 비교육-비훈련 니트 집단의 구성요소 확인을 통해 노동시장의 주변에 위치하고 있는 사람들에 대한 확인을 시도하는 것이 바로 니트 개념이다.

한편 통계적으로 니트율은 실업률뿐만 아니라 실업비와도 차이를 보이고 있다. 먼저 제수(분모)에서 경활인구만을 포함하고 있는 실업률과 달리 니트율은 전체 인구를 포함하고 있다. 한편, 니트율은 해당 연령대의 전체 인구를 제수(분모)로 보고 있다는 점에서는 실업비와 공통점이 있다. 피제수(분자)에서 니트율은 실업자 중에서 직업훈련을 받고 있는 실업자는 제외시키고 있는데, 이는 직업훈련참여 여부에 관계없이 모든 실업자를 포함하고 있는 실업률 혹은 실업비와 차이가 난다. 이는 노동시장의 주변부에 위치하고 있는 집단 규모를 보여주고자 하는 니트 개념에 바탕을 둔 것이다. 이처럼, 일각의 한계 지적에도 불구하고[5] 니트 개념은 기존의 실업률과 실업비가 간과하고 있는 joblessness 상태의 사람 특히 비교육-비훈련 비경활인구

표 2 실업률, 실업비, 니트율의 장·단점(과제)

용어	장점	단점(과제)
실업률 (unemployment rate)	고용과 관련된 노동시장 파악 용이	비경활인구 무시
실업비 (unemployment ratio)	비경활인구가 포함됨으로써 경제의 역동성 파악 용이	비경활인구의 내부 성격 경시
니트율 (NEET rate)	joblessness 개념의 중요성 강조/ 비경활인구의 내적 성격 파악 용이	니트 하위집단별 정책마련이 필요

에 대한 관심의 필요성을 보여주고 있다는 점에서 그 의의를 찾을 수 있을 것이다.

이상의 논의를 바탕으로 청년실업 3대 주요 지표의 장점과 한계 혹은 과제를 필자 나름대로 정리하면 〈표 2〉와 같다.

이상에서 본 바와 같이 프랑스를 비롯한 유럽국가는 국가별 혹은 유럽연합차원에서 새로운 지표의 개발을 통해 청년실업의 정체성 확인을 시도하고 있으며, 그 성과는 3대 통계 지표를 통해 가시화되었다. 따라서 한 국가의 청년실업에 대한 정확한 이해를 위해서는 실업률(고용과 관련된 노동시장), 실업비(전체 인구 대비 비경활인구의 비중) 그리고 니트(비경활인구의 질적 분석) 등 세 가지 지표를 모두 살펴보아야 할 것이다.

2. 프랑스의 청년실업 동향: 3대 지표를 중심으로

지금까지의 논의를 바탕으로 여기서는 3대 지표와 관련된 몇 가지 〈표〉

5) 예컨대, 니트 개념의 연령 확대로 인한 니트 집단 내의 이질성이 심화된 점을 들 수 있다. 즉 영국의 니트 개념은 본래 16~18세를 대상으로 한 것이었다. 이러한 초기의 의도와는 달리 대상 연령대가 늘어났으며 이는 결국 성격별 혹은 연령별 집단 분석의 필요성을 제기하는 결과를 초래했다.

표 3 지표별 프랑스 청년집단 규모와 비율(15~29세/2015년 기준)

<table>
<tr><th></th><th colspan="5">15~29세 전체 인구(1,150만 명)</th></tr>
<tr><td>대구분</td><td colspan="3">경제활동인구(590만 명)</td><td colspan="2">비경제활동인구(560만 명)</td></tr>
<tr><td>소구분</td><td>취업자
(480만 명)</td><td>훈련참가 실업자
(15만 명)</td><td>실업자
(95만 명)</td><td>비교육/비훈련
(70만 명)</td><td>교육/훈련
(490만 명)</td></tr>
<tr><td>실업자</td><td></td><td colspan="2">110만 명</td><td></td><td></td></tr>
<tr><td>니트집단</td><td></td><td></td><td colspan="2">165만 명</td><td></td></tr>
<tr><td>실업률</td><td colspan="5">18.9%</td></tr>
<tr><td>실업비</td><td colspan="5">10.1%</td></tr>
<tr><td>NEET율</td><td colspan="5">14.7%</td></tr>
</table>

출처: 관련 자료를 바탕으로 재정리한 것으로 근사치임

를 중심으로 프랑스의 청년실업 문제의 심각성을 확인하고자 한다. 우선 앞의 〈표 1〉에 근거하여 프랑스 청년집단의 상황을 개괄하면 〈표 3〉과 같다.

이를 바탕으로 유럽일부국가와의 청년실업지표 비교를 통해 프랑스 청년실업추이 및 현황을 살펴보기로 한다.

1) 프랑스의 실업률과 실업비

먼저 〈표 4〉는 프랑스를 비롯한 유럽국가의 청년실업률과 청년실업비를 나타낸 것이다.

8,600만 명에 달하는 유럽연합 회원국의 청년집단의 평균 실업률은 16% 정도이다. 국가별로는 스페인과 이탈리아가 높은 반면, 독일이나 네덜란드의 청년실업률은 10% 미만을 보이면서 대조를 이루고 있다. 프랑스의 청년실업률은 18.9%로서 유럽연합 평균보다 높은 수치를 보이고 있다. 한편, 실업비에서 유럽연합 회원국 평균은 9.1%를 보이고 있다. 국가별로는 스페인과 이탈리아가 상대적으로 높은 반면 독일과 네덜란드는 낮게 나타난다. 한편 프랑스의 실업비는 10.1%로 유럽 평균보다 높게 나타난다. 전반적으로 실업률과 실업비에서 국가별 비교결과는 유사한 것으로 볼 수 있다.

표 4 유럽국가의 청년실업률과 청년실업비(2015년 기준, 15~29세)

	인구규모(천 명)	실업률(%, a)	실업비(%, b)	배율(b/a)
유럽연합(28개국)	86,589	16.1	9.1	0.57
프랑스	11,347	18.9	10.1	0.53
독일	13,487	6.5	4.0	0.62
스페인	7,063	36.7	19.5	0.53
이탈리아	9,196	29.9	12.2	0.41
네덜란드	3,097	9.4	7.0	0.74
영국	12,113	10.7	7.3	0.68
스웨덴	1,859	14.9	9.9	0.66

출처: C. Minni, B. Galtier(2017), p.7의 〈tableau 4〉을 바탕으로 필자 나름대로 재정리

다음으로는 실업비 지표에서 중요하게 보고 있는 전체 인구에서 차지하는 비경활인구의 상대적인 비중을 살펴보자. 이를 위해 본 글은 배율확인을 통한 국가 비교 방식을 취하고자 한다. 즉 실업률을 1로 했을 때 나타나는 실업비의 크기를 확인하는 방식이다.[6] 〈표 4〉의 조사대상 유럽국가 중 네덜란드, 영국, 스웨덴의 순으로 배율이 높은 수치를 보이고 있다. 이는 그만큼 전체 인구 중 비경활인구가 차지하는 비중이 낮음을 의미한다.

반면 이탈리아는 가장 낮은 배율을 보이고 있다. 이탈리아의 실업률 역시 높은 점을 고려한다면 이 국가는 청년고용상황도 매우 심각할 뿐만 아니라 경제 역동성 또한 매우 많이 저하되어 있음을 알 수 있다. 한편, 프랑스의 배율은 0.53이다. 이는 0.47에 상응하는 비경활인구가 존재하고 있음을 의미하는 것으로 유럽 평균 배율인 0.57보다 높다. 게다가 청년실업률 역시 높은 점을 고려한다면 이탈리아와 마찬가지로 프랑스도 청년고용과 관련된 노동시장 상황이 열악할 뿐만 아니라 경제 역동성 또한 활발하지 못함을 의

6) 배율이 1에 가까울수록 비경활인구는 적은 반면, 1에서 멀어질수록 그만큼 비경활인구의 규모가 많다.

미한다.

한편, 앞에서 언급한 바와 같이 청년집단은 내부적으로 성격이 다른 하위 집단으로 구성되어 있다. 따라서 청년집단의 실업 문제에 대한 정확한 이해를 위해서는 하부집단별 실업 동향이 확인되어야 할 것이다. 〈표 5〉는 연령대별 실업지표를 나타낸 것이다.

먼저, 연령대별로 가장 높은 실업률을 보이고 있는 연령대는 15~19세 집단이다. 이들의 학력은 중졸 학위(Brevet), 실업고등학교 1학년(CAP), 2학년(BEP) 학위 또는 고졸(Bac techn.) 학위 소지자이다. 경제활동인구 10명 중 3명이 실업상태로서 학위(력)수준에 따른 집단 간 불평등을 보여주는 전

표 5 연령대별 프랑스 청년집단 실업 동향(%)

	2010년			2015년		
	남성	여성	전체	남성	여성	전체
15~19세*						
실업률(a)	25.4	34.9	29.0	32.2	34.3	33.0
실업비(b)	5.1	4.4	4.7	5.1	3.7	4.4
배율(b/a)	0.20	0.13	0.16	0.16	0.11	0.13
20~24세*						
실업률(a)	20.8	20.9	20.8	24.1	21.2	22.7
실업비(b)	13.8	12.2	13.0	16.1	12.3	14.2
배율(b/a)	0.66	0.58	0.63	0.67	0.58	0.63
25~29세*						
실업률(a)	12.3	12.0	12.1	14.4	13.8	14.1
실업비(b)	11.5	9.8	10.6	13.1	10.8	11.9
배율(b/a)	0.93	0.82	0.88	0.91	0.78	0.84

* 연령대별 전체 인구와 실업자: 15~19세(386만 2천 명, 17만 명)/20~24세(361만 9천 명, 51만 천 명)/25~29세(386만 6천 명, 46만 2천 명)

출처: C. Minni, P. Pommier(2011), p.2 〈tableau 1〉과 C. Minni, B. Galtier(2017), p.2의 〈tableau 1〉을 바탕으로 필자 나름대로 재정리

형적인 사례이다. 한편 이 집단은 실업률과 실업비 간 차이(배율)가 매우 심하게 나타난다. 이는 대다수가 학령인구집단 즉 비경활인구임을 보여주고 있다.[7)] 한편, 20~24세 연령집단의 실업 상황은 전체 청년집단의 상황과 유사하다고 할 수 있다. 이들의 학력은 고졸 혹은 대졸이며 일·학습병행제도의 주요 적용 대상자이기도 하다. 전체 인구집단 중 절반 정도가 취업상태인 반면 경활인구 5명 중 1명꼴로 실업자이다. 360만여 명의 전체 인구 중 140만 명 정도는 학업 등의 이유로 비경활상태에 있다. 마지막으로 25~29세 집단은 학교 졸업자로서 시간적 차이는 있겠으나 노동시장 진입상태라는 공통점을 보이고 있다. 후술하겠지만 이는 상대적으로 높은 경제활동참가율과 고용률에서 여실히 증명된다. 실업률 역시 여타 집단에 비해 낮은 편이며, 실업률과 실업비의 차이 역시 가장 적게 나타난다. 이는 그만큼 비경활인구가 적음을 의미하는 것으로 해당 집단의 연령이 지니고 있는 경제사회적 의미 즉 노동시장 진입 상태인 것이 반영된 결과라 할 수 있다.

결국, 실업률과 실업비의 측면에서 실업 문제가 가장 심각한 집단은 15~19세 연령대이며 다음으로는 20~24세 연령대이다. 학력이 청년실업 문제에 영향을 미치는 요인 중의 하나임을 보여주는 대목이다. 그럼에도 불구하고 프랑스 청년실업 문제의 핵심에 15~19세 연령대가 자리 잡고 있다고 결론짓는 것은 매우 성급한 판단이다. 본 글은 청년니트율의 분석을 통해 그 이유를 살펴볼 것이다.

2) 프랑스 청년니트율

(1) 국가비교 관점에서 본 프랑스 특징

먼저, 〈표 6〉은 프랑스를 비롯한 유럽국가의 청년니트율을 정리한 것이다.

2015년 기준, 28개 유럽연합 회원국의 청년니트 규모는 15~24세를 기

---

7) 386만 2천 명 중 334만 5천 명이 비경활인구임.

표 6 청년니트율 추이의 국가별 비교

연도	2000		2005		2010		2015	
연령대	15~24	15~29	15~24	15~29	15~24	15~29	15~24	15~29
유럽연합 회원국 평균	13.2	15.6	12.7	15.0	12.8	15.2	12.0	14.8
프랑스	10.2	13.4	11.2	13.2	12.7	14.8	12.0	14.7
독일	7.7	10.3	10.9	13.8	8.3	10.8	6.2	8.5
스페인	12.1	15.4	13.0	14.0	17.8	20.0	15.6	19.4
이탈리아	19.1	21.9	17.1	20.0	19.0	22.0	21.4	25.7
네덜란드	4.1	6.0	5.3	6.6	4.3	5.7	4.7	6.7
영국	10.9	12.5	8.4	8.9	13.6	14.6	11.1	12.7
스웨덴	6.3	6.9	10.5	10.4	7.7	8.3	6.7	7.4

출처: http://ec.europa.eu/eurostat/statistics-explained/index.php/Statistics_on_young_people_neither_in_employment_nor_in_education_or_training

준으로 하면 660만여 명, 15~29세인 경우는 약 1,400만 명으로 니트율은 각각 12%과 14.8%이다. 추이별로는 2000년 이후 약간 감소하는 경향을 보이고 있다(Eurofound, 2016). 한편, 〈표 6〉을 통해 나타나는 특징을 정리하면 첫째, 국가별 청년니트율의 차이가 매우 심함을 알 수 있다. 예컨대 이탈리아의 15~29세의 청년니트율은 25.7%인데 이는 네덜란드의 6.7%에 비해 4배 정도 높은 수치이다(2015년 기준). 청년니트율 국가별 차이의 가장 큰 원인으로 청년실업률 그리고 실업비가 자리 잡고 있음을 보여주는 대목이다. 하지만 비교육-비훈련 상태인 비경활인구의 규모 또한 의미 있는 영향을 미치는 국가도 있음에 주목할 필요가 있다. 이의 대표적인 국가로 스웨덴을 들 수 있다. 스웨덴의 실업률과 실업비는 각각 14.9%과 9.9%로서 유럽회원국 평균에 근접하거나 더 높은 수치이다. 반면, 청년니트율은 6.7%로 회원국 평균 수치의 절반에 가깝다. 이는 그만큼 비교육-비훈련 상태의 비경활인구가 적다는 것을 의미한다. 한편 프랑스의 청년니트율은 14.7%로 유럽연합 회원국 평균에 근접하는 수치이다. 실업률과 실업비가 상대적으로 높은 점을 고려한다면 프랑스 청년니트율과 관련된 청년실업 문제의 심각성은 덜하다고 할 수 있다.

둘째, 청년니트율과 관련하여 〈표 6〉은 두 가지 연령대 수치를 보여주고 있다. 흥미로운 현상은 공통적으로 15~24세에 비해 15~29세의 니트율이 2~3% 정도 높게 나타난다는 점이다. 이는 25~29세의 니트 집단이 차지하는 비중이 여타 연령대보다 크다는 것을 의미한다. 생애주기에서 25~29세는 교육과정을 마치고 노동시장에 진입하는 연령대로 경활인구에 포함되어야 할 것이다. 그럼에도 불구하고 해당연령의 니트율이 상대적으로 높다는 점은 비교육-비훈련 상태의 비경활인구가 많다는 것을 의미한다. 이러한 점은 니트 개념의 유용성을 보여줌과 동시에 청년실업과 관련하여 연령대별 그리고 니트집단의 경제활동 상태별 분석이 필요함을 주지시키는 대목이라 할 수 있다.

(2) 프랑스 니트집단의 연령대별 분석

먼저, 〈표 7〉은 연령대별 프랑스 청년니트율을 정리한 것이다.

프랑스 통계청(INSEE)에 의하면 2015년 기준, 15~29세의 청년집단 중 약 170만 명 정도가 니트 상태에 있다. 전반적인 추이를 살펴보면, 2010년에 비해 2015년의 니트율은 약간 하락되었다. 특히 15~24세 연령대에서 하

표 7 연령대별 프랑스 청년집단 니트율 추이

	2010년			2015년				
						전체		
	남성	여성	전체	남성	여성	비율	규모 (천 명)	니트인구 대비 (%)
15~19세	7.3	5.8	6.6	6.9	5.5	6.2	239	14.3
20~24세	17.7	19.2	18.5	18.4	17.8	18.1	655	39.3
25~29세	15.0	23.5	19.3	15.7	24.1	20.0	773	46.4

출처: C. Minni, P. Pommier(2011), p.2의 〈tableau 1〉과 C. Minni, B. Galtier(2017), p.2의 〈tableau 1〉의 내용을 바탕으로 재정리

락 추세가 두드러진다. 반면 25~29세의 니트율은 오히려 약간의 상승 추세를 보이고 있다. 한편, 2015년의 니트율 추세를 살펴보면, 15~19세 연령대의 니트율이 가장 낮다. 이미 살펴본 바와 같이 이 집단의 실업률은 33%로서 가장 높다. 그럼에도 불구하고 니트율이 상대적으로 낮은 것은 비경활인구의 대부분은 학생이거나 훈련 중인 것을 의미한다. 반면 20세 이상의 연령대에서는 연령 상승과 함께 니트율 또한 높아지는 경향을 보이고 있다. 특히 25~29세 연령대의 청년집단의 니트율은 20%로 가장 높은 수치를 보이고 있다. 이 수치는 해당 연령대 5명 중 1명은 취업, 교육, 훈련 중의 어디에도 속하지 않은 상태의 사람임을 의미한다. 또한 해당 연령대에 주목이 필요한 이유는 청년니트집단 중에서 차지하는 비중이 매우 높기 때문이다. 〈표 7〉처럼 25~29세의 니트 규모는 70만 명을 초과하는데 이는 니트 전체 집단의 약 절반에 가깝다. 이는 프랑스뿐만 아니라 유럽 전체에서 나타나는 현상으로 연령대별 니트 대책에서 각별한 관심이 요구되는 집단이라 할 수 있다.

(3) 경제활동 상태에 따른 니트집단 분석

이미 언급한 것처럼 니트 집단은 이질적인 다양한 하위 집단으로 구성되어 있다. 앞의 〈표 1〉처럼 니트집단에는 경제활동 상태에 따라 실업자 집단과 비교육-비훈련 집단이 포함되어 있다. 이 중 실업자 집단은 경제활동인구임에 반해 비교육-비훈련 집단은 비경활인구이다. 경제의 역동성 관점에서 보면 가능한 비교육-비훈련 상태의 비경활인구를 줄이는 것이 요구된다. 이러한 점을 고려하면서 〈표 8〉을 통해 경제활동상태에 따른 프랑스 니트집단의 면면을 국가비교 관점에서 살펴보기로 한다.

〈표 8〉처럼 유럽국가 전반에 걸쳐 니트 집단 중 실업자와 비경활인구가 차지하는 비중은 각각 절반에 가깝다. 하지만 청년집단의 연령대를 29세까지 확대하면 비경활인구가 실업자보다 그 비중이 약간 더 큰 것을 알 수 있다. 이는 25~29세의 연령대에서 그만큼 비경활인구가 많음을 의미한다. 한편 이와 관련된 프랑스 상황을 살펴보면, 여타 국가 혹은 유럽연합 회원국 평균과 비교할 때 프랑스 청년니트집단에서 실업자가 차지하는 비중이

표 8 니트 집단의 구성

연도(연령대)	2009(15~24세)		2012(15~24세)		2012(15~29세)	
구분	실업자	비경활인구	실업자	비경활인구	실업자	비경활인구
유럽연합 회원국 평균	51.6	48.4	51.2	48.8	48.1	51.9
프랑스	62.9	37.1	60.0	40.0	57.2	42.8
독일	51.2	48.8	42.7	57.3	40.2	59.8
스페인	67.2	32.8	69.7	30.3	70.6	29.4
이탈리아	44.6	55.4	35.9	64.1	33.9	66.1
네덜란드	34.1	65.9	31.6	68.4	30.9	69.1
영국	50.4	49.6	53.9	46.1	45.8	54.2
스웨덴	55.2	44.8	54.7	45.3	50.0	50.0

출처: European commission(2011), p.5의 chart 4와 Eurofound(2012), p.29의 〈table 1〉의 내용을 바탕으로 재정리

상대적으로 높다. 니트 집단 실업자 수는 약 95만 명 정도로 이는 달리 말하면 110여만 명에 달하는 청년실업자 중 훈련참여 실업자는 15만여 명으로 참가자 비율은 15%에 미치지 못한다는 것을 의미한다. 청년실업자를 대상으로 실시 중인 직업훈련의 한계가 드러나는 대목이다. 한편, 여타국가에 비해 프랑스 니트집단에서 비경활인구가 차지하는 비중은 상대적으로 낮다. 하지만 그 비중이 점점 늘어나고 있다는 점에 주목할 필요가 있을 것이다. 뿐만 아니라 유럽의 전반적인 상황과 유사하게 연령대를 29세로 확대하면 비경활인구가 차지하는 비중이 커지는 것을 알 수 있다. 이상 내용을 종합해보면 프랑스 니트율 증가에는 25~29세가 주도하고 있으며, 특히 비경활인구 증대가 주요 요인으로 작용하고 있다는 것을 알 수 있다.

지금까지 본 글은 프랑스 청년실업의 심각성에 대한 정확한 이해를 위해 실업률과 이의 부가 혹은 보완지표인 실업비 그리고 니트율을 살펴보았다. 분석 결과 나타난 프랑스의 특징을 정리하면 첫째, 높은 실업률(2015년 기준, 18.9%)에서 나타나듯이 현재 프랑스 청년집단의 실업 문제는 심각한 상황이라 할 수 있다. 이 수치는 유럽연합 회원국 평균보다 높을 뿐만 아니

라 15세 이상 전체 인구 실업률의 2배에 달하는 것이다. 더욱 심각한 문제는 높은 청년실업률이 고착화되는 현상을 보이고 있다는 점이다. 이는 1982년 이후 한 번도 청년실업률이 14% 이하로 내려간 적이 없다는 점에서 여실히 증명된다.

둘째, 프랑스의 실업비 역시 유럽연합 회원국 평균치보다 높다. 이 수치와 실업률 대비 실업비 간의 관계를 보여주는 수치를 종합적으로 살펴볼 때 여타 국가에 비해 비경활인구가 상대적으로 많음을 알 수 있다. 이는 프랑스의 청년고용과 관련된 노동시장 상황이 상대적으로 열악할 뿐만 아니라 경제 역동성 또한 활발하지 못함을 의미한다.

셋째, 니트율은 해당 연령 인구 집단 중 취업, 교육, 훈련 중 어디에도 속하지 않는 상태에 있는 규모를 말하는 것으로 달리 표현하면 노동시장 한계 집단 규모라 할 수 있다. 여기서 프랑스의 니트율은 약간 낮거나 평균에 근접하는 정도이다. 한편, 니트율을 통해서 청년실업 문제의 중요한 측면이 부각되고 있는 바 25~29세 연령대의 경제활동 상황이 바로 그것이다. 즉, 니트율(20%)과 니트인구 규모(77만 3천 명)측면에서 프랑스의 대표적인 니트 집단이라고 해도 과언이 아니다. 이렇게 본다면 프랑스 청년실업 문제는 연령대별로 약간의 질적 차이가 있음을 알 수 있다. 구체적으로 15~19세 그리고 20~24세 연령대에서는 높은 실업률을 보여주고 있는 반면, 25~29세 연령대의 실업 문제에는 니트가 그 중심에 자리 잡고 있다고 할 수 있다.

III. 프랑스 청년집단의 노동시장 동향

청년실업에 대한 포괄적 이해의 두 번째 측면으로 청년집단의 노동시장 상황을 살펴보기로 한다. 먼저 관련 지표를 통해 노동시장을 통하여 제공되는 청년일자리 규모를 살펴본다. 이어서 청년일자리의 질적 측면에 대한 확인을 시도할 것이다. 즉 어떤 형태의 일자리에 청년집단이 고용되어 있는가에 관한 것이다.

1. 청년일자리의 규모

경제활동상황을 보여주는 3대 지표 중 고용상황을 제대로 보여주고 있는 지표는 고용률이다. 경제활동참가율은 경제 역동성 즉 경제활동의 활성화 정도를 나타내는 지표로서 의미가 있지만 실업자를 포함하고 있기 때문에 노동을 과대평가할 수 있다. 반면 고용률은 전체 인구 대비 취업자 규모를 보여주는 것으로 한 국가의 고용상황, 즉 노동력을 제대로 활용하고 있는지 혹은 일자리는 어느 정도 부족한지를 보여주고 있기 때문에 노동시장 동향을 파악하는 데 유용한 지표이다(지은정, 2012: 247). 본 글 역시 고용률 확인을 통해 청년집단의 일자리 규모를 파악하고자 한다. 먼저 〈표 9〉는 프랑스 청년집단 고용률 추이를 국가별 비교 관점에서 정리한 것이다.

표 9 청년고용률 추이의 국가별 비교

연도	1995	2000	2005	2010	2015	
연령대	15~24	15~24	15~24	15~24	15~24	15~29
유럽연합 회원국 평균	-	37.5	35.9	33.8	33.1	47.2
프랑스	26.6	29.6	30.4	30.1	27.9	43.2
독일	48.3	46.7	41.9	46.2	45.3	57.7
스페인	24.3	32.5	38.5	25.0	17.9	33.7
이탈리아	25.9	26.4	25.7	20.2	15.6	28.6
네덜란드	54.4	68.7	65.2	63.0	60.8	68.0
영국	54.9	56.6	54.3	46.8	50.1	60.9
스웨덴	-	38.0	39.0	38.8	43.9	56.4

출처: http://appsso.eurostat.ec.europa.eu/nui/submitViewTableAction.do

먼저, 15~24세를 중심으로 프랑스의 청년고용률은 27.9%로 이는 유럽연합 회원국 평균 수치보다 현저히 떨어지는 모습을 보이고 있다. 더욱더 심각한 문제는 2005년을 기점으로 고용률이 하락하는 추세를 보이고 있다는 점이다. 이는 비단 프랑스에 국한된 현상은 아니지만 프랑스 청년고용상황이 점점 악화 추세에 있음을 보여주고 있다는 점에서 심각한 문제라 할 수 있다.

한편, 청년집단의 연령대를 29세까지 확대하면 고용률은 여타 국가와 마찬가지로 상당히 상승하는 양상을 띠고 있다. 이는 25~29세의 높은 고용률에 기인한 것으로 청년고용상황에 대한 정확한 이해를 위해서는 다음의 〈표 10〉처럼 연령대별 분석이 필요함을 보여주는 반증이라 할 수 있다.

〈표 10〉처럼 15~29세의 고용률은 생산가능연령인구(15~64세) 고용률의 3분의 2에 불과하다. 연령대별로는 15~19세의 고용률이 매우 낮다. 이는 이 집단의 대부분은 학생 등 비경제활동인구로 구성되어 있는 것에 기인한 것이다.[8] 그렇다고 해서 이 집단의 경제활동 상황이 양호하다고 보는 것은 적

표 10 프랑스 연령대별 고용률과 취업자 수(%, 천 명)

연도	2005	2010	2015	
연령대	고용률	고용률	고용률	취업인구(천 명)
15~29(세)	45.8	46.7	43.2	4,901
15~19	11.5	11.6	9.0	347
20~24	50.0	49.4	48.1	1,740
25~29	77.5	77.0	72.8	2,814
15~64(세)	63.8	64.0	63.8	-

출처: C. Minni, P. Pommier(2011), p.2의 〈tableau 1〉과 C. Minni, B. Galtier(2017), p.2의 〈tableau 1〉을 바탕으로 재정리

8) 380만 6천여 명 중 취업자와 실업자를 포함한 경제활동인구는 51만 7천여 명으로 전체 대비 13.3%에 불과.

절하지 못한 판단이다. 왜냐하면 여느 연령대 집단보다 높은 실업률을 보이고 있기 때문이다.[9] 한편, 20~24세 연령대에 속하는 사람의 반 정도는 취업 상태에 있다. 구체적으로, 361만 명의 전체 인구 중 경활인구는 225만여 명으로 그 비중은 약 60%이며, 이 중 취업인구는 170만여 명이다. 한편 가장 높은 고용률을 보이고 있는 연령대는 25-29세이다. 386만여 명에 달하는 전체 인구 중 약 280만여 명이 취업상태에 있으며 이 집단의 고용률은 15~64세 인구집단보다 높다.

지금까지 살펴본 바와 같이 프랑스 청년고용률은 상대적으로 열악하다. 특히 15~19세의 고용률이 매우 낮은 점이 두드러진다. 이 집단이 지니고 있는 연령대적 특성이 비단 프랑스에만 국한되는 현상은 아니라는 점을 고려한다면 표적화된 정책적 대응이 요구되는 집단으로 판단된다.

2. 청년일자리의 질

여기서는 청년집단의 일자리의 질을 살펴보기로 한다. 즉. 어떤 형태의 일자리에 청년집단이 취업하고 있는가 하는 것이다. 이를 위해서는 청년집단의 근로계약기간(무기 혹은 유기), 계약의 주체(국가 혹은 민간), 제공된 일자리의 성격(일반근로직, 유급인턴, 대체근로 등) 등이 분석 대상에 포함되어야 할 것이다. 이런 점을 고려하면서 청년집단의 일자리 질을 먼저 개관하고 이의 배경에 대해 생각해보기로 한다. 〈표 11〉은 고용 지위별 프랑스 전체 취업자와 청년 취업인구(15~24세)의 상황을 비교한 것이다.

〈표 11〉처럼 2,580만 명 정도의 15세 이상 전체 취업자 중 임금근로자가 차지하는 비중은 약 88%에 달하며 이들 10명 중 1명은 무기계약 근로자

---

9) 이 집단의 실업률은 33%로 어느 연령대집단보다 높다. 이 집단의 경활인구는 중졸부터 실업학교 1학년과 2학년 혹은 고졸 학위 소지자로서 학력수준이 그렇게 높지 않은 점을 고려한다면 학력수준과 실업 간 관계를 잘 보여주는 집단으로 판단된다.

표 11 **고용지위별 분포(2014년 기준/천 명)**

대구분	소구분	15세~64세			15~24세	
		규모(천 명)	비율		비율	
			전체 대비	임금 근로자 대비	전체 대비	임금근로자 대비
비임금근로자		2,968	11.5		2.4	
임금근로자		22,832	88.5	100.0	97.6	100.0
	대체근로	530	2.1	2.3	6.3	6.5
	유급인턴	363	1.4	1.6	16.0	16.4
	유기계약	2,219	8.6	9.7	29.3	30.0
	무기계약	19,721	76.4	86.4	46.0	47.1
전체		25,802	100.0		100.0	
전일제근로		20,931	81.1		75.3	
파트타임		4,871	18.9		24.7	
전체		25,802	100.0		100.0	

출처: F. Guggemos et J. Vidalenc(2015), p.2의 관련 표

이다(86.4%).[10] 반면 청년 임금 근로자 중 무기계약 근로자가 차지하는 비중은 47.1%에 불과하다. 한편 프랑스에서는 고용지위형태 중 무기계약을 제외한 나머지 형태 즉 유기계약, 대체근로, 유급인턴 일자리를 통칭하여 '취약한 일자리(emploi précaire)'라 부른다.[11] 일자리 분석에서 취약한 일자리 개념이 중요한 이유는 그 비중이 클수록 일자리 질이 열악한 것으로 판단할 수 있기 때문이다. 이런 관점에서 살펴보면 청년 임금 근로자 중 절반

10) 이 중 공공일자리가 차지하는 비중은 31%으로 30년 전의 18%에 비해 많이 증가되었다.

11) 대체근로란 육아 휴직 등의 이유로 비어 있는 자리를 메꾸는 임시직이다. 유기계약에는 11가지 유형이 있으며 계약기간은 유형에 따라 12개월 미만, 6~8개월, 18개월, 24개월, 36개월(고령자) 등이 있다.

이상은 바로 이 취약한 일자리에 종사하고 있음을 알 수 있다(52.9%). 이는 15세 이상 취업인구의 해당수치(13.6%)보다 4배 가까이 높다. 한편, 청년집단의 취약한 일자리 중 유기계약 근로자가 차지하는 비중은 30%로 이 역시 15세 이상 전체 인구의 관련 수치에 비해 3배 이상 높다. 특히 일·학습병행과 직결되는 유급인턴이 차지하는 비중이 유난히 높은 것 또한 청년일자리 질 특징 중의 하나이다. 이렇게 볼 때, 고용 지위별로 살펴본 청년일자리의 질은 여타 연령대에 비해 매우 열악하다고 할 수 있다.

한편, 청년일자리의 열악성은 연령대별 임금차이에서도 나타난다. 물론 노동시장 진입 초기임을 고려하면 연령대별 임금 차이의 관점에서 그 열악성을 논하는 것 자체가 무리일 수 있다. 하지만 문제는 다음의 〈표 12〉처럼 최저임금의 적용을 받는 근로자 비중이 연령대별로 많은 차이를 보이고 있다는 것이다.

〈표 12〉처럼 전체 근로자 중 25세 미만 근로자가 차지하는 비중은 5.6%이다. 최저임금의 적용을 받는 근로자가 연령대별로 균등하다면 25세 미만 근로자의 경우 5.6%로 집계되어야 할 것이다. 하지만 실질적으로는

표 12 집단별 최저임금 적용 근로자 비중(2013년 기준)

기준	집단	근로자 분포			집단별 적용 근로자 비중	배율 (기준 대비)
		적용	비적용	전체		
연령	25세 미만	18.7	4.4	5.6	28.1	2.4
	25~29세	15.6	11.7	12.0	11.0	1.3
	30~39세	20.6	26.7	26.2	6.6	기준
	40세 이상	45.1	57.2	56.2	6.8	-
근로 계약 유형	무기계약	84.7	95.2	94.4	7.6	기준
	유기계약	10.3	3.6	4.2	21.1	1.1
	기타(임금지원 대체근로 …)	4.9	1.2	1.5	28.3	1.9

출처: R. Sanchez(2016), p.3의 〈tableau 1〉에서 발췌

3배 이상 많은 18.7%의 근로자가 최저임금 적용하에 있다. 25~29세 근로자의 상황도 이와 유사하다. 심각한 문제는 25세 미만 근로자 대비 최저임금 적용 근로자의 비중이 28.1%라는 점이다. 이는 달리 말하면 3명 중 1명 정도는 최저임금 수준의 임금을 받고 있다는 것을 의미한다. 이러한 수치는 40세 이상 근로자보다 2.4배 높은 수치이다. 한편, 근로계약유형별로 살펴보면 기타 근로 형태, 유기계약 근로의 순으로 최저임금 수준의 급여를 받는 근로자의 비중이 높은 것으로 알 수 있다. 이상의 논의를 종합한다면 청년집단의 임금이 낮은 이유에는 연공 요인만 작용하는 것이 아니라는 점이다. 유기계약 근로, 대체근로 등 취약한 일자리가 절반을 차지하는 일자리의 질 또한 이의 중요한 요인이라는 것이 본 글의 입장이다.

심각한 문제는 취약한 일자리의 창출이 점점 늘어나고 있으며 이는 주로 15~24세 청년을 대상으로 하고 있다는 점이다. 통계기구에 의하면, 1980년대 초만 하더라도 15~24세 청년 취업 인구 중 취약한 일자리 종사는 17% 정도였다. 이는 30여 년 만에 3배 이상 증가되었다는 것을 의미한다.[12] 뿐만 아니라 2015년에 체결된 근로 계약의 87%는 유기계약이라는 통계도 발표되었다. 더 중요한 사실은 근로계약 기간이 점점 짧아지고 있다는 것이다. 예컨대, 2015년에 체결된 근로계약의 70%는 1달 미만이다. 이의 대부분은 갱신이 되는 점을 고려하더라도 유기계약 근로의 불안정성은 점점 심화되는 형국인 것은 분명하다. 한편, 유기계약에서 무기계약의 전환율 또한 매우 낮다는 점 또한 주목할 필요가 있는 부분이다.[13] 결국 프랑스 청년 집단의 일자리는 '취약성 함정(Precariousness trap)'에 갇혀 있다고 해도 과

12) 같은 시기 25~49세는 3%에서 10%로 증가.

13) 통계에 의하면 프랑스의 전환율은 21%로 이는 유럽 평균 수치인 37%보다 낮을 뿐만 아니라 OECD 회원국 중에서 가장 낮은 국가 중의 하나이다. 이상 본문 내용은 프랑스 통계 기구와 정부산하기구 그리고 불평등 연구소의 보고서 내용을 인용한 http://www.lefigaro.fr/economie/le-scan-eco/dessous-chiffres/2016/03/15/29006-20160315ARTFIG00141-60-des-embauches-ont-concerne-des-cdd-inferieurs-a-un-mois-en-2015.php에 바탕을 둔 것임.

언이 아니다.

그럼, 왜 이렇게 청년 집단의 새로운 일자리는 점점 불안정한 성격을 띠고 있을까? 일각에서는 중장년 근로자의 높은 수준의 고용보호에서 그 원인을 찾고 있다(CESE, 2012). 이에 따르면 현재 프랑스 노동시장은 양극화 현상이 심각하다. 기존의 중장년 근로자는 높은 고용보호제도하에 안정된 일자리를 유지하고 있는 반면, 노동시장 신규 진입 집단 즉 청년집단을 대상으로 하는 일자리의 대부분은 불안정한 성격을 내포하고 있는 것이다.[14] 이는 경기변동으로 인한 해고의 최우선 대상자는 청년집단을 비롯한 취약한 일자리 종사자임을 의미한다. 따라서 교육 및 훈련 이수 기간의 연장으로 취업은 늦게 되는 반면, 해고 시점은 빠를 수 있는 집단이 바로 청년집단인 것이다. 이상 견해는 노동시장 분절이론 그중에서도 즉 인사이더와 아웃사이더의 관점에서 그 답을 찾고 있는 것이다.[15] 한편, 본 글의 입장은 청년 일자리 창출과 관련된 국가 정책 역시 중요한 원인이라는 것이다. 즉, 국가 개입을 통해 창출되는 청년일자리의 대부분이 유기계약, 유급 인턴 등 취약한 성격을 띠고 있다. 이는 일자리 창출과 관련된 긍정적 평가에도 불구하고 열악한 일자리 질의 관점에서 보면 국가 역시 그 책임을 면할 수 없다는 점을 시사하는 것으로 구체적 내용은 다음 절에서 살펴보기로 한다.

---

14) 고용보호법제의 엄격성을 측정하는 OECD의 정규직 근로 고용보호지수(indicators of employment protection legislation)에서 프랑스는 2.82의 수치를 보여주고 있는바, 이는 34개 회원국 중 최상위에 속한다(2013년 기준). 이는 그만큼 정규직 근로자에 대한 해고가 어렵다는 것을 보여준다. 한편 프랑스는 비정규직에 대한 고용보호지수 또한 높다. 하지만 이는 내용 자체가 해고가 아닌 채용에 관련된 것으로 그만큼 비정규직 근로계약 자체가 쉽지 않음을 의미한다(김 준, 2015). 그럼에도 불구하고 청년일자리의 상당수는 고용보호법제와는 무관하게 이루어지고 있으니 이에 대해서는 후술하기로 한다.

15) 한편 청년실업 및 고용과 관련된 다양한 이론에 대해서는 강욱모(2016: 83-85)를 참조할 것.

Ⅳ. 청년실업에 대한 국가의 개입 및 역할

청년실업의 포괄적 이해의 세 번째 측면으로 청년실업에 대한 프랑스 국가의 개입 양태 및 역할을 살펴보고자 한다. 앞에서 본 바와 같이 프랑스 청년은 실업과 고용 양 측면 모두 매우 열악한 상황에 봉착되어 있다. 이에 대한 국가의 대응 양식은 무엇이며 어떠한 평가가 가능한가 하는 것이 주요 내용이다. 본 글은 이를 국가의 청년고용정책과 실업급여 및 사회적 미니멈 급여 등의 사회보호정책의 두 분야로 나누어 살펴보기로 한다.

1. 청년고용정책

일반적으로 프랑스 고용정책은 표적화된 고용정책과 보편적 고용정책의 두가지 유형으로 구분된다(Dares, 2014). 보편적 고용정책은 노동비용의 하락을 통해 근로자, 지역, 특정 산업분야의 고용 촉진 혹은 고용 유지를 용이하도록 하는 정책을 지칭하는 것으로 사회보장분담금감면정책이 대표적인 사례이다. 한편, 표적화된 고용정책은 구직자나 취업취약계층 등 특정집단을 대상으로 하는 정책으로서 일자리 창출 및 유지를 위한 임금보조 근로계약 등 다양한 정책이 실시되고 있다.

이의 연장선상에서 프랑스 청년고용정책의 특징을 개관하면 첫째, 청년고용정책은 두 가지 유형을 동시에 포함하고 있음을 지적할 수 있다. 즉, 청년집단만을 대상으로 실시되는 표적화된 고용정책은 물론이거니와 보편적 고용정책 중에도 청년집단이 포함되어 있는 것도 있다. 둘째, 사회보장분담금 감면정책은 청년일자리 창출의 견인적 역할을 수행하고 있다. 본래 보편적 고용정책의 대표적 사례임에도 불구하고 청년일자리 창출의 핵심에 자리 잡고 있다. 이러한 점을 고려하면서 청년고용정책의 내용을 살펴본다.[16]

1) 사회보장분담금감면정책: 보편적 고용정책

프랑스에서 사회보장분담금감면정책이 처음 실시된 것은 1970년대 중반으로 가장 오래된 역사를 지니고 있는 정책 중의 하나이다.[17] 현행 제도의 구체적 내용을 살펴보면, 첫째, 모든 기업을 대상으로 하고 있다는 점에서 기존 제도와 확연히 구분된다. 구체적으로 실업보험 가입 사업체, 혼합경제 회사는 물론이거니와 국영기업과 우체국까지도 이에 포함된다. 따라서 이들 기업에 근무하고 있는 근로자라면 고용형태에 관계없이 누구나 감면조치 혜택의 대상이 되는 것이다.

둘째, 감면 대상이 되는 사회보험은 실업보험을 제외한 사회보험 예컨대 건강, 노령, 가족 보험이 이에 속하며 경우에 따라서 산재 및 직업병 보험도 포함된다. 구체적으로 이들 사회보험의 사용자 분담금이 감면대상인 것이다.

셋째, 감면대상 임금 수준은 최저임금의 1.6배까지로서 이는 2007년의 조치와 동일하다.[18] 이상 내용을 정리하면 임금 수준이 최저임금의 1.6배 이하인 근로자의 사회보험분담금 중 고용주 몫의 일정 부분을 점진적 하락방식으로 감면해 주는 방식이 바로 사회보장분담금감면정책이다. 여기서 중요한 점은 15~24세 청년일자리의 82%가 이에 해당된다는 것이다(M. Boisson-Cohen et al., 2017: 44). 프랑스 전체 근로자 중 약 40%가 적용대상인 점을 고려하면 사회보장분담금감면정책이 청년일자리에 미치는 영향은 상당히 크다고 할 수 있다. 이는 〈표 12〉처럼 청년집단의 임금이 그만큼 낮다는 것을 보여주는 방증이기도 하다.

2) 표적화된 고용정책

지금부터는 청년집단에 초점을 두고 있는 표적화된 고용정책의 내용을

16) 한편 필자는 다른 논문에서 행위자로서의 국가 관점에서 청년실업에 대한 프랑스 국가의 대응 양식을 살펴본 결과, 프랑스 청년고용정책의 정체성은 매우 약한 것으로 결론지었다. 이에 대해서는 심창학(2017)을 참조.

17) 이의 변천에 대해서는 심창학(2012: 181-183)을 참조할 것.

18) 2016년 기준 최저임금(세전)은 연 17,559.40유로임.

표 13 기능별 청년일자리 프로그램

기능	성격	주요 제도
숙련화	일·학습병행 또는 훈련참여보장을 통해 학생 혹은 근로자의 숙련도 제고	유급인턴계약제도/청년숙련화 계약제도
일자리 유지	기업 내 단체협약 등을 통해 고령자와 청년집단 간 지식과 역량의 상호 이전	세대 간 연대계약
사회포용적 채용 및 유지	임금보조 등 국가의 재정지원을 통해 노동시장 취약계층을 위한 일자리 창출 및 유지	단일통합계약(공공/민간), 미래 고용(공공, 민간), 신규채용 지원금, 무기계약 채용지원

출처: Pôle-Emploi(2016)

살펴보기로 한다. 〈표 13〉은 기능구분에 의한 표적화된 청년고용정책 분류의 사례이다.

〈표 13〉처럼 청년집단의 일자리 창출 및 유지를 위한 다양한 제도가 실시되고 있다. 이 중 단일통합계약과 미래고용은 프랑스의 대표적인 임금보조일자리제도이다. 법적으로 임금보조일자리제도는 일반적인 근로계약과는 다른 것으로[19] 고용주에 대한 국가의 재정지원 즉 임금의 일정 부분 재정지원과 사회보장분담금감면 등을 특징으로 하고 있다. 민간과 공공 영역에 공히 적용되는 제도로서 단일통합계약은 다시 고용주도계약(민간영역)과 고용동반계약(공공영역)으로 구분된다. 미래고용 역시 민간과 공공영역에서 실시되며 청년을 대상으로 하는 성격이 훨씬 더 강하며 임금 수준이 더 높은 점에서 단일통합계약과 차이를 보이고 있다. 한편, 다음의 〈표 14〉는 청년일자리 프로그램에의 참여현황을 프로그램별로 나타낸 것이다.

〈표 14〉처럼 청년일자리 프로그램을 통해 고용된 청년 근로자는 약 110만 명이다. 이는 490만 명에 달하는 청년취업인구의 22%에 달한다. 프로그램 중에는 유급인턴계약제도와 청년숙련화계약을 포함하고 있는 일·학

19) 이는 무기계약이 원칙이며 유기계약 근로계약은 정당한 사유가 있는 경우에 한정하고 있는 노동법 적용에서 예외임을 의미한다.

표 14 **청년일자리 지원 제도 참여 현황**(15~29세, 천 명)

대구분	소구분	2013	2014	2015		
		인원(명)	인원(명)	인원(천 명)	분포	청년 비중
임금보조 일자리		177	220	249	22.4	43.8
	고용동반계약 (공공)	54	55	58	5.2	24.3
	고용주도계약 (민간)	11	9	24	2.2	38.3
	미래고용 (공공, 민간)	78	122	133	12.0	99.7
	사회적경제	34	33	34	3.1	25.4
일·학습 병행제도		609	590	599	54.0	96.1
	유급인턴계약	425	406	406	36.6	100.0
	청년숙련화계약	184	184	193	17.4	88.9
기타 일자리 지원		217	253	361	23.5	60.7
	무기계약 채용지원	114	142	150	13.6	100.0
	세대간연대계약	15	27	35	3.1	100.0
	창업지원	76	74	69	6.2	36.3
계		1,003	1,063	1,108	100	68.4
청년일자리 중 일자리 지원 제도가 차지하는 비중(%)		20.3	21.6	22.6	-	-

출처: C. Minni, B. Galtier(2017), p.6의 〈tableau 3〉에서 발췌

습병행제도의 참여비중이 가장 높다(54%). 이는 현재 유럽에서 많은 관심을 모으고 있는 이행노동시장이론이 프랑스에서도 자리를 잡고 있음을 보여주고 있다. 다음으로는 기타 일자리 지원과 임금보조일자리이며 세부적으로는 채용 시 실업보험고용주분담금면제 프로그램인 무기계약채용지원 그리고 미래고용의 순으로 참여인원이 많다. 한편, 프로그램 참여인원 중 청년집단

이 차지하고 있는 비중을 살펴보면 유급인턴계약을 비롯한 세 가지 프로그램은 표적화된 고용정책의 전형으로 전부 청년집단으로 구성되어 있다. 이 외에도 미래고용, 청년숙련화제도의 순으로 청년비중이 높은 반면, 단일통합계약제도의 공공영역 프로그램인 고용동반계약에서 청년비중이 차지하는 비중은 약 4분의 1 정도이다.

한편, 〈표 15〉는 주요 프로그램의 적용대상자와 계약기간 유형을 정리

표 15 청년일자리 프로그램의 주요 적용대상과 계약 성격

대구분	소구분	적용대상	계약기간
임금보조 일자리	단일통합계약 (고용동반계약, 공공/고용주도계약, 민간)	취업애로계층	무기계약 혹은 유기계약 (6~24개월)
	미래고용 (공공, 민간)	15~25세 실업청년 (장애: 30세)	무기계약 혹은 유기계약 (12~36개월)
일·학습 병행	유급인턴계약제도	- 16~25세 / CFA(인턴훈련센터) 입학생 - 15세: 중학교 졸업생이면 가능 - 25세 초과: 장애 등 일정 조건하에 계약 체결 가능	- 유기계약: 1~3년(일반적으로 2년 / 장애는 4년 / 학위취득 준비 사유는 1년 미만 - 무기계약: 계약과 동시에 인턴 수행
	청년숙련화계약제도	- 16세 이상 26세 미만 청년 - 26세 이상: 구직등록자 - 사회적 미니멈 수급자	- 유기계약: 6~12개월 (16~25세 혹은 사회적 미니멈 수급자: 24개월까지), 1회 갱신 가능 - 무기계약: 두 단계 / 12~24개월(일학습병행기간), 이후 무기계약으로 전환
기타 일자리	세대간연대계약	26세 미만 근로자 / 57세 이상 고령 근로자 일자리 유지 혹은 55세 이상 고령자 채용	전일제, 무기계약 (청년근로자)

출처: 프랑스 고용노동부 홈페이지의 각 프로그램 내용에서 발췌(http://travail-emploi.gouv.fr/emploi/insertion-dans-l-emploi/

한 것이다. 적용대상자 확인을 통해 우리는 어느 정도 프랑스의 청년일자리 프로그램이 연령대별 혹은 집단 특성별 맞춤형 성격을 지니고 있는지 판단할 수 있을 것이다. 또한 프로그램별 계약기간은 청년일자리 프로그램이 어느 정도 고용안정성을 담보하고 있는지 알 수 있는 바로미터이다.

〈표 15〉의 프로그램 중 단일통합계약을 제외한 대부분은 청년집단을 주요 적용대상으로 하고 있다. 하지만 두 가지 점에서 한계가 드러나는 것을 볼 수 있다. 즉 연령대별 맞춤형 프로그램의 성격은 매우 약하다고 할 수 있다. 실업율과 교육 수준에서 차이가 있는 15~19세와 20~24세 연령대 각각을 위한 맞춤형 프로그램은 실시되고 있지 않은 것으로 판단된다. 둘째, 25세 이상의 청년집단은 상대적으로 덜 중요한 집단으로 간주되고 있다. 이 역시 니트 개념을 통한 분석에서 비교육-비훈련 상태인 해당연령인구집단의 규모를 고려한다면 개선이 필요한 대목으로 판단된다. 한편 계약기간 측면에서 모든 프로그램은 유기계약과 무기계약 중 하나가 가능함을 명시하고 있다. 특히 세대 간 연대 계약은 전일제, 무기계약만이 가능토록 하고 있다. 문제는 이상 프로그램에서 실질적으로 나타나는 지배적인 계약 형태는 무엇인가 하는 것이다. 이를 위해 본 글에서는 하나의 사례로서 임금보조일자리의 세 가지 프로그램에서 나타나는 특징을 살펴보기로 한다.[20]

표 16 공공영역과 민간영역의 임금보조일자리의 근로계약유형 비중(2014년 기준)

항목	민간영역			공공영역			전체
	고용주도 계약	미래고용	전체	고용동반 계약	미래고용	전체	
유기계약(%)	30.2	28.5	29.7	97.3	93.1	96.2	79.3
무기계약(%)	69.8	71.5	70.3	2.7	6.9	3.8	20.7

출처: Dares(2015), p.5의 〈tableau 4〉에서 발췌

20) 이에 대한 엄밀한 분석을 위해서는 프로그램별 분석이 진행되어야 할 것이다.

〈표 16〉을 살펴보면 지배적인 계약 형태에 있어서 공공영영과 민간영역이 대조적인 모습을 보여주고 있음을 알 수 있다. 구체적으로 민간영역에서 창출된 임금보조일자리의 70%는 무기계약임에 반해 공공영역에서는 유기계약 비중이 압도적 높다. 이는 특히 고용동반계약에서 특히 심하게 나타나며 미래고용의 경우 역시 예외가 아닌 것이다. 반면 미래고용의 이름하에 민간영역에서 창출된 일자리의 70% 이상은 무기계약임을 알 수 있다.

이미 살펴본 바와 같이 청년일자리 창출 및 유지와 관련하여 나타나는 프랑스 국가의 역할은 상당히 중요하다. 이는 청년일자리의 4분의 3 정도가 사회보장분담금감면제도와 직접적인 관련성이 있다는 점과 5분의 1은 표적화된 청년고용정책의 결과라는 사실에서 여실히 증명된다.[21] 그럼에도 불구하고 일자리 창출의 마지막 주체(the last resort)로서 국가의 역할 즉 공공영역에서 창출되는 일자리의 대부분은 유기계약으로 일자리 질면에서 양호하지 못한 성격을 보이고 있음에 유의할 필요가 있다. 이는 청년일자리 창출의 주체임에도 불구하고 열악한 일자리 증대와 관련해서는 국가도 책임에서 자유롭지 못한 것을 의미한다.[22]

2. 청년대상 사회보호정책 및 제도

청년실업지표와 고용률 그리고 일자리 질 분석에서 나타나듯이 프랑스의 청년실업 문제는 매우 심각하다. 한편, 국가의 청년고용정책은 나름대로의 성과에도 불구하고 유기계약 일자리를 양산하는 등 부정적인 결과를 초

21) 뿐만 아니라 임금보조일자리 창출 규모에서 민간영역은 6만여 개임에 비해 공공영역은 32만 개로 공공영역이 압도적으로 많다.

22) 그렇다고 해서 민간영역 일자리가 안정성을 담보하고 있다고 보기는 어렵다. 왜냐하면 무기계약이 지배적임에도 불구하고 예컨대 고용주도계약의 실질적 계약지속기간은 평균 8.9개월에 불과하기 때문이다. 이는 공공영역의 고용동반계약의 11.6개월보다 짧다(Dares, 2015: 5).

래하고 있다. 여기서는 이상의 노동시장 취약계층 혹은 한계집단의 성격을 보이고 있는 청년집단에 대한 국가의 사회보호정책은 무엇이며 어떤 평가가 가능한지를 살펴보기로 한다.

1) 실업급여

실업급여는 청년집단의 실업 문제와 직접적으로 관련되는 사회보호급여이다. 실업보험제도를 통한 구직자 사회보호 정도를 확인하기 위해서는 구직자 중에서 차지하는 수급자의 비중을 살펴보아야 할 것이다. 〈표 17〉은 이와 관련된 연령대별 상황을 정리한 것이다.

〈표 17〉처럼 프랑스 구직자의 전체 수급률은 약 46%이다. 이는 구직자 2명 중 1명만이 실업급여 수혜자라는 것을 의미한다. 한편 연령대별 수급률을 살펴보면 50세 이상이 48.8%로 가장 높다. 한편, 25세 미만 연령대에서는 78만여 명의 구직등록자 중 31만 명 정도가 실업급여를 받고 있다. 수급률은 40%로서 이 수치는 연령대별 비교에서 가장 낮은 것으로 나타난다. 이는 청년집단의 고용불안정과 직접적인 관련성이 있는 것으로 판단된다. 구체적으로 청년실업자 중에는 실업급여 수급에 필요한 4개월의 최소가입기간을 충족시키지 못하는 사람이 많은 것을 의미한다. 취약한 일자리에 반 이상이 근로하고 있는 청년집단의 노동시장 열악성은 그 자체로 끝나는 것

표 17 연령대별 실업 급여 수급률 비교

(단위: 천 명)

	구직등록자(A)*	급여 수급자(B)**	수급률(B/A)
25세 미만	783.2	313,224	40.0
25~49세	3,399.0	1,598,225	47.0
50세 이상	1,276.3	623,409	48.8
전체	5,458.5	2,534,858	46.4

* 2016년 1월 / ** 2016년 6월 기준

출처: G. Delvqaux(2017), p.2의 〈tableau 2〉와 Dares(2017), p.5의 관련 〈표〉를 바탕으로 재정리

이 아니라 실업급여 수급에도 영향을 미치고 있음을 보여주고 있다.

2) 제한된 청년 사회권

실업급여에 이어 여기서는 청년집단의 전반적인 사회권 인정 양상을 살펴보기로 한다. 이와 관련하여 한 연구는 청년집단의 사회 시민권(사회권)을 〈표 18〉처럼 두 가지 유형으로 구분하고 독일, 영국, 스웨덴, 프랑스 등 4개 국가 특징을 분석하고 있다.

먼저 가족주의 유형에서의 청년집단의 사회권 접근은 가족화의 성격이 강하며 생애주기 관점에서 청년을 아동의 연장을 간주하고 있다. 이는 청년 역시 제도적으로는 아동이라는 것을 의미한다. 따라서 부모는 자녀(청년)를 돌볼 책임이 있기 때문에 청년 대상 사회급여가 청년이 아니라 부모에게 제공되는 경향이 강하다. 뿐만 아니라 청년에게 직접 제공되는 급여의 수급 개시 연령이, 많은 경우 20세 이상이며 갈수록 늦어지는 모습을 보이고 있다. 이러한 유형은 비스마르크 복지모델 혹은 조합주의-보수주의 복지레짐 국가에서 많이 나타난다. 한편, 개인주의 유형에서 청년집단 사회권은 개인에 바탕을 두고 있다. 여기서의 청년은 더 이상 아동이 아니라 성인으로 간주되며 사회급여 수급 개시 연령 또한 20세 전인 경우가 많다. 뿐만 아니라 청년은 더 이상 아동이 아니기 때문에 이들에 대한 학자금 지원도 가족정책

표 18 청년집단의 사회 시민권 유형

	가족화(가족주의)	개인화(개인주의)
사회보호레짐	비스마르크	베버리지
부모의 돌봄책임	있음	없음
수급 연령	20세 후(늦어지고 있음)	빠름(20세 전)
지원 형태	가족정책	장학금 혹은 대출
학자금 지원(장학금과 대출)	제한적, 부모의 소득 중요	많음. 부모 소득 무관

출처: T. Chevalier(2016), p.221의 〈tableau 2〉

대신 장학금 혹은 대출 방식으로 이루어지고 있다.

위의 유형 중 프랑스는 가족주의의 성격이 강한 국가의 전형적인 사례이다. 경제적으로 독립할 때까지 자녀에 대한 부모의 돌봄 책임은 프랑스 민법에 적시되어 있다. 특히 재학 중인 자녀에 대해서는 '유지를 위한 부모의 책임'이라는 이름하에 특별히 강조되고 있다. 뿐만 아니라 학생 수당 역시 영국이나 스웨덴과는 반대로 부모의 소득에 의해 결정된다. 한편, 가족주의에 바탕을 둔 청년 사회권의 대표적인 사례로 가장 많이 언급되는 제도가 바로 근로연령층 대상 공공부조급여이다. 이 급여는 프랑스 사회적 미니멈(공공부조) 급여 중 하나로서 일정 자산(소득) 이하의 근로능력이 있는 사람을 대상으로 하고 있다. 여기서 흥미로운 점은 연령이 수급 요건의 하나라는 점이다. 〈표 19〉는 근로연령층 대상 공공부조급여가 도입된 1989년 이후 연령 수급 요건의 변화 추이를 정리한 것이다.

〈표 19〉처럼 이 급여제도가 도입될 당시의 수급 자격 연령은 25세이다. 단, 25세 미만인 경우에는 자녀가 있는 경우로 한정되어 있음을 알 수 있다. 이러한 규정은 2009년에 새로운 제도가 도입되기까지 20년 가까이 지속되었다. 이는 15~24까지의 청년은 여전히 가족 구성원의 일원으로 간주되면서 이들에 대한 개인 차원의 사회권은 부정된 것을 의미한다. 이러한 가족주의의 성격에서 약간의 변화를 보여준 시기가 2010년이다. 활동연대수당 제도의 하나인 청년활동연대수당을 도입하면서 그 대상을 18~24세까지 확

표 19 **근로연령층 대상 공공부조급여의 연령 수급요건 변화**

명칭 변화	도입연도	수급 자격(연령)
최소통합수당(RMI)	1989	25세 이상 / 25세 미만: 유자녀
활동연대수당(RSA)	2009	25세 이상
청년활동연대수당 (RSA jeune actif)	2010	18~24세: 유자녀 혹은 직업경력 (최근 3년 중 2년 이상)
활동수당 (Prime d'activité)	2016	18세 이상 / 직업활동수행

대한 것이다. 하지만 이 역시 단서 조항이 있는 바 유자녀 혹은 직업경력이 있어야만 수급자격이 인정되는 것이다. 이로 인해 수급자 규모의 실질적 증대는 매우 미미한 것으로 나타났다.[23] 활동수당이라는 새로운 명칭과 함께 2016년에 접어들어 이전보다는 완화되었으나 여전히 직업활동 수행이 수급요건의 하나로 명시되어 있다.[24] 근로연령층 대상 공공부조급여제도 변화에서도 나타나듯이 성격 약화에도 불구하고 프랑스 청년집단 사회권은 여전히 가족주의에 바탕을 두고 있음을 알 수 있다. 비교 관점에서 프랑스 청년집단의 사회권을 '거부당한 사회시민권(une citoyenneté refusée)'(T. Chevalier, 2016: 227)으로 부르는 것은 바로 이러한 맥락에서 이해될 수 있을 것이다.

V. 나가는 말

지금까지 본 글은 프랑스 청년실업에 대한 포괄적 이해라는 목적하에 청년실업 동향, 노동시장 상황 그리고 청년실업 문제에 대한 국가의 개입 양태 및 역할 등의 세 가지 측면을 중심으로 살펴보았다. 분석 결과, 프랑스 청년실업 문제는 매우 심각한 상황임을 알 수 있었다. 구체적으로 프랑스의 실업률은 여타 유럽 국가에 비해 상대적으로 상당히 높다. 특히 15~19세 연령대의 높은 실업률에 주목할 필요가 있을 것이다. 한편, 25~29세 연령대의 청년집단은 실업률은 낮은 반면 고용률은 높게 나

23) 특히 최근 3년 중 2년 이상의 직업경력 충족요건은 전일제를 기준으로 할 때 3,214시간의 근로시간을 요구하는 것으로 이를 충족시킬 수 있는 청년 근로자는 실질적으로 많지 않았던 것이다. 따라서 처음에 이 제도가 도입될 당시 적용 대상자 규모는 16만 명으로 예상되었으나 2011년 3월 통계에 의하면 불과 8.132명에 불과했다(CESE, 2012: 50).

24) 예컨대, 18세 이상 중에서도 학생, 유급인턴 혹은 최저임금의 55% 미만 수준의 임금을 받는 경우에는 적용대상에서 제외됨.

타난다. 이 집단의 실업 문제는 상대적으로 덜 심각한 것으로 보인다. 하지만 이 집단에 대한 각별한 관심이 필요한 이유는 따로 있으니 높은 니트율과 비교육-비훈련 비경활인구가 높은 비중을 차지하고 있기 때문이다.

한편, 프랑스의 청년고용률은 유럽연합 회원국 평균에 미치지 못할 정도로 많이 낮다. 특히 15~19세 연령대의 낮은 고용율의 배경에 대한 별도의 분석이 필요하다. 뿐만 아니라 청년집단 일자리의 질 역시 매우 열악함을 알 수 있다. 청년취업자의 반 이상은 취약한 일자리 즉 유기계약, 대체근로 혹은 유급인턴의 형태로 고용되어 있다. 이렇게 볼 때 청년집단의 노동시장은 매우 열악하며 심각한 고용 불안정에 노출되어 있는 것으로 판단된다.

한편, 청년일자리의 창출 및 유지를 위한 국가의 역할은 매우 크다고 할 수 있다. 청년일자리의 5분의 4가 사회보장분담금감면조치와 관련되어 있으며, 5분의 1 정도는 청년을 대상으로 실시되고 있는 표적화된 고용정책의 산물이다. 그럼에도 불구하고 국가가 불안정한 청년일자리 증가의 주체로 평가받을 수 있는 점은 바람직한 국가 역할을 논할 때 반드시 고려되어야 할 대목으로 판단된다. 이로 인해 최근 프랑스에서는 청년고용을 위한 재정 지출에도 불구하고 그 성과와 관련하여 비판적인 의견이 지배적이다.[25] 한편, 사회보호정책에서 프랑스 청년은 사각지대에 방치되어 있는 측면이 나타난다. 여타 연령대에 비해 낮은 실업급여 수급률이 이를 방증하고 있다. 그보다 중요한 점은 과연 시민 개개인에게 주어져야 하는 사회권을 보장받고 있는가 하는 점이다. 비교 관점에서 볼 때 프랑스 청년의 사회권은 약하며 여기에는 강한 가족주의 전통이 내재되어 있는 것으로 판단된다.

이상의 내용을 바탕으로 몇 가지 정책 제언을 하면 다음과 같다.

첫째, 청년고용정책에서 연령대별 맞춤형 프로그램의 마련이 필요하다. 살펴본 바와 같이 기존의 청년고용정책은 청년집단을 하나의 집단으로 간주

---

25) 청년일자리 창출 및 유지를 위해 소요되는 예산은 연평균 100억 유로(한화로 약 13조 원)로 이는 우리나라의 6배 수준이다. 양국 정부의 한해 전체 예산 규모에서 큰 차이가 없는 점을 고려한다면 대조되는 대목이다.

하는 경향이 강하다. 하지만 청년집단만큼 내부적으로 이질적인 집단도 없을 것이다. 뿐만 아니라 15~19세 연령대의 높은 실업률, 25~29세 연령대의 높은 니트율 및 상대적으로 높은 비교육-비훈련 비경활인구 비율 등 연령대별 실업 문제의 성격 또한 다양하다. 따라서 집단별 특성을 고려한 프로그램의 개발이 필요한 것으로 판단된다.

둘째, 청년일자리 창출과 관련된 국가역할에 대한 엄정한 평가가 필요하다. 일자리 창출의 마지막 주체로서 일자리 수 증가와 관련된 국가 역할의 유용성에 대해서는 아무도 부정할 수 없을 것이다. 하지만 국가가 '취약한 일자리' 창출의 주체라는 점 또한 사실이다. 이에 대한 엄정한 평가를 통하여 무기계약의 비중을 높이거나 유기계약에서 무기계약으로의 전환율을 높이는 방안이 강구되어야 할 것이다.

셋째, 일·학습병행제도에 대한 엄밀한 평가를 바탕으로 실효성을 제고할 수 있는 방안이 마련되어야 할 것이다. 이행노동시장이론에 바탕을 둔 것으로 이 제도는 최근 유럽에서 청년실업 문제 해소의 대안으로 많은 관심을 보이고 있다. 프랑스 역시 일자리 지원제도 참여자의 절반 정도는 이 제도와 관련되어 있다. 하지만 중도해약률이 17%에 달하는 등 그 성과는 기대 이하라는 것이 일반적인 견해이다. 원인에 대한 면밀한 진단과 대책이 필요하다.

넷째, 이의 연장선상에서 제도 마련 및 집행에서 당사자인 청년의 목소리(the voice of the young)가 반영될 수 있는 통로의 개발 및 제도적 메커니즘의 정착이 필요하다. 대표적인 일·학습병행제도인 유급인턴계약의 높은 중도해지율의 주요 이유 중 하나가 참여자의 욕구와 훈련기관 프로그램의 미스매칭 때문이라는 분석은 시사하는 바가 크다. 뿐만 아니라 직업훈련에 참여하는 청년실업자 비율이 15%에 불과하다는 사실 역시 청년 목소리 반영의 차원에서 반성이 필요한 대목이다.

다섯째, 본 글에서 직접 거론하지는 않았지만, 청년동행조치의 실질적 강화가 필요하다.[26] 현재 프랑스에는 청년실업과 관련하여 신조어가 등장했다. '보이지 않는 청년(les jeunes invisibles)'으로 이는 국가가 시행하고 있는 동행조치에 참여하지 않는 청년을 의미한다. 이 개념이 중요한 이유는 국가정책의 실효성 여부를 판단하는 바로미터가 되기 때문이다. 즉, 본문에서 언급했던 청년고용정책에의 참여는 바로 동행조치 실행의 결과물인 것이다.[27] 문제는 이러한 동행조치에 참여하지 않는 청년집단의 수가 점증하고 있다는 점이다.[28] 동행조치에 대한 각별한 관심이 필요함을 보여주는 대목이다. 프랑스 청년을 대상으로 실시한 최근 여론조사결과에서 응답자의 약 4분의 3은 청년실업해소를 마크롱(Macron) 대통령이 해결해야 할 최우선 과제로 선택했다. 청년집단이 이제 더 이상 '잃어버린 세대(la génération perdue)', '희생당한 세대(la génération sacrifiée)'[29]가 되지 않도록 하는 노력이 필요한 시점이다.

---

26) 이의 구체적 내용에 대해서는 심창학(2017)을 참조.

27) 2005년에 도입된 사회생활 포용계약(CIVIS) 등 지역의 유관기관(mission locale)과의 협력하에 청년과 전문상담가의 지속적인 면담을 주 내용으로 하는 다양한 동행조치가 실시되고 있음. 이는 주로 저학력, 무학력 니트집단을 대상으로 하고 있음.

28) 한 연구에 의하면 이 규모는 46만 명에 달하는 것으로 보고 있다. 이는 니트집단 대비 30%에 근접하는 수치이다. 이 중 25~29세는 26만 명으로 절반 이상을 차지하고 있다. C. Bernot(2016: 195, 198)의 관련 표.

29) 이는 프랑스 청년의 현 상황을 대변하는 것으로 자료 검색 중 가장 많이 접했던 용어들임.

참·고·문·헌

강욱모. 2016. “영국의 청년실업: 도전과 정부 정책들.” 『청년실업, 노동시장 그리고 국가』. 경상대학교 인권·사회발전연구소 학술대회 발표 자료집. 인권·사회발전연구소.

김 준. 2015. “OECD 고용보호지수: 의미, 한계, 시사점.” 『이슈와 논점』. 국회입법조사처.

심창학. 2012. “고용보험 및 고용정책.” 노대명 편. 『주요국의 사회보장제도 — 프랑스』. 서울: 한국보건사회연구원.

______. 2017. “청년실업에 대한 프랑스 국가의 대응 양식: 청년고용정책의 정체성은 존재하는가?” 『유럽연구』 제34권 3호.

Bernot, C. 2016. *Les jeunes "invisibles": De l'émergence d'un problème à l'élucidation des conditions de construction de réponses cohérentes.* thèse de doctorat de l'Université de Lyon.

Boisson-Cohen, M. et al. 2017. *L'insertion professionnelle des jeunes.* Dares/France Stratégie.

Chevalier, T. 2016. “Citoyennetés socio-économiques des jeunes et stratégies de croissance: Suède, Allemagne, Royaume-Uni, France.” *Revue française des affaires sociales No.1 Janvier-Mars*: 213-234.

Dares. 2014. “Les dépenses en faveur de l'emploi et du marché du travail en 2011.” *Dares Analyses.* No 018: 1-17.

______. 2015. “Les contrats uniques d'insertion et les emplois d'avenir en 2014.” *Dares Analyses.* N. 064: 1-11.

______. 2016. “Activité des jeunes et politiques d'emploi. données à fin mars 2016.” *Tableau de bord.* Août 2016: 1-7.

______. 2017. “Demandeurs d'emploi inscrits à Pôle emploi en javier 2017.” *Dares indicateurs.* No.013: 1-12.

Delvaux, G. 2017. "Montant de l'allocation chômage versée aux demandeurs d'emploi indemnisés par l'assurance chômage: situation au 30 juin 2016." *Statistiques et Études et Évaluations*. 17.013: 1-4.

Eurofound. 2012. *NEETs — Young people not in employment, education or training: Characteristics, costs and policy responses in Europe*. Luxembourg: Publications Office of the European Union.

______. 2016. *Exploring the diversity of Neets*. Luxembourg: Publications Office of the European Union.

European commission. 2011. "Youth neither in employment nor education and training (NEET). Presentation of data for the 27 Member States." *Europe 2020: Employment Policies*: 1-16.

Guggemos, F., et J. Vidalenc. 2015. "Une photographie du marché du travail en 2014." *Insee Première* No.1569: 1-4.

Minni, C., B. Galtier. 2017. "Emploi et chômage des 15-29ans en 2015. Un jeune sur dix au chômage." *Dares résultats* No.016: 1-8.

Minni, C., P. Pommier. 2011. "Emploi et chômage des 15-29 ans en 2010." *Dares Analyses* N. 039: 1-14.

Pôle-Emploi. 2016. *Panorama des mesures pour l'emploi*. Pôle-Emploi.

Prévost, J.-B. 2012. *L'emploi des jeunes. Les avis du conseil économique, social et environmental*. Les éditions des Journaux officiels.

Sanchez, R. 2016. "Les emplois du privé rémunérés sur la base du Smic." *Dares analyses*. No.014: 1-9.

http://dares.travail-emploi.gouv.fr/dares-etudes-et-statistiques/

http://ec.europa.eu/eurostat

https://www.eurofound.europa.eu/

https://www.insee.fr/fr/accueil.

일본의 청년고용정책에 대한 고찰:
좋은 일자리 창출을 위한 다차원적 접근에 근거하여

임정미 • 한국보건사회연구원 인구정책실

Ⅰ. 서론

정규직과 비정규직의 임금격차, 처우격차가 커질수록 다른 연령층에 비해 노동시장 참여경험이 부족하고 숙련화가 덜 된 청년들의 고용환경은 열악해질 수밖에 없다. 이러한 상황을 반영하듯 2015년 한국의 청년실업률은 9.2%로 1999년 공식 집계 이후 가장 높은 수치를 보이고 있다(이병희, 2015; 이승윤·이정아·백승호, 2016 재인용). 청년고용률은 41.5%로 매우 낮고, 비정규직에 종사하는 청년층의 비율은 높다(이승윤·이정아·백승호, 2016). 이는 비정규 고용, 저임금으로 대표되는 불안정 노동시장에 진입한 청년들이 증가한 것을 의미하며 이마저 여의치 않아 노동시장 참여를 포기하는 실망실업자가 늘어나고 있다는 점에서 대책이 시급해 보인다. 특히 위에서 언급한 청년실업과 불안정 고용은 간단한 일은 비정규 노동자에게 위탁하고, 정사원에게는 고도의 기능을 요구하는 노동의 분절화에 의해 더욱더 고착화될 가능성이 높다는 점(樋口·財務省財務総合政策研究所, 2013)에서 문제의 심각성이 크다.

이에 한국 정부는 청년들의 노동시장 이행 및 고용창출을 목표로 지난 10년에 걸쳐 개입을 확대해 왔다. 그러나 청년고용할당제, 취업성공패키지 등 적극적 노동시장정책들에 대한 성과는 불명확하며 청년실업 문제 역시 개선의 여지가 보이지 않기 때문에 정부의 청년실업에 대한 접근에 변화가 필요하다는 문제가 제기되고 있다(최용환 2015; 이승윤·이정아·백승호, 2016). 김성희(2015) 역시 종래 한국의 청년실업 대책이 인턴제 등의 단기고용 창출에 집중해 왔음을 지적하고 변혁의 필요성을 주장한 바 있다.

반면 일본은 1990년대 버블경제 붕괴 이후 증가한 청년실업률에 대응하기 위해 단계적으로 청년고용정책을 확대해왔으며 최근에는 청년 고용환경이 개선되는 등 청년실업률이 안정적인 상태로 변화하고 있다(厚生労働省政策統括官付労働政策担当参事官室, 2017). 물론 이러한 변화에는, 청년고용정책은 물론 경기회복 및 경제활동 인구 감소의 영향도 한몫했을 것이다. 하지만 청년실업을 단순히 경기 순환, 노동력 수급의 문제에 한정하여 대처하는 것에는 한계가 있다. 경기가 회복되어 노동수요와 공급이 양적으로 일치해도 노동시장의 구조적 문제(구직자와 구인자의 정보, 능력, 연령, 임금, 기업규모, 산업 미스매치 등)에 의해 구조적 실업률이 상승하면 청년실업률 감소에 제약요소로 작용할 수 있기 때문이다(斎藤, 2000). 따라서 청년실업 문제를 해결하기 위해서는 청년의 노동시장 진입, 재진입의 기회를 늘리는 것과 동시에 비정규직의 정규직 전환을 위한 개입, 청년이 안정적으로 일할 수 있는 직무환경 제공 등 청년 고용환경을 개선하기 위한 노동공급, 수요, 구조적 측면의 다차원적 접근이 필요하다고 생각한다.

다시 말해 본 연구는, 청년실업 문제를 개선하기 위해서는 '얼마나 실업률을 감소시키는가'라고 하는 기존의 단기적 고용창출에 초점을 두는 제한된 접근을 뛰어넘어 '얼마나 지속적으로 일할 수 있는가', '미래의 고용에 긍정적인 영향을 미칠 수 있는가'와 같은 양질의 일자리 제공에 주목한 보다 포괄적인 접근이 필요하다는 문제의식에서 출발한다.

이러한 물음에 답하기 위해 본 연구는 청년실업률 감소와 청년의 안정적인 취업지원 및 양질의 일자리 제공을 위해 중·장기적인 관점에서 다양한 지원책을 실시하고 있는 일본의 청년고용정책을 분석하고 한국사회에 주는 시사점을 도출하는 것을 목적으로 한다. 그중에서도 지금까지 한국의 청년고용정책이 주로 단기적 성과 중심의 일자리 창출에 주목한 나머지 양질의 노동시장 수요와 소득 불안정 해소를 위한 논의가 불충분했다는 지적(이승윤·이정아·백승호, 2016)에 근거하여, 문제 해결을 위해 노동공급, 수요, 구조적 측면의 다차원적 개입이 필요하다는 점, 청년고용정책과 노동시장 관련법, 사회안전망의 결합에 대해 포괄적으로 논의되어야 함을 고찰하고자 한다.

본 연구가 일본의 청년고용정책에 주목하는 이유를 간단히 정리하면 다음과 같다.

앞에서 언급한 것처럼 일본은 버블경제 붕괴 이후 높아진 청년실업률과 프리터[1]의 증가에 대응하기 위해 2003년 처음으로 청년고용 증진을 목표로 하는 정부 주도의 청년고용정책, 청년자립·도전플랜(若者自立·挑戦プラン)을 발표했다. 이후 경기가 호전되면서 청년실업률은 낮아졌지만 여전히 타 연령층에 비해 실업률이 높고, 특히 비정규 노동시장에 종사하는 청년의 불안정한 생활이 사회 문제로 부각되었다(오타 소이치, 2016). 이에 일본은 기존의 고용확대라는 양적 성과 중심의 정책적 접근에서 미취업자의 자립 지원, 비정규직 커리어 형성지원, 안정적인 고용기회 확대 등 청년 개개인이 처해 있는 상황에 적합한 종합적인 취업지원 방식, 즉 양질의 일자리 제공으로 정책 전환을 시도하고 있다. 나아가 의무교육 기간에 커리어 교육을 추진하는 등 교육과 고용 연계를 강화하고 있다. 이러한 점은 청년실업 문제에 대해 다양한 변화를 모색하고 있는 한국사회에 개선의 가능성을 시사하는 유용한 사례가 되리라 생각한다.

1) '프리터'란 학생을 제외한 15세에서 34세의 비정규직으로, 일하며 생계를 꾸려나가고 있는 청년을 말함.

이에 먼저 일본의 청년고용을 둘러싼 현황을 살펴보고 청년고용의 특징에 대해서 논의한다. 이어서 청년실업의 원인을 분석하고 일본에서 실시되고 있는 청년실업 대책·고용정책이 좋은 일자리 제공을 위해 어떠한 다차원적 접근을 취하고 있는지에 대해 분석한다. 마지막으로 위에서 언급한 내용들을 바탕으로 한국의 청년고용정책에 주는 시사점에 대해 논의한다.

II. 일본 청년고용의 현황

일본에서 청년실업, 청년의 불안정한 고용이 사회문제로 대두된 것은 비교적 최근의 일이다. 과거에는 청년고용과 관련한 문제들이 시간이 지나면 자연스럽게 해결되거나 청년의 취업의식 등 청년 측의 요인에 의해 발생한다고 보았기 때문에 그다지 주목을 받지 못했다(神林·アン, 2011). 하지만 1990년대 버블경제 붕괴 이후 청년실업은 경제구조의 영향을 받는 장기적이고 지속적인 문제라는 인식이 대두되었다(神林·アン, 2011). 최종학교를 졸업한 시점에 경기가 침체되면 그 이후에도 계속해서 취업이 어렵고 또 일단 실업자가 되거나 비정규 사원이 되면 낙인 및 저숙련화로 인해 정규직으로 전환되기 어렵다는 문제점이 드러나기 시작한 것이다(오타 소이치, 2016). 나아가 이러한 불안정성이 생애소득뿐 아니라 기혼, 출산을 통해 미래세대에 영향을 미쳐 사회적 비용을 증가시킨다는 문제점이 지적되면서(樋口·財務省財務総合政策研究所, 2013) 청년고용정책에 대한 관심이 증가되었다.

일본 청년들의 고용 문제를 생각하기에 앞서 먼저 일본의 청년 노동시장의 현황 및 특징을 살펴볼 필요가 있다. 먼저 실업률을 살펴보면(〈그림 1〉), 1990년대 경제위기를 계기로 전반적으로 상승하였다. 특히 2003년에는 청년실업률이 10.1%로 최고치를 경신하였다. 이후 리먼쇼크 직후인 2009년

그림 1 일본 실업률

(단위: %)

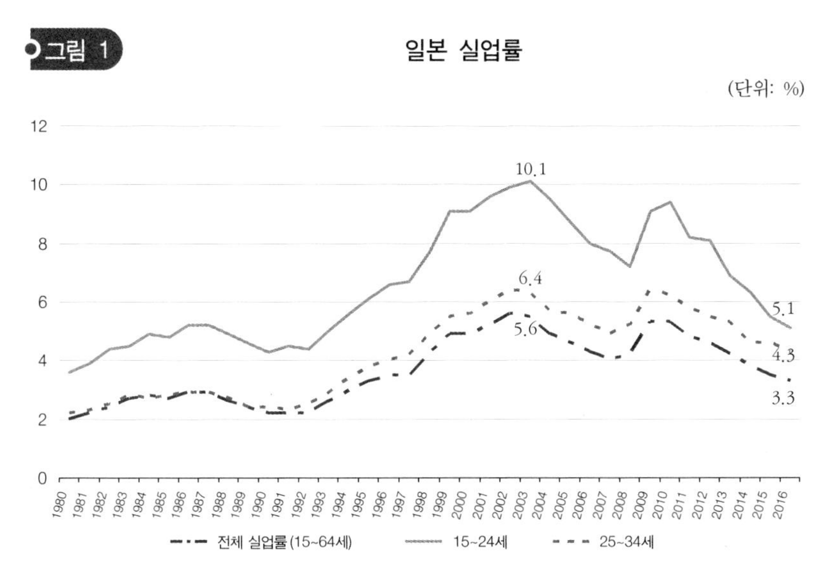

자료: 総務省(2017), 労働力調査

을 제외하면 청년실업률은 점점 하락하고 있는 추세이다. 2016년 현재 15세에서 24세까지의 청년실업률은 5.1%로 전체 실업률 3.3%에 비해 높은 수준이다. 총무성(総務省)의 2017년 노동력 조사 자료를 살펴보면, 2016년 15세에서 24세의 청년취업률은 42.4%, 25세에서 34세의 청년취업률은 82.5%로 2002년, 2003년과 2009년의 경제위기를 제외하면 취업률이 계속해서 상승하고 있다.

〈그림 2〉를 보면, 남성 임금근로자 중 15세에서 24세 청년의 비정규직 비율은 1990년 19.9%에서 2016년 45.2%로 증가하였고, 다른 연령층에 비해 청년의 비정규직 종사 비율이 매우 높은 편이다. 또, 1990년대 버블붕괴와 2009년의 경제위기는 타 연령층보다 15세에서 24세 청년세대의 비정규 고용 비율을 가파르게 상승시키고 있다는 것을 알 수 있다.

그러나 〈그림 3〉의 연령별 비정규 노동자 추이를 살펴보면, 전체적으로 65세 이상의 고령층을 중심으로 비정규직 비율이 증가하고 있다. 반면, 2001년 전체 인구 중 15세에서 24세 청년의 비정규직 비율은 19.3%, 25세에서

그림 2 남성 임금근로자 중 비정규직의 비율

(단위: %)

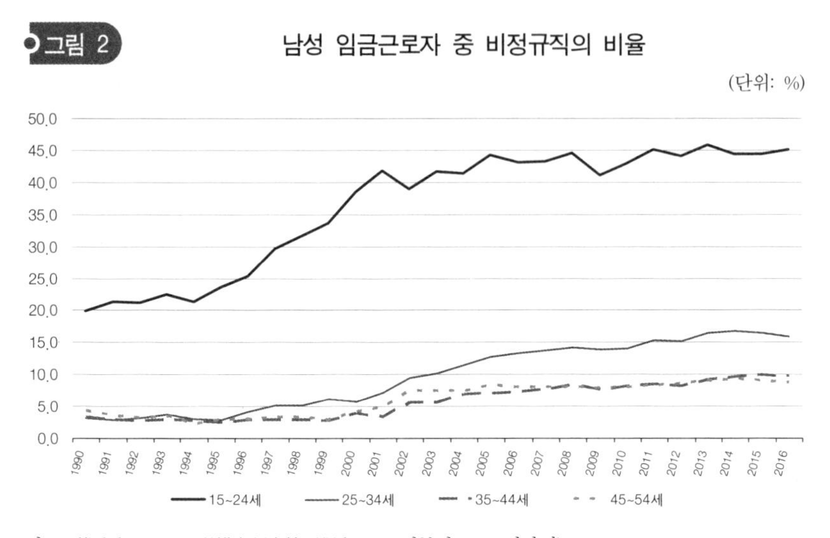

자료: 総務省(2017), 労働力調査特別調査(1990년부터 2001년까지)
総務省(2017), 労働力調査(2002년부터 2016년까지)

그림 3 연령별 비정규 노동자의 추이

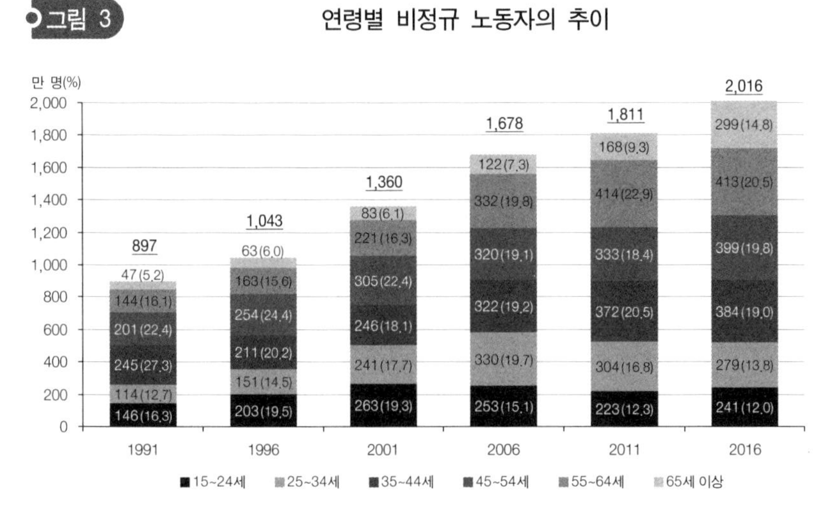

자료: 厚生労働省 2017년 홈페이지 게재자료(http://www.mhlw.go.jp/file/06-Seisakujouhou-11650000-Shokugyouanteikyokuhakenyukiroudoutaisakubu/0000120286.pdf)

34세 청년의 비정규직 비율은 17.7%였던 것이 2016년에는 15세에서 24세 청년의 비정규직 비율이 12%, 25세에서 34세 청년의 비정규직 비율이 13.8%로 제각각 줄어들었다.

요약하면, 청년층은 경제위기의 영향을 다른 연령층보다 더 많이 받고 있다는 것, 하지만 최근 들어 그동안 비정규직에 집중하고 있던 청년취업률의 증가폭이 완만해지고 있다는 것을 확인할 수 있다.

고용형태별 임금을 살펴보면(〈그림 4〉), 정규직과 비정규직의 임금격차가 크고 남성 정규직과 여성 정규직, 남성 비정규직과 여성 비정규직 사이의 성별 임금격차 또한 존재한다. 이 그림에서 주목해야 할 점은, 정규직은 연령이 상승할수록 임금이 상승하지만 비정규직은 연령이 상승해도 임금 상승의 변화가 적다는 것이다. 또, 비정규직이라도 연령이 낮을 때에는 정규직과의 임금격차가 적지만 연령이 상승하면 할수록 정규직과 비정규직의 임금격차는 더욱더 벌어진다.

고용형태별 첫 직장 계속 근무자의 비율을 살펴보면(〈그림 5〉), 2007년 10월부터 2008년 9월 사이에 비정규직으로 취업한 사람 중 2012년 조사시

그림 4 고용형태별 임금격차(2016년)

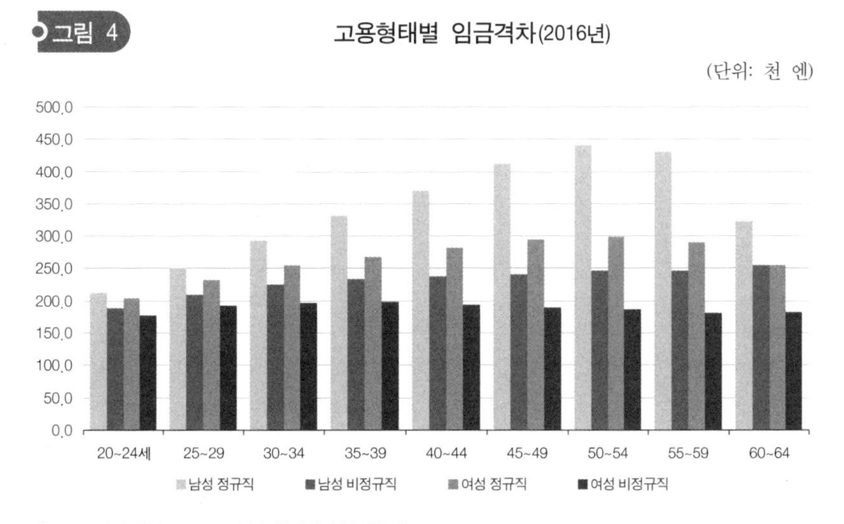

자료: 厚生労働省(2017), 賃金構造基本統計調査

그림 5 첫 직장 취업 시기, 고용형태별 첫 직장 계속근무자의 비율

(단위: %, 조사시점: 2012년)

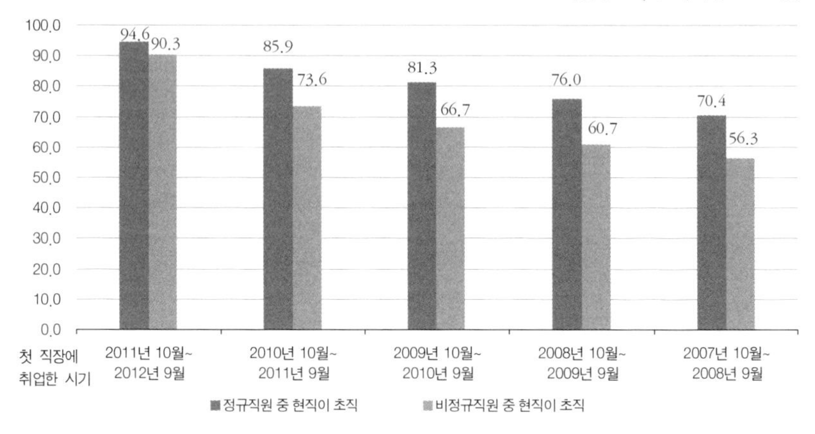

자료: 総務省(2013), 就業構造基本調査

점에 계속해서 비정규직으로 머물러 있는 사람이 56.3%에 달했다. 이를 통해, 비정규직에 종사하는 청년은 장기간 근무하여도 정규직으로 전환되기 힘들고 또 저임금에서 벗어나기가 어렵다는 것을 확인할 수 있다. 이는 청년층을 채용할 때 중도채용보다 신규 졸업자를 주로 채용하는 일본의 기업문화와 결합하여 세대효과[2]를 확대시킬 수 있음을 보여주는 것이다.

고용 형태별 사회보험료 지출을 보면(〈그림 6〉), 정규직 남성은 연령이 상승할수록 사회보험료 지출이 커지지만,[3] 비정규직 남성은 연령에 관계없이 연간 19.9만 엔의 정액 사회보험료를 납부한다.[4] 이는 비정규직에 종사하는 청년이 증가하고 또 이들이 정규직으로 전환되지 못할 경우 사회보험

2) '세대효과'란 학교 졸업시점에 경기의 좋고 나쁨이 이후 청년층의 취업상황(소득)과 경력에 영향을 미친다는 것을 말한다. 열심히 노력하여도 졸업시점의 경기가 나쁘면 불안정한 고용환경에 장기간 노출될 수 있다는 것이다(太田, 2013: 54). 세대효과를 검증한 Genda, Kondo and Ohta(2010)는 같은 시기에 졸업하더라도 경기불황이 고학력 청년보다 저학력 청년의 소득에 장기적으로 부정적인 영향을 미친다고 지적하였다. 또, 첫 직장을 구할 당시의 경기가 이후 청년의 연간 소득에 영향을 미친다고 보고하였다.

그림 6 고용형태별 사회보험료 지출액(2016년)

(단위: 만 엔 / 연간)

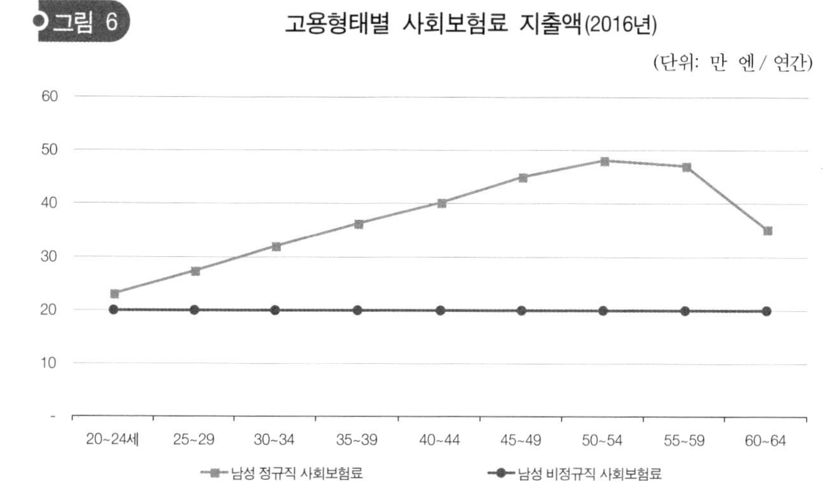

자료: 厚生労働省(2017), 賃金構造基本調査과 丸山(2005)를 참고로 작성하였음. 정규직(남성)의 사회보험료는 연수×18.182%÷2. 비정규직(남성)의 사회보험료는 16,660엔×12개월로 계산함

료 재정을 압박하는 원인이 될 수 있으며 장기적인 관점에서 큰 사회적 비용을 유발할 수 있음을 뜻한다.

위에서 살펴본 청년고용의 특징을 요약하면 다음과 같다.

첫째, 현재 청년고용지표가 개선되었지만 타 연령층과 비교하면 여전히 청년세대의 실업률이 높게 나타난다. 하지만 다행히도 그동안 비정규직에 집중되어 있던 청년세대 취업률의 증가폭이 완만해지고 있다는 것이다. 둘째, 비정규직은 연령(근무경력)에 따른 임금 상승률이 낮고 사회보험료도 적게 내기 때문에 이들이 정규직으로 전환되지 않은 채 중장년을 맞이할 경우

3) 일반적으로 연공임금을 적용하고 있는 일본은 연령이 상승할수록 소득이 증가하고, 소득에 비례해 사회보험료가 상승한다. 이에 반해 비정규 사원은 연령이 상승하여도 소득의 변화가 거의 없고 사회보험료도 정액을 납부하게 된다(〈그림 3〉을 참고).

4) 정규직의 경우 소득에 따라 사회보험료를 납부하며, 국민연금(1층)과 후생연금(2층)에 가입하고, 기업에 따라서는 기업연금(3층)에도 가입한다. 반면, 비정규직은 국민연금(1층)에만 가입하기 때문에 정액 사회보험료를 납부하게 된다. 2016년 비정규 사원이 납부해야 할 사회보험료는 매월 16,660엔이다.

사회적 비용부담이 증가할 수 있다. 셋째, 정규직과 비정규직의 격차는 신규 졸업자를 채용하는 기업문화와 재도전의 기회가 적은 일본 노동시장의 구조와 결합해 세대 내 격차를 증가시킨다. 또 청년고용에 있어 첫 직장의 불안정이 장기간에 걸쳐 청년의 소득 및 재취업에 부정적인 영향을 미치고 있다.

따라서 청년실업 문제의 궁극적 해결을 위해서는 단기적 고용창출 중심의 접근을 뛰어넘어 양질의 좋은 일자리 제공을 위한 다차원적 접근, 특히 청년실업이 발생하는 다양한 원인을 고려한 대책이 필요하다고 생각한다.

III. 청년실업의 원인

2014년 고졸 신규졸업자의 유효구인배율은 1.28배, 대학 신규졸업자의 유효구인배율은 1.61배로 전년도 대비 상승하는 등(大嶋, 2014) 최근 청년고용지표가 2절에서 언급된 것처럼 개선되고 있다. 하지만 여기에는 함정이 있다. 청년취업률 및 유효구인배율 상승의 이면에 노동시장의 양극화 문제가 자리하고 있다. 예를 들어, 2016년 후생노동성 일반직업소개상황에 따르면 고용형태별 유효구인배율이 정규직의 경우 0.86배, 비정규직은 1.70배였다(전 연령층에 해당). 청년들의 이직률 또한 증가하고 있는데 후생노동성 신규학교졸업자(이하, 신졸자) 이직상황에 따르면 졸업 후 3년 이내 이직률은 2012년 3월 졸업 고교생 40%, 대학생은 32.3%로 상승했다(김명중, 2016 재인용). 청년니트의 수는 줄어들었지만 청년인구에서 차지하는 니트의 비율은 2012년 2.3%로 2002년 2%보다 증가하였다(総務省, 2013).

과거와 문제의 수준만 다를 뿐 청년층의 고용환경은 여전히 개선해야 할 점들이 많이 있다. 그렇다면 청년실업률은 타 연령층에 비해 왜 높은 것일까? 이 물음에 답하기 위해 청년실업의 원인을 구체적으로 살펴보고자 한다.[5)]

1. 노동수요 측의 요인

경기가 침체되거나 디플레이션이 지속되면 노동수요가 감소한다. 한번 채용하면 장기간 고용이 필요한, 더욱이 숙련을 위한 투자가 필요한 청년세대에 대한 수요는 타 세대보다 급감할 수밖에 없다. 또, 임금 코스트를 억제하기 위해 기업은 청년층의 정사원 채용을 줄이고 대신 저임금의 비정규직 채용을 늘리려 한다. 이 때문에 경기가 나빠지면 우선적으로 청년실업률이 상승하고 불안정 노동시장에 진입하는 청년이 늘어나게 된다.

2. 노동공급 측의 요인

대졸자에 대한 기업의 노동수요는 한정되어 있기 때문에 90년대 이후 높아진 대학진학률은 대졸자 과잉공급 및 경쟁을 초래하여 청년층의 취업을 어렵게 만들었고 실업률 역시 상승시켰다(太田, 2012; 大嶋, 2014). 또, 종래 입학을 허가받지 못했던 청년들까지 대학에 진학하면서 기업의 채용기준에 미달하는 청년(기초학력이 낮거나 의사소통능력 및 대인관계스킬이 부족한 청년)들이 늘어났고 이 역시 청년실업률을 증가시키는 원인으로 작용하였다(太田, 2010). 물론 청년의 근로의욕 및 노동시장 참여의식이 약해진 것도 청년실업률을 높이는 데 기여하였다(松丸, 2005).

3. 노동시장의 구조적 요인

하지만 이전과 달리 최근의 높아진 청년실업률(타 연령층과 비교해서)은

5) 청년실업률을 나타내는 원인에 대한 설명은 斎藤(2000), 太田(2010), 大嶋(2014)를 인용, 정리하였다.

구직자와 구인자의 미스매치 등 노동시장의 구조적 요인의 영향을 더 크게 받는다고 볼 수 있다(斎藤, 2000). 왜냐하면 청년실업은 타 세대와 달리 자발적인 이직에 의해 실업을 공유하기 때문에 노동시장의 수급밸런스에 의한 반응도가 약하게 작용하기 때문이다(太田, 2013).

경기가 회복되어 노동 수요와 공급이 일치해도 기업이 요구하는 인재와 구직자의 능력, 임금 및 연령 등에 미스매치가 발생하면 청년실업률이 증가한다(太田, 2010). 또, 기업이 신졸자 채용시장을 확대하지만 채용기준은 내리지 않기 때문에 이 기준에 부합하지 않는 청년들은 불안정한 노동시장으로 내몰린다(大嶋, 2014). 비교적 높은 스킬을 지닌 청년에게 일자리가 집중되고 이에 해당하지 않는 청년에 대한 일자리는 급감하는 고용의 양극화가 진행되는 것이다(樋口·財務省財務総合政策研究所, 2013). 학교에서 취업으로의 이행을 촉진하기 위한 학교와 기업의 취업 연계, 알선시스템의 기능부족 역시 구직자와 구인자의 미스매치 문제를 심화시킨다(大嶋, 2014).

예를 들어, 취업할 수 있는 기업에 대한 정보 부족은 청년들의 원활한 노동시장 진입을 방해하고 취업을 내정하지 않고 졸업하는 청년실업자를 늘린다. 졸업과 동시에 취업에 성공한 청년이라도 기업에 대한 사전 정보 부족은 기업정착률을 떨어뜨리고 이직률을 증가시키므로 이는 다시 청년실업률을 높이게 된다(樋口·財務省財務総合政策研究所, 2013). 일본의 청년층 채용시장은 신규 졸업자(이하, 신졸자)를 중심으로 구성되어 있기 때문에, 이미 학교를 졸업한 자(이하, 기졸자)에 대한 취업의 문이 좁고 또한 중도채용의 기회도 적다. 이러한 현상은 학교를 졸업할 때 취업하지 못한 청년이 첫 직장을 잡는 데 소요되는 시간과 이직에 걸리는 시간을 늘리고 실업률 역시 증가시킨다(太田, 2013).

이처럼 청년실업은 어느 한 가지 측면에 개입한다고 해서 나아질 수 있는 것이 아니라 다양한 원인을 배려한 단계적이고 다차원적인 접근이 요구되는 문제라 할 수 있다.

IV. 좋은 일자리의 개념 및 본 연구의 분석틀

1. 좋은 일자리의 개념

일자리의 질을 파악할 수 있는 개념으로 좋은 일자리(Good job)가 있다. 좋은 일자리는 고용관계가 안정적이며 보상수준이 높은 일자리로 설명된다(임유진·정영순, 2015). 또, 미래의 고용관계를 예측할 수 있으며 적절한 노동시간 확보를 통해 일과 가정의 조화가 가능하고 높은 임금수준과 직무안정성이 보장되는 일자리로 정의되기도 한다(김봄이 외, 2015). 그러나 일자리를 임금 중심으로 설명한다면 비임금 등의 주관적 보상에 의한 차이가 일자리의 질에 반영될 수 없기 때문에 일자리가 가지는 특성에 대한 정확한 이해가 곤란하다는 지적도 있다(Jencks, Perman & Rainwater, 1988).

좋은 일자리의 구성요소에는 임금, 근로시간, 고용안정성과 승진가능성, 일의 난이도(작업환경), 일의 내용(사회에 도움이 되는 일인지) 및 직장 내 대인관계가 있다(Clark, 2015). 좋은 일자리와 유사개념으로 괜찮은 일자리(Decent job)가 있고 노동의 기회, 고용안정성, 노동권 보장, 일과 가정생활의 양립, 안정적인 직장환경, 사회보장, 남녀평등의 개념으로 설명되어진다(小曽根, 2012).

종합하면 좋은 일자리는, 임금이나 고용관계 중심의 접근에서 사회보장, 고용환경 등을 포함한 다차원적이고 종합적인 측면에서 이해될 수 있다. 특히 좋은 일자리는 근로자의 직업에 대한 만족도와 웰빙에 영향을 미칠 뿐 아니라(小曽根, 2012; Clark, 2015) 청년의 직장정착률을 높이고 안정적인 취업을 위해 중요한 전략이 되리라 보여진다(小曽根, 2012).

2. 분석틀

위에서 언급한 것처럼 청년의 직장정착률을 높이고 실업률을 낮추기 위해서는, 청년고용정책이 기존의 인턴제나 비정규직 중심의 단기적인 고용창출에서 벗어나 지속적이고 안정적인 업무환경을 제공하는 좋은 일자리 중심의 접근이 이루어져야 한다. 또 좋은 일자리 중심의 접근을 위해서는 청년실업이 발생하는 수요, 공급, 구조적 측면을 동시에 고려한 포괄적인 대책이 필요하며 이러한 점에 주목하여 일본의 청년고용정책을 분석하고자 한다. 청년고용정책이 청년고용 문제에 효과적으로 대응하고 있는지를 검토함에 있어, 청년실업이 발생하는 다양한 원인을 종합적으로 고려할 필요가 있기 때문이다.

이에 먼저 일본의 청년고용정책이 노동공급, 수요, 구조적인 문제들에 얼마나 다차원적으로 대응하고 있는지를 분석한다. 그중에서도 좋은 일자리 제공에 필요한 고용안정성, 임금, 고용환경(근로시간, 곤란 업무 처리를 위한 직장 내 훈련 등) 및 사회보장의 요소가 얼마나 정책내용에 포함되고 있는지를 분석하고자 한다.

V. 일본의 청년고용정책

이 절에서는 일본의 청년고용 관련 주요정책들이 지속적으로 일할 수 있는 안정적일 일자리 창출이라는 목표를 달성하기 위해 노동공급, 수요, 구조적 측면에서 다차원적으로 대응하고 있는지, 또 좋은 일자리를 만들기 위한 구성요소들이 정책내용에 포함되어 있는지를 살펴본다.

1. 청년 자립·도전 플랜의 도입

1990년대 버블경제 붕괴이후, 2003년 청년실업률이 최고치를 경신하고 프리터와 니트족이 증가하는 등 불안정한 청년 노동시장의 문제가 정책과제로 등장하기 시작했다. 이에 2003년 후생노동성, 경제산업성, 문부과학성, 내각부의 연대 속에 비정규직에 종사하는 청년세대의 직업적 자립을 목적으로 청년 자립·도전 플랜(若者自立·挑戦プラン)이 책정되었다. 이 사업은 커리어 교육 추진, 커리어형성 및 취업지원, 일본판 듀얼시스템 도입,[6] 창업 및 기업지원을 통한 청년 취업기회 창출, 트라이얼 고용사업,[7] 지역별 청년 고용지원을 위한 원스톱 서비스센터(이하, 잡 카페)[8]로 구성되어 있다.

청년 자립·도전 플랜은 청년세대에 특화된 취업지원을 모색한 최초의 국가 차원의 종합적 청년고용정책으로, 청년실업 및 프리터의 증가를 청년 개인의 문제가 아닌 수요부족에서 기인한 사회적 문제로 인식하고 대처하겠다는 의지를 보여주었다는 점에서 주목할 만하다. 그러나 청년고용정책의 대상이 여전히 재학생이나 비정규직 청년에 한정되어 있고 장기간 실업상태

---

6) 일본판 듀얼시스템은 현장실습과 교육을 병행하는 직업훈련제도이다. 하지만 교육과 실습의 관련성이 약한 점, 듀얼시스템을 통한 청년 채용의 메리트가 적다는 점이 문제점으로 지적되었다(日座·寺田, 2010). 청년을 수용하는 기업에 대해 훈련비용을 지불하고 임금을 부담한 사업주에게 조성금을 지원하는(김명중, 2016) 노동수요 측면의 개입이 포함되어 있지만 메리트가 적다.

7) 미취업 청년을 시범고용(원칙 3개월 유기고용, 1개월 혹은 2개월도 가능)한 기업에게 장려금을 지급한다. 시범고용 후 기업과 청년구직자의 적성, 업무수행능력을 평가, 합의하에 정규직으로의 채용이 결정되는 제도이다(김명중, 2016). 후생노동성은 2012년 사업평가서를 통해 2011년 트라이얼 고용 수료자 중 80.7%의 청년이 정규직으로 채용되었다고 보고하였다(http://www.mhlw.go.jp/wp/seisaku/jigyou/12jigyou02/dl/IV-3-1-10a.pdf#search=%27%E3%83%88%E3%83%A9%E3%82%A4%E3%82%A2%E3%83%AB%E9%9B%87%E7%94%A8+%E8%A9%95%E4%BE%A1%27).

8) 전국 46개 도도부현에 설치되어 있고 정부, 지자체, NPO와의 연대를 통해 지역별 특성을 고려한 취업을 원스톱으로 지원하는 기관이다. 취업상담 및 정보제공, 구인검색, 직장체험 소개, 기업설명회 및 세미나 실시, 후생노동성의 공공직업소개소와 연계한 직업소개, 이력서 첨삭, 모의면접지원 등 청년의 노동시장 참여를 위한 지원을 실시한다.

에 놓여 있거나 반복되는 취업실패로 구직을 포기한 청년이나 실망실업자 등은 지원의 대상에서 배제되었다.

이러한 문제점을 해결하기 위해, "2004년 청년 자립·도전을 위한 액션 플랜", "2005년 청년 자립·도전을 위한 액션플랜의 강화"에서는 니트족(구직포기자, 실망실업자 등)의 직업적 자립을 위한 지원사업, 즉 지역청년 서포트스테이션[9]과 청년 자립학원[10]이 추진되었다. 이로써 청년고용정책의 대상이 기존의 재학생, 비정규 고용 청년에서 다양한 문제를 가진 청년에게까지 확대되었고, 청년의 불안정한 삶에 대한 사회 전체의 협력적 대응의 중요성이 피력되었다고 할 수 있다.

그러나 문제는 첫째, 위에서 언급한 청년고용정책들이 명시적으로는 노동공급 측면뿐 아니라 노동수요 측면의 대응을 강조하고 있음에도 불구하고 실제 대책을 모색하는 데 있어서는 노동공급 측면의 개입에 집중하고 있다는 점이다. 즉, 청년실업 및 니트 문제를 해결하기 위한 실마리를 청년들의 취업의식 및 능력의 변화에서 찾고 있다는 것이다.

예를 들어, 커리어 교육 추진, 잡서포터 양성을 통한 커리어형성 및 취업지원, 일본판 듀얼시스템, 잡카페 등 대부분의 청년고용정책들이 청년 개개인의 근로의욕과 직업능력 향상에 기반한 노동공급 측면에 초점을 맞추고 있다(南出·吉祥, 2012). 반면 노동 수요를 늘리기 위한 수요 측면의 대응은 트라이얼 고용사업에 불과하다. 일자리 공급이 없는 노동공급 측면의 개입은 오히려 공급과열 및 경쟁을 유발시킨다는 점에서 일자리 창출을 위한 대응이 요구된다. 물론 노동수요와 공급이 일치해도 구조적 측면의 개입(예를

9) 2006년부터 실시된 지역청년 서포트스테이션(청년지원 관련 실적과 노하우가 있는 NPO와 주식회사에 후생노동성이 위탁)은 15세에서 39세의 고교 중퇴자, 니트 등 일하는 데 어려움을 가지고 있는 청년의 자립을 목적으로 커리어 컨설턴트 등의 전문가가 취업을 위한 상담 지원(커뮤니케이션 훈련 지원, 직장체험, 생활상담 등)을 실시한다.

10) 청년자립학원(若者自立塾)은 합숙을 통한 생활훈련, 취업지원을 수행하며 2009년에 폐지되었다.

들어 매칭기능 강화, 고용환경 개선)이 없이는 청년고용정책이 효율적으로 작동된다고 보기 힘들기 때문에 노동공급, 수요, 구조적 측면의 다차원적 개입이 상보적(相補的)으로 추진되는 것이 바람직하다.

둘째, 청년 자립·도전을 위한 플랜은 프리터의 증가를 염려하여 프리터의 직업적 자립을 천명한 고용정책이었음에도 불구하고 다른 노동시장정책(2003년 개정된 노동자파견법은 오히려 제조업까지 파견 직종의 범위를 확대하는, 비정규 고용 확충의 유연화정책임)과의 부정합으로 인해(南出·吉祥, 2012) 제도가 가지는 본래의 목적과 기능이 효과적으로 발현되고 있다고 볼 수 없다는 문제점을 지닌다.

2. 긴급고용대책의 추진

이러한 정책 아래 2008년 금융위기가 발생하면서 청년실업률이 다시 상승하였고, 동시에 신졸자의 취업내정이 취소되는 상황이 빈번해졌다. 특히 가족 경제를 지탱하던 중장년층의 실업률이 함께 증가하면서 넷카페(net cafe) 난민 등 새로운 형태의 청년 빈곤층이 생겨났고, 기존의 취업위주 고용정책으로는 이러한 문제에 대응하기 힘들다는 인식이 대두되기 시작하였다. 다시 말해, 청년고용정책이 효과적으로 기능하기 위해서는 노동시장에 대한 개입뿐 아니라 소득보장과 같은 사회보장제도의 정비가 필요하다는 것이다.

이와 같은 문제에 대응하기 위해 고용유지, 고용창출 및 재취직 지원, 직업능력개발지원, 주택·생활지원으로 요약되는 긴급고용대책(緊急雇用対策, 2009년 실시)이 추진되었다.

먼저 전 연령에 해당하는 노동수요 측면의 대응으로, 기업이 노동자를 해고하지 않고 직업훈련, 휴업을 통해 고용을 유지할 수 있도록 고용조정조성금이나 중소기업 긴급고용안정조성금 사업이 추진되었다. 또, 지자체별로 성장분야 고용기회 창출사업, 인재육성을 지원하는 중점분야 고용창조사업,

일시적 고용을 창출하는 긴급고용창출사업이 실시되었다.

구조적 측면의 대응으로, 신졸자와 기졸자에 대한 취업지원 및 일자리 매칭을 강화하는 사업이 추진되었다. 예를 들어 신졸자 응원 할로워크(공공직업소개소)를 설치하고 담당 잡서포터를 배치하였다. 이는 졸업과 동시에 취업할 수 있도록 구직자와 구인자에 대한 정보를 매칭하고 관리하는 전담 인력을 구축하였다는 점에서 청년실업의 원인을 고려한 접근이라 평가할 수 있다. 하지만 문제는 잡서포터의 양적 확대를 위해 투입된 예산이 적었기 때문에 실제 잡서포터의 수가 크게 증가하지 않았다는 점이다(南出·吉祥, 2012). 이것은 구직자와 기업의 욕구에 맞는 매칭이 원래의 목적대로 원활히 기능하지 않을 수 있다는 한계로 이어진다. 또 이 시기에는 기존의 청년고용정책에서 한 단계 더 나아가 고교 졸업 후 3년 이내의 기졸자를 신졸자와 동일시하여 채용할 수 있도록 3년 이내 기졸자 채용확대 장려금, 3년 이내 기졸자 트라이얼 고용장려금, 기졸자 육성지원 장려금 등 기졸자에 대한 고용주의 채용유인을 위한 노동수요 측면의 전략이 확대되었다는 특징이 있다.

이는 청년실업 문제를 해결하기 위해 노동공급 측면의 대응에 주목하였던 이전의 청년고용정책과 달리 공급 측면, 수요 측면, 구조적 측면을 동시에 고려한 포괄적인 대응을 포함하는 정책방향이라고 해석된다.

또, 이 시기에 주목할 만한 변화로 청년에 특화된 사업은 아니지만 청년고용정책을 추진함에 있어 여타 사회보장제도와의 정합성을 고려한 다차원적 대응을 시도하였다는 점이다. 예를 들어, 고용보험에 적용되지 않는 사람에게 무료로 직업훈련의 기회를 제공하고 훈련기간 중의 생활유지를 위해 직업훈련생활급부금을 지급하는 구직자 지원제도를 실시(2011년 10월)하였다. 훈련종료 후에는 필요에 따라 참가자가 노동시장에 진입할 수 있도록 담당자제를 통해 일대일 지원을 실시한다. 이 제도는 생활비 지원과 결합된 직업훈련을 제공함으로써 생활비에 대한 걱정 없이 안정적으로 노동시장에 진입할 수 있도록 보장한다는 장점이 있다. 하지만 직업훈련생활급부금을 수급받기 위한 자격기준이 엄격하기 때문에 생활보장이라고 하는 사회안전망으로서의 기능이 충분하지 않다는 점(久保·倉田, 2014), 직업훈련이 컴퓨터 사용학습, 비즈니스 매너 습득 등 기업의 수요에 매치되는 전문 스킬이 아니라는 점에서 보완이 요구된다(南出·吉祥, 2012).

사회보장제도와의 정합성을 고려한 또 다른 예로, 고용보험의 기본수당을 증액하고 실업자가 조기에 재취업할 수 있도록 재취직수당의 급부율을 상향조정한 것을 들 수 있다. 이러한 변화는 고용보험이 실직 후 소득보장이라는 기능을 충분히 달성하기 위해 필요한 노력이며, 공급 측면 인센티브 강화를 통해 노동시장에의 재진입을 유도하고자 한다는 점에서 긍정적으로 평가할 수 있다. 다만 청년의 경우 단시간 근로나 비정규직에 종사하는 비율이 높아 고용보험에 가입하지 못한 경우가 많기 때문에 구직자지원제도의 확대와 같이 이들이 제도에 포섭될 수 있는 방안이 다차원적으로 고려되어야 한다.

이러한 한계점에도 불구하고 구직자 지원제도와 고용보험의 기본수당 및 재취업 급부율 상승에 관한 일련의 변화는 기존의 청년고용정책이 단기적 고용창출에만 주목한 나머지 여타 사회보장제도와의 연계 및 상보성이 부족했다는 점을 극복한 의미 있는 진전이라고 할 수 있겠다.

3. 청년고용전략

위에서 언급한 청년고용정책과 사회안전망의 확대, 그리고 경기회복이 맞물리면서 2010년 이후 청년실업률은 점차 소강 국면에 접어들었다. 하지만 청년실업률 감소와 달리 비정규직에 종사하는 청년의 비율은 오히려 증가하였고 장시간 노동이나 조기이직률이 높아지는 등 청년세대의 커리어 향상이 어렵게 되었다(内各部, 2012). 이러한 현상은 기존의 청년고용정책이 일자리의 질에 대한 대응을 간과했다는 본질적 한계를 드러내는 것이며, 일자리의 질을 향상시킬 수 있는 정책 수정이 요구된다. 즉, 노동수요 측면의 개입을 통해 충분한 일자리가 제공되어도 고용형태가 불안정하거나 충분한 소득을 보장하지 않는 나쁜 일자리는 불안정한 생활을 양산하기 때문에 중·

장기적으로 실효성 있는 고용정책이라 보기 어렵다(백승호, 2012)는 것이다.

이처럼 좋은 일자리, 안정적인 일자리 제공의 중요성이 상기되면서 청년들의 직장정착률을 높이고 지속해서 일할 수 있는 고용환경 조성을 위해 2012년 6월 청년고용전략(若年者雇用戦略)이 추진되었다. 그 내용을 간단히 살펴보면, ① 직업의식 탐색에 초점을 두는 커리어 교육 충실, ② 학교에서 노동시장으로의 자연스러운 이행을 위한 매칭기능 강화, ③ 직업능력 개발 및 비정규직의 고용전환을 위한 커리어 업 지원, ④ 고용환경 개선을 위한 지원 등을 들 수 있다.

이 사업의 특징적인 점은 노동공급, 수요, 구조적 측면의 다차원적 개입이 확대되고 동시에 그 개입이 좋은 일자리 창출 및 고용환경 개선을 위해 집중되는 경향을 보이고 있다는 것이다. 예를 들어, 비정규직을 정규직으로 채용할 경우, 보조금을 지급하는 채용유인정책은 물론 노동조건이 열악한 경우 제재를 가하는 정책까지 다양하게 포함되어 있다. 구체적인 내용을 살펴보면 다음과 같다.

① 커리어 교육을 살펴보면, 부모의 경제적 상황이 청년의 취업형태에 미치는 영향 감소를 위해 기존의 커리어 교육에 공립고교 수업료 무상제나 장학금을 지원하는 사업, 중·고교에 입학한 초년도부터 커리어교육을 실시하여 노동시장에 원활히 이행할 수 있도록 직업의식을 배양하는 사업을 추가하였다. 또한, 학교 중퇴자나 부등교 경험자가 많은 학교에 스쿨 카운슬러를 배치했을 뿐 아니라 진로선택이 곤란한 청년을 대상으로 지역청년서포트스테이션과 연계하여 커리어 형성을 지원하도록 유도하였다.

이는 기존의 커리어 교육이 주로 재학자의 커리어형성에 초점을 맞추었다면 그 대상을 취업선택이 곤란한 재학생 그리고 중퇴자에게까지 확대하였다는 점, 또 이를 적극적으로 추진하기 위해 외부 전문기관과 연대하여 단계별 맞춤 커리어 교육을 제공한다는 점, 부모의 경제적 상황이 청년의 고용형태에 미치는 부정적 영향을 배제하기 위해 문제가 발생하는 다양한 배경까지 고려한 예방책을 강구하였다는 점에서 중·장기적 관점의 접근이라

할 수 있다. 하지만 커리어 교육만으로 노동시장으로의 원활한 이행은 곤란하다. 커리어 교육이 실제 취업으로 이어질 수 있도록 커리어교육과 취직지원을 결합하는 시스템을 구축, 보완할 필요가 있다(Benesse教育研究開発センター, 2010). 특히 대학의 경우 취직지원전문원의 전문성 향상을 위한 지원뿐 아니라 학부교원의 협력을 유도하는 대응이 요구된다(Benesse教育研究開発センター, 2010).

② 고용의 미스매치 해소를 위한 대책을 살펴보면, 학교의 취직상담지원 기능, 공공직업소개소의 매칭사업 확대가 눈에 띈다. 예를 들어, 학교 졸업 후 원활히 노동시장에 진입할 수 있도록 각 학교를 전문적으로 관리하는 청년 잡서포터(담당자제)가 배치되었다. 이 사업은 재학 중에 이루어지는 진로상담을 근거로 인턴십이나 직장체험을 연계하고 또 구인개척을 통해 직업을 알선하는 구조적 측면의 개입을 강화하였다는 점이 특징적이다. 각 학교의 커리어교육 및 직업상담을 담당하는 잡서포터가 그 이력에 근거해 일자리를 소개하기 때문에 기존의 매칭정책보다 사례관리 기능을 강화한 맞춤형 연계서비스를 제공할 수 있다는 장점도 있다. 후생노동성[11] 역시 청년 잡서포터 배치 이후 기업의 구인개척 건수와 신졸자의 취업률 향상을 보고한 바 있다. 하지만 실제 집행에 있어, 각 학교를 담당하는 잡서포터의 인력부족 문제가 원활한 매칭의 한계로 작용하기도 한다. 특히 청년, 기업과 공공직업소개소 모두에 정통한 전문인력의 부재는 청년고용사업을 추진하고 관련예산을 효율적으로 집행하는 데 곤란요소로 작용한다(岡田, 2012).

③ 직업에 필요한 능력양성 및 비정규직 고용전환을 위한 커리어 향상지원의 대표적 사업으로 잡카드 제도를 들 수 있다. 잡카드 제도(직업능력개

---

11) http://www.soumu.go.jp/main_sosiki/hyouka/pdf/15kose01.pdf#search=%27%E8%8B%A5%E5%B9%B4%E8%80%85%E3%82%B8%E3%83%A7%E3%83%96%E3%82%B5%E3%83%9D%E3%83%BC%E3%82%BF%E3%83%BC+%E8%A9%95%E4%BE%A1%27

발시스템)는 구직자, 특히 비정규직 종사자의 직업능력 형성을 위해 커리어 상담, 훈련계획, 직업훈련 및 평가를 일체화시킨 것이다. 청년고용전략에서 잡카드는 청년의 직업능력 향상뿐 아니라 중소기업과의 매칭기능 강화를 위해 활용된다. 실습과 교육을 결합시킨 직업훈련(훈련에 대한 보조금 지원), 직업능력 평가가 진행되고 그 내용을 잡카드에 기록함으로써 체계화된 직업능력 형성을 지원한다. 따라서 이 제도는 노동공급, 수요, 구조적 측면의 다차원적 개입이라 할 수 있고 구직자의 커리어 이력을 기업이 용이하게 파악, 평가할 수 있다는 점에서 취업률 향상이 기대된다.[12] 노동정책연구·연수기구(労働政策研究·研修機構, 2011)는 잡카드를 활용한 직업훈련 결과 훈련생(비정규직, 니트족이 참가)의 75%가 정규직으로 전환되었다고 그 효과를 보고하고 있다.[13] 또 트라이얼 고용사업과 달리, 기업의 수요에 맞는 인재육성을 위해 자체적으로 훈련계획을 세우고 평가할 수 있어 요양사업 등 입직 초기에 체계적인 훈련이 필요한 경우 제도 활용의 효과가 크다고 지적한 바 있다. 그러나 여전히 잡카드 제도의 활용, 특히 조성금 신청에 있어 신청서류의 작성절차가 복잡하고 잡카드를 운용하는 관계기간(공공직업소개소, 고용능력개발기구, 잡카드 센터) 간 절차가 제각각이라는 문제가 남아 있다(労働政策研究·研修機構, 2011). 비정규직의 정규직 전환을 위해 기업이 이 사업을 원활히 이용할 수 있도록 보완이 요구된다. 또한 노동공급, 수요, 구조적 측면에서 지원책의 구체화는 물론 실질적인 활용으로 이어질 수 있도록 적극적인 홍보가 필요하다(岡田, 2012).

④ 좋은 일자리 제공을 위해 중소기업 직장환경 개선에도 주력하였는데, 예를 들어, 청년채용과 육성에 긍정적인 우량 중소기업[14]에 관한 정보를 공

12) 잡카드에 근거한 커리어컨설팅의 효과(커리어 표현능력의 향상)가 보고되고 있다(西村·榧野, 2011).

13) 나머지 25% 중 기업의 채용조건에 미달해 비정규사원으로 채용(14.7%)되거나 채용을 연기한 사람이 7.8%에 달한다. 비정규사원으로 채용된 이유는 노동조건이 맞지 않거나 훈련생 본인이 취업하기를 희망하지 않았기 때문이다.

개하는 청년응원선언사업을 들 수 있다. 이 사업은 청년의 직장정착률을 높이기 위해 기업이 요구하는 인재상, 직업훈련 등 인재육성 방침, 채용실적(채용자 수, 이직률, 평균근속년수, 노동시간, 유급휴가의 평균 취득일 수) 등 기업의 정보 공개를 통해 구직자가 사전에 기업의 고용환경을 이해할 수 있도록 지원하고 있다. 특히 청년을 채용, 육성할 때 지급받는 각종 조성금(커리어 향상 조성금, 인재개발지원 조성금, 트라이얼 고용장려금, 3년 이내 기졸자 등 채용·정착 장려금)을 통해 취업 후 지속적인 훈련 및 커리어 형성이 가능하도록 하고 있다. 이는 구직자가 취업하고자 하는 기업의 정보를 사전에 파악 가능하다는 점에서 매칭기능을 강화한 사업으로, 보조금을 통해 기업 측의 청년 채용을 유인하였다는 특징이 있다. 뿐만 아니라 청년에게는 숙련수준을 강화할 수 있는 기회를 제공한다는 점에서 노동공급, 수요, 구조적 측면의 개입이 잘 결합되어 있다.

하지만 청년응원선언기업에 입사하고도 충분한 연수나 잔업수당을 받지 못한 사례, 공개된 정보와 실제 입사 후의 대우가 다른 사례들이 드러났고, 부처별 유사 사업의 통합이라는 측면에서 2017년을 끝으로 사업이 종료된다. 유사 사업인 유스엘(youth yell)인정제도(2015년 고용촉진법에 근거해서 시행)는 기존의 청년응원선언사업의 장점에 객관적으로 기업을 평가할 수 있는 정보의 충실을 꾀하였고 이에 더해 실제 기업의 처우상황에 관한 관리감독을 강화한 사업이라 할 수 있다. 청년응원선언사업과 유스엘인정제도의 가장 큰 차이점은 청년응원선언사업은 청년을 채용, 육성할 때 지급하는 각종 조성금(커리어 향상 조성금, 인재개발지원 조성금, 트라이얼 고용장려금, 3년 이내 기졸자 등 채용·정착 장려금)의 가산을 받을 수 없고, 일본정책금융공고에 의한 저리융자 및 유스엘인정마크를 사용할 수 없다는 것이다. 이처럼 유스엘인정제도는 인정마크를 통해 좋은 고용환경(청년 채용률, 근속년수, 노

14) 우량 중소기업이란 신규 학졸자 및 학교 졸업 후 3년까지의 기졸자 등 청년을 정사원으로 채용하고 있는 기업, 청년의 채용, 인재육성에 적극적인 기업, 과거 3년간 신규 학교졸업자의 채용내정을 취소하지 않은 기업 등 10가지의 조건에 모두 해당되는 기업을 말함.

동시간, 유급휴가 일수 등)을 제공하는 기업을 적극적으로 홍보하여 일자리 매칭을 강화하는 구조적 측면의 개입, 인정마크를 받은 기업이 저리융자를 받을 수 있도록 인센티브를 제공하여 일자리를 창출하는 수요 측면 개입 등 다차원적 개입을 시도하고 있다고 평가할 수 있다. 뿐만 아니라 기업의 고용환경의 실태를 관리·감독한다는 점에서 좋은 일자리 제공을 동시에 고려한 포괄적인 대응을 포함하는 정책방향이라고 해석된다. 다만 보완해야 할 점으로, 기업의 고용환경에 대한 정보가 실제 고용환경과 일치하는지를 관리 감독하는 체제를 강화해야 한다는 점이다. 또, 이를 위한 전담인력 배치가 필요하다. 고용주에게도 구직자의 이력 관련 정보가 정확히 전달될 수 있도록 하는 것, 우량 중소기업의 인재발굴 및 육성을 위한 전략, 노무관리 전략 등을 공유하는 장을 마련하여 고용주가 보다 효율적 그리고 능동적으로 기업 내 고용환경 개선에 참여할 수 있도록 인센티브를 제공할 필요가 있다.

이상의 논의를 종합하면, 청년고용전략을 포함한 청년고용사업은 여전히 사업 본래의 충실한 기능 및 유효성을 높이기 위해 개선해야 할 과제가 많이 있다. 하지만 지속적이고 안정적인 일자리 창출을 위해 연구자들이 지적하고 있는 중요한 영역들에 대한 대응을 다차원적으로 포괄하고 있다는 점에서(大嶋, 2014) 긍정적으로 평가할 수 있다. 뿐만 아니라 위에서 언급한 청년고용전략은 관련 노동법, 사회보장제도와 그 목적과 방향성에 정합성을 보이고 있다는 특징을 지닌다. 예를 들어 노동자의 처우개선, 지속적으로 일할 수 있는 안정적인 일자리 창출을 목표로 하는 청년고용전략은, 이 시기에 시행된 개정된 파트타임 노동법(2014년 개정, 파트타임 노동자의 안정적인 고용지원), 제2의 사회안전망이라 할 수 있는 생활곤궁자 자립지원제도(2015년 실시, 청년실업자 등 생활곤궁자의 빈곤예방 및 자립/취로지원)와 그 목적과 방향성이 일치한다. 또 청년고용전략 각 사업의 동력 확보를 위해 장시간 노동 등 노동법을 위반한 기업에 대한 정보공개 사업이 실시되었고 직장에서 발생하는 트러블에 대한 상담지원, 노동법제에 대한 기초지식을 보급하는 종합노동상담코너를 노동국에 설치하고 그 충실을 꾀하였다. 이 역시 앞서 언급한 것처럼 지속적으로 일할 수 있는 좋은 일자리 제공을 위해 노동법과의 연계를 시도하였다는 점에서 긍정적이다. 다만 청년이 이러한 내용을 충분히 인지하고 활용할 수 있도록 실행전략을 구체화하고 집행상황을 평가할 필요가 있다. 이렇듯 청년고용 문제에 대응함에 있어 관련 노동법, 사회보장제도의 정합성과 상보성을 고려하는 것은 효율적인 정책추진에 불가결하다.

요약하면, 일본의 청년고용정책의 발전과정은 단기적 고용창출이라는 관점에서 발전하여 청년이 지속적으로 일할 수 있는 좋은 일자리를 만들고 계속적으로 커리어를 향상시킬 수 있는 직장환경을 제공하는 다차원적인 접근을 취하고 있다. 또한, 관련 노동법, 사회보장제도와의 정합성을 추진하면서 중·장기적인 관점에서 고용 문제에 접근하고 있다고 해석할 수 있다. 이러한 노력들은 아직 그 효과를 단정할 수 없고 또 실증 연구를 통해 보완될 필요가 있지만, 野村(2017)가 언급한 것처럼 경기회복 및 생산가능인구 감소현상과 결합하여 청년취업률 향상에 기여하고 있다고 평가된다.

VI. 결론

본 연구의 목적은 불안정 고용을 반복하는 청년의 안정적인 취업지원을 위해 장기적인 관점에서 다차원적 접근을 실시하고 있는 일본의 청년고용정책을 분석하고 시사점을 도출하는 것이다. 이를 위해 일본 청년고용정책의 변화와 주요 특징을 살펴보았다.

그 결과, 일본의 청년고용정책은 복잡하게 얽혀 있는 청년고용 문제에 대처하기 위해 노동공급, 수요, 구조적 측면이 고려된 다차원적인 접근을 취하고 있는 것으로 확인되었다. 또, 비정규직에 종사하는 청년의 불안정한 삶, 장시간 노동에 대응하기 위해 양질의 일자리 창출을 위한 질 중심의 개입으로 전환하고 있는 것을 살펴볼 수 있었다.

하지만 기능 충실을 위해 보완해야 할 문제들도 있는데, 첫째, 학교와 노동시장의 이행을 원활히 하기 위해 학생들을 가장 가까운 곳에서 접하고 있는 일반 교사나 교원들의 커리어 교육에 대한 협력을 강화해야 한다는 것이다. 교사, 교원 그리고 학생들의 커리어교육에 대한 중요성 인식과 적극적 참여를 유도하기 위해서는 임의적으로 시행되고 있는 커리어 교육을 학점 등의 단위인정을 통해 정규 커리큘럼과정 안에 의무화하는 적극적인 대응이 고려되어야 한다. 특히 노동시장에서 배제되기 쉬운 중퇴자에 대한 정보를 공공직업소개소나 잡카페 등과 연계하여 대응할 수 있는 사례연계, 통합관리 시스템의 구축이 급선무이다.

둘째, 중소기업의 구인난을 해결하기 위해 구직자와 구인자의 매칭기능 강화를 위한 전문적 관리도 중요하지만 그에 못지않게 중소기업이 지속적으로 일할 수 있는 고용환경을 제공하는 공공적 지원이 필요하다. 예를 들어, 장시간 노동 금지 및 유급휴가 사용이 원활히 이루어질 수 있도록 관리, 감독함과 동시에 이를 위반 시 적극적으로 신고할 수 있도록 유도하는 인센티브 정책이 요구된다. 또, 지역 청년 및 중퇴자, 기졸자 채용 시 기업에게 보조금을 지원하는 정책에 더해 좋은 고용환경을 제공하기 위한 중소기업 고용주에 대한 지원이 필요하다. 노동의욕을 향상시키고 협력적인 직장환경을 조성하기 위해 필요한 지원방법에 대한 상담, 우량 중소기업의 노무관리에 대한 방법 등을 교육하고 상담하는 체제가 확보될 필요가 있다.

상기의 내용들을 종합하여 한국에 주는 시사점을 살펴보면 다음과 같다.

첫째, 청년실업의 원인이 복잡하듯 그 해결책도 다차원적이어야 한다. 물론 실업률은 경기의 영향을 많이 받기 때문에 일자리를 창출하는 것 자체도 중요하다. 하지만 수요와 공급이 일치해도 청년실업은 노동시장의 구조적 문제에 의해 증가된다(斎藤, 2000). 중·장기적 관점에서 노동수요와 공급, 구조적 요인을 복합적으로 반영한 청년고용 대책을 실시하는 것, 청년이 지속적으로 일할 수 있는 양질의 일자리를 제공하는 것이 근원적인 문제해결에 불가결한 요소이다.

둘째, 일본에서 이미 검증된 유효한 제도, 예를 들어 트라이얼 고용,[15) 잡카드 제도 등 비정규직의 정규직 전환에 유효한 제도들에 대한 검토, 제반환경에 대한 연구가 필요하다. 한국의 문화와 정책, 제도들은 유럽형 국가보다는 일본과 비교적 유사한 형태를 띠고 있기 때문이다. 일본에서 안정적 일자리 제공에 유효한 정책과 제도들이 어떠한 제반환경을 근거로 그 효과를 발휘하였는지에 대해 연구하고, 또 한국의 트라이얼 고용사업 등과 비교하여 유효성을 높이기 위한 대안들을 모색할 필요가 있다.

셋째, 청년고용정책을 추진할 때 관련 노동법과 사회안전망과의 정합성을 유지할 필요가 있다. 청년고용정책, 특히 안정적인 일자리 제공을 위한 정책들은 그 목표를 달성하기 위해 관련법과의 정합성을 검토할 필요가 있다. 예를 들어, 고용창출 및 비정규직 감소를 목적으로 했던 청년자립도전플랜이 추진된 시기에 파견자 노동법이 개정되었다. 그러나 개정된 파견자 노동법은 파견 노동자의 범위를 확대시키는 것으로 비정규직을 양산하는 유연화정책이다. 이러한 청년고용정책과 노동법 간의 부정합은 고용정책 본래의 목표달성을 저해할 수 있다. 반면에, 2012년 청년고용전략(비정규직의 정규직화, 커리어 업을 통한 양질의 일자리 제공)이 실시된 시기에는 개정된 파트타임 노동법(비정규직 노동자에게 양질의 고용기회 제공), 생활곤궁자 자립지원제도(청년실업자 등 생활곤궁자의 빈곤예방 및 자립/취로지원)가 추진되었다. 이들은 제각기 정책의 효과를 증대시키기 위한 과제들이 존재하지만, 청년고용전략과는 그 목표와 방향성이 일치한다고 볼 수 있기 때문에 청년고용정책이 보다 효과적으로 기능하는 데 도움을 준다고 생각한다.

넷째, 파트타임 노동자, 즉 단시간 노동자를 정사원으로 전환하는 등 다양한 형태의 정사원 보급에 대해 검토해 보아야 한다. 権丈(2008)가 언급한 것처럼, 단시간 노동자의 처우개선은 장기적으로 볼 때 그들의 일에 대한 만족도와 생산성을 향상시키고 인적자본 확충에도 유리하다. 또, 노동의

15) 労働政策研究・研修機構(2014)는 트라이얼 고용 후 청년의 정규직 취업률이 80% 이상이라고 보고하였다.

자유를 높이기 때문에 라이프스테이지에 맞게 노동시장 참여를 유도할 수 있고, 단시간 노동자와 통상 노동자 사이의 전환도 용이할 수 있다(権丈, 2008). 따라서 좋은 일자리를 공유하는 데 보다 유효할 것이라고 생각한다. 이는 일자리 부족, 불안정한 일자리로 인해 늘어나는 미취업자의 문제를 해결하고, 또 청년실업률을 낮추는 데도 일정 부분 효과가 있을 것이라고 생각한다.

참·고·문·헌

김명중. 2016. “일본의 청년고용 현황과 청년층 취업지원정책.” 『국제노동브리프』. 한국노동연구원.

김봄이·양정승·반가운·나동만. 2015. “기업의 지식과 좋은 일자리: 기업의 지식, 숙련노동 수요, 좋은 일자리의 상보성을 중심으로.” 『산업관계연구』.

김성희. 2015. “박근혜 정부의 경제정책과 노동시장 구조개선 논의의 문제점.” 『월간 복지동향』.

백승호. 2012. “노동수급 측면에서 본 우리나라 저소득층 활성화 정책 연구.” 『보건사회연구』.

오타 소이치. 2016. “일본 청년층 고용의 현황과 과제.” 『국제노동브리프』. 한국노동연구원.

이병희. 2015. “고용보험 20년의 평가와 과제: 사각지대와 실업급여를 중심으로.” 「한국사회보장학회 정기학술발표논문집」. 한국보장학회.

이승윤·이정아·백승호. 2016. “한국의 불안정 청년노동시장과 청년 기본소득 정책안.” 『비판사회정책』.

임유진·정영순. 2015. “고졸청년의 좋은 일자리 이행가능성 영향요인 분석: 남성과 여성비교.” 『한국사회정책』.

최용환. 2015. “청년 실업률의 영향요인과 정책방향 탐색; 다국가 패널분석(2000년~2013년)을 통한 증거.” 『한국청소년연구』.

Aihara, H., M. Iki. 2003. “An ecological study of the relations between the recent high suicide rates and economic and demographic factors in Japan.” *Journal of Epidemiology* 13(1): 56-61.

Clark, Andrew E. 2015. “What makes a good job? Job quality and job satisfaction.” *IZA World of Labor*: 1-10.

Genda, Y., A. Kondo, and S. Ohta. 2010. “Long-term effects of a recession at labor market entry in Japan and the United States.” *Journal of*

Human Resources 45(1): 157-196.
Jencks C., L. Perman, and L. Rainwater. 1988. "What is a good job? A new measure of labor-market success." *American Journal of Sociology* 93(6): 1322-1357.

Benesse教育研究開発センター. 2010. "キャリア教育・就職支援の現状と課題に関する調査."『Benesse教育研究開発』. センター: 1-30.
岡田豊. 2012. "充実が求められる若者雇用た対策."『みずほ総合研究所』: 1-9.
久保英樹, 倉田康路. 2014. "第二のセーフティネットとしての求職者支援訓練の現状と課題: 介護福祉分野コース修了生の職業訓練受講給付金受給と就職状況から."『西九州大学健康福祉学部紀要』 45: 9-15.
権丈英子. 2008. "改正パートタイム労働法のインパクト; 経済学的考察."『日本労働研究雑誌』 50(7): 70-83.
南出吉祥. 2012. "若者支援関連施策の動向と課題: 若者自立・挑戦プラン 以降の8年間."『岐阜大学地域科学部研究報告』 30: 117-133.
内各部. 2012. "若者雇用戦略 について." http://www5.cao.go.jp/keizai1/wakamono/sennryaku.pdf
大嶋寧子. 2014. "若者就労支援の「これから」を考える: 既存政策の支援領域は十分広い.しかし、個別施策には改善余地が存在."『みずほ総研論集』 2014(3): 31-64.
大竹文雄, 岡村和明. 2000. "少年犯罪と労働市場: 時系列および都道府県別パネル分析."『日本経済研究』 40: 40-65.
労働政策研究, 研修機構. 2011. "ジョブ・カード制度の現状と普及のための課題: 雇用型訓練実施企業に対する調査より."『労働政策研究・研修機構』 87: 1-209.
______. 2014. "若年者雇用支援施策の利用状況に関する調査(ハローワーク求人企業アンケート調査."『労働政策研究・研修機構』 117: 1-217.
小曽根由実. 2012. "ディーセントワークの実現に向けて: 企業の持続的成長を下支えする補助エンジンとして."『みずほ情報総研レポート』: 42-51.
松丸和夫. 2005.『労働市場における若年雇用の今日的位相若者: 長期化する移行期と社会政策. 社会政策学会(編). 若者: 長期化する移行期と社会政策』. 法律文化社.
神林龍, アンソネ. 2011. "若年者雇用政策の現状と課題."『海外社会保障研究』 176: 4-15.

野村かすみ. 2017. "若年労働者の離職と定着促進の取り組み."『ビジネスレーバートレンド』 4: 61.

日座寛之, 寺田盛紀. 2010. "日本版デュアルシステムの導入と課題."『生涯学習・キャリア教育研究』 (6): 29-36.

斎藤太郎. 2000. "若年の失業率はなぜ高いのか."『ニッセイ基礎研究所』: 3-12.

総務省. 2013. "就業構造基本調査." http://www.stat.go.jp/data/shugyou/2012/pdf/kgaiyou.pdf

太田聰一. 2010.『若年者就業の経済学』. 日本経済新聞出版社.

______. 2012. "大卒就職率はなぜ低下したのか: 進学率上昇の影響をめぐって."『日本労働研究雑誌』 54: 29-44.

______. 2013.『経済学的アプローチによる若年者雇用研究の論点. 樋口美雄, 財務省財務総合政策研究所(編). 若年者の雇用問題を考える: 就職支援・政策対応はどうあるべきか』. 日本経済評論社.

樋口美雄, 財務省財務総合政策研究所. 2013.『若年者の雇用問題を考える: 就職支援・政策対応はどうあるべきか』. 日本経済評論社.

丸山俊. 2005. "増加する中高年フリーター."『UFJ総合研究所調査レポート』: 1-22.

厚生労働省政策統括官付労働政策担当参事官室. 2017. "2016年労働経済の年間分析."『日本労働研究雑誌』 1: 64-72.

한국의 청년실업

정재명 • 경상대학교 행정학과

I. 서론

우리사회의 청년세대란 노동시장적 관점에서 보면 전체 노동시장에 새롭게 진입하는 연령대인 15세에서 29세까지의 젊은세대들을 지칭한다. 한마디로 우리사회의 신규노동인력이라고 말할 수 있다. 그런데 이러한 청년들의 취업환경이 악화되고 실제 취업시장에서 곤란을 겪거나 취업을 하지 못하는 상황이 꾸준히 진행되어 오고 있다. 물론 청년실업[1]의 문제는 우리나라만의 문제는 아니지만 우리의 경우는 사회적으로, 혹은 국가적으로 일찌감치 청년고용에 대한 문제의 심각성을 인식하고 역대 정부에서 여러 가지 정책을 펼쳐오고 있음에도 불구하고 전혀 개선될 기미가 보

1) 청년이라 함은 일반적으로 15세부터 29세 연령까지에 해당하는 인구를 말하며, 청년실업률은 당해 연령층에 해당하는 실업률을 일컫는다.

이지 않고 오히려 더욱 악화되고 있다는 데에 문제의 심각성이 있다.[2] 즉, 청년고용 관련 법률 및 정부정책의 숫자도 많이 늘어났을 뿐만 아니라 그에 따른 예산 역시 지속적으로 증가해 왔으나, 청년실업률의 지속적인 증가와 더불어 정부 공식적인 통계에 나타나지 않는 '비자발적으로 비정규직에 종사하고 있는 청년'을 포함한 청년들의 체감실업률은 무려 34.2%에 이르는 것으로 나타나 청년층의 사회적 감정까지도 악화되고 있는 실정이다(현대경제연구원, 2016).

청년실업률이 높아진다는 것은 노동시장에서 경제성장의 근본 동력인 인적자본의 축적을 저해하고, 이러한 인력이 비경제활동인구로 빠르게 전환된다는 점 등에서 향후 우리경제의 성장에 큰 문제를 야기시킬 수 있다(김국원, 2012: 94). 즉, 청년세대의 실업률이 상승하고 좋은 직장을 통한 부와 경험을 축적할 기회에서 배제된다는 것은 결국 미래의 우리사회와 경제의 성장동력을 잃는 것을 의미한다. 특히 청년계층은 다른 연령계층에 비해 경제적 여유가 부족하고 과거 경제행위를 통해 축적된 자산이 취약하기 때문에 노동시장의 불평등과 불안정한 고용형태는 청년계층에게 치명적인 상처를 남길 수 있다. 개인의 노력과 좋은 직장을 통한 계층이동의 가능성이 사라져갈 뿐만 아니라 첫 직장을 잡는 것조차 점점 어려워짐으로 인해 상당수 우리나라 청년층에게 한국사회는 헬조선으로 각인되어지고 있는 실정이다.

본 글에서는 우리나라 청년들의 취업환경이 악화되어 청년취업률이 지속적으로 높아지고 있는 현재의 현황 및 원인 등을 살펴보고 이를 통해 시사점을 탐구해 청년실업률을 개선하는 정책을 수립하는 데 도움을 주고자 한다.

이를 위해 본 연구에서는 먼저, 최근 우리나라 청년고용의 현황을 살펴보고, 다음으로 청년실업의 원인들이 무엇인지 고찰해 볼 것이며, 셋째, 역대 정부의 청년실업정책의 내용을 정리하며, 마지막으로 본 연구의 시사점과 개선방안을 제시해 보고자 한다.

---

2) 청년실업 관련 최근의 통계치를 보면 2012년 7.5%에서 2016년 4월 10.9%로 급격한 증가율을 보였다.

II. 우리나라 청년고용의 현황

청년실업률이란 15세부터 29세 연령 인구의 실업률을 말하며, 이를 측정하는 공식실업률의 기준은 '조사대상 주간에 수입 있는 일을 하지 않았고, 지난 4주간 일자리를 찾아 적극적으로 구직활동을 하였던 사람으로서 일자리가 주어지면 즉시 취업이 가능한 사람'을 의미한다. 청년실업률은 경제활동인구 대비 비경제활동인구인 실업자의 비율을 말한다. 즉 다음과 같이 계산할 수 있다.

청년실업률(%) = (15~29세 실업자 / 15~29세 경제활동인구) × 100

통계청이 제시하고 있는 고용률 및 실업률을 측정하는 고용보조지표에는 '공식실업자'와 '시간 관련 추가 취업가능자', '잠재경제활동인구' 등을 포함하고 있다. 이러한 공식적 실업률을 측정하는 기준을 적용한 최근의 청년실업률 변화동향을 보면 2011년 7.6%, 2013년 8%에서 2015년 9.5%로 역대 가장 높은 청년실업률을 보였던 것이, 2016년 2월 청년실업자 수 56만명으로 무려 12.5%에 이르러 역대 최고치를 거듭 경신하고 있다. 특히 전

표 1 전체 실업률 대비 청년실업률 추이

	2010	2011	2012	2013	2014	2015	2015 09월	2015 10월	2015 11월	2015 12월	2016 01월	2016 02월
실업률 (%)	3.7	3.4	3.2	3.1	3.5	3.6	3.2	3.1	3.1	3.2	3.7	4.9
청년 실업률 (%)	8	7.6	7.5	8	9	9.2	7.9	7.4	8.1	8.4	9.5	12.5
실업자	92	85.5	82	80.7	93.7	97.6	86.6	83.9	82.9	86.8	98.8	131.7
청년 실업자	34	32	31.3	33.1	38.5	39.7	34.1	31.8	34.9	36.5	41.3	56

그림 1 〈그림 1〉 전체 실업률 대비 청년실업률 추이

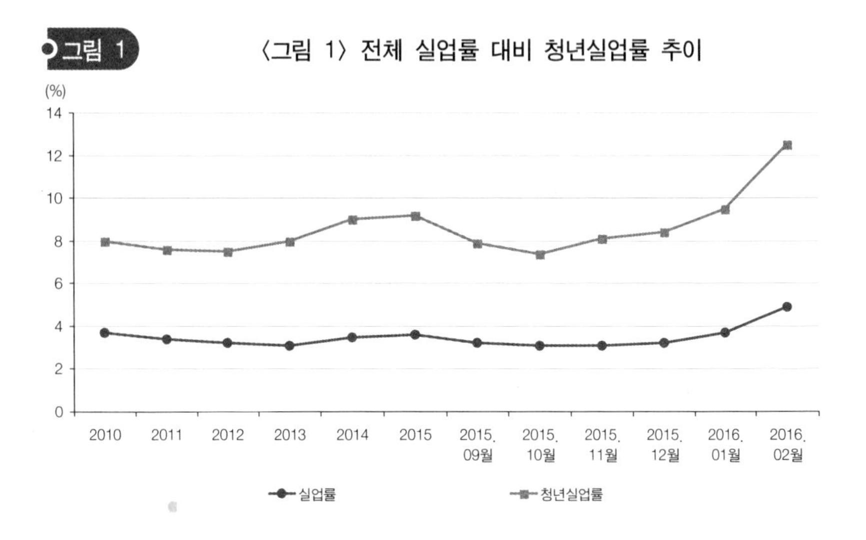

체 실업률에 비해 청년실업률은 2배 이상을 나타내고 있으며, 이마저도 〈그림 1〉에서 볼 수 있듯이 그 간격이 점점 커지고 있는 형국이다. 즉, 전체 실업률이 4% 미만대에서 계속 유지되고 있는 반면, 청년실업률은 최근 10% 대를 넘어서고 있다고 볼 수 있다.

그러나 위의 공식적 통계청 청년실업률은[3] 청년노동현황의 극히 부분적인 실업률만을 측정하고 있다고 볼 수 있다. 즉, 통계청에서 공식적으로 측정하는 공식적 청년실업률은 현재 실업한 인구비율, 취업에 종사하고 있는 인구비율을 나타내고 있지만, 여기에는 경제상황이 나빠서 취업을 포기한 취업포기자, 즉 '비경제활동인구'가 빠져 있다. 좀 더 구체적으로 제시하자면, 통계청이 산출하는 공식적 실업자뿐만 아니라 '시간 관련 추가 취업가능자'와[4] 비자발적으로 비정규직에 종사하고 있는 청년들, 즉 아르바이트 등

3) 공식실업자: 조사대상 주간에 수입 있는 일을 하지 않았고, 지난 4주간 일자리를 찾아 적극적으로 구직활동을 하였던 사람으로서 일자리가 주어지면 즉시 취업이 가능한 사람. 청년실업률: 청년실업률(%)=(15~29세 실업자/15~29세 경제활동인구)×100

4) 시간 관련 추가 취업가능자: 추가적인 일을 원하고 추가적으로 일하는 것이 가능하며 실제 근로시간이 기준시간(36시간)보다 적은 사람.

은 실업률 측정에서 제외하고 있다. 또한 '잠재경제활동인구'와[5] '그냥 쉬고 있는 청년'도 공식적 실업률에서는 제외되고 있다. 따라서 10% 내외의 청년 실업률에 '시간 관련 추가 취업가능자'와 '잠재경제활동인구(잠재경활)'를 포함시킨다면 2015년 8월 기준으로 청년실업률이 무려 22.6%에 이르는 것으로 나타났다(현대경제연구원, 2016).

이에 덧붙여 공식적 청년실업률 측정지표인 통계청의 공식실업자, 시간 관련 추가 취업가능자, 잠재경활에다가 비자발적 비정규직(45.8만 명), 그냥 쉬고 있는 청년(19.7만 명)이라는 지표까지 포함하는 비자발적 청년 체감실업률을 보면 무려 전체 청년인구의 34.2%에 이르고 있다. 이는 실질적으로 한국의 청년 3명 중 한 명은 직업을 구하지 못하는 실업상태에 있다고 볼 수 있다. 결국 통계청이 발표하는 공식실업률은 청년층이 체감하고 있는 사회의 실업률과는 동떨어진, 아니 상당히 축소된 의미의 실업률이라고 볼 수 있다. 그러면 이러한 청년구직자 3명 중 1명이 실업자인 실질실업률이 왜 발생하고 있는지의 원인을 다음에서 살펴보고자 한다.

III. 청년실업의 원인

우리나라 청년실업률이 지속적으로 상승하는 주요 이유는 어떤 한 가지 지배적인 원인에 의해 발생한다기보다는 다양한 측면의 원인들, 즉 노동의 공급요인과 수요요인, 그리고 경제적 다양한 환경요인들이 복합적으로 작용한 결과라고 볼 수 있다. 이러한 요인들에는 먼저, 노

5) 잠재경제활동인구(잠재경활): 비경제활동인구 중 구직활동을 하지 않았으나 취업을 희망하고 취업이 가능한 사람(잠재구직자) 혹은 구직활동을 하였으나 취업가능성이 없는 사람(잠재취업가능자).

동의 공급요인으로 고학력화에 따른 학력과잉 현상이 나타나고 있으며, 다음으로 노동의 수요요인으로 경제성장률의 둔화와 경기하락 등을 꼽을 수 있겠다. 그리고 우리경제의 새로운 일자리 창출 역량의 급격한 저하 및 고학력 청년층에게 적합한 양질의 일자리 창출의 부족 등을 들 수 있다. 또한 외환위기 이후 기업들이 비용절약 차원에서 비정규직의 채용을 선호하는 추세와 근로자 자질에 대한 불확실성에 기인한 경력직 선호현상 등의 기업 채용패턴의 변화를 들 수 있다. 다음에서는 각각의 원인들을 좀 더 세부적으로 살펴보고자 한다.

1. 노동의 공급요인

1980년대 이후 우리나라 대학시장은 급격히 성장해 1990년대에 이르러 상당수 청년층이 대학학력을 갖게 되는 초학력사회로 접어들었다. 이러한 청년층의 고학력화 현상의 가속화로 인해 고학력 청년층의 양산은 이들이 취업할 수 있는 양질의 일자리에 비해 노동이 과잉공급됨으로 인해 청년층 실업 문제가 야기되었다는 주장이다(이병희 외, 2005; 김용성, 2010).

또 다른 청년노동 공급의 문제는 청년층 인구비율과 청년층 실업률이 반대로 움직이고 있다는 점이다. 1990년대 말 외환위기 이전까지는 대체로 청년층 인구비율이 지속적으로 줄어들었으며 이에 비해 실업률도 감소하는 것으로 나타났다. 그러나 1990년대 말 외환위기 이후 이러한 공식이 깨지고 청년층 실업률이 급격히 증가했으며, 이후 잠시의 소강상태를 보이던 현상이 2003년 이후부터 청년층 인구비율이 계속해서 줄어들어 왔다. 그러나 이와 동시에 청년층 실업률의 지속적 상승이 있었다는 점에서, 경제적 관점에서 가정하고 있는 청년층 인구비율과 실업률의 공행성(comovement)원칙과는 다소 거리가 먼 방향으로 진행해 오고 있다.

이러한 현상이 설명하고 있는 바는 고학력 청년층에 대한 노동수요에 비하여 고학력 청년층의 노동공급은 상대적으로 초과 공급되고 있음을 보여주는 것이며, 청년층 대졸자의 임금이 지속적으로 하락하는 현상에서 더욱 분명히 나타나고 있다.

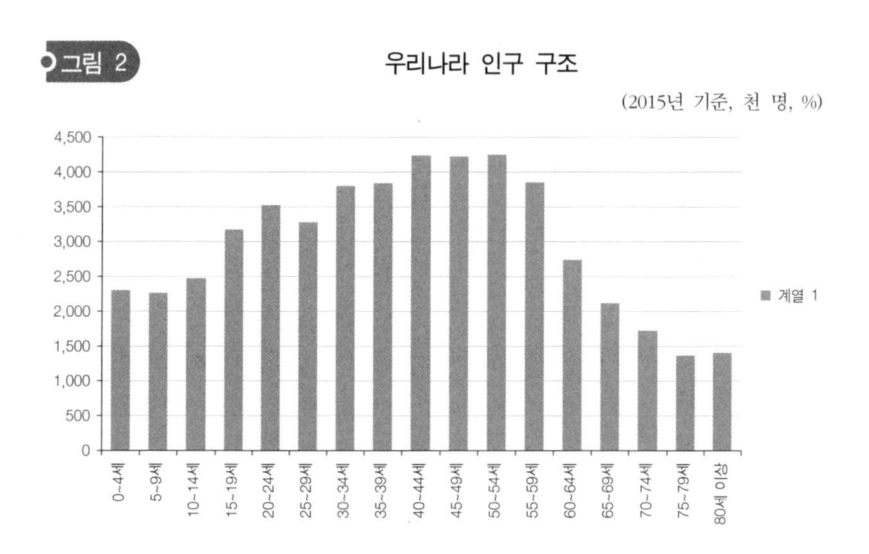

그림 2 우리나라 인구 구조

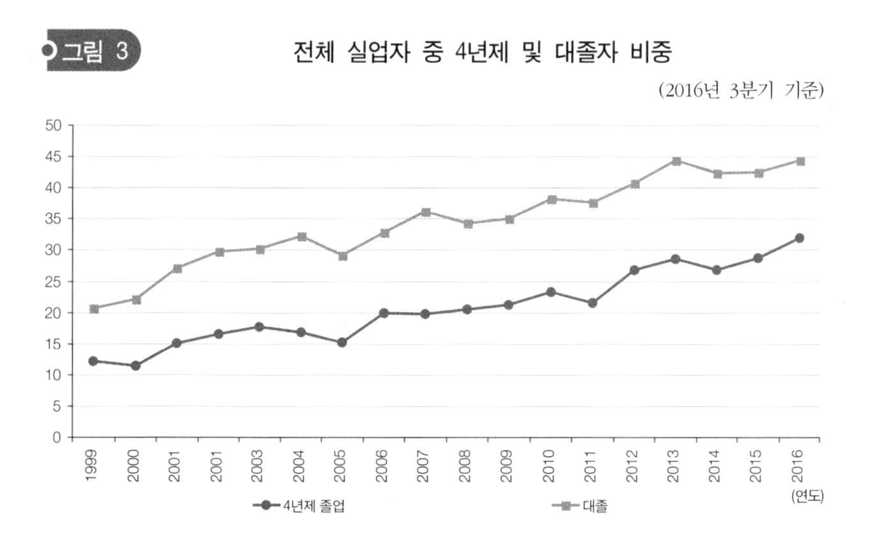

그림 3 전체 실업자 중 4년제 및 대졸자 비중

표 2 3분기 기준 전체 실업자 및 대졸 실업자 규모·비중 추이

(단위: 명, %)

	실업자 수(명)			전체 실업자 대비 비중(%)	
	전체	4년제 졸업	대졸(전문대포함)	4년제 졸업	대졸
1999	133만 2천	16만 1천	27만 6천	12.1	20.7
2000	90만 4천	10만 3천	20만	11.4	22.1
2001	80만 3천	12만 천	21만 8천	15.1	27.1
2001	69만 2천	11만 5천	20만 6천	16.6	29.8
2003	80만 1천	14만 2천	24만 2천	17.7	30.2
2004	83만 5천	14만	23만 9천	16.8	32.3
2005	86만 7천	13만 3천	25만 3천	15.3	29.2
2006	79만 9천	15만 9천	26만 3천	19.9	32.9
2007	75만 6천	15만	27만 4천	19.8	36.2
2008	75만 2천	15만 4천	25만 8천	20.5	34.3
2009	88만 6천	18만 8천	31만	21.2	35
2010	87만 3천	20만 3천	33만 4천	23.3	38.3
2011	78만 6천	17만	29만 6천	21.6	37.7
2012	77만	20만 6천	31만 4천	26.8	40.8
2013	77만 7천	22만 2천	34만 6천	28.6	44.5
2014	88만 4천	23만 8천	37만 5천	26.9	42.4
2015	92만 9천	26만 8천	39만 5천	28.8	42.5
2016	98만 5천	31만 5천	43만 8천	32	44.5

출처: 연합뉴스(2016.10.17)

2. 노동의 수요요인

최근 한국경제의 성장률 하락 및 경기둔화가 눈에 띄게 두드러지고 있다. 우리경제의 버팀목 역할을 톡톡히 해오던 수출은 대중국은 물론 유럽, 중동, 일본, 미국에서의 수출마저 감소해 세계경기 둔화의 여파에 의한 수출

전체 감소율이 무려 두 자릿수를 나타내고 있으며, 내수마저 얼어붙어 수출, 내수, 노동시장 모두가 어려움을 겪고 있다. 경제성장률은 올해 외환위기 직후를 제외하고 사상 최저인 2.7% 정도로 예측되고 있으며 앞으로도 계속된 성장률 하락, 혹은 정체국면이 예측되고 있다. 이러한 경기둔화의 여파로 조선, 부동산, 건설 경기 또한 침체일로를 걷고 있으며 과거의 노동집약적인 새로운 일자리의 창출능력은 급격히 저하되고 있을 뿐만 아니라, 고학력의 청년들에게 필요한 정규직 양질의 일자리 창출도 점점 어려워져만 가고 있다. 앞서 언급한 경제성장의 둔화는 기업의 신규투자의 축소, 소비의 감소로 이어지며 새로운 청년일자리의 창출에 큰 걸림돌로 작용되고 있다.

전후 한국경제는 최근을 제외하고는 계속된 고도 경제성장률을 누려 왔다. 노동집약적인 제조업을 중심으로 수출은 급격히 늘었으며, 내수 또한 지속적인 소비성장률을 보여왔다. 한때 한국은 아시아의 4마리 용으로 불리며 개발도상국가들의 성장모델로도 불렸고 10%를 넘어서는 고도성장률을 기록하기도 했다. 그러나 1997년 외환위기와 2009년 세계 금융위기를 겪으며 한국경제의 성장률은 지속적으로 하락했다. 그러던 것이 2014년부터 대중국 수출의 감소와 세계경제의 불황에 기인한 계속된 성장률 하락으로 이제는 2%대 중반의 경제성장률을 달성하기에도 버거운 저성장의 늪에 빠졌다는 전망들이 나오고 있다. 더욱 어려운 것은 앞으로의 수출, 내수 등에서 암울한 전망만이 난무한다는 점이다. 즉, 단기간에는 수출뿐만 아니라 내수 또한 회복하기 어렵다는 것이 지배적인 관측이다.

이에 정부는 경제성장률과 소비를 진작하고 기업의 투자를 증진시키기 위해 1%대의 저금리 기조를 유지하고 소비진작을 위해 노력하고 있지만 풀린 돈은 소비나 기업의 투자와는 거리가 먼 부동산으로 몰리고 있고 이의 부작용으로 가계부채 또한 급격히 증가하고 있는 실정이다. 기업은 신규투자사업을 줄이고 몸사리기에 들어간 모양새이며, 신규산업에 대한 투자가 일어나지 않는다는 것은 결국 새로운 신규일자리가 창출되지 않는 현상으로 이어진다고 볼 수 있다. 또한 최근 금융권 및 대기업들은 장기불황에 대비해 개별적 구조조정에 돌입한 모습이다. 한국의 경제상황 어느 곳에서도 청

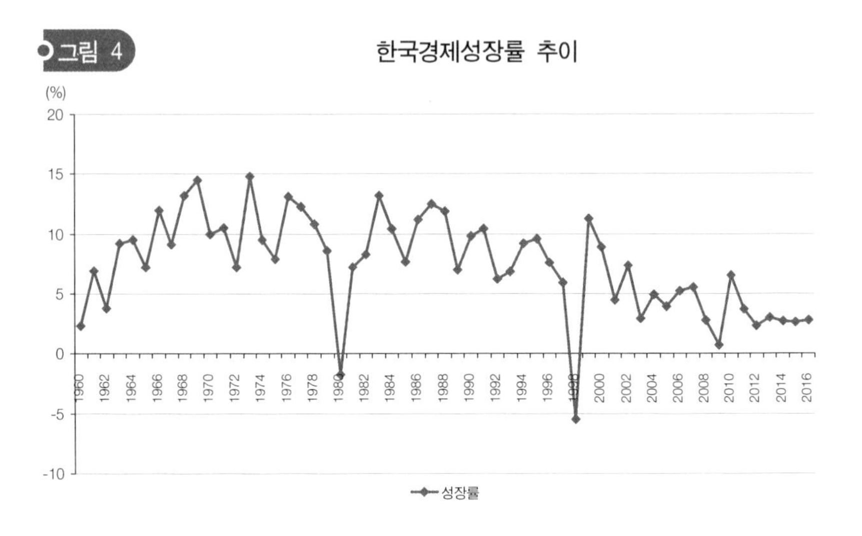

그림 4 한국경제성장률 추이

년들의 일자리 창출과 청년실업률을 줄이는 데에 우호적인 상황으로 보이지 않는다. 그 결과는 바로 청년실업률의 지속적인 증가와 청년들의 경제적·사회적 지위의 하락이라고 볼 수 있다.

3. 산업구조 변화: 신규 산업의 노동집약적 성향이 감소

청년실업률을 높이는 주요 원인으로 지목되는 또 다른 이유 중 하나는 최근 대두되고 있는 첨단의 새로운 산업들이 많은 인력을 고용하던 과거의 노동집약적인 형태의 고용이 아니라 소수의 전문가만을 활용해 당해 산업의 대부분의 일을 처리할 수 있는 고용형태를 띠고 있다는 점이다. 컴퓨터, 인터넷, 인공지능, 로봇, 스마트 자동화 등의 요소들이 반영된 신규산업은 산업혁명 시대의 노동집약적 성향을 감소시키고, IT산업처럼 소수의 전문가들만이 필요한 산업들로 바뀌고 있다. 과거에 노동집약적이었던 자동차 및 대부분의 제조업, 물류산업 등도 기계화와 자동화로 점점 근로인력의 수가 줄고 있다. 은행 등 금융기관도 대부분 온라인을 이용한 인터넷뱅킹이나 현금

자동인출기를 활용해 업무에 필요한 인력을 줄이고 있으며, 이러한 현금자동인출기조차도 점점 줄이는 형국이다. 한때 청년들의 인기직종이었던 주식애널리스트들이 하던 주식거래에 대한 분석 및 트레이드조차도 인공지능이 대체해 나가고 있는 현실이다. 즉 산업의 노동활용도에 있어서 동향이 바뀌고 있다는 것이다. 앞으로 로봇산업과 인공지능산업이 본격적인 궤도에 오르면 인간노동을 대체해 그 수요는 지속적으로 늘어날 가능성이 농후하다.

4. 기업 채용패턴의 변화

청년실업 증가의 또 다른 요인으로는 기업 채용패턴의 변화를 들 수 있다. 1997년 외환위기 이후로 기업은 신규사업에 대규모 투자를 자제할 뿐만 아니라 직원의 채용패턴도 보수적이고 단기적인 이익에 근거한 채용방식으로 변화해 왔다. 즉, 교육 및 적응에 긴 시간이 소요되고 근로자 자질에 불확실성이 높은 비경력직 신규채용보다는 추가적인 시간과 비용의 소모가 없으면서 근로자의 능력에 대한 검증이 가능한 경력직 채용을 선호하는 방향으로 채용패턴을 변화시켜 왔다는 것이다. 특히 노동시장경험이 일천해 취업경쟁에서 불리한 청년층 구직자들은 비정규직 일자리(인턴, 아르바이트) 등으로 내몰리거나 아니면 취업을 하지 못하는 결과를 초래하고 있다(윤석천, 2004; 이병희, 2003; 김대일, 2004).

5. 일자리 매칭

청년들이 구직활동을 하는 데 있어서 여러 가지 미스매치가 발생할 수 있다. 특히, 보상(임금), 숙련도, 정보, 사회적 지명도 등의 미스매치가 존재하고, 이러한 요인들이 청년들의 취업활동에 장애로 작용하거나 취업 후 이직시장으로 내몰리는 현상을 야기한다. 보상, 즉 임금의 경우 가장 큰 미스매치가 발생하는 부분인데 청년들이 희망하는 임금과 기업이 지불하고자 하는 임금의 차이로 인해 발생하는 문제이다(백필규, 2010). 청년들은 임금에 여러 가지 처우까지 고려한 보상을 생각하는 경향이 있다. 그러나 기업의 입장에서는 단순히 숙련도와 채용할 직원의 활용가능성에 무게중심을 두고 임금을 책정하게 된다. 이 과정에서 서로의 급여에 대한 견해차이가 존재할 수 있다. 즉, 중소기업의 경우 대기업에 비해 임금 및 처우가 열악하고, 고용안정성도 낮으며, 비정규직과 정규직의 차이 또한 임금의 미스매치에 큰 작용을 한다.

2012년 대한상공회의소에서 조사한 바에 따르면 대학생 희망연봉은 3,500만 원 이상에 34.3%가 몰린 반면, 중소기업 대졸초임은 47,3%가 2,000~2,500만 원 선에 머무른 것으로 나타났다. 여기에 덧붙여 대기업에 비해 중소기업은 육아휴직이나 다양한 복지 및 사회의 인지도 등에서 부족한 것이 현실이다. 이러한 요소들이 청년구직자와 중소기업 간의 미스매치를 야기하게 한다. 정부에서는 중소기업에서 청년들을 채용할 시 당해 기업에 지원하는 고용지원금 등을 통해 정책적 노력을 기울이고 있지만 그 한계가 뚜렷하다.

IV. 역대 정부의 청년실업정책

우리나라는 일찍부터 청년실업 문제를 심각한 사회적 문제로 인식하고, 정부가 정책적으로 청년실업 문제를 해소할 목적의 다양한 프로그램들을 실행해 왔다. 노무현 정부부터 이명박 정부를 거쳐 박근혜 정부까지 청년실업에 대한 정책을 입안하고 집행해 왔으며 법체계도 정비해 왔다. 지금까지의 청년실업에 관한 정부의 정책은 크게 세 가지 목적에 기반을 두고 있다. 즉, ① 청년일자리 자체를 늘리는 대책, ② 학교에서 취업으로의 연결을 원활하게 만들기 위한 대책, ③ 청년실업자 등 취약

근로계층을 대상으로 특화된 지원사업 등이다.

① 청년일자리 자체를 늘리는 대책: 창업활성화, 공공부문 일자리 늘리기, 해외취업 활성화
② 학교에서 취업으로의 연결을 원활하게 만들기 위한 대책들: 취업정보

표 3 역대 정부의 청년실업정책

	노무현 정부	이명박 정부	박근혜 정부
정책 목표	양극화 해소 고용친화적 성장 '국가고용지원서비스'	세계금융위기 극복 선취업 후진학 '국가고용전략회의'	국가인재양성 청년층 취업 지원 적합한 교육체제 구축
전달 체계	당정공동특별위원회 청년실업대책특별위원회 고졸 이하 고용 T/F 중앙부처(고용노동부) 고용지원센터 '지역노동시장 위기관리 협의회' 지방자치단체 기업·대학	일자리 대책 평가단 국무총리실 산하 고용 사회안전망 T/F 중앙부처(고용노동부) 고용지원센터 '지역노동시장 위기관리 협의회' 지방자치단체 기업·대학	고용노동부 고용센터와 공공기관 고등학교, 대학교, 민간기업
정부 정책	국가인적자원위원회 고용정보센터 확충 '잡넷' 운용 평생교육능력개발계획 고용장려금 지급 맞춤형 서비스 구축	직업능력개발체제 산학연계체제 구축 평생학습체제 확립 고용촉진장려금 지급 고졸자 취업기회 확대	맞춤형 취업 지원서비스 청년취업인턴제 청년직장체험 청년취업 아카데미 취업지원관 사업 대학 청년고용센터 글로벌 취업지원 핵심직무역량 평가모델 보급 직업능력개발(내일배움 카드 등)

출처: 김영재, "한국 청년실업정책 비교에 관한 소고"(2013)와 이승호, "참여정부의 실업 관련정책 평가"(2007)의 내용을 재구성

제공 및 직업소개 기능 활성화, 기업 맞춤식 직업교육, 청년인턴제
③ 청년실업자 중 취약근로계층을 대상으로 특화된 지원 사업: 지방대 졸 채용 우대 사업, 고졸 청소년 취업지원 사업, 취약청년일자리 취업 시 임금지원 사업

1. 노무현 정부의 청년실업정책

노무현 정부는 당시 대두되고 있던 노동시장 현상으로 성장은 있지만 오히려 일자리는 줄어드는 '고용없는 성장에 대한 문제'와 노동시장 양극화를 해소하고 고용친화적 성장을 이루는 방향에서 청년실업정책을 추진했다.

노무현 정부에서 추진했던 다양한 정책을 통해 그 내용을 살펴보면 일단 노무현 정부는 청년실업의 원인을 경기침체로 인한 경제성장 둔화와 인력수급의 불일치에서 찾고 있다(최승제, 2016: 62). 즉, 수요 측면에서는 경제성장의 둔화와 산업구조의 고도화가 일자리 증가 규모를 하락시켰으며, 공급 측면에서는 대졸자 과잉공급에 비해 그에 맞는 인력양성은 미흡한 것이 청년실업률의 증가를 양산했다는 시각이다. 또한 인프라 측면에서는 취업 관련 공공기관인 고용지원센터나 학교 등의 역할이 미흡했다는 점을 들고 있다(김영재, 2013). 이것은 참여정부가 청년노동시장의 수요, 공급, 인프라 측면 모두에서 청년실업의 문제점을 찾고 있는 것으로 볼 수 있다. 이를 해소하기 위해 참여정부는 다양한 정책적 프로그램들을 시행했는데 이들은 직장체험 활성화, 단기 일자리 제공, 해외취업인턴 활성화, 청년층 직업교육 및 훈련 강화, 중소기업 유휴일자리 충원, 직업진로프로그램, 취업지원프로그램, 청년취업지원기반구축 등이다.

2003년에 시행된 정책은 위에 언급한 세 가지 문제점, 수요, 공급, 인프라 측면을 모두 해소하기 위한 정책이었다. 즉, 수요 측면에서 성장잠재력을 확충하여 새로운 일자리를 지속적으로 창출하는 방안을, 공급 측면에서 산학협력을 강화하여 산업수요에 부응하는 인력을 육성, 인프라 측면에서는

학교에서부터 직장까지 원활하게 이행할 수 있는 시스템과 노동시장 인프라 완비를 통해 그 해결책을 모색하였다. 그러나 이러한 정책은 중장기 정책들로서 그 효과가 현실화되려면 3~4년의 시간이 필요해 이에 대한 보완책(단기효과정책)으로 '공공부문 주도 일자리 제공과 민간부문의 고용창출 지원', '다양한 직장체험 기회', '직업훈련과 취업알선 기능 활성화' 등의 정책을 시행하였다(노동부, 2007: 44-46).

이에 덧붙여 참여정부는 2005년부터 '고용지원서비스 선진화정책'을 마

표 4 참여정부의 청년실업대책사업

직장체험 활성화	청소년 직장체험 연구지원제사업/관광분야 청년인턴채용사업/대학생중소기업 현장체험/농업인턴제 대학생 영농 창업연수
단기 일자리 제공	지식정보자원관리사업/국가기록물 정리사업/국민연금상담요원 운영 /행정정보DB 구축사업
해외취업인턴 활성화	해외취업연수/해외취업훈련/해외취업알선/해외봉사단 파견사업/해외인터넷 청년봉사단 파견사업/전문대학생 해외 인턴십 지원사업
청년층 직업교육 및 훈련 강화	청년층 직업교육 및 훈련 강화/우선선정 직종훈련/신규실업자 직업훈련/이공계 미취업자 현장연수사업/중소기업 청년채용 패키지 사업/기업 공고 연계 맞춤형 인력양성 프로그램/고부가가치산업인력 특별양성과정 설치 및 운영/문제해결형 연구지원사업
중소기업 유휴일자리 충원	청년고용촉진장려금/중소기업고용환경개선지원금/중소기업전문인력활용지원/중소기업 신규업종 진출지원/교대제 전환 지원금/중소기업 연구인력 고용지원/중소기업훈련 컨소시엄 지원
직업진로 프로그램	청년층 직업지도 프로그램(CAP)/직업심리검사 서비스/직업체험학습(Job School)
취업지원 프로그램	취업캠프(Job Camp)/성취프로그램/청년층 개인별 종합취업지원시스템(YES)/구인구직 채용박람회/청소년 비즈쿨(Biz Cool) 프로그램
청년취업지원 기반구축	대학취업지원기능 확충/실업계고요취업지원기능 확충/성장동력산업 중간기술인력 양성/여대생 커리어개발센터 지원/중장기인력수급전망 기초통계 생산/종합직업체험관(Job World) 설립/학교기업 지원사업 지역별 인력 및 훈련수요조사/문화콘텐츠 종합인력정보시스템 운영/뉴패러다임 확산

출처: 노동부, 「청년실업대책」(2007)

련했으며, 이를 실행하기 위해 '고용지원서비스 혁신방안'을 마련해 고용지원서비스 선진화정책을 진행하였으며 2006년부터 '맞춤형 고용지원서비스' 정책으로 확대되었다(김영재, 2013). 그 내용은 취업취약계층에 고용지원센터 직원이 직접 찾아가는 대면방문서비스를 시행했으며, 직업능력개발 카드제를 도입했다. 또한 '수요자 특성별 맞춤 서비스'와 원스톱 취업지원시스템 구축, 직업훈련 전달체계와 고용서비스 연계, 구인고객 서비스 강화, 고용지원센터-민간-지방자치단체-대학 네트워크 강화 등의 정책을 제시했다(국정홍보처, 2008: 209-212).

참여정부의 청년실업에 대한 특화된 정책은 2006년 '당정공동특별위원회'에서 해외취업촉진대책이 수립되었으며, 고졸 이하 청년층 고용촉진대책을 위해 '고졸 이하 청년층 고용대책 T/F를 가동했다(노동부, 2007: 47-48). 특히 참여정부는 당해 T/F를 활용해 고졸 이하 청년층 취업률을 높이기 위해 고용촉진대책으로 종합적 취업지원, 실업계 고교 취업경쟁력 제고, 중도탈락자 지원, 중소기업 입직 유도 강화 등의 세부 정책적 추진방안을 실행하였다. 또한 청년들의 취업률을 제고하는 중장기적 관점에서의 정책들을 수립하기 위해 '청년실업특별대책위원회'를 설립해 일관성 있는 청년고용촉진정책을 추진하였다(노동부, 2007: 47-48).

2. 이명박 정부

이명박 정부는 2008년 세계금융위기가 닥치자 청년노동시장의 약화를 우려해 이를 극복하기 위한 대책을 본격적으로 마련하고자 하였다. 기본적으로 3가지 유형의 청년실업 대책을 추진했는데, 청년일자리 자체를 늘리는 대책, 학교에서 취업으로의 연결을 원활하게 만들기 위한 대책, 청년실업자 중에서도 취약근로계층을 대상으로 특화된 지원사업들이다. 즉, 일자리를 창출하는 방향과 고졸자들의 취업증대를 위해 '선취업 후진학'에 초점을 맞추고 정책을 개발하고 추진했다. 이러한 정책들로는, 먼저 직접 일자리 창출분야로 '글로벌 청년리더 10만 명 양성'을 들 수 있다. 당해 사업은 정부의 9개 부처가 공동으로 추진한 사업으로 해외취업연수와 알선, 대학생 글로벌 현장학습, 해외건설인력양성, 전문대학생 해외인턴십 지원사업, 글로벌 무역전문가 양성사업, 한미 대학생 연수취업사업, 해외자원봉사 등으로 구성되어 있다. 이에 덧붙여 '미취업 대졸생 지원사업'은 미취업인 대학 졸업자를 인턴조교, 연구원 등으로 대학교 내 인턴으로 취업시키는 프로그램이며, '이공계 전문기술 연수사업'은 이공계 대졸 인력의 기술수준을 기업의 선호수준에 맞추기 위해 기업에 인턴취업해 전문기술을 익히도록 하는 프로그램을 일컫는다.

고용촉진분야에서는 청년 신규고용자를 고용하는 기업에게 '고용촉진장려금'을 제공하는 프로그램을 시행했으며, 고용지원센터가 고용에 관한 알선 및 온라인 시스템, 심층상담과 집단상담 등을 제공하였다. 또한 평생교육활성화 프로그램을 강화하여 산학연계 교육훈련체계를 구축함으로써 청년층 창업촉진에[6] 도움을 주고자 하였다(국무총리실·고용노동부, 2010: 71-93). '후진학 체제 구축'은 이명박 정부가 청년실업과 관련해 역점사업으로 추진했던 정책으로 평생학습사업을 통해 고졸취업이 확대될 수 있도록 했으며, 후진학 경로로 재직자 특별전형, 계약학과, 사내 대학, 산업체 위탁교육 등의 프로그램을 제공했다. 또한 일과 학업을 병행할 수 있는 경로로 직업교육 선진화 방안, 학업취업 병행 교육체계를 구축하고자 했다. 진로교육 부문에서는 한발 더 나아가 진로교육법 제정 추진에까지 이르렀다(국무총리실·고용노동부, 2010: 127-145). 청년실업자 중에서 취약근로계층을 대상으로 특화된 지원사업들로는 지방대졸 채용우대 사업, 고졸 청소년 취업지원 사업, 취약청년일자리 취업 시 임금지원 사업 등을 들 수 있다(김국원 외, 2012).

다음으로 2010년과 2011년 이명박 정부는 '청년 내일 만들기' 프로젝트를 시행했다. 이는 2010년의 1차 프로젝트를 통해 학교에서 일터로 가는 길을 넓히는 것과 2011년 2차 프로젝트에서 청년들이 노동시장에 진입한

6) 청년창업촉진의 내용은 예비 창업자 저변 확충, 아이디어 발굴과 사업화 지원 등이다.

이후에 교육·훈련을 통해 충분한 자기계발과 재도약 기회를 제공하는 데 초점을 두었다. 특히 2차 프로젝트는 고졸취업자의 '선취업 후진학'의 기본 정책목표를 연계한 프로그램의 일환으로 볼 수 있다.

1차 프로젝트에서는 학교에서 일터로 가는 길을 넓힌다는 정책적 목적에 부합한 3가지 방향점이 제시되었는데, 먼저 경제성장을 통한 민간부문의 고용창출을 늘림과 동시에 이의 청년들에게의 전이를 통한 청년 취업기회를 확대하고, 둘째, 청년들의 취업경쟁력 자체를 높이는 방안을 제공함으로써 국내외에서 자생적으로 일자리를 개척할 수 있도록 지원하며, 셋째, 민·관 공동의 양질의 지속가능한 청년일자리를 확충하는 방안을 제시하였다.

2차 프로젝트에서는 고졸취업자나 재취업을 원하는 청년들을 대상으로 청년이 노동시장에 진입한 이후에 교육·훈련을 통해 자기계발과 재도약 기회를 제공하는 데 주안점을 두고 여러 가지 세부정책을 제시하였다. 즉, '청년이 일하면서 배울 수 있는 직장에서의 학습의 장을 확충'하고, '일자리 미스매치 문제를 완화할 청년구직자와 기업을 이어주는 고용서비스 인프라를 개선'하고, '지방대생에게 양질의 일자리 취업기회를 확대'하고, '전국적인 청년벤처기업 창업과 벤처기업 공동채용 기회의 확대'라는 정책을 추진했다 (최승제, 2016: 63-64).

3. 박근혜 정부

박근혜 정부는 청년실업과 관련해 '국가인재양성', '취업취약계층 고용촉진', '직업교육강화'라는 기본적 정책목표를 바탕으로 청년실업을 해소할 여러 가지 정책을 추진해왔다. 이와 관련한 박근혜 정부의 정책 프로그램들은 청년진로교육, 청년취업지원 등의 큰 흐름에서 정책적 프로그램을 운영해 왔다(류지성, 2012: 252-253). 먼저, 청년진로교육 프로그램에서는 진로진학상담교사를 확충하고 재학 중 직업체험을 확대하며, 온라인 진로설계를 지원하는 체계를 구축하는 개인맞춤형 진로설계를 지원하는 프로그램을 진행해 왔으며, 고등학교 졸업자에 대한 직업교육을 강화하기 위해 산업현장에서 요구되는 직무능력표준 중심으로 교육과정을 편성하는 마이스터·특성화 고등학교를 육성하고 있으며, 고졸취업자 학위취득 체제를 구축하는 시스템을 운영 중이다. 또한 전문대학의 집중적 육성과 특성화 100개교, 학위과정과 수업연한 다양화, 산업기술 명장대학원 과정설치, 평생직업능력선도대학 육성, 해외산업체 맞춤형 교육실시 등의 고등교육 국정과제를 추진해 왔다(류지성, 2012).

박근혜 정부는 청년취업 지원을 위한 프로그램으로 미취업자에게 중소기업에서의 인턴기회를 제공해 정규직 취업가능성을 제고하는 '중소기업 청년취업인턴제'를 도입했으며, 문화콘텐츠분야에서 인턴기회를 통해 현장경험을 쌓고 궁극적으로 그 분야에 취업 또는 창업에 성공하도록 기회를 주는 '청년창업 인턴제' 등을 들 수 있다. 또한 대학 또는 고등학교 재학생에게 연수생 제도를 통해 진로탐색과 경력형성 기회를 제공해 왔으며, 지역특화, 신성장 동력, 인문사회, 대-중소기업, 창조적 역량강화분야를 선정해 기업이 대학과 협력해 재학생과 졸업생을 대상으로 산업현장에서 요구하는 교육과정을 제공하는 '청년취업아카데미' 프로그램도 실행하고 있다. 다음으로, 대학 내 청년고용을 지원하는 대학청년고용센터의 설치와 해외 수요에 적합한 인재를 양성하는 글로벌 취업지원, 실업청년층에게 직업능력개발을 지원하는 프로그램으로 국가기간 전략산업 훈련 프로그램과 내일 배움카드 프로그램, 취업사관학교 프로그램 등이 있다.

위에 언급된 박근혜 정부의 청년실업 관련 주요 정책은 주로 2014년의 '학교에서 직장까지 일자리 단계별 청년고용 대책'과 2015년의 '청년 고용절벽 해소 종합대책'을 통해 그 흐름을 살펴볼 수 있다(최승제, 2016: 64-65). 먼저, 학교에서 직장까지 일자리 단계별 청년고용 대책은 교육·훈련, 구직·취업단계, 근속·전직단계로 나누어 각 단계별로 청년고용과 관련한 취약점을 찾아 이를 보완하는 프로그램들을 실시했다. 이는 일반노동시장과 괴리현상을 나타내고 있는 청년고용의 현실을 극복하기 위해 좀 더 체계적이고 전략적인 접근방법을 선택한 것으로 볼 수 있다. 이러한 분석을 통해 공급 측면, 수요 측면, 규제개혁 등을 중심으로 공급에서는 '조기취업촉진과 장기근속 유도,' 수요에서는 '양질의 일자리 창출 및 미스매치 해소를 위한 경기활성화', '5대 유망서비스 산업규제개혁' 등을 추진해 왔다.

2015년에 제시되었던 '청년 고용절벽 해소 종합대책'은 청년들을 위한 일자리 부족을 해소하기 위해 20만 개 이상의 청년일자리를 창출하는 데 가장 큰 목표를 두었다. 이를 위해 '공공부문 중심의 청년일자리 창출', '민간부분의 청년일자리 창출 지원', '기업이 청년들을 위한 일자리를 만들기 쉬운 환경조성'을 지원하며, 현장중심의 인력을 양성하기 위해 '산학협력을 통한 현장중심의 교육강화', '산업수요에 기반한 대학의 체질개선', '중소기업 취업촉진' 등의 세부정책을 추진해 왔다. 마지막으로 청년고용을 지원하는 인프라를 확충하고 더욱 효율적으로 개선하기 위해 '청년일자리사업의 효율적 재편', '고용지원서비스 전달체계 효율화', '청년 해외취업촉진하는 사업' 등을 추진해 왔다(최승제, 2016: 64-65).

V. 앞으로의 대책: 시사점

본 연구에서는 우리나라 청년실업에 대한 현황 및 실태를 살펴보았고, 청년실업을 야기하는 원인을 진단해 보았다. 청년실업을 줄이기 위한 근본적인 대책은 대단히 단순하다. 즉, 청년들이 선호하는 좋은 일자리를 더 많이 창출하면 된다. 그러나 산업의 구조개혁을 통해 경제 체질을 개선하고 문화, 관광, 의료, 교육, 콘텐츠, 소프트웨어 등 청년들이 선호하는 고부가가치 산업구조로 재편하는 것은 그리 단순한 일이 아니다. 기존의 많은 노동력들이 제조업과 전통적 서비스 시장 중심으로 운용되어 왔고, 산업구조의 재편은 불가피하게 중장년층의 일자리를 줄이는 결과를 나타내 이들의 반발을 불러일으킬 수밖에 없다. 결국, 청년실업은 한두 가지 단편적 접근법으로 해결이 가능한 사안이 아니다. 즉, 경제, 산업, 재정, 교육, 사회, 복지정책, 인구변화추이 등 사회 전반적인 다양한 정책을 종합적이며 포괄적으로 연계해서 적용해야만 해결가능하기 때문이다. 이렇게 종합적인 접근법이 필요한 이유는 근본적으로 인구구조적인 변화와 경제 산업의 변화, 인식의 변화 등이 맞물려 나타난 현상이 청년실업이기 때문이다. 다음에서는 이에 대한 시사점을 찾아보고자 한다.[7)]

1. 신자유주의에 대한 전면적 재검토

1990년대 후반 IMF 관리 시기를 겪으면서 작은 정부와 단기 이익을 추구하는 신자유주의 경제정책이 일반화되었다. 신자유주의 경제정책에서는 M&A과정에서의 대량 인원감축, 비정규직의 확대 현상이 나타났으며, 분사, 아웃소싱 등으로 중소기업의 숫자가 급격히 늘어나 중소기업의 경쟁이 극심해지고 이 과정에서 경쟁력이 약한 중소기업이 파산에 이르는 결과를 가져왔다. 구직의 90%를 담당하던 중소기업들의 파산은 사회 전반적인 고용의 문제로 이어져 실업자들이 대거 양산되어 고용상황이 악화되는 현상으로 이어졌다. 고용의 문제에서 신자유주의정책은 국가의 개입을 최소화해 노동의 안전성과 적극적인 사회안전망 구축조차 최소화하였다.

특히, 청년실업의 주범으로 일컬어지고 있는 '비정규직의 양산'과 '경력직 선호 현상'은 단기적인 성과에 집중하는 주주자본주의 시스템의 결과로 볼 수 있다. 또한 새로운 양질의 일자리가 부족한 현상 또한 신자유주의의 새로운 투자보다는 현상유지나 단기적인 이익추구로 인해 신규일자리가 창출되지 않음으로 인해 청년층의 실업난이 가중되었다고 할 수 있다. 결국 신자유주의는 청년실업을 야기시킨 주범 중 하나라고 볼 수 있고, 앞으로도

---

7) 청년실업에 대한 시사점은 주로 이승호(2007)의 논문내용 중 77페이지에서 105페이지까지의 내용들과 여러 가지 자료들을 참조해 재구성하였음.

신자유주의적 인력고용이나 기업운영 방식이 계속되는 한 청년실업의 근본적 문제는 해결되기 어렵다고 볼 수 있다(이승호, 2007).

2. 청년층 실업에 대한 개념 확대

고용정책기본법에 따르면 실업자는 '취업을 희망하고 취업이 가능하며 구체적인 구직활동을 한 사람으로 규정하고 있다. 이에 따르면 공식적 청년 실업률은 10% 남짓 되는 것으로 나타난다. 하지만 비경제활동 인구 중 구직활동을 하지 않았으나 취업을 희망하고 취업이 가능한 사람인 잠재경활과 추가적인 일을 원하고 추가적으로 일하는 것이 가능하며 실제 근로시간이 기준시간보다 적은 사람인 시간 관련 추가 취업가능자, 비자발적으로 비정규직에 종사하고 있는 청년까지 청년층 실업의 개념을 확대하면 이것이 청년 체감실업률이 되는데 모두 34%가 넘는 수치가 나온다. 그 차이가 거의 20%가 넘어서 실질적으로 청년들이 느끼는 실업률은 거의 3명 중 1명꼴로 본인이 실업자라고 생각한다라는 점이다. 특히 비자발적으로 비정규직에 종사하고 있는 청년들은 언제든 기회가 되고 양질의 일자리가 나타나면 이직할 의도들을 갖고 있다고 볼 수 있다. 정부의 정책은 공식적 청년실업률에 국한되어서는 안 된다. 청년실업률의 범위를 34% 이상으로 넓혀 대책을 강구할 필요성이 제기된다.

또한 청년실업이 15~29세의 범위에 머무르는 것이 아니라 그 이후인 34세까지의 청년인력에 전이되고 있는 것이 현실이다. 즉, 15~29세 사이에 취업이 되지 않는 경우 실업자 신분은 다음 연령대로 전이되고 있기 때문에 청년실업정책은 대상범위를 34세까지 확장할 필요성이 제기된다. 특히 최근 대학생의 경우 취업이 어려워 졸업유예 등의 방법으로 졸업을 늦추는 추세가 점차 확산되고 있는 상황에서 29세 이상으로 실업이 확산되는 것은 시간 문제라고 판단된다. 또한 취업하더라도 청년들의 경우 비정규직으로 취업을 하는 비중이 점점 높아지고 있기 때문에 이직률도 높아질 수밖에 없다는 점을 감안한다면 청년실업의 범위를 34세로 늘리는 방안이 필요하다고 볼 수 있다.

3. 저성장 시대에 맞는 경제모델 개발

우리경제는 최근 경제성장률이 2%대 중반에 머무르며, 앞으로도 2%대의 성장률조차 유지할 수 있다는 장담을 하기 어려운 상황이다. '성장을 통한 고용창출'은 그 부작용도 만만찮다. 즉, 부동산 및 건설을 통해 경제발전을 지탱하려는 정책은 부동산 값 폭등과 서민들의 빚을 급격히 늘리는 현상을 야기하고 있으며 빚에 짓눌린 서민들이 소비를 줄임으로써 내수시장이 얼어붙고 있는 현상이 발생하고 있다. 결국 앞으로도 과거와 같은 10%대의 고성장 시대는 이제 다시 도래하기 힘든 현실이기 때문에 저성장 시대에는 성장과 분배가 동시에 추구되는 국민의 삶의 질을 높이는 정책방안이 필요한 것이다.

4. 기업의 역할과 과제

기업은 단기간의 이익을 추구해 비정규직을 양산하는 지금의 경영구조를 바꿀 필요가 있다. 즉, 비정규직의 고용은 기업의 입장에서는 노동인력을 언제든지 소모품처럼 쓰고 정리하면 되는 단기적으로는 상당한 이익이 되는 고용방법이다. 즉 정규직의 경우 여러 가지 복지를 제공해야 하며, 경영이 어려울 시 해고가 어려운 난제들이 도사리고 있다. 그러나 비정규직은 정규직처럼 노동을 제공하지만 임금 및 복지비용도 상당히 저렴한 편이고, 무엇보다도 기업이나 산업의 구조조정이 필요할 시 언제든지 해고하면 되는 노동운용에 유연성이 보장되기 때문에 매력적일 수밖에 없다. 그러나 장기적으로는 비정규직을 늘리는 현상은 기업 경쟁력 향상에는 도움이 되지 않는다. 즉, 이직률이 높고 직장에 대한 소속감이 낮고 상대적 박탈감이 심하기 때문에 또 다른 조직갈등의 주요한 요소로 작용할 수 있다. 결국, 장기적으로 기업은 구직자에게 양질의 정규직 일자리를 제공하고 적절한 교육과 복지 등을 제공함으로써 장기적인 효율성을 추구할 필요성이 제기된다.

IMF 이후 신자유주의의 영향과 단기이익을 추구하는 기업의 성향은 신규직원에 대한 교육을 투자가 아니라 비용으로 인식하게 만들었으며, 이는 결국 신규직원의 채용 대신에 경력직 채용이라는 손쉬운 방법으로 이어졌다. 기업의 경력직 채용은 단기적으로는 비용 측면에서 신규채용에 비해 유리한 면이 존재하나, 장기적으로 또 국가적으로는 청년층의 새로운 산업 및 기술에 대한 진입장애로 동태적 적응력이 약화될 수밖에 없다. 이는 기존의 세대와 신세대와의 기술적 단절을 야기시키며, 기업에 새로운 사고가 도입될 수 있는 기회를 원천적으로 차단해 기업의 보수화와 성장기반을 훼손하는 결과를 야기하게 된다. 따라서 기업은 경력직 채용보다는 신규직원을 채용해 직무교육을 제공함으로써 세대 간의 단절을 막고, 경기회복 시의 도약의 기회를 준비할 필요성이 제기된다. 이를 위해 정부는 중소기업에 고용된 신규 입직자들에 대해서 국가가 무료로 직무교육을 제공하고, 중소기업형 “사이버연수원”을 구축하는 방안도 필요하다.

5. 정부의 역할과 과제

현재 실업급여 지급대상은 18개월간 180일 이상 고용보험에 가입되어 있어야 하며, 비자발적 실업이며 적극적 구직노력을 하는 경우에 한한다. 그러나 청년들의 경우 취업경험이 없거나 취업기간이 짧은 경우가 많아 실업급여 지급대상에 포함되기 어렵다. 더욱이 졸업 후 첫 일자리에 취업할 때까지 평균 12개월이 소요된다는 점을 고려해보면 이러한 구직기간 동안은 가정부조에 의존해 생활하게 된다. 결국 정부가 청년들의 실업급여 요건을 완화해 적극적 구직활동을 유인할 필요성이 제기된다.

우리나라 중소기업은 취업자의 90%를 흡수하고 있다. 결국 중소기업의 고용이 활성화되어야 청년고용도 활기를 띨 수밖에 없는 구조이다. 그러나 대기업과 비교해 임금의 격차가 크고, 고용안정성이 낮고, 인적자원개발에 대한 기회가 상실되며, 사회적 인지도가 낮음으로 인해 청년취업자들이 중소기업을 회피하고 있는 실정이다(이승호, 2007). 결국 정부가 중소기업 취업자에 대한 지원을 넓히지 않는 한 청년고용 문제와 중소기업의 인력난은 해소되기 어렵다고 보여진다.

6. 학교의 역할과 과제

현재 실업계 고등학교가 딜레마에 빠져 있는 형국이다. 즉, 실업계 고등학교인 정보고와 마이스터고 등에서 상당수의 학생들이 대학이나 전문대학으로의 진학을 준비하고 있다. 실업계 고등학교를 졸업하는 많은 수의 학생들이 대학진학을 목표로 하는 이유는 고졸 출신과 대졸 출신의 급여차이가 크고, 최근까지 정부가 추진해 왔던 실업계고 출신 구직자를 뽑도록 기업들에 강제했던 규정들의 강제성이 떨어지고 박근혜 정부 들어 관리가 제대로 되지 않아 기업들이 실업계고 출신 구직자들을 거의 뽑지 않은 데 기인하는 바가 크다. 정부는 좀 더 강력하게 기업들이 고졸인재를 채용하도록 강제하고, 이를 사후까지 관리하는 노력이 필요하다.

참·고·문·헌

김경아. 2008. “최근 청년층 노동시장의 불평등 현황과 요인에 관한 연구.” 『산업노동연구』. 한국산업노동학회.

김국원·강봉준·이우영. 2012. “청년실업문제 해결을 위한 기업 맞춤형 교육의 현황 및 개선에 관한 연구.” 『실천공학교육논문지』. 한국실천공학교육학회.

김영재. 2013. “한국 청년실업정책 비교에 관한 소고: 김대중·노무현·이명박 정부를 중심으로.” 『동계학술발표논문집』. 한국행정학회.

김용성. 2008. “청년실업의 원인과 정책적 대응방안.” 『한국개발연구원 정책보고서』. 한국개발연구원.

______. 2010. “청년실업과 우리나라 고용시장의 미래.” 『충남경제』. 충남발전연구원.

노동부. 2003. 『국민의 정부 실업대책백서(1998-2002)』.

______. 2007. 『노동백서』.

대한민국정부. 2013. 『이명박정부 국정백서 제2권(2008.2-2013.2)』.

______. 2013. 『이명박정부 국정백서 제9권(2008.2-2013.2)』.

류지성. 2013. “한일 청년실업정책의 비교연구.” 『한국동북아논총』. 한국동북아학회.

윤석천. 2004. “경제 위기 이후의 청년층 노동시장 변화와 직업선택.” 『한국진로교육학회 학술발표논문집』. 한국진로교육학회.

이승호. 2008. “참여정부의 실업관련정책 평가: 청년실업 해결을 향한 16가지 정책적 제언.” 『도시와 빈곤』. 한국도시연구소.

이준협. 2016. “청년 고용보조지표의 현황과 개선방안.” 『현대경제연구원 VIP리포트』. 현대경제연구원.

제15대 대통령직 인수위원회. 1998. 『백서』.

제16대 대통령직 인수위원회. 2003. 『대화』.

제17대 대통령직 인수위원회. 2008. 『성공 그리고 나눔』.

제18대 대통령직 인수위원회. 2013. 『제18대 대통령직인수위원회 제안 박근혜정부 국정과제』.

최승제. 2016. “청년고용 활성화를 위한 정책대안의 우선순위에 관한 연구.” 경상대학교 대학원 박사학위논문.

『연합뉴스』, 2016.05.11. “4월 청년실업률 10.9% ‘역대 최고’.”

색 인

/ ㄱ /

견습생 고용 189, 191
견습생 일자리 190, 191
견습세 191
견습제도 189
경쟁노동시장 46
계속 직업교육훈련 230
계속교육(Weiterbildung) 과정 230
계속교육칼리지 184, 198
고등견습제 190
고령자 파트타임근로 216
고령층 고용 21, 22, 32-34
고용 형태별 사회보험료 지출 290
고용대체 문제 31
고용보호법제 266
고용서비스 행정체계 184, 185
고용없는 성장 328
고용연금부 183-186, 196-199
고용위기 80, 217, 220
고용의 미스매치 303
고용정책기본법 336
고용조정조성금 299
고용주 주도의 훈련 185, 186
고용지원서비스 선진화정책 329, 330
고용촉진장려금 331
고용촉진프로그램 61, 70
고용친화적 성장 328
고용형태별 임금격차 289
고졸실업자 153
고학력화 현상 320
공공고용지원센터 185, 186, 189, 194, 195, 197, 198
공시족 99
공식실업자 317, 319
공식적 실업률 317, 319
공적연금제도 157
공정한 시장경제 236

과잉교육의 임금효과 28
과잉학력 22, 24, 26, 27, 31, 46, 52, 54
구직 니트족 106, 107
국가정책의 실효성 280
국내의 청년실업 대책 62
국민연금 수급개시연령 31
근로가족세액공제 180
근로계약유형 265
근로시간 단축의 고용효과 37-39
근로시간 단축정책 24, 25
근로연계복지 프로그램 179
글로벌 경제위기 68, 244
글로벌 청년리더 331
기능별 청년일자리 269
기대하는 목표 109
기술혁신 25, 52-54, 141
기업 채용패턴 320, 325
기업가정신 (교육) 187
기업가정신 교과과정 187
기초생활보장제도 143, 155, 157
긴급고용대책 299

/ㄴ/

낙인효과 26, 28, 47, 55, 165, 167, 170, 174, 200
노동 4.0(Arbeiten 4.0) 208
노동개혁 입법 35
노동과 복지혜택의 연계 183
노동소득의 불평등 141
노동수요 측면의 대응 298, 299
노동시장 분절이론 266
노동시장 양극화 209, 237, 328
노동시장 이행경험 48
노동시장 이행론 63
노동시장의 2차 이행 49
노동시장의 경쟁구조 22
노동시장의 불평등 316
노동시장의 이중구조화 24, 40, 42, 47, 50
노동시장정책 31, 61-63, 81-83, 86, 166, 181, 212, 213, 216, 220, 284, 299
노사정위원회 35
뉴딜 프로그램 180, 192-194
니트(NEET) 27-31, 106, 176-178, 188, 195, 197, 249, 250, 256, 257, 298
니트 (비)율(NEET rate) 29, 31, 177, 243, 245, 246, 248, 249, 255-259, 278, 279

/ㄷ/

단기고용 284
단기적 고용창출 284, 292, 301, 307
대안적 사회보장제도 156
대학진학률 27, 97, 109, 112, 139, 149, 156, 205, 293

독일 교육제도 224
독일 노동시장의 주요 이슈 207
독일(의) 직업교육훈련(제도) 222, 223, 225, 227, 232
독일의 청년고용 '대책' 프로그램 210
독일의 청년고용 현황 206, 207
동일노동 동일임금 90

/ ㄹ /

로제타 플랜 62

/ ㅁ /

마이스터고 199, 238, 339
맞춤형 고용지원서비스 330
매칭이론 169
무기계약 262, 263, 265, 272, 273, 279
미래직업기금 196
미취업 대졸생 지원사업 331
민주적 의사결정의 학습 236

/ ㅂ /

법정 최저임금제도 180
법정근로시간 단축 35-37, 39
보이지 않는 청년 279
보편적 사회보장체계 157
보편적 소득보장제도 152
복지서비스 전달체계 183
부모의 계급적 지위 139
부문기반체험제도 195
분단노동시장이론 46
불안정 노동시장 283, 293
브렉시트(Brexit) 사태 81
비구직 니트족 106
비자발적 청년 체감실업률 319
비정규직 근로자 비중 44, 45
비정규직의 동태적 특성 51
비정규직의 정규직 전환 284, 304, 309
빈곤위험 149, 150

/ ㅅ /

사회 비교(social comparison) 이론 116
사회보장분담금감면정책 267, 268
사회보장제도와의 정합성 300, 301, 307
사회보장체계의 모순 141
사회보험 가입률 142, 155
사회보험 중심체계 142, 157
사회생활 포용계약(CIVIS) 280
사회안전망의 결합 285
사회적 영향력(social-impact) 이론 114
생애의 제도화 83
생활곤궁자 자립지원제도 306, 309
성과연봉제 90

성장을 통한 고용창출 337
세대 간 기술전수계약 158
세대 간 일자리 논쟁 32
세대 간 직종격리지수 33
세액공제제도 180, 182, 184
소득지원제도 152, 199
손실분산 현상 115, 117
수저계급론 107, 108
슈미트(Schmid) 89, 138, 219, 220, 238
신-캥거루족 97
신자유주의 경제정책 335
신호이론 168
실업급여 70, 80, 82, 155, 179, 183, 193, 194, 196, 213, 216, 248, 267, 274, 275, 278, 338
실업보험 217, 219, 268, 274
실업부조제도 157
실업의 기회비용 80
실질실업률 319
심리학적 낙인 170
4차 산업혁명 22, 25, 89, 115, 141, 156, 208, 237

/ ㅇ /

아노미이론 78
안정적인 기초연금 219
양성훈련 협약 217, 218
연공임금제 54
연령대별 저임금근로자 41, 42
연령별 비정규직 비중 43
연방노동에이전트 216
열정페이 98, 99, 107
영국 고용기술위원회(UKCES) 189
영국 복지급여제도 177
영국의 공공훈련제도 186
영국의 사회정책 환경 181
영국의 청년실업 대책 85, 178, 184
오일쇼크 37
유급인턴계약 269, 271, 279
유기계약 근로 265
유럽구조기금 221
유럽의 청년실업 대책 62, 87
유스엘(youth yell)인정제도 305
유연뉴딜 프로그램 192, 194
의무고용제 62, 87, 88
이득분산 현상 115, 117
이득집중 현상 116
이원적 직업교육훈련제도 223
이주노동(Migration Worker)의 문제 209
이중노동시장이론 169
이행노동시장이론 270, 279
인더스트리 4.0(Industrie 4.0) 시대 208
인적자본투자 24, 25, 46
인턴제도 189
일본 실업률 287
일본의 청년고용정책 206, 285, 296,

307
일본판 듀얼시스템 297, 298
일자리 매칭 51, 186, 300, 306, 325
일자리 질의 변화 40, 41
일자리 프로그램 183, 192, 195-197
일자리의 미스매치 98
일자리의 부족 관점 22
일자리-활성화, 자격, 훈련, 투자, 중개법(Job-AQTIV) 212
임금보조일자리 269, 270, 272, 273
임금제도 개편 54
임금피크제 31, 32, 39, 55, 90
잉글랜드 니트 176
1인 청년가구의 빈곤 문제 153
1차 노동시장 169
2차 노동시장 26, 169
Agenda 2010 209, 216
EU 국가의 청년실업 대책 86
EU 실업률 현황 71

/ ㅈ /

자녀세액공제 180
자본-노동 대체관계 25
잠재경제활동인구 317, 319
잡카드 제도 303, 304, 309
장기 니트 178
저임금근로자 비중 40-42
저출산 문제 135, 156
적극적 노동시장정책(ALMP) 61, 82, 214, 216
적대적 귀인 편향 110
전국민건강보험 219
점프(JUMP: Jugend mit Perspective, 미래전망을 갖는 청년) 프로그램 214, 216
점프플러스(JUMP Plus) 213
정규노동시장 153
정규직 근로 고용보호지수 266
정년연장정책 25
정부의 보조금 지원 38
제한된 청년 사회권 275
조세제도의 개혁 180
조업단축수단 219
졸업유예 47-49, 96, 336
좋은 일자리의 개념 295
좌절-공격 이론 109, 110
좌절-공격성의 악순환 124
중소기업 긴급고용안정조성금 사업 299
중소기업의 구인난 308
중퇴실업자 153
지역공동체 산업 174
지역청년 서포트스테이션 298
지위획득이론 169
지체된 성인단계 76
직업교육훈련제도 206, 210, 223, 232
직업능력개발정책 157
직업아카데미의 수업과정 229
직업전문대학 230, 231

직업탐색이론 45
직업훈련생활급부금 300
직업훈련제도 156, 174, 225
직업훈련학교의 과정 226

/ ㅊ /

청년고용률 22, 205, 211, 223, 283
청년고용사업 정부예산 55
청년고용의 악화 40
청년고용이니시어티브 221
청년고용할당제 55, 88, 284
청년 공식실업률 22
청년기의 실업경험 166, 170
청년기회프로그램 185
청년 내일 만들기 프로젝트 331
청년노동시장의 구조 26
청년뉴딜 프로그램 167, 192-194
청년니트 23, 24, 27-31, 52, 54, 196, 254, 292
청년대상 사회보호정책 273
청년들을 위한 사회보장제도 141-143
청년벤처기업 창업 332
청년보장 프로그램 158, 173, 215, 221
청년빈곤의 현황 144
청년빈곤층 143, 152, 153, 155, 158
청년서포터즈 153
청년실업 개념 69, 137
청년실업의 원인 136, 138, 167-169, 286, 292, 300, 308, 316, 319, 328
청년실업정책 62, 63, 70, 81, 84, 167, 172, 186, 187, 197-200, 316, 326-328, 336
청년실업특별대책위원회 330
청년위기 77
청년의 개별화 75
청년일자리 지원 제도 270
청년자립도전플랜 309
청년창업 인턴제 333
청년 체감실업률 22, 319, 336
청년 취업성공패키지 153
청년취업아카데미 프로그램 333
청년층 저임금근로자 41
청년층을 위한 주거지원대책 158
청년훈련제도 185
체제 내의 자동안정화 장치 219
초기 직업교육훈련 230
초학력사회 320
최저임금법 180
취업 스트레스 100, 102, 112, 113, 120, 121, 124
취업 우선 전략 179
취업성공패키지 284
취업취약계층 고용촉진 332

/ ㅋ /

커리어 교육 285, 297, 298, 302,

303, 308

/ ㅌ /

퇴직전환(Altersübergang) 프로그램 216
트라이얼 고용 309
특성화고 199

/ ㅍ /

파견자 노동법 309
파트타임 노동법 306, 309
평생교육활성화 프로그램 331
포괄적인 사회정책 개혁프로그램 216
표적화된 청년고용정책 269, 273
프랑스 고용정책 267
프랑스 연령대별 고용률 261
프랑스 청년고용정책의 특징 267
프랑스 청년니트율 254-256
프랑스 청년집단 고용률 260
프랑스의 실업률 251, 277
프랑스의 청년고용률 262
프랑스의 청년실업 동향 246, 250
프리터(freeter)족 97, 101, 297, 299
플랫폼 경제 209
88만 원 세대 88

/ ㅎ /

하르쯔(Hartz)법 215
하르츠개혁(Hartz Reform) 209
하향취업 22-24, 26-28, 46, 52, 54
학벌주의의 폐해 138
학습된 무기력 104, 105, 107, 112, 124
학위견습생제 190
한국의 청년실업 대책 85, 88, 284
한국의 청년실업률 73, 89, 145, 283
해외취업촉진대책 330
향상훈련 220, 225, 230
헬조선 108, 316

필자 소개

(원고 게재순)

• **송기호**(Kee Ho SONG, songkim7@gnu.ac.kr)

서울대학교(Seoul National University)에서 박사학위를 받았다. 현재 경상대학교 경제학과 교수로 재직 중이다. 주요 관심 분야는 임금제도 문제, 지역고용과 청년고용 등의 고용문제, 산업안전정책, 중국노동시장 등이다. 최근 논문으로 "직무위험의 이직 영향에서의 노조효과"(2011), 저서로는 『중국경제의 이해』(2008), 공동저서로는 『지역노동시장의 구조와 동향』(2012)이 있다.

• **임운택**(WOONTAEK LIM, wtlimsoz@gmail.com)

독일 마르부르크대학교(Philipps-Universität Marburg)에서 박사학위를 받았다. 현재 계명대학교 사회학과 교수로 재직 중이며, 경북지방노동위원회 공익위원과 산업노동학회 이사, 〈경제와 사회〉 편집위원 등을 맡고 있다. 주요 관심분야는 현대사회이론, 노사관계, 노동운동, 유럽통합이다. 최근 논문으로 "글로벌 자본주의에서 국가의 국제화"(2017), "포스트 민주주의 시대의 정당성 문제—카를 슈미트의 합법성과 정당성 논의를 중심으로"(2017), "권위적 자본주의와 민주주의의 위기: 포스트 민주주의 시대에 민주주의 회복의 전망"(2015), "금융시장 자본주의와 노동의 프레카리아트화"(2015) 등이 있으며, 『전환시대의 논리: 자본주의와 민주주의의 이중위기 속의 한국사회』(2016)의 저서와 『현대사회와 베버패러다임』(2013), 『문화, 환경, 탈물질주의 사회정책』(2013), 『복지국가시대를 위한 유럽 복지정책의 변화와 아시아의 경험』(2012) 등의 공동저서가 있다.

• **부수현**(Su Hyun Boo, boo_sh@gnu.ac.kr)

중앙대학교에서 박사학위를 받았다. 현재 경상대학교 심리학과 조교수로 재직 중이다. 주요 관심 분야는 소비자의 비합리적 의사결정, 소비심리 및 행동, 행동경제학, 디지털 광고 및 소셜네트워크 커뮤니케이션이다. 최근 논문으로 "자기-통제가 작은 사치에 미치는 효과"(2017), "심플-그레이드(simple-grade) 효과"(2017), "소비자 관점에서 바라본 검색광고"(2017), "재정적 박탈감이 희소한 제품의 구매의도에 미치는 효과"(2016) 등이 있으며, 『한국에서 여성으로 살아가기: 일하는 여성의 세계』(2016) 공동저서가 있다.

• **노대명**(Dae-Myung NO, dmno@kihasa.re.kr)

파리 2대학(Université de Paris II-Assas)에서 박사학위를 받았다. 현재 한국보건사회연구원 선임연구원으로 재직 중이며, 글로벌사회정책연구센터 센터장을 맡고 있다. 주요 관심 분야는 사회보장체계, 근로빈곤과 사회부조정책, 사회적경제, 아시아 사회보장정책 비교 등이다. 최근 논문으로 "한국의 근로빈곤층과 탈빈곤정책: 미완의 개혁"(2017), "기초생활보장제도 개편을 둘러싼 정책결정과정에 대한 연구"(2016) 등이 있으며, 저서로는 『아시아 사회보장제도 비교연구』(공저, 2016), 『맞춤형 급여체계 도입에 따른 빈곤층 기초생활보장 평가모형 연구』(공저, 2016), 『근로빈곤층 소득·고용실태 연구』(2004) 등의 공동저서가 있다.

• **강욱모**(Wook Mo KANG, welkang@gnu.ac.kr)

영국 에든버러대학(University of Edinburgh)에서 사회정책 전공으로 박사학위를 취득했으며, 현재 경상대학교 사회복지학과 교수로 재직 중이다. 주요 관심 분야는 사회보험, 복지국가, 베이비부머 세대, 사회복지 영역에서의 공·사 협력 체계 구축방안 등이다. 최근 논문으로 "베이비부머의 문제음주와 자아존중감 간의 종단적 인과관계 — Gender를 중심으로"(2016), "장애인가구의 소득불평등 추이와 요인분해: 집단구성별 비교"(2016), "Double empowerment: The roles of ethnic-based groups in the Korean community in New Zealand-Implications for social work practice"(2015), "이전소득의 빈곤 및 소득불평등 감소효과: 독거 및 부부 노인가구 중심으로"(2015) 등이 있으며, 공저로는『외국인고용제도개선과 인권』(2016) 등이 있다.

• **이호근**(Ho-Geun Lee, lhg618@jbnu.ac.kr)

독일 마르부르크대학교(Philipps-Universität Marburg)에서 정치학 박사학위를 받았다. 경제사회발전 노사정위원회 수석전문위원을 거쳐, 현재 전북대학교 법학전문대학원 교수로 재직 중이다. 제12대 한국사회정책학회장(2012~2013), 제3대 한국사회보장법학회장(2016~2017)을 역임하고, 중앙노동위원회 공익위원(차별시정)을 맡고 있다. 주요 관심분야는 노동시장 이중구조와 사회적 양극화 문제이다. 최근 논문으로 "독일의 청년실업 및 고용대책"(2017), "산업재해보상보험법상 적용대상 범위 관련 개선방안 — 특수형태근로종사자 산재보험 적용방안을 중심으로"(2015), "「주거급여법」 도입과 사회적 취약계층 주거권확보를 위한 주거정책 및 법제도 개선방안"(2015), "「고용보험법」 사각지대 문제와 '겐트 시스템(Ghent System)'이 주는 시사점"(2015) 등이 있으며,『비정규노동과 복지 — 노동시장 양극화와 복지전략』(2012) 등의 공동저서가 있다.

• **심창학**(Chang Hack SHIM, chshim@gnu.ac.kr)

파리 4대학(Université de Paris-Sorbonne)에서 박사학위를 받았다, 현재 경상대학교 사회복지학과 교수로 재직 중이며 경상대학교 사회과학대학 학장 및 행정대학원 원장을 맡고 있다. 주요 관심 분야는 비교사회정책, 빈곤 및 사회적 배제, 활성화 전략(activation strategy), 이민레짐 국제비교 및 이민자의 사회권이다. 최근 논문으로 "청년실업에 대한 프랑스 국가의 대응양식: 청년고용정책의 정체성은 존재하는가?"(2017), "캐나다 고용보험제도와 이민자의 사회권: 지역적 차등을 중심으로"(2016) 등이 있으며, 『사회보호 활성화 레짐과 복지국가의 재편』(2014)의 저서와 『인권과 사회복지』(2015), 『각국 공공부조제도 비교연구: 프랑스 편』(2015), 『외국인고용제도개선과 인권』(2016), 『사회갈등과 정치적 소통』(2016) 등의 공동저서가 있다.

• **임정미**(Jeong Mi LIM, jekljm@gmail.com)

일본 도시샤대학(Doshisha University)에서 박사학위를 받았다. 현재 한국보건사회연구원 인구정책실 부연구위원으로 재직 중이다. 주요 관심 분야는 노인복지, 지역포괄케어이다. 최근 논문으로 "ICF(국제생활기능분류)를 이용한 새로운 노인학대 개념틀 제창: 학대에 대한 인식을 명확히 하는 개념틀을 목표로(ICF(国際生活機能分類)を用いた新たな高齢者虐待の概念枠組みの提唱: 虐待の認識を明確にする概念枠組みを目指して)"(2017), "노인학대 정의 및 개념을 확립하기 위한 연구과제 검토(高齢者虐待の定義および概念を確立するための研究課題の検討)"(2016) 등이 있다.

• **정재명**(Jae Myung Jung, jmyung94@gnu.ac.kr)

미국 애리조나 주립대학교(Arizona State University)에서 행정학 박사학위를 취득하고 현재 경상대학교 사회과학대학 행정학과 교수로 재직 중이다. 주요 관심 분야는 인사행정, 공무원노사관계, 행정윤리, 행정효율성 등이다. 최근 논문으로 "광역의회의 의정활동에 대한 성과평가: 16개 광역시도의회를 중심으로"(2017) 등이 있다.